UTB 8073

Eine Arbeitsgemeinschaft der Verlage

Beltz Verlag Weinheim · Basel
Böhlau Verlag Köln · Weimar · Wien
Wilhelm Fink Verlag München
A. Francke Verlag Tübingen und Basel
Haupt Verlag Bern · Stuttgart · Wien
Lucius & Lucius Verlagsgesellschaft Stuttgart
Mohr Siebeck Tübingen
C. F. Müller Verlag Heidelberg
Ernst Reinhardt Verlag München und Basel
Ferdinand Schöningh Verlag Paderborn · München · Wien · Zürich
Eugen Ulmer Verlag Stuttgart
UVK Verlagsgesellschaft Konstanz
Vandenhoeck & Ruprecht Göttingen
Verlag Recht und Wirtschaft Heidelberg
VS Verlag für Sozialwissenschaften Wiesbaden
WUV Facultas Wien

Friedrich W. Kron

Grundwissen Didaktik

4., neu bearbeitete Auflage
Mit 35 Abbildungen und 18 Tabellen

Ernst Reinhardt Verlag München Basel

Dr. phil. *Friedrich W. Kron,* Universitätsprofessor (em.) für Pädagogik, Pädagogisches Institut der Johannes-Gutenberg-Universität Mainz.

Das Kapitel „Didaktische Problementfaltung in der Geschichte" aus der 3. Auflage ist jetzt im Internet unter www.reinhardt-verlag.de abrufbar.

Außerdem vom Autor im Ernst Reinhardt Verlag erschienen:
Kron, Grundwissen Pädagogik (UTB-Bestellnummer 3-8252-8038-1)
Kron, Wissenschaftstheorie für Pädagogen (UTB-Bestellnummer 3-8252-8178-7)
Kron/Sofos, Mediendidaktik (UTB-Bestellnummer 3-8252-2404-X)

Bibliografische Information der Deutschen Bibliothek

Die Deutsche Bibliothek verzeichnet diese Publikation in der Deutschen Nationalbibliografie; detaillierte bibliografische Daten sind im Internet über <http://dnb.ddb.de> abrufbar.

UTB-ISBN 3-8252-8073-X
ISBN 3-497-01725-6
4. Auflage

© 2004 by Ernst Reinhardt, GmbH & Co KG, Verlag, München

Einbandgestaltung: Atelier Reichert, Stuttgart
Satz: Rist Satz & Druck GmbH, Ilmmünster
Druck: Friedrich Pustet, Regensburg
Printed in Germany
ISBN 3-8252-8073-X (UTB-Bestellnummer)

Ernst Reinhardt Verlag, Kemnatenstr. 46, D-80639 München
Net: www.reinhardt-verlag.de Mail: info@reinhardt-verlag.de

Inhalt

Vorwort zur 4. revidierten Auflage

In den letzten Jahren war das Buch Gegenstand vieler Rezensionen und Anlass zu vielfältiger Kritik. Es wurde in verschiedene Sprachen übersetzt und es fand damit auch Eingang in andere Wissenschaftskulturen. Die Vielzahl der Argumente, die sich in diesen Bemühungen als Anregung erwiesen haben, habe ich dankbar angenommen.

Auf dem Hintergrund dieser Einlassungen konnte das Buch in seiner Grundstruktur erhalten bleiben. Dies entspricht auch den Entwicklungen in der Didaktik. Das erste Kapitel dient nach wie vor der Einführung in die Thematik. Es wurde in Bezug auf die Quellen auf den neuesten Stand gebracht. Das Kapitel über die Geschichte wird durch das Kapitel über die Didaktik als Wissenschaft ersetzt. Das neue Kapitel bietet zentrale Argumente, die für die Didaktik als Wissenschaft sprechen. Das Geschichtskapitel kann im Internet abgerufen werden (www.reinhardt-verlag.de). Das dritte Kapitel über Theorien, Modelle und Konzepte der Didaktik ist erhalten geblieben, wurde aber um neue Positionen ergänzt und erweitert. Das Phänomen Lernen und die zur Erklärung dieses Phänomens entwickelten Lerntheorien werden im vierten Kapitel dargestellt und ebenfalls um neue Positionen erweitert. In die Kapitel fünf und sechs wurden die neueren Forschungen, Theoriebildungen, Modelle und Handlungskonzepte aufgenommen.

Auch in didaktischer Hinsicht wurde das Buch renoviert. Marginalien am Rand des Fließtextes erleichtern den Zugriff zu Informationen über zentrale Textpassagen ebenso wie die Kästen im Text, die die Wichtigkeit der Aussagen optisch signalisieren. Das Buch wurde an die neue Rechtschreibung angepasst.

Für viele Gespräche und Anregungen, die ich im Zuge der Revision dieses Buches für die 4. Auflage erfahren durfte, danke ich besonders meinem jungen Kollegen und Freund Alivisos Sofos und meiner Tochter, der Theologin und Pädagogin Christine Kron. Meine Frau war wie immer die kritische Begleiterin bei der Erstellung der Texte.

Mainz, im Januar 2004   Friedrich W. Kron

Vorwort zur 1. Auflage

Das vorliegende Buch „Grundwissen Didaktik" hat sich thematisch aus dem Entstehungsprozess von „Grundwissen Pädagogik" heraus entwickelt. Sehr früh wurde mir dabei deutlich, dass didaktische Fragestellungen immer dann ins Zentrum pädagogischer Erörterungen rücken, wenn es um das Problem der Vermittlung geht. Und dieses steht immer an. Es entstand das Interesse, dieses Grundproblem eigenständig zu verfolgen.

Im Zuge dieses Unterfangens bin ich auf einen unüberschaubaren Materialreichtum gestoßen, dessen Ordnung sich am ehesten pragmatisch herstellen ließ.

Daraus resultiert der Aufbau des Buches. Zunächst waren Klärungen im begrifflichen Bereich und in der Selbstpräsentation der Didaktik als Wissenschaft vorzunehmen. Das erste Kapitel spiegelt diese Versuche wider. Die Arbeit in dem Bereich der klassischen Theorien und Modelle der Didaktik führte mich zu zwei zentralen Einsichten. Zunächst waren die klassischen Themen durch sozialwissenschaftliche Theorieansätze und Forschungen zu ergänzen. Daraus folgte die zentrale Befassung mit der Kulturanthropologie und die kulturanthropologische Grundlegung meiner weiteren Fragestellungen. Didaktik als Wissenschaft – so zeigte sich – ist nunmehr als verstehende und erklärende Sozial- oder Enkulturationswissenschaft zu begreifen.

Sodann musste ich auf das Ideenreservoir der didaktischen Problementfaltung in der Geschichte zurückgreifen, um den didaktischen Horizont zu erweitern. Sehr schnell erkannte ich, dass es für mich keine didaktische Reflexion und Praxis in der Gegenwart ohne die Einsicht in die Geschichtlichkeit aller didaktischen Bemühungen und den – auch daraus! – erwachsenden Antizipationen eines humanen didaktischen Denkens und Handelns geben kann. Dabei zeigte es sich, dass viele Theorien und Konzepte für unterrichtliches Handeln oder Problemstellungen eine Nähe zu aktuellen Fragen haben. Hier kam es mir insbesondere darauf an, den Zusammenhang von didaktischer Theorienbildung und Praxis mit den gesellschaftlichen, politischen und philosophischen Kräften und Entwicklungen aufzuzeigen. Das Zusammenspiel von Wissenschaftsorientierung, Demokratisierung und Interpretation des gesamtgesellschaftlichen Systems als einem offenen, d. h. veränderbaren Prozess, wurde mir dabei besonders deutlich.

In der bisherigen didaktischen Grundlagenliteratur fehlen weitgehend integrierte Darstellungen über Forschungen, den Zusammenhang von organisiertem Lehren und Lernen, Curriculum und Medien. Von dem entwickelten Didaktikverständnis her gehören diese Bereiche aber konstitutiv zu den vorgenannten Themenfeldern hinzu. Sie machen geradezu die praxisbezogene Probe auf die begrifflichen, geschichtlichen und theoretischen Grundlegungen aus. Das Forschungs- und das Medienkapitel präsentieren neben einem Überblick über den Stand der jeweiligen Forschungen Forschungsergebnisse, die einen Bezug zur Praxis haben. Sie sollen der empiriebezogenen Reflexion der Interaktionen und Rollendefinitionen in den Lehr- und Lernprozessen dienen.

Dem Bereich des Lehrens und Lernens ist ein breiter Raum gewidmet, denn er zählt zu den zentralen Feldern der Didaktik. Seine Bedeutung ist bereits in der Theoriediskussion zu erkennen und zieht sich durch alle anderen Kapitel. Dem Unterricht wurde kein eigenes Kapitel gewidmet. Hierüber ist vielfältige Literatur im Umlauf. Das Phänomen des Unterrichts wurde als eine Form des organisierten Lehrens und Lernens bestimmt und neben den Formen Lehrgang und Projekt abgehandelt. Auch in diesem Kapitel kam es mir wieder darauf an, die Vielfalt theoretischer Ansätze und Begründungszusammenhänge für Lehren und Lernen zur Geltung zu bringen. Vor allem war es mir wichtig, die Einbettung der Lehr- und Lernprozesse in das Enkulturations- und Sozialisationsgeschehen zu leisten. Damit wurde ein kulturanthropologischer Horizont zu eröffnen versucht, der die Lerntheorien in ihrer Monopolstellung als Grundlage zu Analyse und Planung von Unterricht relativiert.

Der Curriculumdiskussion wurde ein eigenes Kapitel gewidmet. Dabei geht es nicht um Erneuerungen durch Theorien und Taxonomien, sondern um die Herausarbeitung der zentralen Rolle der Lehrenden im Gesamtprozess der Curriculumentwicklung.

Das Buch ist mit der Grundintention geschrieben, die Vielfältigkeit didaktischer Ansätze in den verschiedenen Bereichen aufzuzeigen, komplizierte und divergente Sachverhalte geordnet darzustellen, die Diskussionen auf ihre Quellen zurückzuführen und den Lesern und Leserinnen aufzuschließen. Dabei wurde jede Fundstelle oder jeder literarische Beleg sofort im Text mit der Quellenangabe gekennzeichnet. Dieses Verfahren fördert das verstehende Lesen, und es vermag den Zugang zu eigenem Quellenstudium zu eröffnen. Die Texte sollen zum Nach-Denken und Nach-Forschen anregen. Auf Grafiken, die Gedanken verdeutlichen sollen, wurde grundsätzlich verzichtet. Stattdessen wurde versucht, komplexe Gedankengänge in ihrer Grundstruktur zu erfassen und durch klare sprachliche Darstellung dem Leser und der Leserin plausibel werden zu lassen. Insofern dient das Buch auch einer vertiefenden und argumentativen Befassung mit den einzelnen Texten bzw. Textabschnitten und Kapiteln, die u. a. bei differenzierten und sorgfältigen Prüfungsvorbereitungen hilfreich sein können. Grafiken, die der Information oder der Aufhellung der Quellenlage dienen, werden selbstverständlich vorgestellt.

Ein Buch wie dieses kann nur in der lebendigen Auseinandersetzung und Diskussion und in der Zusammenarbeit mit kritischen Helfern und Helferinnen entstehen. Ihnen allen drücke ich auf diesem Wege meinen Respekt vor ihren Beiträgen und meinen Dank für ihre Unterstützung aus: Zunächst Herrn Karl Münster vom Reinhardt Verlag, der mich zum Schreiben dieses Buches nicht nur ermuntert, sondern auch bei dieser Arbeit auf vielfältige Weise unterstützt hat; der Lektorin Frau Hildegard Deppenkemper, die das Entstehen des Manuskripts ebenso kritisch begleitet hat wie Frau Annette Leicht-Kron und Frau Robyn Woodward-Kron; meiner Frau, ohne deren kritische Diskussionspartnerschaft und Computerarbeit kein Manuskriptteil das Haus verlässt; meinen studentischen Mitarbeiterinnen Frau Kirsten Becker und Frau Carmen Niemann, denen kein Weg zu steinig war, die Vielfalt der Recherchen zu bewältigen; meiner Sekretärin, Frau Lilo Schäfer, deren Hilfe bei der Erstellung von Manuskriptteilen unentbehrlich war; den Frauen Lisa Holub, Marlies Jungkenn sowie Herrn Ludwig Leicht für ihre Unterstützung beim mehrmaligen Korrekturlesen; den Mitgliedern meiner Arbeitsgruppe „Anthropologie und Schule", den Herren Dr. Ulrich Aselmeier, Dr. Christian Beck, Dr. Günter Vogel und Frau Uta Keßling, für kritische Unterstützung und Betreuung dieses Vorhabens; den Kollegen und Freunden Karl Pohl und Gerhard Velthaus (Universität Mainz), Hanan Bruen und Miriam Ben-Peretz (Universität Haifa), Witold Tulasiewicz (Universität Cambridge). Nicht zuletzt gilt mein Dank allen an den Umfragen und Interviews beteiligten Lehrern, Lehrerinnen, Auszubildenden, Ausbildern und Studierenden.

Ich schicke dieses Buch nun auf die Lesereise. Dabei bin ich mir im Klaren darüber, dass auch dieser Text selektiertes, aber hoffentlich immer begründetes und damit kritisierbares Wissen und Denken präsentiert. Für Anregungen, Ergänzungen, Hinweise und Verbesserungen in der Sache bin ich dankbar.

Mainz, im Januar 1993   Friedrich W. Kron

Hinweise zur Arbeit mit diesem Buch

(1) Marginalien: Sie sind Bemerkungen am Rand eines laufenden Textes. Ich verwende zwei Arten von Marginalien: Symbole und Wörter. Die Symbole sollen den Lesern „ins Auge fallen" und sie zum Lesen anreizen. Die Wörter haben die Funktion von Leitbegriffen, deren Erklärung im Text zu finden ist.

Die angegebene **Literatur** dient der Vertiefung der im Text angesprochenen Thematik. Sie kann benutzt werden, wenn das Thema z. B. Gegenstand eines Referates oder einer Hausarbeit ist.

In einem **Schlüsselbegriff** (engl. keyword) ist ein komplexer Gedanke auf den Punkt gebracht. In der Logik und im wissenschaftlichen Arbeiten bilden die Begriffe die Basis für die Formulierung von Urteilen, Schlussfolgerungen, Hypothesen, Theorien. Schlüsselbegriffe sollte man lernen und im eigenen gedanklichen Netzwerk verorten. Ihre Kenntnis ist die beste Vorbereitung für Prüfungen, Klausuren und Diskussionen.

Unter einer **Definition** (lat. Begrenzung) wird im allgemeinen Wissenschaftsverständnis die Darstellung eines Begriffs (z. B. auch eines Schlüsselbegriffs) verstanden, in dem seine wichtigsten Merkmale aufgezählt werden. Daher wird eine Definition stets in Form eines Satzes oder mehrerer Sätze ausgedrückt.

Beispiele dienen der anschaulichen Erläuterung und mögen anregen, Ideen für die eigene Praxis zu entwickeln.

(2) In den **Kästen** werden zum einen am Anfang eines jeden Kapitels die Intentionen skizziert, die in den einzelnen Kapiteln thematisiert werden. Im laufenden Text präsentieren sie zusätzliche „auf den Punkt" gebrachte Informationen.

1.0 Erste Zugänge zum Fach

Im ersten Kapitel wird die Erfahrungsebene der Leser und Leserinnen thematisiert. Dies geschieht auf sechs Zugängen. Die dabei präsentierten Aussagen, Darlegungen, Dokumentationen und Erkenntnisse können zum Anlass genommen werden, die eigenen Erfahrungen zu reflektieren. In der Seminararbeit können die einzelnen Perspektiven auch zur Einführung in das Gesamtthema Didaktik benutzt werden.

1.1 Stimmen aus der Praxis

1.1.1 Äußerungen von Lehrern und Lehrerinnen

„Was heißt für Sie ‚Didaktik'?" Diese Frage wurde ca. 50 LehrerInnen vorgelegt. In offenen Interviews hatten sie die Möglichkeit zur Stellungnahme. Im Folgenden werden einige Aussagen von Lehrern und Lehrerinnen vorgestellt und z.T. mit kurzen Kommentaren versehen.

(1) *Grundschullehrerin (43 J.):* Zum Beginn des Interviews trägt die Lehrerin eine professionalisierte „Normal"-Definition von Didaktik vor. Unter Didaktik werde das „Was" vom Unterricht, unter Methodik das „Wie" verstanden. Beide Auffassungen gehörten für sie zusammen wie die beiden Seiten ein und derselben Medaille. Im Fortgang des Gesprächs erzählt sie, dass sie ein erstes Schuljahr habe, in dem über ein Drittel der Kinder verschiedenen Nationen angehörten. Bei der Einführung des Buchstabens „U" verbänden diese – und die anderen Kinder ebenso! – mit dem Laut „U" ganz unterschiedliche Spracherfahrungen. Unter dem Wort „Uhu" verstünden einige Kinder einen Vogel, andere einen Kleber, wieder andere „etwas Gelbes Langes zum Riechen"; schließlich wüssten einige Kinder mit dem Wort überhaupt nichts anzufangen. Sie müsse daher jedes Kind zu Wort kommen lassen. Die Einführung in den Buchstaben „U" am Beispiel des Wortes „Uhu" bedeute daher für jedes einzelne Kind die Aufarbeitung und Herausarbeitung seiner eigenen kulturellen Erfahrung. Ihr Unterricht müsse also eine Art von kulturellem Konsens aller Kinder zum Ziel haben. Dieser bilde dann die Grundfolie für weiteres systematisches schulisches Lernen. So gesehen, bedeute für sie Didaktik die Fähigkeit, auf die kulturelle und soziale Situation der einzelnen Kinder einzugehen.

Nach einer Denkpause ergänzt die Lehrerin diese Aussage: Sie sei für die Kinder in erster Linie nicht eine Lehrperson, sondern eine Bezugsperson. „Ich bin Entertainerin, Trösterin, Mama, Pflegerin, Therapeutin, alles in einem und immer zuerst. Sind die persönlichen Dinge klar, dann werden die Kinder ruhig und lernbereit. Ich helfe ihnen, die Welt positiv zu sehen. Wenn es im Sommer regnet, sage ich, wie gut, dass es dabei warm ist. Wenn die Kinder glücklich sind, dann kommen sie. Dies ist mein didaktisches Grundkonzept." Mit Lehren und Lernen habe diese Tätigkeit allerdings sehr viel zu tun. Sie nämlich bilde die Grundlage dafür, dass Kinder mit den Lernangeboten des Unterrichts überhaupt in eine positive Beziehung eintreten und ihrer Tätigkeit und den darin bearbeiteten symbolisch vermittelten kulturellen Inhalten persönliche Bedeutung beilegen könnten. Diese Tätigkeit sei zudem selbst ein kultureller Lernprozess. Didaktik, so begründet sie schließlich, sei „das Herstellen von sozialen und kulturellen Beziehungen und die Hilfe zum Durchhalten".

Als größte Hindernisse zur Verwirklichung ihres didaktischen Konzepts bezeichnet die Lehrerin den starren Lehrplan, die überfüllten Lehrpläne, den daraus entstehenden Zeit- und Leistungsdruck sowie das quantitative Konkurrenzdenken der Kollegen – „Auf welcher Seite bist du in der Fibel?"

(2) *Gymnasiallehrerin, Fach: Bildende Kunst (42 J.):* Unter Didaktik verstehe sie die „schülergemäße Aufbereitung des Stoffes, leicht zum Lernen und für viele Schüler geeignet". Mit dieser nachdenklich vorgetragenen Bestimmung beginnt die Lehrerin ihre Darlegungen. Der „Stoff" für die einzelnen Schuljahre sei für alle Fächer lehrplangebunden. In ihrem Fach aber werde ein Themenkatalog angeboten. Diesen transformiere sie in Bezug auf die jeweilige Jahrgangs- und Unterrichtssituation einer Klasse. In der Chance zur selbstständigen fachlichen Interpretation und Realisation der einzelnen Themen liege deshalb auch – gegenüber den Kollegen anderer Fächer – ihre Freiheit, obwohl sie manchmal auch gerne ein Buch als Grundlage ihres Unterrichts verwenden würde, das für alle Schüler bzw. Schülerinnen verbindlich sei. Wenn sie aber buchähnliche Medien einsetze, dann müsse sie Exzerpte aus Fachbüchern vorbereiten.

Die Lehrerin hebt im Laufe des Gesprächs zwei Grundwidersprüche ihres Handelns hervor. Zum einem sei dies der Widerspruch zwischen Planung bzw. eigenen Vorstellungen und Intentionen von Unterricht und der Wirklichkeit sowie den Resultaten ihrer Bemühungen. Zum anderen begleite sie seit ihrer Ausbildung der Widerspruch zwischen Unterricht als Aktion mit Großgruppen bis zu 30 Schülern und dem Interesse und Anspruch des einzelnen Schülers bzw. der Schülerin. In der Praxis einer zweckrational organisierten Schule würden diese Dilemmata allerdings stets funktionalisiert, d. h. sie müsse sich dann dem so genannten Leistungsprofil der Schule unterwerfen, um system-adäquate Leistungen ihrer Klassen – z. B. in Form von öffentlichen Ausstellungen – vorzeigen zu können, individuelle Begabungen und Ansprüche dagegen vernachlässigen bzw. unterdrücken. Was sie eben in Bezug auf die Schule festgestellt habe – so schließt sie das Gespräch ab – dies gelte auch hinsichtlich ihrer eigenen Person.

(3) *Realschullehrerin, Fächer: Evangelische Religion, Deutsch, Geschichte (39 J.):* Auf die Einleitungsfrage lacht die Lehrerin spontan hell auf. Nach einer langen Pause sagt sie: „Didaktik, das ist etwas fürchterlich Theoretisches." Nach einer weiteren Pause fährt sie fort, dass ihr aber „etwas Didaktisches" wohl in Fleisch und Blut übergegangen und von ihr selbstständig verarbeitet worden sei. Sie vermute, dass sie eine eigene versteckte Didaktik habe. Diese gründe wahrscheinlich auf dem Zwang, der während der zweiten Phase ihrer Ausbildung von den Fachseminarleitern auf sie ausgeübt worden sei. Damals hätte sie die verschiedensten Modelle der Didaktik „bimsen" müssen. Nun habe sie aber ihr eigenes Modell. Dieses sei durchaus dynamisch und werde für jedes Fach oder für jede Unterrichtseinheit modifiziert.

Auf die Nachfrage, ob sie dieses Modell darstellen könne, antwortet die Lehrerin, dass sie „ihr" Modell nicht ausdrücklich machen könne; es sei denn, es würde aus ihr herausgefragt. Schön wäre dies allerdings, denn dann käme zutage, dass sie doch eine didaktische Theorie habe – und sogar eine eigene! – und diese sei sogar aus ihrer eigenen Praxis erwachsen!

(4) *Gymnasiallehrer, Fächer: Englisch und Mathematik (47 J.):* „Didaktik ist für mich die Kunst des Lehrens, die Inhalte pädagogisch aufzubereiten, d. h. die Adressaten im Hinterkopf zu haben. Am Beispiel der Mengenlehre kann ich das verdeutlichen: In den Lehrbüchern ist Mengenlehre eine spezifische Form von Logik. Die hat aber mit der operativen Logik der Kinder in ihrer jeweiligen Entwicklungsstufe nichts gemeinsam. Diese Art, Mathematik zu lehren, geht an den Chancen vorbei, die die Kinder den Lehrern anbieten. Umgekehrt wird eine Ideologie der Mengenlehre daraus, die nichts mehr mit den Kindern, mit Herz, Kopf und Hand zu tun hat."

1.1.2 Stellungnahmen von Seminarleitern und Seminarleiterinnen, Referendaren und Referendarinnen sowie Studierenden

Die gleiche Frage, die den LehrerInnen gestellt wurde, lag auch den Stellungnahmen von SeminarleiterInnen und ReferendarInnen zugrunde.

(1) *Studiendirektor und Seminarleiter für berufsbildende Schulen, Abteilung Sozialwesen (40 J.):* Nach langem Schweigen fragt er vorsichtig zurück: „Vielleicht heißt Didaktik, die Welt sortieren. Strukturen erkennen?" Nach einer Pause erläutert er gleichsam seine selbstgestellte Frage, indem er deutlich macht, dass Didaktik eine Tätigkeit sei, in der ein Lehrer einen Bildungsgang für seine Schüler bzw. Schülerinnen organisiere. Diesen „Gang" müsse er z. B. auch bei der Arbeit an einem Lehrplan in einer Lehrplankommission in einem allgemeinen und abstrakten Sinne konzipieren. Aber vor der Klasse werde dieser „Gang" angesichts der unterschiedlichen Schüler und Schülerinnen konkret. Aus dieser Spannung von allgemeinem und individuellem Lernen heraus, die für ihn nicht aufgelöst werden könne, lebe seine berufliche Tätigkeit. Diese sei also – banal gesprochen – Lehren; das heiße: Lernen für einzelne Menschen zu organisieren. Insofern mache Lehren und Lernen eine unaufhebbare Spannung aus. So wisse man als Lehrer z. B. eigentlich nie genau, ob man in einer Stunde oder im Laufe eines Schuljahres mit den Schülern und Schülerinnen an die intendierten Ziele gekommen sei. Gewiss seien Erfolge zu beobachten: bei den Schülern ein Zuwachs an Wissen, Fertigkeiten, Erkenntnis, Denken; aber auch bei ihm: ein Zuwachs nämlich an Zurückhaltung, eine Klasse gleichmäßig und gleichförmig fördern zu wollen. Insofern sei Didaktik jedem Lehrer als eine spannungsvolle Aufgabe aufgegeben. Er könne sich aus dieser weder existenziell noch professionell entlassen.

(2) *Fachseminarleiterin für Katholische Religion an Grundschulen (45 J.):* Nach einigem Zögern bekennt die Seminarleiterin, dass das Wort Didaktik nicht in ihrer Alltagssprache vorkomme. „Bis ich Seminarleiterin wurde, hatte der Begriff eine vage Bedeutung; erst dann habe ich mich näher mit dem Gebiet befasst." Sie berichtet, dass sie sich dann eingehend mit „Theorien und Modellen der Didaktik" befasst habe, um „sattelfest" zu werden. Sie habe sehen gelernt, dass die Allgemeine Didaktik eine notwendige „Bezugsgröße" für ihre Fachdidaktik sei. Auch wenn die Theorien und Modelle nicht in ihre eigene Praxis oder die der ReferendarInnen umzusetzen seien, so sei die Auseinandersetzung mit Didaktik ein notwendiger theoretischer Vorlauf, um in der Praxis kreativ arbeiten zu können. So sei das Abweichen von einem didaktischen Planungsmodell nur möglich, wenn man einen theoretischen Hof habe, sonst seien alternative Handlungen wie „Versuch und Irrtum". Bei aller fachwissenschaftlichen und fachdidaktischen Ausrichtung von Unterrichtsplanung und Unterrichtspraxis müsse aus den genannten Gründen der Bezug zu umfassenderen didaktischen Theorien und Konzepten gewahrt werden. Dies sei jedoch den ReferendarInnen nur sehr schwer zu vermitteln.

(3) *Referendarin für Sonderschulen (28 J.):* Die junge Frau äußert sich zunächst empört über die Ausbildungssituation. Sie hält Theorien und Modelle der Didaktik für überflüssig. Diese verstellten eher die Unmittelbarkeit ihres Verhältnisses zu den Kindern, als dass sie dieses befördere. Zudem sei jede Vermittlung von Stoff autoritär. Die Seminarleiter und -leiterinnen versteiften sich oft auf lediglich ein didaktisches Konzept und setzten dies auch autoritär durch. Alternativkonzepte ließen sie nicht gelten. In tiefer Betroffenheit schließt sie die längeren, stark emotional geführten Äußerungen ab: „Didaktik ist etwas Unangenehmes. Ich werde kein Buch mehr über Didaktik lesen." Auf die inhaltliche Seite von Didaktik angesprochen, betont sie mehrmals das „anthropologische Primat", auf das hin die Sachverhalte, Ziele, Methoden und Medien des Unterrichts hin geordnet bleiben müssten. In ihrer Tätigkeit als Sonderschullehrerin müsse sie das konkrete Ziel, z. B. „Jennifers Eigenentwicklung", sehen; wenn Jennifer z. B. bei einem Spielangebot „ich will" sagte, dann hätte sie sich ihre eigene Aufgabe aus dem Lehrangebot herausgesucht und für sich verbindlich gemacht. Sie betont, dass dieses Beispiel das Primat der Anthropologie erläutere, und sie ergänzt, dass die fachlichen Angebote im Dienst dieser Subjektorientierung ihrer Lehrertätigkeit stünden. „Jeder Lehrer muss diesen Weg aber selbst suchen, täglich. Eine Didaktik als Vorschrift gibt es da nicht!"

(4) *Referendarin, Sekundarstufe I in England, Fächer Englisch als Muttersprache und Deutsch (26 J.):* „Das Wort Didaktik ist für mich autoritär. Wir sprechen in England von Curriculum oder von Syllabus." Die junge Lehrerin, die auch in Deutschland studiert und in der Volkshochschule unterrichtet hat, hebt hervor, dass ein Syllabus ein für ein bestimmtes Fach „gesetzter" Lehrplan sei. Dieser enthalte die wichtigsten Themen, von denen ein von der Regierung eingesetztes Gremium meint, dass sie zu den kulturellen Grundthemen gehörten, mit denen sich ein junger Mensch befasst haben sollte, um gesellschaftlich handlungsfähig zu werden. Dieser Katalog sei in der Regel nicht sehr umfangreich, gelte aber für sie als Leitfaden, den sie vor Ort in „ihr" Curriculum umsetze. Dieses Curriculum sei von ihr persönlich für ihre SchülerInnen gemacht: „was, wie, warum, womit" sie lernen sollten. Dieses Curriculum sei stets neu, denn es müsse „school based" oder „classroom based" sein. In einem Fall müsse sie ihr Curriculum mit den curricularen Vorstellungen anderer Kollegen abstimmen, im anderen Fall sei sie frei, „voll auf die Kinder einzugehen". Dennoch sei für sie der Sprachunterricht „language education" und nicht „language instruction". Sie frage sich daher primär: „Was sollen meine Schüler können?" und nicht: „Wie bekomme ich die Inhalte durch?" Zur Realisierung dieser Grundintention ihres Unterrichts seien allerdings viele Übungen notwendig und sinnvoll, die aber den Schülern „Spaß machen" müssten. Hierzu seien u. a. gute „papers", Exkursionen, sprachliche Begegnungen mit Menschen aus verschiedenen sozialen Schichten eine gute Hilfe; aber auch Comics, Jugendzeitschriften oder Kinoplakate für den Deutschunterricht.

(5) *Studierender, Lehramt: Englisch, Politik (6. Sem.):* „Ich habe die Begriffe Didaktik oder Fachdidaktik schon gehört, weiß aber nicht genau, was sie bedeuten. Sie müssen etwas mit Lehren und Lernen oder Unterricht zu tun haben. Wahrscheinlich ist Didaktik etwas Theoretisches. Zwei Seminare muss ich noch hierfür belegen. Offen gestanden, ich würde lieber lernen, in meinen Fächern gut zu unterrichten. Vielleicht ist Fachdidaktik dann doch etwas Wichtiges: gute Sachen gut verkaufen?"

(6) *Studierende, Lehramt: Französisch, Mathematik (8. Sem.):* Auf die Frage geht die Studentin behutsam ein. Didaktik sei eine Wissenschaft, die sich mit den Problemen der Vermittlung von Inhalten befasse; die die schulischen Bedingungen untersuche, um Verbesserungsvorschläge für das Unterrichtshandeln zu machen. Mit der Didaktik sei es vielleicht wie mit der Medizin: „Man untersucht Menschen und ihre Vermittlungsprozesse, entdeckt Fehler (= Krankheiten und ihre Erreger), setzt Mittel (= Medikament) ein, um die Fehler zu beheben, um die Menschen wieder in normale Prozesse (= Gesundheit) überführen zu können." Kranke Menschen sollen gesund werden. Schüler sollen lernen, sich zu bilden (= gesund werden).

1.1.3 Darlegungen aus dem Fort-, Weiter- und Erwachsenenbildungsbereich

Dieser Bereich stellt sich komplexer dar als der Schulbereich. Er spannt sich z. B. von den außerschulischen Lehr- und Lernveranstaltungen des Staates, der Kirchen und Jugendverbände aller Trägerschaften, der Parteien, der Industrie- und Handelskammern sowie der bekannten Einrichtungen der Erwachsenenbildung bis hin zur innerbetrieblichen und innerbehördlichen Aus-, Fort- und Weiterbildung. Nicht zuletzt gehört dazu auch der Bereich der Fort- und Weiterbildung der LehrerInnen. Aus dieser Vielfalt werden im Folgenden exemplarisch die Auffassungen einiger Lehrender und Funktionsträger über Didaktik vorgestellt, die in Interviews ermittelt worden sind.

(1) *Der Geschäftsführer des Bildungszentrums eines Weltkonzerns der Versicherungsbranche (35 J.):* Er ist der Auffassung, dass Führungskräfte in Wirtschaft und Industrie im Rahmen ihrer Führungsaufgaben und -fähigkeiten auch didaktische Fähigkeiten besitzen müssen und didaktische Führungsaufgaben zu übernehmen haben. Er begründet seine Ansicht damit, dass auch die Inhalte, die in seiner Branche vermittelt werden, 1. kulturelle Inhalte oder gar Güter seien; 2. dass deren Vermittlung in der Gegenwart nicht mehr allein unter dem Gesichtspunkt der Gewinnmaximierung und/oder der Risikominimierung und damit – in Bezug auf die Abnehmer – rein zweckrational oder instrumentell verstanden werden dürfte, sondern dass 3. angesichts der Komplexität, z. B. der ökonomischen, ökologischen und politischen Entwicklungen, die Vermittlung von Versicherungspolicen selbst zum Vermittlungsproblem geworden sei und als solches aufgefasst werden müsse. Globales didaktisches Denken sei daher angesagt.

Folgende didaktisch relevante Themen zur Behandlung in Seminaren für Funktionsträger in Führungspositionen hält er für wichtig:

- Funktionen des Lehrens und Lernens im Rahmen umweltorientierter Unternehmensgestaltung
- strukturelles Lernen von Mensch und Organisation
- kreatives Lernen
- Sinnzusammenhang mit dem Ganzen
- Probleme der individuellen Verantwortung
- interdisziplinäre Didaktik
- Synopse aggregierten Fachwissens
- Regeln dafür
- ganzheitliche Bewältigung von Risikosituationen in und um Unternehmen
- Bildung von Top-Management und deren Nachwuchs
- globales Denken
- Risiko und Wagnis
- Risiko und Werkswagnis.

(2) *Der Dozent eines innerbehördlichen Ausbildungszentrums für Rechtspfleger (57 J.):* Er bedauert zunächst seine mangelnde didaktische Professionalität. Sodann berichtet er über seinen Unterricht. Er bereite seine Kurse zwar nicht besonders intensiv vor, aber dennoch arbeiteten die KursteilnehmerInnen sehr gut mit. Auch habe die letzte Notenkonferenz bei den Dozenten eine hohe Übereinstimmung in der Leistungseinschätzung gezeigt. Offenbar seien die Teilnehmer mit ihren Dozenten zufrieden. Allerdings könne er sich diesen Widerspruch zwischen seiner mangelnden didaktischen Qualifikation und seiner und der Kollegen Erfolge nicht erklären. „Alles klappt, die Teilnehmer haben gute Noten und wir noch nicht einmal eine Ausbildung, geschweige einen Lehrplan."

Im Anschluss an diese Ausführungen werden Einsichten entwickelt, die als Hypothesen verstanden werden können, mit deren Hilfe der offenbare Widerspruch aufseiten des Befragten erklärt werden kann:

– Alle Lehrenden sind Praktiker, die in denjenigen Gebieten, die sie lehren, auch aktiv beruflich tätig sind. Vielleicht liegt in dieser Tatsache ein Schlüssel zur Erklärung des obigen Zitats. Durch die Verknüpfung von Theorie und Praxis, die in ihrer Person und Tätigkeit repräsentiert wird, erscheinen die Dozenten und Dozentinnen den KursteilnehmerInnen besonders kompetent und glaubwürdig. Außerdem mögen die TeilnehmerInnen den Lehrenden unterstellen, dass das, was sie lehren, auch für die Praxis – und somit für ihr eigenes zukünftiges Arbeitsfeld – bedeutsam sein kann oder sogar ist. Von diesem positiven, subjektiven Bewertungsmaßstab her gesehen mag ihre hohe Leistungsmotivation zu erklären sein, die der Dozent beschreibt. Die DozentInnen erscheinen für die TeilnehmerInnen als Repräsentanten und Garanten der Bedeutsamkeit ihrer zukünftigen Tätigkeit. Sie vermitteln neben den praxisrelevanten Inhalten zugleich auch die Zuversicht, die neue und ungewisse berufliche Tätigkeit meistern zu können.

– Da kein offizieller, formeller Lehrplan besteht, arbeiten die DozentInnen mit einem informellen Curriculum. Die Tatsache, dass sie alle die zukünftigen Praxisfelder der KursteilnehmerInnen repräsentieren, und das Faktum, dass sie in ihrer Lehre Theorie und Praxis in glücklicher Weise verbinden, mag als die Grundlage für die Funktion der informellen Curricula und für das Gelingen des Lehr- und Lernprozesses angesehen werden.

(3) *Das „Wissenschaftliche Institut für Schulpraxis der Freien Hansestadt Bremen":* Es bietet ein sehr reichhaltiges und differenziertes Fort- und Weiterbildungsangebot an. Als das bemerkenswerteste Angebot kann die „Didaktische Beratung" angesehen werden. Diese kann von

„jeder Lehrerin und jedem Lehrer in Anspruch genommen werden. Im Rahmen der Beratungen ist es möglich, Informationen über schulische Probleme auszutauschen oder aber auch Fortbildungsveranstaltungen einzuleiten. Die Beratungen dienen darüber hinaus auch der Nutzung der ... Bibliothek, ... der Materialauswahl und Empfehlung".

Das Beratungsangebot umfasst alle Schulfächer, erziehungsrelevante Bereiche, wie z. B. integrative Pädagogik und offenes Lernen, und den Medienbereich. Eine handlungs- und unterrichtsorientierte Veröffentlichungsreihe unterstützt die Bemühungen der LehrerInnen, auch auf aktuelle Themen im Unterricht einzugehen, mit Informationen und didaktischen Hilfen.

(4) *Eine Abteilung des „Staatlichen Instituts für Lehrerfortbildung" (SIL) in Rheinland-Pfalz:* Diese Einrichtung bietet im didaktischen Bereich einen reichhaltigen Themenkatalog an. Im Folgenden werden einige Beispiele vorgestellt.

Allgemeine Didaktik

„Öffnung der Schule, Offener Unterricht, Schulleben, Differenzierung im Unterricht, Leistungsbeurteilung, Freiarbeit, Projektarbeit, Kooperation/Teamarbeit, Integration von Minderheitengruppen, außerschulische Lernorte ..."

Fachdidaktik

„Integrierte Förderung von beeinträchtigten Schülern in allen Fächern, Lernen in Handlungs-Aufgabenfeldern, Erfahrungsbereichen in allen Fächern, integrativer Deutsch-Sach-Mathematikunterricht, Schuldruckerei ..."

Bereichsdidaktik

„Gemeinsamer Unterricht mit Behinderten, pädagogische Weiterentwicklung der Sonderschule, institutionelle Schulentwicklung, Kooperation allgemeinbildender mit berufsbildenden Schulen ..."

1.1.4 Schlussfolgerungen

Die Darlegungen zeigen eine Vielfalt von Auffassungen von Aufgabenbereichen und Anwendungsfeldern der Didaktik.

(1) Grundsätzlich ist festzustellen: Alle Lehrenden geben in ihren Stellungnahmen eine implizite oder explizite „Theorie" von Didaktik wieder, mit der sie ihre Tätigkeit begründen oder erklären bzw. mit der sie arbeiten.

(2) In den verschiedenen Praxisfeldern mit ihren unterschiedlichen Aufgaben und Funktionen erhält die Didaktik ihre jeweils spezifische Ausformung.

Im Schulbereich konkretisiert sich Didaktik in einem weiten Feld von Ausdrucksformen: von engagiertem unterrichtlichem Alltagshandeln über routinierte und rationale Unterrichtung eines Faches bis hin zur engagierten und reflektierten Auseinandersetzung mit Curricula sowie den Hauptakteuren und deren sozialen und individuellen Bedingungsfeldern.

In der zweiten Phase der Lehrerbildung wird Wert auf den Erwerb von Handlungskompetenzen gelegt: z. B. das Organisieren von Unterricht, das Unterrichten und Erziehen, das Beraten und Beurteilen als dienstliche Pflichten und schulische Aufgaben wahrzunehmen; wissenschaftliche Erkenntnisse als Lösungspotenzial auf praktische Anforderungen anzuwenden; das Schulwesen in seinem gesellschaftlichen und individuellen Zusammenhang aktiv zu durchschauen.

Der Fort-, Weiter- und Erwachsenenbildungsbereich zeigt sich als ein großes Feld didaktischer Anfragen, Experimente und Entwicklungen. Scheint im Schulbereich die didaktische Dynamik eher durch festgezurrte Organisationsformen und Lehrplanpakete unterdrückt zu werden, so kommt sie in der Bildungsarbeit mit Erwachsenen eher zum Tragen und führt dort zu fruchtbaren Innovationen. Dies ist insbesondere an den neuen Formen „Train the Trainees" und „Blended Learning" in Wirtschaft und Industrie zu beobachten.

(3) Der Didaktik wird von den meisten Vertretern der Praxis das wissenschaftliche und ideologische Potenzial zugesprochen, Lehren und Lernen – unter welcher Zwecksetzung auch immer – zu optimieren bzw. Probleme der Organisation von Lehr- und Lernprozessen zu lösen und zu legitimieren.

(4) Die Befragungen sowie die Fragebogenaktion lassen u. a. folgende Trends erkennen:

- Je jünger die Befragten sind, umso aggressiver haben sie auf das Wort Didaktik reagiert.
- Je älter die Befragten sind, umso differenzierter fielen die Antworten aus. Folgende Differenzierungen wurden vorgetragen:
    - LehrerInnen trennen Didaktik von Methodik. Sie sind der Auffassung, dass sie primär methodisch denken und auch handeln.
    - LehrerInnen betonen die Notwendigkeit von „Vorbildern" für die Praxis.
    - LehrerInnen heben die eigene, von ihnen selbstständig bearbeitete didaktische Theorie hervor, die ihrer Praxis vorauslaufe und die zugleich aus derselben abgeleitet werde.

- SeminarleiterInnen identifizieren sich häufig mit den in der Literatur transportierten „Grundmodellen der Didaktik".

- AusbilderInnen, insbesondere aus den nicht-schulischen Bereichen, halten eine Didaktik für eine unerlässliche Voraussetzung sowohl in Bezug auf ihre eigene berufliche Tätigkeit als auch hinsichtlich der Qualifizierung ihrer Klientel. Sie bedauern häufig ihre didaktische Inkompetenz.

1.2   Das Fach in Studien- und Prüfungsordnungen

Studienordnung

In Studienordnungen sind die Inhalte eines Faches oder Lehrgebietes dargestellt, mit denen sich die Studierenden im Laufe ihres Studiums befasst haben müssen.

Prüfungsordnung

Daneben gibt es noch Prüfungsordnungen. In diesen sind jene Themenfelder und Themen zusammengestellt, die im Verlauf der Vor- oder Abschlussprüfungen angesprochen werden müssen. In ihnen begegnen die Studierenden von Anbeginn ihres Studiums an einem zentralen Gegenstandsfeld der Didaktik: dem Curriculum bzw. Lehrplan. Bereits hier tauchen Fragen hinsichtlich des Umfangs der Inhalte und der Zielsetzungen, der Begründung und Sinnfälligkeit derselben, der Verteilung der Inhalte auf die Studiendauer, der Vermittlung und der Berücksichtigung der eigenen Vorstellungen, Erfahrungen und Interessen sowie der organisatorischen und institutionellen Bedingungen auf. Es gehört zu den hochschuldidaktischen Grundübungen, diese Fragen ausdrücklich zu machen, einmal zur eigenen Selbstvergewisserung (Schülein 1977), aber auch um das eigene Vorverständnis von Didaktik weiter zu entwickeln.

Tab. 1:
Studien- und Prüfungsbereiche in Pädagogik und die Stellung der Didaktik

1. *Pädagogische Anthropologie und gesellschaftliche Voraussetzungen der Erziehung und Bildung*
2. Theorien der Erziehungsprozesse und der Sozialisation
3. *Institutionen und Organisationsformen von Erziehung*
4. *Allgemeine Didaktik und Curriculumentwicklung*
5. Entwicklungspsychologische Fragestellungen
6. Erziehungswissenschaft
7. *Lernen, Denken, Motivation*
8. *Empirische Forschungsmethoden*
9. Historische Pädagogik
10. *Erziehung und Unterricht als Praxis*
11. Wissenschaftstheoretische Grundlagen
12. Allgemeine Sonderpädagogik
13. *Grundschulpädagogik*
14. Praktische Philosophie der Erziehung
15. Medizinische Grundlagen der Erziehung.

Tab. 2:
Themenbereiche
einer Studienordnung
für das Lehramt
an Gymnasien

„Im Verlaufe des Studiums müssen Grundkenntnisse aus den folgenden fünf Themenbereichen und vertiefte Kenntnisse in zwei dieser Bereiche erworben werden

1. Theorien der Erziehung und Bildung (einschließlich anthropologischer, historischer und gesellschaftlicher Voraussetzungen).

2. Allgemeine Didaktik (Theorien des Unterrichtens und des Lernens, Lehrplanentwicklung).

3. Struktur und Reform des Bildungswesens (mit Schwerpunkt Gymnasium und Gesamtschule).

4. Psychologische Aspekte des Erziehungshandelns (insbesondere soziale Beziehung und Interaktionen im schulischen Bereich, Entwicklung, Lernen, Leistung, Lern- und Verhaltensauffälligkeiten).

5. Soziologische Aspekte des Erziehungshandelns (Theorien der Sozialisation, insbesondere Jugendsozialisation und Sozialisation in der Schule, auch unter Berücksichtigung geschlechtsspezifischer Aspekte)."

Die Untersuchung einer größeren Anzahl von Studien- und Prüfungsordnungen mehrerer Hochschulen in verschiedenen Bundesländern zeigt, dass Didaktik in allen Ordnungen für ein Lehramt als ein eigenständiger Studien- und Prüfungsbereich im Fach Pädagogik bzw. Schulpädagogik erscheint. Tabelle 1 präsentiert einen Überblick über die aufgefundenen Themenfelder, nach ihrer Rang-

Tab. 3:
Themenfelder zur
Diplom-Vorprüfung
in Erziehungs-
wissenschaft

„a) **Allgemeine Erziehungswissenschaft 1:**
– Pädagogische Anthropologie und gesellschaftliche Voraussetzungen von Bildung und Erziehung
– Theorien der Erziehungsprozesse und der Sozialisation
– *Institutionen und Organisationsformen im Erziehungswesen*
– *Allgemeine Pädagogische Handlungskompetenz*

b) **nach Wahl der Kandidatin bzw. des Kandidaten**
Psychologie:
– Allgemeine Psychologie
– Entwicklungspsychologie
– Sozialpsychologie oder
– *Psychologie des Lehrens und Lernens*
oder Soziologie:
– Allgemeine Soziologie
– Soziologie der industriellen Gesellschaft
– Familiensoziologie oder
– Soziologie der Lebensalter".

Tab. 4:
Didaktik in den
Inhaltsbereichen
Erwachsenenbildung
und außerschulische
Jugendbildung

„– Theorien der Erwachsenenbildung

– Theorien der außerschulischen Jugendbildung

– Geschichtliche und gesellschaftliche Voraussetzungen

– Institutionen und Organisationen (einschließlich der Entwicklungsländer)

– *Didaktik und Methodik*

– Rechtliche Grundlagen".

folge geordnet. Die didaktisch relevanten Themen sind im Druck hervorgehoben. Die Themenfelder 1 bis 7 wurden in allen Studien- und Prüfungsordnungen in sinngemäßen Formulierungen angetroffen.

Aus der Tabelle geht unschwer der hohe Stellenwert der Didaktik hervor. Dieser zeigt sich u. a. darin, dass didaktische Fragestellungen – also Fragestellungen,

Tab. 5:
Didaktische
Themenfelder
Erwachsenenbildung

1. Allgemeine erwachsenenpädagogische Studieninhalte

   … „Interaktionsformen bzw. Interventionsformen in der Erwachsenenbildung/ Weiterbildung, z. B.

   – Unterricht, Lernhilfe, Animation;
   – Veranstaltungsformen, Arbeitsweisen und Medien;
   – Adressaten-, Zielgruppen- und Teilnehmerorientierung;
   – Lernen als altersstufenbezogene soziale Interaktion." …

2. Erwachsenenpädagogische Handlungskompetenz

   … *„Unterrichten, Informieren, Wissen vermitteln.*

   Diese besondere Befähigung konkretisiert sich im Tätigkeitsspektrum des professionellen Erwachsenenbildners, d. h. einerseits in der (zumeist recht begrenzten) eigenen Lehrtätigkeit und modellhaften Kursplanung sowie andererseits in der fachdidaktischen und erwachsenenpädagogischen Mitarbeiterfortbildung u. a. als

   – Adressatenanalyse und Bedürfniserhebung;
   – Lernzielbestimmung, Stoffauswahl, Methoden- und Medienwahl;
   – Curriculumentwicklung, -implementation und -evaluation;
   – Einführung von Baukastensystemen, Medienverbundsystemen und Fernstudien- bzw. Selbstlernmöglichkeiten;
   – Diagnose von Lerngruppensituationen;
   – Einsatz teilnehmeraktivierender und kooperationsfördernder Arbeitsweisen;
   – Lernkontrolle und Lernberatung;
   – Weiterentwicklung der Prüfungsformen und -kriterien;
   – Einführung begleitender Veranstaltungskritik;

   Ferner verwirklicht sich diese Handlungskompetenz in Berichten an andere Instanzen, die Öffentlichkeit, Presse usw., in der Kommunikation mit gesellschaftlichen Gruppierungen im Umfeld, in der Werbung für neue, ungewohnte Bildungsangebote." …

die das Lehren und Lernen, mithin den kulturellen und sozialen Vermittlungsprozess betreffen – in den Mittelpunkt der Betrachtung rücken.

Anschließend werden zwei „Ordnungen" vor Ort vorgestellt, in denen die Didaktik und didaktische Themenfelder eine erkennbare Rolle spielen. Es handelt sich dabei um die „Ordnung für das Studium der Erziehungswissenschaft im Studiengang Lehramt an Gymnasien an der Johannes Gutenberg-Universität Mainz vom 27. November 2001" (Tab. 2) und um die „Ordnung für die Diplomprüfung in Erziehungswissenschaft an der Johannes Gutenberg-Universität Mainz vom 21. November 2001" (Tab. 3, die didaktisch relevanten Themen sind im Druck hervorgehoben).

Eine thematische Differenzierung des Curriculumbereichs „Erwachsenenbildung" wurde in der „Rahmenordnung für die Diplomprüfung in Erziehungswissenschaft" von der Westdeutschen Rektorenkonferenz bereits 1988 beschlossen, wie die Tabellen 4 und 5 anschaulich machen.

1.3   Die Rolle der Didaktik in der „zweiten Phase" der Lehrerbildung

Nach dem Hochschulexamen für ein Lehramt an Schulen, mit dem die erste Ausbildungsphase abgeschlossen wird, müssen die Kandidaten für ein Lehramt noch bis zu zwei Jahren die so genannte „zweite Phase", die auch als Referendariat bezeichnet wird, durchlaufen und diese mit einer theoretischen und praktischen Prüfung sowie mit einer schriftlichen Examensarbeit abschließen. Erst danach können sie sich in den einzelnen Bundesländern um eine Anstellung als LehrerIn bewerben.

Die zweite Phase der Lehrerbildung hat mehrere Ausbildungsstränge. Diese sind im Regelfall:

- der allgemeine Teil, in welchem Pädagogik, Didaktik und Methodik gelehrt wird. Er ist in allgemeinen Seminaren organisiert;
- der fachdidaktische Teil, der in Fachseminaren organisiert ist. Alle Kandidaten haben Fachseminare zu belegen, deren Inhalte den studierten Unterrichtsfächern entsprechen, wie z. B. Mathematik und Physik;
- der unterrichtspraktische Teil, der durch Hospitationen und Lehrproben bestimmt ist. Dazu können Exkursionen u. a. m. treten.

Jedes Bundesland hat die zweite Phase der Lehrerausbildung gesetzlich geregelt und erlässt Ausbildungsordnungen und/oder Inhaltskataloge der Ausbildung für die einzelnen Ausbildungsstränge. Auf diesen bauen die einzelnen Seminare auf. Sie sind entweder schulartspezifisch oder -umfassend organisiert.

Die Durchsicht einer Reihe von Ausbildungsplänen verschiedener Bundesländer lässt drei didaktische Grundorientierungen bei Aufbau und Inhaltsbestimmung erkennen. Dabei handelt es sich um die Folgenden:

(1) Fachstrukturelle Orientierung: Hier sind die vorgestellten Inhalte in der Regel eng an der fachwissenschaftlichen Thematik orientiert. Dies gilt sowohl für den allgemeinen als auch für den fachdidaktischen Teil. Beziehungen zu Enkulturations-, Sozialisations- und Personalisationsprozessen fehlen häufig. Diese Orientierung kann als die klassische angesehen werden. In ihr steht das fachwissenschaftliche Interesse bzw. dessen Verstärkung im Vordergrund.

(2) *Unterrichtsfunktionale Orientierung:* In dieser Grundorientierung sind die Inhalte der Konzepte für Planung, Durchführung, Evaluation und Begründung von Unterricht organisiert. Unterricht wird dabei häufig als Funktion des gesellschaftlichen Systems Schule angesehen. Diese Bestimmung ist daran zu erkennen, dass im Kanon des allgemeinen Teiles z. B. Rechtsvorschriften an erster Stelle stehen. Als weitere Themenkomplexe folgen häufig ohne verbindende Hinweise u. a.: verbales – nonverbales Verhalten, Lernzielbestimmung, didaktische Analyse, Tafelbild. Diese Orientierung ist primär von einem technischen Interesse an Unterricht bestimmt.

(3) *Handlungsbezogene Orientierung:* Hier gehen die Ausbildungspläne zunächst auf die gesellschaftliche und individuelle Situation der Auszubildenden und der SchülerInnen ein. Es wird auf die Interdependenz sowie auf die Entwicklung bzw. Veränderbarkeit wesentlicher Faktoren und Zusammenhänge von Schule und Unterricht sowie der Lehr- und Lernprozesse selbst hingewiesen. Die Ausbildung wird dabei als ein Bildungsprozess begriffen, dessen Verlaufsstruktur als Phasen begriffen und mit den Aufgaben der Orientierung, Einführung, Differenzierung, Einordnung und Individualisierung belegt wird. Zusätzlich werden Qualifikationen beschrieben, die die Referendare erwerben und die sie in ihr eigenes Konzept von Unterricht integrieren sollen. Für die Phase der Orientierung ist z. B. vorgesehen: Sich Informieren, „Was erwarte und was befürchte ich?"; Beobachten: „wen oder was?", z. B. andere LehrerInnen, sich selbst, Situationen. Weitere Beispiele verdeutlichen die handlungs- und subjektorientierte Struktur dieser Ausbildungspläne, z. B. Unterrichten: „Wie kann ich Gesprächsphasen eröffnen und abschließen?"; Differenzierung: „Wie kann ich Unterrichtsergebnisse sichern?" „Welche Lernprozesse finden statt?"; Einordnung, Planung und Gestaltung von Unterrichtseinheiten: „Welche entwicklungspsychologischen, anthropologischen und soziokulturellen Erörterungen muss ich anstellen?"; Individualisierung: „Wie kann ich meine Fähigkeit zur reflektierten Darstellung meiner Konzepte weiterentwickeln?".

Ausbildungspläne

didaktische
Kompetenz

In modernen Ausbildungsplänen wird darauf Wert gelegt, dass die Referendare und Referendarinnen didaktische Kompetenzen erwerben.

Unter didaktischer Kompetenz werden Fähigkeiten verstanden, die LehrerInnen erworben haben müssen, um Lehr- und Lernprozesse zu planen, zu organisieren, zu analysieren und auszuwerten, um fachliche Standards so zu vermitteln, dass sie von den SchülerInnen verstanden werden und um intersubjektive Verständigung unter den Akteuren über die Fachinhalte und ihre vielfältigen Bezüge zur Lebenswelt herstellen zu können.

In dieser Absicht ist die „Verordnung über die pädagogische Ausbildung, die zweite Staatsprüfung für die Lehrämter und die Prüfung zum Erwerb der Lehrbefähigung in arbeitstechnischen Fächern" des Landes Hessen vom 6. 12. 2001 gestaltet.

„Die Ausbildungsveranstaltungen auf der Grundlage der Pläne für die Pädagogische Ausbildung für die Lehrämter sollen die Referendarin, den Referendar, die Fachlehreranwärterin und den Fachlehreranwärter befähigen, die Aufgaben des Erziehens, Unterrichtens, Beratens, Betreuens und Beurteilens verantwortlich wahrzunehmen."

1.4 Didaktik als Hochschuldisziplin

1.4.1 Didaktik als Teildisziplin von Pädagogik und Schulpädagogik

In der Fachliteratur herrscht Einhelligkeit, dass Didaktik als Teildisziplin der Pädagogik anzusehen ist. Dies wurde von Klingberg, Peterßen und Klafki so formuliert:

„Die Didaktik ist eine wissenschaftliche Disziplin der Pädagogik (Erziehungswissenschaft); sie gehört zur Allgemeinen Pädagogik" (Klingberg 1972, 41).

„Allgemeine Didaktik wird als Teildisziplin der Erziehungswissenschaft aufgefaßt" (Peterßen 1983, 26).

„Die geisteswissenschaftliche Didaktik ist eine Teildisziplin der sogenannten geisteswissenschaftlichen Pädagogik, nämlich jene Disziplin, die auf das Problemfeld des Unterrichts gerichtet ist" (Klafki 1985, 34).

Der systematische – und damit inhaltliche – Kern dieser zunächst formal anmutenden Bestimmung ist in den gemeinsamen Gegenstands- und Forschungsfeldern von Pädagogik und Didaktik zu sehen, die sich (1) auf der Praxisebene und (2) auf der Forschungsebene der beiden Disziplinen zeigen.

(1) Unter den erkenntnisleitenden Interessen und den forschungsmethodischen Bedingungen einer Didaktik, die sich als verstehende und erklärende Sozialwissenschaft begreift, können Schule und Unterricht unter verschiedenen Perspektiven betrachtet und untersucht werden. Eine Perspektive gewinnt in dem vorliegenden Erörterungszusammenhang eine besondere Bedeutung. Es handelt sich dabei um die Vorstellung vom Unterricht als Bildungsprozess (Klafki 1996). Eine moderne Betrachtung von Unterrichtsprozessen schließt die Wirkung von Sozialisations- und Lernprozessen ein.

Während die Pädagogik primär an Sozialisations- und Lernprozessen interessiert ist, hat die Didaktik eher Interesse an Lehr- und Lernprozessen sowie an Momenten, die diese Prozesse bedingen: z. B. die Inhalte, die Medien, die Sozialformen des Lehrens und Lernens, aber auch die diese wieder bedingenden gesellschaftlichen, sozialen und individuellen Faktoren. Mit den letztgenannten Momenten kommt das pädagogische Interesse ins Spiel.

Ein Beispiel mag das Gesagte erläutern: Gymnasium, dritte Vormittagsstunde, Englischunterricht, Klassenstufe 6, Abhören von Vokabeln als Leistungskontrolle mit Benotung. Aus pädagogischer Sicht kann diese Szene z. B. sozialisationstheoretisch erklärt werden. Die Leistungskontrolle ist im sozialen Kontext der Schulklasse sowie im Frage- und Antwortritual zwischen der Lehrerin und einem Schüler konkretisiert: Die Lehrerin ruft den Schüler mit seinem Namen auf; sie tritt an den Schüler heran; der Schüler steht auf; die Lehrerin stellt die Frage; der Schüler zeigt Gesten des Nichtverstehens; die Lehrerin wiederholt die Frage mit anderen Worten und unterstützenden Gesten; der Schüler sagt einige Wörter als Antwort; die Lehrerin richtet sich auf: „Bitte sag's im Satz!"… In diesem Ritual werden Gesten, Symbole und Institutionen, wie z. B. die Sprache, die Normen und Regeln, aus- und zugleich eingeübt, die u. a. die Verhaltensdispositionen, Einstellungen und Handlungskonzepte der Schüler und Schülerinnen beeinflussen, z. B. verstärken oder habitualisieren, d. h. festigen. Die Situation kann auch als ein Modell verstanden werden, wie „man" – also wie alle in der betreffenden Gesellschaft in gleichen Situationen! – Leistung kontrolliert und zeigt bzw. nicht zeigt. Dies gilt auch z. B. im Kindergarten oder in betrieblichen Ausbildungssituationen. Sozialisationsprozesse, in welchen Normen, Regeln und Wertorientierungen als soziale Inhalte der Leistungskontrolle, wie sie in diesem Fall realisiert werden, ablaufen, bilden sozusagen die von der Pädagogik untersuchte Ebene der Leistungskontrolle (Fend 1977). In diesem Fall tritt das didaktische Erkenntnisinteresse in den Hintergrund, um das pädagogische voll zum Zuge kommen zu lassen.

Die von der Didaktik untersuchte Ebene dieser Situation betrifft diejenigen Inhalte der Kultur, die in den Schulfächern zum Zwecke der Enkulturation der jungen Generation versammelt sind, und nicht in erster Linie die von der Pädagogik untersuchte spezielle Klasse von Kultur, nämlich die Normen und Werte. Daher tritt das angeeignete kulturelle Wissen und die geordnete Wiedergabe oder die reflektierte Präsentation derselben durch den Schüler in dieser Situation in den Vordergrund. Für die Lehrerin kommen dabei primär eine Reihe von fachlichen Bedingungen, Intentionen und Inhalte ins Spiel, die sozialen Momente geraten zur Randbedingung – obwohl diese stets im Spiel und mitkonstitutiv für diese Situation sind! –: der Lehrplan und seine Zielstellungen für das abgelaufene Halbjahr, die Vorbereitung der Zeugnisse, die Vergewisserung, ob und was dieser Schüler aus den vergangenen Unterrichtsstunden „behalten" hat u. v. a. m.

Das Verhältnis der beiden Disziplinen könnte – von diesem exemplarischen Beispiel her gesehen – als ein Wechselspiel von Allgemeinem und Besonderem bezeichnet werden. Tritt das Erkenntnisinteresse der Pädagogik an der sozialen Ebene von Lehr- und Lernprozessen in den Vordergrund, dann tritt die didaktische Fragestellung als das Besondere vor dem Allgemeinen in den Hintergrund. Steht hingegen das erkenntnisleitende Interesse der Didaktik an den Enkulturations- und kulturellen Bildungsprozessen im allgemeinen Zentrum, dann tritt das Fragen der Pädagogik nach den sozialen Zusammenhängen zurück. In einem Fall kann Didaktik als Sonderfall oder Teildisziplin von Pädagogik, im anderen Fall mag die Pädagogik als Sonderfall und Teildisziplin der Didaktik bezeichnet werden.

Die inhaltlich-systematische Betrachtung des Zusammenhangs weist auf eine Beschränkung des Erkenntnisinteresses hin, die sich die beiden Disziplinen auferlegen. Daher wird aber angestrebt, dass die Erkenntnisse zum gegenseitigen Austausch kommen. Da es um die gleiche Situation oder das gemeinsame aus verschiedenen Perspektiven bearbeitete Gegenstandsfeld geht, müssen also beide Disziplinen in Kooperation treten, mithin interdisziplinär arbeiten. Diese Inter-

- Theorie der Schule, Geschichte der Realschule
- Allgemeine Didaktik, Bildungstheorie, Bildungsauftrag der Realschule
- Theorie des Unterrichts, Lehren und Lernen in der Realschule
- Pädagogische Interaktion, Lehrerpersönlichkeit
- Auffälliges Verhalten, Beratung und Förderung in der Realschule
- Berücksichtigung der geschlechtsspezifischen Voraussetzungen und Zugangs-weisen in der didaktisch-methodischen Planung und Durchführung des Unterrichts

disziplinarität ist so weit gediehen, dass sie als Diskurs, d.h. als vernünftige und rationale Kooperation verstanden werden kann. Dieser Diskurs findet auf verschiedenen Ebenen seinen Ausdruck, z.B. in Forschungsprojekten und Publikationen. In der Ausbildung und in den entsprechenden Ordnungen sind die beiden Perspektiven in der Regel getrennt (Kap. 1.1).

(2) Auch auf der wissenschaftsorganisatorischen bzw. Hochschulebene konkretisiert sich die Interdependenz von Pädagogik und Didaktik in besonderer Weise in den Gegenstandsfeldern der beiden Disziplinen, die die beiden Wissenschaften miteinander gemeinsam haben:

1. Anthropologische und gesellschaftliche Bedingungen
2. Erziehung, Sozialisation, Enkulturation
3. Institutionen und Organisationsformen
4. Handlungskompetenz
5. Lernen
6. Kulturelle Inhalte
7. Vermittlung von Inhalten

In der neueren Literatur wird Didaktik auch als Gegenstandsfeld der Schulpädagogik bestimmt. Dies zeigen u.a. die Studienordnungen für das Lehramt an Realschulen an der Pädagogischen Hochschule Ludwigsburg vom 26.9.2002 und für den Studiengang Lehramt an Gymnasien der Universität Osnabrück, wie die Tabellen 6 und 7 verdeutlichen.

Die Unterordnung der Didaktik unter die Schulpädagogik bedeutet eine Engführung auf die Schule hin, wobei die Vielzahl der außerschulischen Praxisfelder, die auch die Didaktik beanspruchen, unberücksichtigt bleibt (vgl. Tab. 8). Diese Erkenntnis hat sich auch in der Grundlagenliteratur der Didaktik durchgesetzt. Didaktik wird daher primär als Teildisziplin der Pädagogik begriffen.

- Allgemeine Didaktik,
- Theorie der Schule, Schulforschung, Schulentwicklung,
- Diagnostik, Beratung, Förderung

Tab. 8:
Außerschulische
didaktische
Praxisfelder

1. Didaktische Problemstellungen im Bereich der Sonderpädagogik
2. Didaktik der Sozialpädagogik
3. Didaktik der Betriebs-, Berufs- und Wirtschaftspädagogik
4. Didaktik der Erwachsenenbildung
5. Hochschuldidaktik
6. Didaktik in Bezug auf Problemstellungen und -lösungen der Dritten Welt
7. Didaktik für interkulturelles Arbeiten
8. Didaktik der Friedensarbeit
9. Kindergartendidaktik
10. Altersstufendidaktik
11. Entwicklungsdidaktik
12. Religionsdidaktik
13. Didaktik im Freizeitbereich
14. Mediendidaktik
15. u. v. a. m.

1.4.2 Das Fach und seine Nachbardisziplinen

Die von den vielfältigen Praxisbezügen her bekannten Themen und Gegenstandsfelder bieten eine pragmatische Grundlage zur Erfassung der Didaktik. Eine Reihe didaktisch relevanter Themen überschneidet sich – wie bereits gezeigt werden konnte – mit Fragestellungen der Pädagogik. Überschneidungsfelder dieser Art hat die Didaktik auch mit anderen internen Teildisziplinen der Pädagogik, wie z. B. der Sozialpädagogik und Erwachsenenbildung, mit externen Nachbarwissenschaften, wie z. B. der Soziologie und Psychologie, mit den verschiedenen Fachdidaktiken, mit denen die Didaktik in einer besonderen Kooperation steht, wie z. B. mit der Didaktik der Mathematik oder mit der Kunstdidaktik und mit den Fachwissenschaften, z. B. mit der Mathematik und Kunsterziehung bzw. Kunstgeschichte, die ihrerseits auch in Kooperation untereinander, mit ihren Fachdidaktiken oder gar mit der Pädagogik stehen. Dieses große Beziehungsgeflecht wird noch durch eine Vielfalt von Bezügen erweitert, die die Didaktik als lebendige Wissenschaft in Gestalt ihrer Vertreter auf den verschiedensten Ebenen, wie z. B. Schule, Erwachsenenbildung und Hochschule, zu den gesellschaftlichen Gruppen und Organisationen, wie z. B. Elternkreise, Kirchengemeinden, Parteien, Industrie- und Handelskammern, innerbetrieblichen Aus-, Fort- und Weiterbildungseinrichtungen, hat. Gerade diese Außenbeziehungen sind von grundlegender Bedeutung für Didaktik, da diese jene Praxisfelder repräsentieren bzw. selbst sind, aus denen die Didaktik überhaupt erst ihre Fragestellungen und ihre wissenschaftliche Wirklichkeit erhält. Wenn und wo dieser komplexe und doch differenzierte Zusammenhang gesehen, akzeptiert, reflektiert und praktiziert wird, präsentiert sich Didaktik als lebendige Wissenschaft, die von der Praxis ausgeht, diese erforscht und reflektiert, um Theorien, Modelle und Konzepte zu entwickeln, mit deren Hilfe die Praxis verbessert werden kann. Als Praxis ist im weitesten Sinn das Lehren und Lernen, z. B. im Alltag, und im engeren Sinn das organisierte Lehren und Lernen, z. B. im Schulbereich, zu verstehen.

Abb. 1:
Beziehungen der Didaktik zu Nachbardisziplinen und Aufgabenbereichen

Als Wissenschaft von der Praxis für die Praxis erfährt die Didaktik in den letzten Jahren über den Schulbereich hinaus ein gesteigertes gesellschaftliches Interesse. Ein Grund könnte darin zu sehen sein, dass gerade von der Didaktik als einer Disziplin, die sich ausdrücklich mit Lehr- und Lernprozessen befasst, Hilfen für die Praxis erwartet werden. Das Interesse wird insbesondere von außerschulischen Organisationen und Gruppen gezeigt, die sich mit der Vermittlung von Informationen, Wissen und Fertigkeiten befassen.

1.4.3 Schlussfolgerungen

(1) Die Ausführungen lassen erkennen, dass Didaktik als Hochschuldisziplin in ein weitgespanntes und differenziertes Netz von wissenschaftlichen und praktischen Aufgabenstellungen eingespannt ist. Eine einzige gültige Bestimmung von

Abb. 2:
Kooperationsfelder der Didaktik mit Nachbardisziplinen

Didaktik erscheint daher wenig praktikabel. Dagegen ist es zweckmäßig, Bestimmungen von Didaktik pragmatisch vorzunehmen, jeweils den Kontext und dessen Elemente anzugeben und die Definition von Didaktik im Sinne einer Arbeitshypothese aufzufassen. Definitionen haben die Funktion, wissenschaftliche und praktische Arbeit in Szene zu setzen und zu befördern.

(2) Auch bei der Bestimmung der Beziehung von Didaktik zu Nachbardisziplinen oder Aufgabenstellungen ist es hilfreich, den Kontext anzugeben und die eigene Position wiederzugeben. Was z. B. Methodik und Didaktik für einen spezifischen Aufgabenbereich sei, muss von der Aufgaben- und Fragestellung, von den erkenntnisleitenden Interessen her festgelegt werden. Überzeitliche oder absolute Bestimmungen von Didaktik haben im Horizont eines offenen und pragmatisch orientierten Wissenschaftsverständnisses von Didaktik wenig Platz.

(3) Die Auffassung von Didaktik als Teildisziplin der Pädagogik oder der Schulpädagogik ist lediglich von disziplinorganisatorischer Bedeutung an den Hochschulen.

(4) Didaktik als die große Frage nach den kulturellen Vermittlungsprozessen hat längst alle Organisationen und Personen erfasst, die mit organisierten und alltagsbezogenen Lehr- und Lernprozessen zu tun haben. Insofern kann ihr in der Gegenwart der Status einer eigenständigen Disziplin zugesprochen werden.

(5) Didaktik als eigenständige Disziplin teilt mit vielen Nachbardisziplinen, z. B. psychologische Soziologie einschließlich Pädagogik und Schulpädagogik sowie z. B. Erwachsenenbildung und Sozialpädagogik, eine stattliche Reihe von Gegenstandsbereichen und Praxisfeldern und erforscht diese auf der Grundlage ihrer spezifischen Fragestellung nach den kulturellen Vermittlungsprozessen.

(6) In allen Lebensbereichen, in denen reflektiert gelehrt und gelernt wird, taucht die didaktische Frage nach dem was, wem, wer, wie, wo, wann und wozu auf.

(7) Das klassische Bild für den strukturellen Zusammenhang des didaktischen Fragens wird als „didaktisches Dreieck" bezeichnet. Die Spitzen des Dreiecks werden mit den grundlegenden Strukturelementen der zentralen Gegenstände belegt: Lehrer – Schüler – Sache (= Kultur).

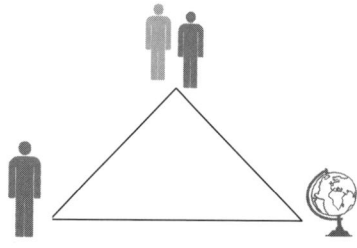

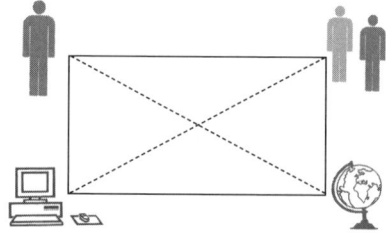

Abb. 3:
„Didaktisches Dreieck" mit Lehrer, Schüler und Sache

Abb. 4:
„Didaktisches Viereck" mit Lehrer, Schüler, Sache und Medien

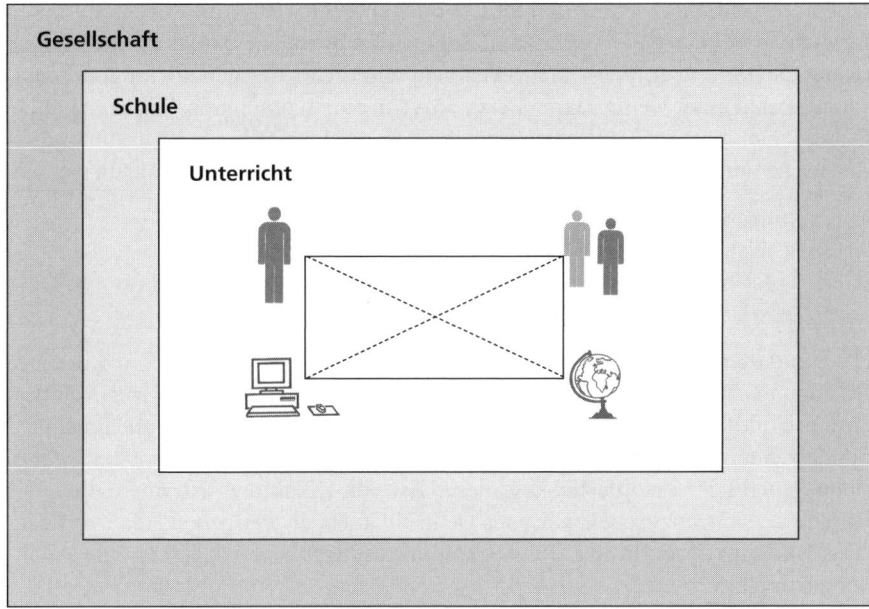

Abb. 5:
Strukturzusammen-
hang von Unterricht
(nach M. Meyer
1999, 124)

In der neueren Literatur wird auch von einem „didaktischen Viereck" gesprochen, insofern die Medien zu den zentralen Strukturelementen gezählt werden (Kap. 6). Die obenstehende Abbildung visualisiert den Strukturzusammenhang.

Die Erweiterung des didaktischen Vierecks und die bereits mehrfach erwähnten individuellen und sozialen bzw. gesellschaftlichen Bedingungen (Kap. 3.2.2) lassen einen Strukturzusammenhang von Unterricht erkennen, der in der folgenden Abbildung signalisiert wird:

1.5   Die Stellung der Didaktik im Schulsystem

1.5.1 Konkretisierungsfelder der Didaktik und Fachdidaktik

In Bezug auf diesen Zusammenhang stellt Klafki (1985, 89ff) drei Richtungen von Didaktik vor:

- die „besondere Didaktik einer bestimmten Schulart oder Schulstufe – etwa der Grundschule"
- die „Didaktik eines bestimmten Aufgabenbereiches – etwa der Einführung in die moderne Arbeitswelt"
- die „Fachdidaktik"

Auch wenn in anderen Quellen die genannten Bereiche unter den Begriffen „Besondere oder Spezielle Didaktik" (Röhrs 1969, 319; Glöckel 1990, 321) subsumiert werden, so kann diese Einteilung mit einer Ergänzung für die weiteren Ausführungen leitend sein. Diese Ergänzung betrifft die Differenzierung des von

Klafki vorgestellten ersten Bereichs. Von Ruprecht wird vorgeschlagen, diesen Bereich in schulartspezifische und schulstufenbezogene Didaktik zu trennen (Ruprecht 1972 u. a., 17f u. 23). Dies mag angesichts der gegenwärtigen Schulsituation und einer wenig klaren Perspektive in einem pragmatischen Sinn gelten. Daher kann von vier Konkretisierungsfeldern der Didaktik, die auch die organisatorische Funktion von Teildisziplinen der Didaktik haben, ausgegangen werden:

(1) Schulartendidaktik
(2) Schulstufendidaktik
(3) Bereichsdidaktik
(4) Fachdidaktik

Schulartendidaktik

(1) Schulartendidaktik befasst sich mit den Lehr- und Lernprozessen sowie deren Bedingungszusammenhängen in spezifischen Schularten, z. B. der Grundschule – Grundschuldidaktik, des Gymnasiums – Gymnasialdidaktik, der Sonderschule – Sonderschuldidaktik. Als gesellschaftlicher und politischer Hintergrund für die Entstehung und/oder Erforderlichkeit dieser Art von Didaktiken ist ein gegliedertes Bildungssystem anzusehen, wie es in Deutschland noch weitgehend realisiert wird (Das Bildungswesen in der Bundesrepublik Deutschland 1984, 13), wie Abbildung 6 zeigt.

Stufendidaktik

(2) Die Stufendidaktik bezieht sich auf ein Bildungssystem, das in Stufenfolgen organisiert ist, wie die Abbildung 7 zeigt. Diese Aufgabenstellung der Didaktik hat ihren gesellschaftlichen Bedingungs- und Begründungszusammenhang in der politischen Auffassung, dass in einer demokratischen Leistungsgesellschaft Bil-

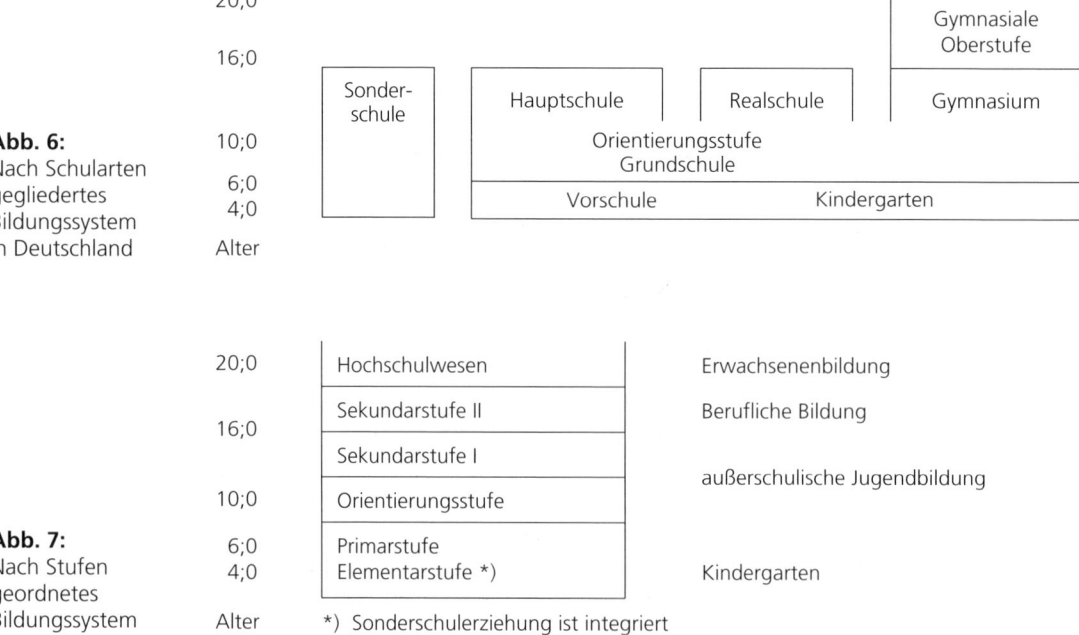

Abb. 6:
Nach Schularten gegliedertes Bildungssystem in Deutschland

Abb. 7:
Nach Stufen geordnetes Bildungssystem

dung derart organisiert sein muss, dass es allen Heranwachsenden – und auch den Erwachsenen! – ermöglicht wird, die ihnen angemessene Bildung zu erwerben. Die organisatorische Umsetzung des im Grundgesetz Artikel 2 garantierten Rechts eines jeden Bürgers „auf die freie Entfaltung seiner Persönlichkeit" in schulische Chancengleichheit wurde zum ersten Mal 1969 im „Strukturplan für das Bildungswesen" (1971) vorgelegt. Es findet seinen Ausdruck in dem Modell eines gestuften und differenzierten gesamten Schul- und Bildungssystems (Abb. 7), das vom Elementar- bis zum Erwachsenenbildungsbereich reicht und die klassischen Prinzipien der allgemeinen und beruflichen Bildung miteinander verbindet. Die Entwicklung von Stufendidaktiken ist als die zwingende Folge dieser Entwicklung anzusehen.

(3) Die Bereichsdidaktik orientiert sich an den Erfordernissen der gesamtgesellschaftlichen Entwicklung in verschiedenen Lebens- und Arbeitsbereichen. Als Beispiele können u. a. genannt werden: Elektronische Medien in der Arbeitswelt – Mediendidaktik; Multikulturalität in Gesellschaft, Schule, Industrie und Wirtschaft – Didaktik multikultureller Erfahrung; Jugendsekten, New Age, Okkultismus und andere Jugendbewegungen – Didaktik religiöser Auseinandersetzung; Weltkonflikte und Friedenssehnsucht – Konflikt- und Friedensdidaktik.

Bereichsdidaktik

 Die Beispiele lassen erahnen, dass eine didaktische Umsetzung dieser Ansprüche – sofern deren Auseinandersetzung in organisierten Lehr- und Lernbereichen überhaupt gewollt wird – nicht nur die gesellschaftlichen Interessen und die individuellen Bedürfnisse, Selbst- und Weltinterpretationen ins Spiel bringen muss, sondern dass dabei auch neue Formen des Lehrens und Lernens, z. B. das Projekt, besondere Medien, z. B. die Arbeit mit Videokamera oder Computer, problemorientierte Bestimmungen von Inhalten und Zielen und ungewohnte Zeitvorstellungen für eine solche Arbeit, bedacht und realisiert werden müssen. Es eröffnet sich somit ein höchst dynamischer und differenzierter didaktischer Zusammenhang. Dieser wird in der anglo-amerikanischen Literatur mit dem Begriff Curriculum belegt. In diesem Verständnis kann die Didaktik eines besonderen oder bestimmten Aufgabenbereichs Chancen eröffnen, z. B. Schule in neuen Weisen mit dem gesellschaftlichen Leben zu verbinden, neue Formen des Lehrens und Lernens zu erproben, Lernfelder zu eröffnen, die den klassischen Organisationsrahmen und Zeitplan ergänzen und damit das Ensemble schulischer Bemühungen im positiven Sinn zu dynamisieren und zu verlebendigen vermögen.

(4) Die Fachdidaktik versammelt alle Bemühungen aller Fachwissenschaften, Nachbardisziplinen und Teildisziplinen der Didaktik um die Vermittlung fachlich organisierter kultureller Inhalte. Für den schulischen Bereich werden diese Bemühungen ausdrücklich als Fachdidaktik bezeichnet. Sie konkretisieren sich z. B. in der Didaktik der Mathematik, in der Didaktik der bildenden Kunst. Sie gelten gleichermaßen auch für nicht schulische Vermittlungsprozesse, für die – in einer weiten Auslegung – auch der Begriff Fachdidaktik benutzt werden kann, wie z. B. Didaktik Deutsch für Ausländer, für Erwachsene in einer Volkshochschule. Eine Reihe von konkreten Aufgabenstellungen kennzeichnet diese Bemühungen. Hier sind in Anlehnung an Ruprecht (1972, 20f) u. a. zu nennen:

Fachdidaktik

- Herausarbeitung der grundlegenden Inhalte und Begriffe des zu vermittelnden Faches,
- Ermittlung der Lernziele,
- wissenschaftliche Überprüfung derselben,
- historische und vergleichende wissenschaftliche Arbeiten auf den vorgenannten Gebieten,
- Diskussion und Begründung der Bildungsrelevanz der betreffenden kulturellen Inhalte,
- begründende und begründete Auswahl derselben,
- Entwurf von Curricula, Teilcurricula, Unterrichtssequenzen,
- Erforschung und Darstellung fach- und kulturgutangemessener Vermittlungsverfahren, inklusive Medien,
- Erarbeitung von Evaluationsverfahren,
- kooperative Forschung mit den anderen didaktischen Teildisziplinen, mit der Didaktik und Pädagogik sowie mit deren Nachbardisziplinen.

In Bezug auf die Fachdidaktik ist noch ein Exkurs über den Zusammenhang von Didaktik und Fachdidaktiken notwendig.

In der Literatur wird dem Verhältnis von Didaktik zu Fachdidaktik ein besonderes Gewicht beigemessen. Dieses wird darin gesehen, dass beide Disziplinen in einer wechselseitigen Beziehung hinsichtlich ihrer unterschiedlichen Aufgabenstellungen an ein und demselben Sachverhalt arbeiten, z. B. bei der Erstellung eines Mathematikcurriculums für Grundschulkinder.

Bizer u. a. (Hrsg.): Religionsdidaktik
v. Borris: Erhaltet die Fachdidaktik. Ein Plädoyer gegen den Mainstream
Heymann: Bildungstheorie und Didaktik. Zur Dynamik des Spannungsfeldes zwischen allgemeiner und fachbezogener Didaktik
Keck/Sandfuchs: Fachdidaktik zwischen Allgemeiner Didaktik und Fachwissenschaft
Plöger: Allgemeine Didaktik und Fachdidaktik

Daher bestimmt Peterßen (2001, 28ff) von der Aufgabenstellung dieser arbeitsteilig arbeitenden Disziplinen her deren Zusammenhang wie folgt:

Fachdidaktik
(Peterßen)

„(a) Fachdidaktik ist als integrierenderer Bestandteil der Didaktik schlechthin aufzufassen" …
„(b) Fachdidaktik ist in zweifacher Weise zu orientieren, an der Fachwissenschaft und am Schulfach" …
„(c) Fachdidaktik ist als Ergebnis wissenschaftsorganisatorischer Überlegungen und Vorgänge aufzufassen" …

Den didaktischen Zusammenhang eröffnend formuliert er: „Allgemeine Didaktik und Fachdidaktik gelten uns beide als integrierende Teile ein und derselben Didaktik als Teildisziplinen der Erziehungswissenschaft. Sie sind einander auf Grund ihrer Bedeutung für die Lösung der aufgegebenen Lehr- und Lernfragen gleichgeordnet. Fachdidaktik als integrierender Teil Allgemeiner Didaktik zu werden, bedeutet keine sachliche, sondern allenfalls eine logisch-systematische Hierarchisierung. In ihrem Vorgehen ergänzen sie einander, sind sie aufeinander angewiesen … Letzten Endes können Allgemeine und Fachdidaktik als Arbeitsteilung im Feld wissenschaftlicher Bearbeitung des Lehrens und Lernens begriffen werden … Leider ist die Frage angemessener Organisation *innerhalb* didaktischer Teilansätze bisher nicht hinlänglich entschieden" (31ff).

Die Darstellungen lassen vier Möglichkeiten der Auffassung des Zusammenhangs von Didaktik und Fachdidaktik erkennen: 1. als hierarchische Ordnung, 2. als Bedingungszusammenhang, 3. als arbeitsteilige Organisation, 4. als Kooperation an einer gemeinsamen Aufgabe.

Wird die letztgenannte Darstellung ins Zentrum didaktischen Nachdenkens gerückt, dann wird die Frage akut, worin denn diese gemeinsame Aufgabe besteht, in der die genannten Disziplinen kooperieren sollen. Im Rückgriff auf die Erörterungen des Zusammenhangs von Pädagogik und Didaktik sind einige Antworten möglich. Sie sollen am Beispiel Schule entwickelt werden.

Der Begriff Fachdidaktik macht klar, dass die fachwissenschaftlichen Inhalte nicht primär unter fachsystematischen Gesichtspunkten für Lehr- und Lernprozesse zur Verfügung gestellt werden, sondern dass sie von der Vermittlungsaufgabe her zu betrachten und zu organisieren sind. Insofern ist die Fachdidaktik auf die Didaktik und ihre Nachbardisziplinen verwiesen, durch deren Erkenntnisse der fachbezogene Vermittlungszusammenhang noch um andere Bezugsgrößen, wie z. B. Schülerinteressen, Aktualität der Fachinhalte und deren mediale Präsentation, mitbestimmt wird. Soll die Fachdidaktik für den Bildungsprozess der einzelnen Schüler eine Rolle spielen, dann bleibt sie neben dem fachwissenschaftlichen Bezug notwendigerweise auf die anderen Disziplinen bezogen. Wenn dies nicht geschieht und wenn der fachwissenschaftliche Bezug nicht relativiert wird, sondern primär bleibt, dann werden die Potenziale der Didaktik nicht genutzt. Didaktik wird auf Methodik, d. h. auf Lehrverfahren verkürzt. Die hierbei implizierten Auffassungen vom Lernen bleiben unreflektiert. Das Lehren ist wissenschaftlich und professionell nicht begründet.

1.5.2 Das Verhältnis von Didaktik und Methodik

In der Literatur wird dieses Verhältnis immer wieder beschrieben. Dabei kann als gesichert angesehen werden, dass unter Methoden die Wege oder die Verfahren der Vermittlung kultureller Inhalte angesehen werden können. Sie schließen die Mittel und Medien ein, die im Rahmen dieser Prozesse eingesetzt werden; sie betreffen auch die Formen der sozialen Organisation der Vermittlungsprozesse (Klafki 1971c, 3).

Dem allgemeinen Verständnis zufolge sei demnach unter Methodik die Sammlung und Reflexion aller Methoden, m. a. W. die Lehre von den Methoden, verstanden. Unter dieser Voraussetzung sind einige Bestimmungen des Verhältnisses von Didaktik und Methodik in der Literatur anzutreffen. Zwei werden im Folgenden skizziert.

(1) Wird Methodik als eigenständiger Lehr- und Aufgabenbereich der Didaktik verstanden und organisiert, dann kann sie als Teildisziplin der Didaktik definiert werden. Ihr Interesse ist dabei auf das Praktischwerden didaktischer, fachdidakti-

Methodik

scher und fachwissenschaftlicher Überlegungen gerichtet; in instrumenteller Hinsicht dient Methodik der Umsetzung und Anwendung vorgenannter Einsichten und Festlegungen. Didaktik und Methodik werden also in einem Wechsel- oder Ergänzungsverhältnis gesehen (Klingberg u. a. 1966, 13f). Dabei wird unterstellt, dass die Didaktik eher die allgemeinen Fragestellungen – wie Annäherung an die Pädagogik – und die Methodik eher die speziellen Fragestellungen, die in den Fachdidaktiken im Zusammenhang zu den Fachwissenschaften entstehen, bearbeitet. Der Zusammenhang von Didaktik und Methodik als Wechselverhältnis ist also in ihrer Arbeitsteilung, d. h. organisatorisch begründet.

(2) Aus der inhaltlichen Begründungsebene ist die zweite Bestimmung des Verhältnisses erwachsen. Dabei kann gegen die organisatorische Begründungsebene ins Feld geführt werden, dass die Fragen der Methodik – also der Vermittlung von Inhalten – stets die didaktische Frage nach ihrer Bedeutung für die Bildungsarbeit implizieren (Ruprecht 1972 u. a., 19). In diesem Sinne äußert sich Klafki unmissverständlich:

Primat der Didaktik (Klafki)

> „Methodische Erwägungen setzen immer schon didaktische voraus und haben an ihnen ihr Kriterium; insofern gilt der Satz vom Primat der Didaktik gegenüber der Methodik" (Klafki 1971c, 4).

Der Satz vom Primat der Didaktik besagt, dass die Reflexion der Bildungsinhalte als die Grundlage und Grundlegung aller weiterer Überlegungen – also auch der Vermittlung der Inhalte! – angesehen wird. Diese Position, die ihre Begründung in der Bildungstheorie hat, macht die Methodenfrage, z. B. die Wahl einer Unterrichtsmethode, von der didaktischen, also inhaltlichen Begründung abhängig (Klafki 1974, 86). Dabei spielt die Bestimmung des Bildungswertes der Inhalte, der angemessenen Zielstellungen in Bezug auf die erwarteten Bildungsprozesse, eine ebenso bedeutsame Rolle wie die aus diesen herzuleitenden methodischen Arrangements und sozialen Inszenierungen. Eine Instrumentalisierung der Methodik verbietet sich daher. Hier ist also ein inhaltlicher Verweisungszusammenhang zwischen Didaktik und Methodik zu erkennen. Dieser kommt u. a. auch in dem in der Praxis vielgehörten Ausspruch „methodisch-didaktisch gesehen …" zum Ausdruck.

1.6   Zur Etymologie und Begriffsbedeutung

Immer wieder ist der Versuch zu beobachten, Didaktik als Wissenschaft über die Herkunft, die Geschichte und die Grundbedeutung des Wortes zu bestimmen. Von einem modernen Wissenschaftsverständnis her gesehen, erbringen Versuche dieser Art keine rational und empirisch prüfbaren Definitionen. Dennoch soll in angemessener Kürze auf die Wort- und Begriffsbedeutung von Didaktik eingegangen werden, da sie interessante geschichtlich-gesellschaftliche Zusammenhänge aufdeckt.

Die Etymologie legt die Wurzeln des Wortes Didaktik in die griechische Antike, ca. 600 – 200 v. Chr. (Griechisches etymologisches Wörterbuch 1960, 387). In Langenscheidts Großwörterbuch Griechisch – Deutsch (1973, 179) lassen sich folgende Wörter finden:

- didactos: 1. lehrbar; 2. gelehrt, unterrichtet
- didaskaleion: Schule, Schulzimmer, Klasse
- didaskalia: 1. Lehre, Belehrung, Unterricht; 2. Einübung und Aufführung eines Chores (Dramas)
- didaskalikos: 1. zum Unterricht gehörig; 2. belehrend
- didaskalion: 1. Kenntnis, Wissenschaft; 2. Lehr- und Schulgeld
- didaskalos: Lehrer(in)
- didasko: 1. Lehrer sein, *lehren*, belehren, unterrichten, unterweisen, (aus)bilden; 2. einen Chor einüben und aufführen lassen; 3. belehrt oder unterrichtet werden; 4. *lernen;* aus sich selbst lernen, erfinden, sich aneignen; 5. jemanden in die Lehre geben –, etwas lernen lassen –, unterrichten, ausbilden lassen
- didachae: das Lehren, die Lehre, die Belehrung; Unterricht, Unterweisung.

In den griechischen Wörtern sind eine Reihe von Grundbedeutungen zu erkennen, die sich z. T. bis heute erhalten haben:

1. *Die Tätigkeit* zu lehren bzw. zu unterrichten und zu unterweisen;
2. *die Personen,* die diese Tätigkeit durchführen, also die Lehrer bzw. Lehrerinnen einschließlich ihrer Qualifikation, nämlich zum Lehren geeignet bzw. ausgebildet zu sein;
3. *die Inhalte,* die gelehrt werden bzw. die zum Lehren geeignet und wichtig erscheinen, inklusive der Unterstellung, dass diese auch gewusst, mithin gelernt werden sollen;
4. *die Lehrmittel,* also die Methoden und Medien der Vermittlung;
5. *die Schule* und die Klasse als die umbauten und sozialen Räume, in welchen das Lehren organisiert und durchgeführt wird, und
6. *das Lernen,* die Haupttätigkeit der Schüler bzw. Schülerinnen.

Die Etymologie erhellt erstaunlicherweise einen auch heute noch akzeptablen Sinnzusammenhang von Wörtern. Diese wiederum bezeichnen einen differenzierten Phänomenzusammenhang, in dem „Didaktik" begrifflich durchaus als organisiertes Lehren und Lernen bestimmt werden kann.

Die Etymologie gibt zugleich aber auch Wortverwandtschaften frei, die eine Verengung des Zusammenhangs lediglich auf die Grundbedeutung des Lehrens zeigen. Folgende Wörter weisen darauf hin:

- dogma: 1. Meinung, Ansicht; 2. Beschluß, Verordnung, Vorschrift, Gebot, Lehrsatz, Satz, Grundsatz, Satzung, Glaubenssatz, Dogma, Schulweisheit
- dokeo: 1. glauben, meinen, erwarten, beschließen; 2. den Anschein haben, sich den Anschein geben
- dokei: es scheint, es scheint gut, man beschließt
- doxazo: 1. meinen, glauben, denken, vermuten, urteilen, beurteilen; 2. rühmen, preisen, verherrlichen (Langenscheidts Großwörterbuch Griechisch – Deutsch 1973, 187 u. 189).

Diese Wortbedeutungen eröffnen einen dogmatischen oder normativen und präskriptiven, d.h. vorschreibenden Zug der Didaktik. Auch diese negative Konnotation hat sich durch die Geschichte bis in die Gegenwart hinein erhalten. Dieser Zug hat sich auch in die lateinische Sprache hineingerettet, wie das Wort doceo =

griechisch: doxa, dogma, doxei zeigt. Es bedeutet: 1. lehren, unterrichten, unterweisen, zeigen, dartun, ansagen, berichten, mitteilen; 2. einstudieren, aufführen lassen; 3. unterrichten, einstudieren; 4. (als Lehrer) unterrichten (Der kleine Stowasser 1971, 178).

Zugleich kennt die lateinische Sprache auch das aktive Verbum disco = 1. lernen, untersuchen, erforschen und 2. kennen lernen (Der kleine Stowasser 1971, 172).

Die Begriffsbedeutung hat ihren modernen Ursprung im 17. Jahrhundert, in einer Epoche also, in welcher die Staaten und Gesellschaften die Notwendigkeit einer organisierten Bildung und Ausbildung ihrer Mitglieder entdeckt haben.

Der erste Schritt hierzu wurde von Comenius in seinem Werk „Didactica Magna" (= die große Didaktik) gemacht. Über das 19. Jahrhundert hinaus, in welchem die Organisation des Bildungswesens seinen ersten Höhepunkt erreichte und die ersten didaktischen Theorien und Modelle durch Willmann und Weniger entwickelt wurden, bis in die Gegenwart hinein wird Didaktik in einem allgemeinen Sinne wie folgt definiert:

Didaktik
(19. Jh.)

> „Die D. umfaßt die Lehre von dem Zwecke des Unterrichts, von dem Unterrichtsstoffe, von der Anordnung und von der Methode des Unterrichts. Daher ist sie der Methodik als einem ihrer Hauptteile übergeordnet, während sie selbst einen Hauptteil der Pädagogik ausmacht" (Brockhaus' Conversations-Lexikon 5. Bd. 1883, 316 Stichwort Didaktik).

In einem neueren Werk ist zu lesen (Meyers Enzyklopädisches Lexikon 1972, 766 Stichwort Didaktik):

> „Didaktik [gr.], Unterrichtslehre; Kunst des Lehrens: Wissenschaft von der Methode des Unterrichtens. Die Akzente werden unterschiedl. gesetzt. D. kann bedeuten: 1. Wissenschaft und Lehre vom Lehren und Lernen überhaupt (J. Dolch, W. Klafki), 2. Wissenschaft vom Unterricht bzw. Theorie der Unterrichtsforschung als Interaktions- und Curriculumforschung (P. Heimann, W. Schulz), 3. Theorie der Steuerung von Lernprozessen (H. Frank, F. von Cube), 4. Theorie der Lehr- bzw. Bildungsinhalte, ihrer Struktur, Auswahl und Zusammensetzung (E. Weniger), 5. Theorie der Unterrichtsformen und -verfahren (J. Esterhues)."

Haben die Wortbedeutungen noch die mit ihnen belegten Sachverhalte selbst bezeichnet, so weist der Begriff Didaktik auf die Struktur der Sachverhalte hin. Der Gebrauch des Begriffs Didaktik schließt also ein, dass eine Reihe von bezeichneten Elementen logisch, d. h. nach bestimmten Regeln des Denkens, geordnet ist und damit eine Definition oder Bestimmung ausmacht, die als notwendige Voraussetzung für konstantes wissenschaftliches Arbeiten angesehen werden muss. Genau dies zeigen die vorgestellten Definitionen, wobei die letzte Bestimmung bereits auf Autoren verweist, die sich wissenschaftlich mit Didaktik befasst haben.

2.0 Didaktik als Wissenschaft

In diesem Kapitel werden zentrale Bestimmungen der Didaktik als Wissenschaft vom Lehren und Lernen vorgestellt. Ihre Kenntnis hilft, die eigene Position in Theorie und Praxis besser zu verorten. Darüber hinaus werden wissenschaftliche Begründungszusammenhänge erörtert, in die die Didaktik eingebunden ist und die in Diskussionen oft gebraucht werden.

2.1 Klassische Bestimmungen

Die Literatur bietet eine Vielfalt von begrifflichen Bestimmungen oder Definitionen an. Aus dieser Tatsache wird häufig der Schluss gezogen, dass Didaktik nicht definiert werden könne. Demgegenüber kann diese Vielfalt als Ausdruck eines lebendigen, geschichtlich-gesellschaftlichen Wirklichkeitszusammenhangs und damit als Reichtum interpretiert werden. Im Folgenden gilt das wissenschaftliche Interesse an dieser Vielfalt der Herausarbeitung einer überprüfbaren Ordnung.

Dabei hat sich aus pragmatischen Gründen die Ordnung nach Gegenstandsfeldern durchgesetzt (Kron 2000, 42ff). Unter einem Gegenstandsfeld sei in diesem Zusammenhang die Bestimmung von Didaktik in Bezug auf eine spezifische und empirisch prüfbare inhaltliche Aufgabenstellung und Funktion praktischer Tätigkeit verstanden.

Gegenstandsfeld

Zum ersten Mal wird eine Definition der Didaktik, die auf Gegenstandsfeldern fußt, von Wolfgang Klafki im Jahre 1961 vorgetragen. Er formuliert:

> „Vor allem vier Bedeutungen sind in der Gegenwart im Spiel: 1. Didaktik als Wissenschaft und Lehre vom Lehren und Lernen überhaupt (Dolch, Hausmann); 2. Didaktik als ‚Bildungslehre' im umfassenden Sinne (Willmann); 3. Didaktik als ‚Wissenschaft vom Unterricht' (Schulz, Weber, Schwerdt, Becker u. a.) bzw. ‚Allgemeine Unterrichtslehre' (Esterhues); 4. Didaktik als Theorie der Bildungsinhalte, ihrer Struktur und Auswahl (Weniger) bzw. als Theorie der ‚Bildungskategorien' (Derbolav, Fischer)" (Pädagogisches Lexikon 1961, Sp. 174 Stichwort Didaktik).

Didaktik
(Klafki)

Zehn Jahre später legt Klafki eine neue Reihung vor. In dem Artikel „Didaktik" (Neues Pädagogisches Lexikon 1971, Sp. 225) spricht er von folgenden vier Auffassungen:

Vier Auffassungen von Didaktik (Klafki)

> „1. Didaktik als Wissenschaft und Lehre vom Lehren und Lernen überhaupt (Dolch, Hausmann);
>
> 2. Didaktik als ‚Wissenschaft vom Unterricht' (Heimann, Schulz, Weber, Schwerdt, Becker, Klein u. a.) bzw. ‚Allgemeine Unterrichtslehre' (Esterhues);

3. Didaktik als Theorie der Bildungsinhalte, ihrer Struktur und Auswahl (Weniger) bzw. der Lehr- und Lernziele und der ihnen zuzuordnenden Lehr- und Lerninhalte und Aufgaben (Klafki) oder als Theorie der ‚Bildungskategorien‘ (Derbolav, Fischer) und

4. Didaktik als ‚Theorie der Steuerung von Lernprozessen‘ (Frank, v. Cube) bzw. als ‚Ökonomik der Vermittlung‘ (Wilhelm).“

In dieser neuen Konzeptbildung ist die Bestimmung von Didaktik als Bildungslehre aus systematischen Erwägungen heraus in der Didaktik als Theorie der Bildungsinhalte aufgegangen. Eine neue aktuelle Definition der Didaktik als Theorie der Steuerung von Lernprozessen ist hinzugetreten und macht die Vierergruppe wieder komplett.

In einem fast zeitgleich erschienenen Beitrag des Sozialwissenschaftlers Günther Bittner (Kleines Lexikon der Pädagogik und Didaktik 1970, 35ff Stichwort Didaktik) werden drei Bestimmungen der Didaktik von Klafki bestätigt. In der Reihung von Bittner entfällt die von Klafki an erster Stelle genannte Bestimmung der Didaktik als Wissenschaft vom Lehren und Lernen; als neue Bestimmung erscheint dort „Didaktik als Anwendungsbereich psychologischer Lehr- und Lerntheorien (H. Aebli, W. Correll, H. Roth u. a.)“.

Die von Bittner 1970 und von Klafki 1971a vorgetragenen Bestimmungen haben bis heute, mehr oder weniger modifiziert, Geltung. Sie sind von unterschiedlichem inhaltlichen Begriffsumfang. So hat – wie das Zitat von Klafki zeigt – die Bestimmung von Didaktik als Wissenschaft vom Lehren und Lernen einen weiteren begrifflichen Umfang als die Bestimmung von Didaktik als Theorie oder Wissenschaft von Unterricht und so fort. Abbildung 8 verdeutlicht Signatur und Reihung der fünf gängigen Bestimmungen von Didaktik als Wissenschaft.

Im Folgenden werden die genannten Bestimmungen von Didaktik kurz vorgestellt.

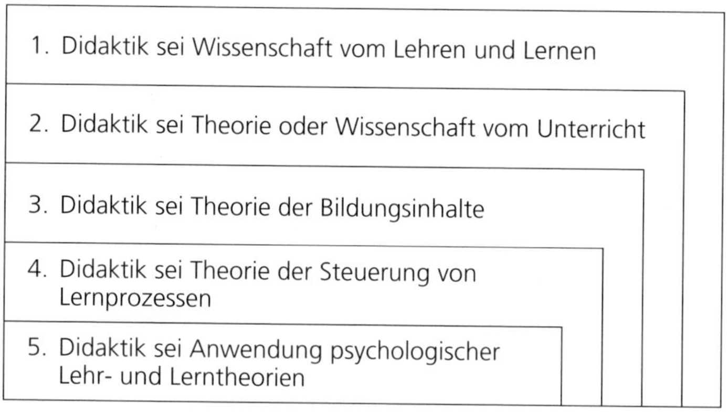

Abb. 8:
Bestimmungen
der Didaktik nach
Gegenstandsfeldern

1. Didaktik sei Wissenschaft vom Lehren und Lernen

2. Didaktik sei Theorie oder Wissenschaft vom Unterricht

3. Didaktik sei Theorie der Bildungsinhalte

4. Didaktik sei Theorie der Steuerung von Lernprozessen

5. Didaktik sei Anwendung psychologischer Lehr- und Lerntheorien

2.1.1 Didaktik als Wissenschaft vom Lehren und Lernen

Für diese umfassende Gegenstands- und Begriffsbestimmung spricht die Erfahrung, dass didaktische Forschung und Reflexion alle Bereiche betrifft, in denen in irgendeiner Art und Weise gelehrt und gelernt wird, sowie alle Formen, in und mit denen gelehrt und gelernt wird.

   Diese Auffassung von Didaktik im weitesten Sinn des Gegenstandsfeldes und Begriffsumfangs ist zum ersten Mal von Josef Dolch formuliert worden: „Didaktik … ist die Wissenschaft (und Lehre) vom Lernen und Lehren überhaupt" (Dolch 1965a, 45). Zu der gleichen Grundauffassung kommt in der Gegenwart auch Peterßen. Er spricht von einem „heute feststellbaren Grundkonsens über Didaktik" und stellt diesen wie folgt dar:

> „Allgemeine Didaktik bezeichnet jene wissenschaftliche Disziplin, deren Gegenstandsfeld das Lehren und Lernen schlechthin ist, die aber als integrierende Teildisziplin der Erziehungswissenschaft das umfassendere gesamte Erziehungsgeschehen perspektivistisch im Blick behält; als Berufswissenschaft, vor allem von Lehrern, erforscht sie ihr Feld mit wissenschaftlichen Mitteln und entwickelt Theorien des Handelns für die Lösung alltäglicher Lehr- und Lernprobleme; als auf Totalerfassung aller Erscheinungen und Faktoren im Felde des Lehrens und Lernens ausgerichtete Disziplin kann sie auf keine wissenschaftliche Methode und keinen bewährten Ansatz didaktischer Theorienbildung verzichten, sie integriert die maßgeblichen Ergebnisse aller in Frage kommenden Wissenschaften unter dem Gesichtspunkt ihres Beitrags für die Lösung von Lehr- und Lernproblemen" (Peterßen 1983, 46).

Dieser grundsätzlichen Bestimmung der Didaktik gibt auch Klafki seine Zustimmung. Er hält aber eine Binnengliederung des Gegenstandsfeldes für sinnvoll (Klafki 1985, 40f). Hierzu zählen folgende Aufgabenstellungen und Funktionen:

- die Sozialisationsforschung
- die Institutionsforschung

In beiden werden die Bedingungszusammenhänge für Lehren und Lernen aufgedeckt.

- Gegenstandsbereiche, in welchen Entscheidungen über Bildungsinhalte und Lernziele, Methoden und Medien fallen
- die auf Leistung und/oder soziale Normen und Werte bezogenen Handlungsbereiche und Interaktionen
- die Anstrengungen zur Evaluation von Lehr- und Lernprozessen.

Unschwer ist zu erkennen, dass mit dieser differenzierten Bestimmung von Didaktik eine Vielfalt von Phänomenen in den Blick genommen ist, einschließlich der daraus erwachsenen Theorien, Modelle und Konzepte für didaktisches Handeln (Kap. 3). Diese Auffassung von Didaktik wird von dem Grundinteresse an der Verbesserung didaktischen Handelns, also der Lehr- und Lernprozesse, geleitet. Insofern kann Didaktik auch als Handlungswissenschaft bestimmt werden.

Didaktik hat es grundlegend mit Enkulturations- und Sozialisationsprozessen zu tun, insofern das Medium menschlichen Daseins und menschlicher Entwicklung – phylogenetisch und ontogenetisch gesehen – die Kultur ist, in der jeder Mensch lebt. Das Lernen von Kultur gehört zu den zentralen Tätigkeiten eines jeden Menschen. Zur Bezeichnung dieses grundlegenden Prozesses wird der Begriff Enkulturation benutzt.

2.1.2 Didaktik als Theorie und Wissenschaft vom Unterricht

Didaktik in dieser Bestimmung umfasst das weite Wirklichkeitsfeld gesellschaftlich legitimierter, organisierter und auf professioneller Basis durchgeführter Lehr- und Lernprozesse. Sie können im weitesten Sinne als Unterricht definiert werden. Diese Beschränkung gegenüber der ersten Bestimmung bietet den Vorteil eines umrissenen Gegenstandsfeldes und deren gründlicher Erforschung. Sie kann aus hermeneutischer Sicht aber die Reflexion des Gesamtzusammenhangs einengen.

Ist in älteren Publikationen noch die Bestimmung der Didaktik als Lehre vom Unterricht oder als Unterrichtslehre zu finden (Huber 1952, 7), so liegt in der Gegenwart der Akzent der Bestimmung auf den Elementen: Theorie und Wissenschaft.

Zum einen liegt das Interesse auf der Herausarbeitung eines systematischen Zusammenhangs aller Faktoren, die den Unterricht bedingen und bestimmen, wie z. B. Formen des Unterrichts, der Lehrplan, Unterrichtsgrundsätze. Ein Beispiel hierfür bietet die Arbeit von Hans Glöckel. Dort heißt es:

> „Die Allgemeine Didaktik (Kron: ist eine) Theorie des Unterrichts auf allen Schulstufen, in allen Unterrichtsfächern und zu unterschiedlichen Lehrzwecken" (Glöckel 1990, 15).

Zum anderen ist das Bestimmungselement Wissenschaft anzutreffen. Hier liegt ein Forschungsinteresse vor. Dieses betrifft nicht nur die klassischen und/oder die aktuellen Unterrichtsbereiche, wie z. B. Schule und/oder Managementtraining, sondern auch jene Alltagssituationen, in welchen Lehren und Lernen auf selbst organisierte und legitimierte sowie nicht professionalisierte Weise realisiert wird. Die erweiterte Bestimmung schließt dann z. B. auch den Fahrunterricht, den Privatunterricht oder Situationen ein, in welchen eine Mutter ihrem siebenjährigen Sohn beim Lesenlernen hilft und diesen „im Lesen unterrichtet". Auch in vielen anderen Lebenssituationen sind Unterrichtung, Unter- oder Einweisung zu beobachten, insofern diese Tätigkeiten durch die Strukturmomente Intentionalität, Inhaltlichkeit, Methode, Organisation, Medienabhängigkeit sowie durch anthropologische und soziokulturelle Bedingungen bestimmt sind (Kap. 3.2.2).

2.1.3 Didaktik als Theorie der Bildungsinhalte

Fasst man Bestimmungen von „Didaktik als Bildungslehre" und die „Didaktik als Theorie der Bildungsinhalte" aufgrund ihres strukturellen Zusammenhangs, der im Bildungsbegriff seine Wurzeln hat, zusammen, dann kann auf dieser Stufe der

Begriffshierarchie von Didaktik als Theorie der Bildungsinhalte gesprochen werden; denn eine Bildungslehre kann nur aus den Bildungsinhalten selbst heraus erschlossen werden, und diese müssen in jene einmünden, wenn sie zur Realisierung gelangen sollen. Dieser hermeneutische Zirkel gründet aber nicht zuletzt in der Ermittlung von Bildungskategorien, von denen die gesamte Bildungsaufgabe überhaupt erst ihre Legitimation erhält (Klafki 1974, 84).

Die Diskussion um die Grundstruktur der Bildung in Bezug auf die Erforschung, Analyse, Vorbereitung, Durchführung, Begründung und Evaluation des Zusammenhangs von Lehren und Lernen hat in Deutschland eine große Tradition (Willmann 1967; Weniger 1966). Sie nimmt auch in der Gegenwart eine zentrale Stellung ein (Klafki 1964; 1974 u. 1985; Beckmann/Biller 1978; Blankertz 1975).

Grundstruktur der Bildung

Ausgang dieser Bestimmung der Didaktik ist die Annahme von einem „Korrespondenzverhältnis von Bildungstheorie und Didaktik" (Klafki 1974, 91) bzw. von der Trias von Bildungsaufgabe, Bildungsprozess und Bildungsinhalt als Grundlage und Aufgabe der Didaktik, wie sie von Willmann und Weniger herausgearbeitet worden ist. Klafki hat diesen ethisch-anthropologisch und hermeneutisch begründeten Zusammenhang für die Praxis weitergedacht. In gewisser Analogie umreißt er vier Dimensionen, durch die das didaktische Feld bestimmt sei und die in wechselseitiger Abhängigkeit und Durchdringung gesehen werden:

> „Erstens: Die Dimension der Geschichtlichkeit didaktischer Entscheidungen …
> Zweitens: Die Dimension der verschiedenen Perspektiven des Welt- und Selbstverständnisses und der Motivation … Drittens: Die Dimension der allgemeinen Sinngebung geistiger Grundrichtungen und der Schulfächer … Viertens: Die Dimension der inneren Struktur und der Schichtung der Bildungsinhalte" (100).

Die letztgenannte Dimension kann sozusagen als der inhaltliche Schnittpunkt aller Dimensionen und damit als der Kern der Didaktik angesehen werden; denn die innere Struktur der Bildungsinhalte unterscheidet sich von den in den Lehrplänen und Schulbüchern gesammelten und versammelten Lehr- und Lerninhalten – im wahrsten Sinn des Wortes – wesentlich. Da ihr praktischer Quellgrund die Bildungsprozesse lebendiger junger Menschen sind, und da diese Prozesse stets auf Erkenntnis von wesentlichen, strukturellen und prinzipiellen Zusammenhängen angelegt sind, gewinnen die Lehr- und Lerninhalte erst ihre Bildungsdimension, wenn sie wirklich Bildungsprozesse konstituieren. Dies ist keineswegs mit allen Inhalten und in allen Lehr- und Lernprozessen der Fall!

Bildung als Transformationsprozess

Kulturelle Inhalte werden erst im Transformationsprozess der Bildung zu Bildungsinhalten und gewinnen dabei überhaupt erst ihre persönlichkeitsbildende Wirkung: Sie werden zu Bildungsgütern, die von persönlicher Bedeutung sind.

Nur in diesem Prozess wird die Fähigkeit erworben, Kategorien herauszubilden, aufgrund derer in der sozialen und kulturellen Welt – durchaus im Sinne des kategorischen Imperativs von Kant – prinzipienorientiert – geurteilt und gehandelt werden kann.

Von einer Didaktik als Theorie der Bildungsinhalte werden daher ebenso grundlegende Inhalts- und Ideologiekritik, Bildungs- und Gesellschaftskritik verlangt wie die kritische Arbeit, z. B. an Lehrplänen und Unterrichtskonzepten, an der Weiterentwicklung der Theorien, insbesondere der eigenen Bildungstheorien und der

Forschung. Die zentrale Bedeutung, die den Bildungsinhalten bzw. -gehalten in allen Lehr- und Lernprozessen beigemessen wird, verleiht dieser didaktischen Richtung eine gewisse Beschränkung. Zugleich erhält sie durch den Anspruch auf Bildung ihre Tiefendimension. Durch ihre Konzentrierung auf die kritische Befragung der Inhalte erhält sie nämlich ihren für die Gegenwart bedeutsamen und „kritisch-konstruktiven" Zug (Klafki 1985, 31ff u. 1991). Dadurch wird diese Auffassung von Didaktik auch für alle anderen Auffassungen interessant, wenn nicht gar erforderlich (12ff u. 1991).

2.1.4 Didaktik als Theorie der Steuerung von Lernprozessen

In dieser Bestimmung von Didaktik werden Lehr- und Lernprozesse in Analogie zu kybernetisch gesteuerten technischen Systemen betrachtet. Aus dieser Sichtweise erwachsen die entsprechenden Aufgaben- und Zielstellungen für Forschung und Praxis.

> „Didaktik als Wissenschaft (Kron: und Technik) untersucht, wie die Lernprozesse eines Lernsystems initiiert und gesteuert werden können, und wie vorgegebene Verhaltensziele in optimaler Weise zu erreichen sind. Da diese Definition von Didaktik auf wissenschaftstheoretischer Basis beruht ... sei sie im folgenden als wissenschaftstheoretische bezeichnet. Da Didaktik nur im Zusammenhang mit einer Steuerungstechnik möglich ist, schließt der wissenschaftstheoretische Begriff von Didaktik die technische Dimension mit ein" (v. Cube 1972, 129).

Das erkenntnisleitende und praktische Interesse in dieser Auffassung von Didaktik ist dabei auf die Steuerung und Optimierung von Lernprozessen gerichtet; das theoretische Interesse auf die Erforschung derselben zum Zwecke der Verbesserung des Systems. Ein ausdrückliches Interesse an den kulturellen Inhalten und Normen und/oder deren kritischer Betrachtung wird nicht bekundet. Diese moralisch-bewertende Arbeit muss von einer anderen „noch zu bezeichnenden wissenschaftlichen Disziplin" (127), z.B. der Didaktik, die sich als Theorie der Bildungsinhalte versteht, geleistet werden.

Das weiteste Anwendungsfeld hat diese Didaktik als Steuerung von Lernprozessen im Bereich des programmierten Lernens gefunden. Im gesamten Aufgabenfeld von Didaktik kommt ihr aber eher ein enges Gegenstandsfeld zu.

2.1.5 Didaktik als Anwendung psychologischer Lehr- und Lerntheorien

In diesem Gegenstandsfeld spielen die Forschungen im Bereich der Lernpsychologie eine zentrale Rolle. Dabei ist die Vielfalt der Lerntheorien als Reichtum an Konzepten zu verstehen, mit deren Hilfe die komplexe Lehr- und Lernpraxis aufgeklärt werden kann.

Faktoren des Lehr- und Lernprozesses Aus der Fülle der Faktoren, die die Lehr- und Lernprozesse bedingen und die erforscht werden müssen, um die Praxis zu verbessern, seien nachstehend einige skizziert:

- Individuelle, z. B. kognitive, affektive, soziale und praktische Faktoren, etwa Intelligenzentwicklung, Abstraktionsvermögen, Umfang und Grad der Darstellung sozialer Erfahrungen und Fähigkeiten, Einfühlungsvermögen in andere Personen, Fähigkeitsgrad zur sprachlichen Darstellung kultureller und sozialer Inhalte, manuelle Fertigkeiten;
- kulturelle Faktoren, wie z. B. mathematische Aufgabenstellungen oder das Fach Mathematik, die Sprachen, Musik, Sport;
- soziale Faktoren, wie z. B. moralisches Urteilen auf verschiedenen Abstraktionsebenen, Führungsanspruch in der Gruppe zur Geltung bringen, soziale Regeln realisieren, kritisieren und gemeinsam verbessern;
- Faktoren der Zielsetzung von Lehr- und Lerntätigkeiten, wie z. B. festgesetzte Leistungsformen anstreben und erreichen, geeignete Mittel, Wege und Medien aufsuchen, bewerten und einsetzen;
- mediale Faktoren, wie z. B. das interaktive, symbolische Medium der Sprache realisieren, klassische und elektronische Medien als Hilfsmittel benutzen.

Dieser Vielfalt von situativen Gegebenheiten entsprechend können formale Lernanforderungen und Leistungen definiert (Roth, H. 1962, 221) und entsprechende Lernformen oder Lernarten didaktisch, d. h. zum Zwecke der Herbeiführung von Lernprozessen und der Verbesserung oder Erweiterung von Verhaltens- und Leistungsformen sowie des inhaltlich bestimmten Könnens, Urteilens, Fühlens, Wertens und Wollens (Gagné 1980; Roth, H. 1962, 205), eingesetzt werden. Für die primär an Lehr- und Lernprozessen und nicht primär an der Verbesserung von Lerntheorien orientierte lernpsychologische Forschung gehören diese Zusammenhänge zu den zentralen Forschungsinhalten.

Daher können auch von den Ergebnissen dieser praxisorientierten Forschung Vorschläge und Konzepte für das Lehren, z. B. Lernsequenzen und Lernschritte für Planung und Organisation von Unterricht oder Lernhilfen, wie z. B. Hilfen zur Motivierung von Lernen, zur Überwindung von Lernproblemen, zur Findung von Lösungen, entwickelt werden (Roth, H. 1962, 195ff). Unterricht kann auf diese Weise schülerorientierter geplant und durchgeführt werden.

In diesem Sinne dient diese Auffassung von Didaktik zur Verbesserung aller Faktoren, die mit organisiertem Lernen und Lehren zu tun haben. Diese Bestimmung ist gegenstandsidentisch mit der aus der anglo-amerikanischen Diskussion bekannten Bestimmung von Curriculum (Encyclopedia of Educational Research 1969, 275ff Stichwort Curriculum).

2.1.6 Schlussfolgerungen

Die vorgestellten Bestimmungen von Didaktik als Wissenschaft lassen eine Reihe von Grundaussagen erkennen, die im Folgenden vorgetragen werden.

(1) *Didaktik sei die Wissenschaft von den Vermittlungsprozessen von Kultur in spezifischen Gesellschaften:* Mit dieser Definition werden Lehr- und Lernprozesse als kulturelle Vermittlungsprozesse aufgefasst, in denen es konstitutiv immer um zwei Ebenen geht: 1. um die Vermittlung von Kultur bzw. um einen für spezifische

Didaktik

Lehrzwecke als Fach „zugerichteten" Bereich von Kultur, z. B. Physik, 2. um den Vermittlungsprozess als Interaktion und die darin transportierte spezifische Klasse von Kultur, nämlich die Verhaltensweisen und das soziale Handeln einschließlich der darin zum Ausdruck kommenden Normen und Werte (Kap. 4.1 u. 4.2). Eine dritte Ebene kann Didaktik ausdrücklich zum Thema machen, nämlich die Meta-ebene, auf der die beiden vorgenannten Ebenen kritisch reflektiert werden.

(2) *Didaktik sei eine verstehende und erklärende Sozialwissenschaft:* Aus der Wissenschaftstradition der Didaktik ist sowohl die geistes- als auch die sozialwissen-schaftliche, aber auch die in Punkt 3 aufgeführte Grundorientierung bekannt.

(3) *Didaktik sei eine Handlungswissenschaft:* Da Didaktik ihrer Aufgabenstellung nach, ähnlich wie die Medizin, zugleich eine handlungsorientierte Wissenschaft ist, muss ihr primäres Interesse nicht in der Legitimation, sondern in der Aufklärung und Förderung von Praxis liegen.

Mit dieser forschungsmethodischen Bestimmung wird zum Ausdruck gebracht, dass in der Didaktik ein breites Methodenspektrum – von den hermeneutischen Denktraditionen über die empirischen Verfahren bis zur Aktionsforschung – zur Anwendung gelangt, dessen primäres Erkenntnisinteresse in der Aufklärung und Verbesserung didaktischen Handelns liegt. In diesem Sinn ist Didaktik an der Er-forschung von Problemen des Handlungsfeldes interessiert und nicht an der Er-stellung von bloßer Theorie (Mollenhauer 1972, 124).

(4) *Gegenstandsfeld der Didaktik seien Lehr- und Lernprozesse jedweder Art und an jedwedem Ort, also Vermittlungsprozesse von Kultur:* Mit der Definition ist ge-sagt, dass Didaktik sowohl das organisierte und professionalisierte Lehren und Lernen – deren klassisches Beispiel der Schulunterricht ist – als auch Situationen in Alltagsbereichen umfasst, in welchen Lehr- und Lernprozesse stattfinden. Hier-bei geht es 1. um die Lehrenden, 2. um die Lernenden einschließlich Interaktio-nen, 3. um die Sache, 4. um die Medien, 5. um die biografischen und 6. um die gesellschaftlichen Bedingungen der Beteiligten und der jeweiligen Situationen (Schulz 1970, 414; Kap. 4.2.2).

(5) *Inhalte der Lehr- und Lernprozesse sind die kulturellen und die sozialen Wer-te und Normen der Gesellschaft:* Mit dieser Bestimmung wird ausgesagt, dass die Didaktik primär die kulturellen Inhalte einschließlich der speziellen Klasse von Inhalten, nämlich der sozialen Normen, zu erforschen hat. Damit ergibt sich auch ihr kritischer Anspruch, nämlich die gesellschaftlichen, historischen, politischen und organisatorischen Bedingungen mit zu reflektieren (Kap. 1).

(6) *Wissenschaftsorganisatorisch gesehen sei die Didaktik eine Teildisziplin der Pädagogik.*

(7) *In diesem Kontext steht sie mit anderen Wissenschaften in Kooperation.*

Daraus erhellt sich:

(8) *Didaktik sei eine interdisziplinäre Wissenschaft.*

Die vorgestellten Aussagen sind in einem offenen Diskussions- und Forschungs-horizont zu sehen. Dieser eröffnet sich aus den klassischen und gegenwärtigen Aus-sagen; aber auch an kulturanthropologischen Forschungen und Theorienbildungen. In den weiteren Ausführungen wird ein Vorstoß in dieser Richtung gemacht.

2.2   Das Fach in der Grundlegung dieses Buches

Aus den bisherigen Erörterungen können erste Konsequenzen gezogen werden, die die Position des Autors markieren.

2.2.1 Didaktik als Enkulturationswissenschaft

Didaktik in den oben vorgestellten Zusammenhängen weitergedacht kann in ei-nem übergreifenden Sinn als Enkulturationswissenschaft bestimmt werden. Da-mit wird die Bedeutung des gesellschaftlichen, interaktiven und individuellen Ver-mittlungsprozesses kultureller und sozialer Inhalte ins Zentrum von Forschung, Theoriebildung und Praxis gerückt.

In dieser Hinsicht liegt bereits ein Vorschlag in der Pädagogik vor, der auch auf die Didaktik übertragbar ist. Er wurde 1968 von Werner Loch (1969, 122ff) gemacht.

In seinem Beitrag, der sich mit der „Gegenstandsproblematik der Pädagogik" befasst, wird das Lernen der Kultur ins Zentrum der systematischen Diskussion gerückt. Loch sieht den Prozess des Lernens von Kultur sowohl in dem Interak-tionsgeschehen der Erziehung als auch in dem der Enkulturation als deren grund-legende Struktur an. Zentralpunkt für eine moderne pädagogische Diskussion der Gegenstandsfrage wird der Enkulturationsprozess. Loch zieht den Enkultura-tionsprozess dem der Erziehung als Gegenstand pädagogischer Grundlagenrefle-xion vor, weil der Erstere zum einen auch die empirische Sozialforschung erfor-dert und damit die klassische pädagogische Theorienbildung zu erweitern vermag, und zum anderen, weil der Enkulturationsprozess an den Nerv aller pädagogisch relevanter Phänomene geht. Unter Vernachlässigung der ersten Hinsicht formu-liert Loch unter Hinweis auf Herskovits daher:

Lernen der Kultur (Loch)

> „Das Lernen der Kultur ist der eigentümliche und ganze Gegenstand der Päd-agogik, zu dessen Bezeichnung wir von der Kulturanthropologie den Terminus ,Enkulturation' übernehmen" (Loch 1969, 126).

Und den Gedanken weiterführend folgert er:

Enkulturation

> „Der Kulturbegriff ist hiernach als der allgemeine Bezugsrahmen anzusehen, der allen Sozialwissenschaften gemeinsam ist … Indem die Pädagogik die Kultur im Hinblick darauf betrachtet, daß sie vom Menschen gelernt werden muß und daß der Mensch dabei unter bestimmten Bedingungen der Hilfe benötigt, setzen der sich hieraus ergebende pädagogische Grundbegriff der *Enkulturation* und Begriff der Erziehung als Enkulturationshilfe eine Definition des Kulturbegriffs voraus" (Loch 1969, 126f).

Kultur gewinnt damit die Bedeutung der grundlegenden „Lebensform des Menschen". Nur im Prozess ihrer Aneignung eignet der Mensch auch sich selbst an, wird gesellschaftlich handlungsfähig und selbstständig zugleich. Menschliches Lernen und insbesondere das Lernen von Heranwachsenden in pädagogisch relevanten Organisationen kann daher nur als ein Doppelprozess interpretiert werden. Enkulturation eröffnet in dieser Doppelfunktion ihre pädagogische Dimension (Loch 1969, 129). Enkulturation führt auf diese Weise zur Kultivierung des Menschen, d. h. zu einer eigenständigen und selbstverantworteten, individuell verarbeiteten und damit unverwechselbaren Repräsentation der Kultur; sozialwissenschaftlich gesprochen: zur Identität; geisteswissenschaftlich formuliert: zur Bildung. Erziehung und Unterricht, Lehren und Lernen in allen kulturellen und gesellschaftlichen Ausdrucks- und Organisationsformen könnten daher als „Enkulturationshilfe" oder auch als kulturelle „Entwicklungshilfe" verstanden werden (Loch 1969, 137ff). Diese Prozesse sowie ihre Bedingungszusammenhänge und inhaltlichen Komponenten machen die grundlegenden Gegenstandsfelder der Didaktik in allen ihren Aufgabenstellungen und Funktionen aus. Von ihnen wird in diesem Buch in den entsprechenden Kapiteln die Rede sein.

2.2.2 Drei Betrachtungsebenen didaktischer Phänomene

Die bisherigen Erörterungen haben gezeigt, dass didaktisches Denken und Forschen sowie die entsprechenden Theorienbildungen, einschließlich der didaktischen Praxis, einen sehr komplexen und differenzierten Zusammenhang bilden. Diese Komplexität und Differenziertheit ist nur zu durchschauen und zu ordnen, wenn ein reichhaltiges Erkenntnis- und Methodenrepertoire eingesetzt wird und wenn das erkenntnisleitende Interesse auf die Herausarbeitung von Strukturen gerichtet ist. Im Folgenden wird ein Instrument vorgestellt, mit dessen Hilfe eine Strukturerfassung didaktischer Phänomene möglich ist. Als ein für die Strukturierung des Phänomenzusammenhangs hilfreiches Instrument stellt Ulich in seinem Buch drei Ebenen pädagogischer und didaktischer Betrachtungsweisen, bzw. Forschungs- und Theoriebildungen vor, die sich bewährt haben (Kron 2001, 47ff; Gudjohns 2002; Mette/Schweizer 2002). Es handelt sich um die Folgenden:

> **(1)** Die „makrosoziale Ebene der gesellschaftlichen Konstitutionsbedingungen regelgeleiteten sozialen Handelns".
>
> **(2)** Die „mikrosoziale Ebene der interpersonalen Beeinflussung".
>
> **(3)** Die „intrapersonale Ebene … (der) Konstitution von Regelbewusstsein" im handelnden Subjekt oder Individuum (Ulich 1976, 40).

makrosoziale Ebene

(1) Die sozialwissenschaftlich orientierten didaktischen Forschungen zeigen, dass didaktisches Handeln und Denken durch gesellschaftliche Entscheidungsprozesse und -profile bedingt sind.

So gründet sich schulisches und unterrichtliches Handeln z. B. auf Ländergesetze, Schulordnungen und auf Verordnungen für die Versetzung von Schülern und Schülerinnen, auf vom Staat genehmigte Prüfungsordnungen, Lehrpläne und/oder Curricula, auf genehmigte Lehrbücher, sowie auf die staatlich kontrollierte Ausbildung der Lehrer und Lehrerinnen. Des Weiteren gehören – wie Fend (1977) gezeigt hat – auch nicht „gesatzte", d. h. nicht auf Gesetzen beruhende gesellschaftliche Faktoren zu den makrosozialen Bedingungen von Schule und Unterricht in allen pädagogisch relevanten Organisationen. Hier sind die kulturellen und sozialen Wertorientierungen und Normen zu nennen, die durch die Lehrenden oder die Repräsentanten der entsprechenden Organisationen repräsentiert und im Ernstfall auch durchgesetzt werden können, z. B. die Moralen und Normen der Leistungssteigerung, die hohe Bewertung individueller Tätigkeit und Leistung oder die Wertschätzung klassischer Bildungsinhalte, sei dies in den Fächern Deutsch, Kunst oder Musik. Auch diese informellen, im Regelfalle durch die Lehrenden repräsentierten kulturellen Werte und Normen wirken neben den formellen Inhalten in den einzelnen Fächern mindestens in einer doppelten Weise. Auf der einen Seite bilden sie sicher die Persönlichkeit der einzelnen Subjekte heraus, zugleich und auf der anderen Seite passen sie aber auch die Subjekte an die geltenden kulturellen und sozialen Werte und Normen an. Dieser Prozess wird als Enkulturations- und Sozialisationsprozess bezeichnet, dessen Effekt von der Forschung (Fend 1977) im weitesten Sinne als Anpassungsprozess der Individuen an die geltende Kultur ihrer Gesellschaft verstanden wird. Diese Erklärung wird gestützt durch die Erfahrung, dass die Vertreter der jeweiligen Ausbildungs- und Unterrichtssysteme, die jeweils geltenden Kulturmomente gegenüber ihrer Klientel legal, d. h. z. B. auf dem Schulgesetz gründend, durchsetzen können.

Die wenigen Beispiele zeigen, dass auf der makrosozialen Ebene didaktischer Betrachtung, Forschung und Theorienbildung nach den gesellschaftlichen Zielen, Institutionen und Organisationsformen von Unterricht und Schule gefragt wird, oder anders ausgedrückt, dass nach „Struktur und Dynamik des gesellschaftlichen Konstitutionszusammenhangs" (Ulich 1976, 18) von Erziehung und Unterricht primär in den Blick genommen wird. Auf dieser Ebene der

> „gesellschaftlichen Konstitutionsbedingungen regelgeleiteten sozialen Handelns werden Bestimmung und Durchsetzung von Regeln und Regelsystemen als Grundlagen der Normierung, Standardisierung und Organisation von Erziehungs- und Unterrichtsprozessen untersucht. Hier geht es um die Frage nach der möglichen Über-Situativität und Stabilität der Geltung und Wirksamkeit von gesellschaftlichen Strukturen (z. B. Schichtung), Verteilungsprozessen (Macht, Güter, Privilegien, Einfluß, ‚Lebenschancen') und Institutionen (z. B. Schulsystem)" (40).

(2) Auf dieser Ebene treten – im Unterschied zur ersten Ebene – die Prozesse einseitiger oder gegenseitiger sozialer und kultureller Beeinflussung in den Blick. In Bezug auf Schule und Unterricht sowie ähnliche Prozesse heißt dies, dass die interpersonale Beeinflussung erforscht und an Phänomenen interpretiert wird. Hier   **mikrosoziale Ebene**

> „werden Prozesse des initiierenden und kontrollierenden sozialen Handelns untersucht. Geltungsansprüche von Regeln werden in Interaktionen durchgesetzt; bestimmte Interaktionsstrukturen werden als Rahmenbedingungen für Interaktionserfahrungen, die Grundlage vom Regelbewußtsein sind, geschaffen und

aufrechterhalten. Hier geht es um die Frage nach der möglichen Dauerhaftig-
keit und Stabilität von sozialen Handlungen, Einstellungen und Erwartungen,
Beziehungen und Beziehungsstrukturen" (40)

In didaktisch strukturierten sozialen Feldern tritt neben die soziale Dimension auch
die inhaltlich-kulturelle Dimension, also jene symbolisch vermittelten kulturellen
Inhalte, die auch als Lerninhalte bezeichnet und die in den einzelnen Fächern
repräsentiert sind. Dabei treten die Lerninhalte unter spezifischen Zwecksetzungen auf, die im Regelfalle gesellschaftlich und politisch vermittelt oder gesetzt
sind; es werden z. B. Lernziele übergreifender und differenzierter Art vorgegeben;
Vermittlungsstrategien und Methoden sowie Medien entwickelt. In didaktischen
Analysen treten gerade diese Zusammenhänge kultureller Art in den Vordergrund.
Oft wird dabei übersehen, dass die Grundfolie aller Lehr- und Lernprozesse aber
die soziale, also die interpersonale Interaktion ist, auf der letztendlich alle kulturellen Vermittlungsprozesse basieren. Lehr- und Lernprozesse sind also soziale
und kulturelle Lehr- und Lernprozesse zugleich, auch wenn in didaktischer Absicht die kulturelle Dimension in ihrer Inhaltlichkeit und Zielstellung sowie in der
Frage nach ihrer Vermittlung und den einzusetzenden Medien in den Vordergrund
gerückt wird. Hier ist wieder die Doppelseitigkeit zu erkennen, dass nämlich ein
und dieselbe Situation aus kultureller, d. h. didaktischer, und aus sozialer, d. h. eher
pädagogischer, Hinsicht verstanden, erforscht und theoriefähig gemacht werden
kann.

Damit ist die Ebene der konkreten Praxis angesprochen. Sie kann auch als Schul-
oder Unterrichtsalltag von Lehrenden und Lernenden verstanden werden. Ein Mu-
siklehrer will z. B. die Klasse 10 in das Werk von Johann Sebastian Bach einführen.
Er spielt Musikbeispiele vor und erläutert diese, rückt diese auch in einen Zusammenhang mit musikalischen Phänomenen der Gegenwart. Die Schüler sind
„bei der Sache". Die Stunde geht wie im Flug vorbei, und der Lehrer ist zufrieden. In diesem Beispiel haben die SchülerInnen komplementär auf die kulturelle
Beeinflussungschance des Lehrers geantwortet. Sie sind seinen Ausführungen ge-
folgt und haben durch ihr Interesse und ihre Mitarbeit dem Lehrer den von ihm erwarteten Lernerfolg symbolisch vermittelt. Dies wiederum signalisiert ihm, dass
sein geplantes Unterrichtsziel erreicht worden ist. Die SchülerInnen können aber
auch bei der Frage nach Übertragungseffekten Bachscher Musik in der Gegenwart
bei dieser Frage innehalten und den Lehrer von seinem geplanten Ziel abbringen,
indem sie ihn über ein echtes oder gespieltes Interesse an dem Übertragungseffekt
in die Fragen der modernen Musik hineinzwingen. Die SchülerInnen wenden also
die Chance zur gegenseitigen kulturellen und sozialen Beeinflussung in dieser Situation ins Gegenteil um und benutzen ihrerseits die Lehr- und Lernbeziehung zur
Beeinflussung des Lehrers. Die sozialwissenschaftliche Einsicht in die Tatsache,
dass jede soziale Beziehung interpersonelle Beeinflussung meint, eröffnet also auch
die Interpretation, dass Schüler und Schülerinnen den geplanten Unterricht des
Lehrers bzw. der Lehrerin „umbiegen" und ihre eigenen kulturellen oder sozialen
Zielsetzungen durchsetzen können. Die SchülerInnen werden diese Stunde vielleicht sehr produktiv empfunden haben, vielleicht auch gar nicht als einen „Sieg"
über den Lehrer oder die Lehrerin sehen. Der Lehrer bzw. die Lehrerin wird aber
diese Stunde als wenig geglückt im Bewusstsein eines nicht erreichten Unter-

richtsziles einschätzen. Dieses Beispiel – auch wenn es noch recht allgemein ist – lässt schon erkennen, dass die mikrosoziale Ebene der interpersonellen Beeinflussung als eine didaktisch zentrale Ebene angesehen werden muss. Auf diese Ebene wird im Folgenden auch immer wieder zurückgegriffen, und von dieser Ebene her werden auch alle nachfolgenden Erkenntnisse und Darlegungen bestimmt.

Es kann aber auch sein, dass jeder einzelne Schüler und jede einzelne Schülerin sich aus dem Lehrangebot jene Inhalte herauspicken, die in ihr derzeitiges Aufmerksamkeitskonzept passen. Sie können in diesem Fall als „selbstreferenzielle Systeme" betrachtet werden, die aus den Umweltangeboten sich jene Angebote auswählen, die ihre Handlungskonzepte optimieren und sie in Bezug auf ihre Interessen in den verschiedenen Umgebungen handlungsfähig machen.

(3) So wie die makrosozialen Bedingungszusammenhänge auf die mikrosozialen Abläufe Einfluss haben, so wirken die Prozesse auf diesen Ebenen auch auf das lehrende oder lernende Subjekt und dessen „intrapersonale" Vorgänge und Strukturentwicklungen ein. In der modernen sozialwissenschaftlichen Literatur wird dieser Prozess als Lernprozess bezeichnet. Gleichviel welche Lerntheorie zur Erklärung des intrapersonalen Prozesses herangezogen wird, so ist doch eine Grundunterstellung Tatsache: dass nämlich Lernprozesse Veränderungen der Persönlichkeitsstruktur und z. B. der Einstellungen und damit auch Veränderungen im sozialen und kulturellen Verhalten bzw. Handeln bewirken. Daher konstatiert Ulich:

„Auf der intra-personalen Ebene wird die Konstitution von Regelbewußtsein an bestimmten Rollenerwartungen und Interaktionserfahrungen untersucht. Auf dieser Ebene der ‚Wirkungen' von pädagogischen Handlungen interessiert die Frage, ob Persönlichkeitsstrukturen, Motive, ‚Eigenschaften', Fähigkeiten usw. Veränderungen der Situation, der sozialen Beziehungen und gesellschaftlichen Bedingungen überdauern können" (40).

Wie bereits erwähnt, werden zur Erklärung der intrapersonalen Prozesse Lerntheorien herangezogen. Diese spielen also eine große Rolle in der didaktischen Betrachtung intrapersoneller Phänomene, wie an späterer Stelle noch gezeigt wird. In der neueren Literatur werden zur Erklärung der intraindividuellen Prozesse aber auch evolutionstheoretische und neurobiologische Erkenntnisse herangezogen. Auch darauf wird später noch eingegangen (Kap. 3.5, 4.5 u. 4.6).

Insgesamt betrachtet sind die drei skizzierten Ebenen in einer Interdependenz, d. h. in einem gegenseitigen Verweisungszusammenhang zu sehen. Die Erkenntnisse jeder einzelnen Ebene können nicht isoliert betrachtet werden, denn isolierte Betrachtungsweisen verleiten allzu sehr zu Engführungen in der Theorienbildung sowie in den Aussagesystemen und damit zu normativen und präskriptiven Aussagen. Daher ist es sinnvoll, in die Betrachtung einer jeden Ebene die Erkenntnisse der jeweils anderen Ebenen mit hinzuzuziehen. Des ungeachtet bleibt für die Didaktik die zweite, die interpersonelle oder die mikrosoziale Ebene die entscheidende. Von dieser Ebene her wird in diesem Buch argumentiert.

intrapersonale Ebene

2.3   Wissenschaftliche Begründungszusammenhänge

2.3.1 Wissenschafts- und erkenntnistheoretische Bestimmungen

Bis ins 19. Jahrhundert hinein wurde das wissenschaftliche Erkenntnisinteresse mit einer Art Metaphysik des Wissens begründet. Diese Tätigkeit wurde mit dem Begriff Wissenschaftslehre belegt und sie wurde in der Regel von der klassischen Philosophie auch für alle anderen Wissenschaften geleistet. Mit dem Aufkommen der Einzelwissenschaften als eigenständige Disziplinen – wie dies z. B. in der Mathematik, den Naturwissenschaften und den Sozialwissenschaften geschah – entwickelten diese ihre eigene Wissenschafts- und Erkenntnistheorie. In dieser Bewegung entstand der Begriff Wissenschaftstheorie. Er löste den alten Begriff der Wissenschaftslehre ab. Im Zuge dieses Prozesses entstanden auch neue sozialwissenschaftliche Theorien der Erkenntnis, die auf empirische Forschungsmethoden gründeten (Kron 1999).

Mit dem neuen Begriffspaar „Wissenschafts- und Erkenntnistheorie" ist die Aufgabe bezeichnet, nach den wissenschaftlichen Interessen und Methoden der Erkenntnis, ihren Grundlagen, Voraussetzungen und Zielen und der Konstituierung der Gegenstände zu fragen und nach Antworten zu suchen.

Die Konzentrierung des wissenschaftlichen Fragens auf den Prozess des wissenschaftlichen Erkennens selbst und die damit einhergehenden Faktoren und Probleme haben in einigen Wissenschaften zu einer Lehre von den Erkenntnis- bzw. Forschungsmethoden, m. a. W. zu einer Methodologie, geführt. In den neueren Diskussionen, wie sie insbesondere in den Werken von Thomas S. Kuhn sowie in den Werken von Jürgen Habermas vorgetragen werden, wird der Horizont der wissenschaftstheoretischen Erörterungen jedoch weiter gespannt. Es wird erkannt, dass auch die Forscher selbst und der Diskurs, den sie führen, zu den notwendigen Bedingungen einer modernen wissenschaftstheoretischen Diskussion gehören. Des Weiteren wird gesehen, dass die Lebenseingebundenheit der Forscher in die zeitgeschichtlichen Zusammenhänge und in die jeweiligen Gesellschaftsverhältnisse mitbedacht werden müssen (Altner 1986; Ströker 1987).

Dabei ist die Einsicht leitend, dass alle Erkenntnisse sowie alle wissenschaftlichen Systeme – gleichviel mit welcher Methodologie sie eingefangen und begründet werden – grundsätzlich in einem offenen Horizont zu sehen sind (Kron 1999, 84ff).

Didaktische Theorien als offenes System

Einen archimedischen Punkt als Letztbegründung gibt es für die modernen Sozial- und Geisteswissenschaften also nicht mehr (Bollnow 1981, 12ff). Dies gilt auch für die Didaktik. Moderne didaktische Theorien sind mithin als „offene Systeme" – im Unterschied zu „geschlossenen Systemen" anzusehen (Heimann 1973, 117ff).

Mit dieser grundlegenden modernen Erkenntnis ist ein zentraler erkenntnistheoretischer Zusammenhang angesprochen. Es handelt sich dabei um das Verhältnis des Ganzen zum Einzelnen und umgekehrt. So muss z. B. didaktische Theorienbildung, die das Ganze verstehen will, stets auf die Fachdidaktiken und die Nachbardisziplinen bezogen bleiben und umgekehrt. In Bezug auf die didaktische Forschung heißt dies, dass empirische Forschungen auch auf geschichtlich-gesellschaftliche Entwicklungen zu beziehen sind, Einzelforschungen auf einen umfassenden Erkenntnishorizont bezogen bleiben müssen und umgekehrt, dass hermeneutisches Fragen auf Erkenntnisse aus Empirie und Praxis zu achten hat. Damit werden erklärende Vorgehensweisen als ebenso notwendig angesehen wie verstehende; schärfer formuliert: Verstehen und Erklären stehen in einem Verweisungszusammenhang. Dieser bedeutet jedoch in keiner Weise eine Relativierung der wissenschaftlichen Erkenntnis; im Gegenteil: es kann als Stärkung der Aussagen angesehen werden, wenn der Erkenntnistheorie nicht mehr allein eine hermeneutisch begründete Legitimationsfunktion zukommt, sondern wenn diese Funktion auch von einer empirisch begründeten Erkenntnis gestützt wird. Dies gilt insbesondere für handlungsbezogene Wissenschaften, zu denen die Didaktik zählt (Kron 1999, 97ff).

Diese Einsichten weisen auf die grundsätzliche Unabgeschlossenheit wissenschaftlicher und – in diesem Kontext auch – didaktischer Theorien- und Modellbildung hin. Diese Erkenntnis vermag didaktische Theorienbildung vor ihrer Hypostasierung, d. h. von ihrer Fixierung oder Festschreibung auf eine einmal gemachte Erkenntnis, zu bewahren. Aus dieser Einsicht heraus können die so genannten normativen Didaktiken (Blankertz 1975, 18ff) als abgeschlossene Theorien und Systeme angesehen werden. In einem offenen wissenschaftlichen Diskurs kommt normativen Theorien nur mehr eine ideologische Funktion zu. Um der Offenheit und der Entwicklung didaktischer Erkenntnis und Theorien willen müssen in der wissenschaftstheoretischen Diskussion daher auch Hypostasierungen immer wieder aufgespürt und markiert werden. Voraussetzung hierfür ist die Bewegtheit und Bewegung des Denkens der einzelnen Forscher und der Akteure an der Basis. Des ungeachtet müssen in offenen didaktischen Theorien immer wieder Setzungen vorgenommen werden, an denen sich Modell- und Konzeptbildungen für das didaktische Handeln orientieren können. Setzungen dieser Art dienen einem pragmatischen Zweck und bleiben durch die Praxis, die Reflexion der Praxis und den offenen Diskurs überholbar. Sie unterliegen also auch keinem Anspruch auf Allgemeingültigkeit. Insofern müssen sie von Setzungen in normativ gebrauchten geschlossenen Theorien unterschieden werden. Für die wissenschaftliche Verständigung ist es hilfreich, die Setzungen in offenen Theorien als Handlungsnormen zu bezeichnen.

Auf dem Hintergrund dieser Erörterungen kann gesagt werden, dass eine Didaktik, die sich als verstehende und erklärende angewandte Sozialwissenschaft begreift, ihren Wissenschaftscharakter nicht durch die Hypostasierung von Resultaten ihrer Forschungen oder Theorien bekräftigt sehen kann, sondern dass sie ihren Wissenschaftscharakter in erster Linie durch die wissenschaftliche Arbeit und ihre öffentliche Diskussion und Transformation einlöst.

2.3.2 Theorieverständnis und Funktion didaktischer Theorien

Eine moderne wissenschaftstheoretische Position lässt einen weiten Spielraum hinsichtlich der Auffassung des Begriffs Theorie gelten. Danach können sowohl Alltagstheorien als auch wissenschaftliche Theorien oder Theorien über wissenschaftliche Theorien, also Metatheorien, als Theorien angesehen werden. Die verschiedenen Theorien sind also nicht grundsätzlich, sondern lediglich graduell voneinander unterschieden. Danach scheiden auch hierarchische Ordnungen von Theorien aus. Theorien liegen in einem pluralen Sinn vor und dienen jedweder Erkenntnis (Kron 1999, Kap. 3).

wissenschaftliche
Erkenntnis

Unter wissenschaftlicher Erkenntnis bzw. wissenschaftlichem Erkennen sei in diesem Zusammenhang ein nach Regeln verlaufendes Verstehen und Erklären der sozialen Wirklichkeit oder Realität verstanden. Dabei geht jedes Erkennen der Intention nach über eine bloße Aufzählung von Fakten hinaus. Es sucht nach einem begründbaren Zusammenhang der gefundenen Fakten bzw. Elemente von Wirklichkeit. Dabei verfährt sie nach Regeln oder Regelwerken. Dies gilt in einem weiten Sinn auch für die Alltagserkenntnis. Wissenschaftliche Erkenntnis verschärft jedoch die Regeln bzw. die Regelwerke, d. h. das gesamte methodische Vorgehen einschließlich der Bedingungen und der Ergebnisse des Erkenntnisprozesses derart, dass ein mit den Mitteln der Logik begründetes und von jeder wissenschaftlich tätigen Person mit den gleichen Mitteln nachvollziehbares System von Aussagen über die Wirklichkeit erreicht wird.

Wie bereits an einigen Stellen dargelegt wurde, vollzieht sich wissenschaftliche Erkenntnis im Medium von Verstehen und Erklären.

Verstehen

Unter Verstehen sei in diesem Zusammenhang die Vorgehensweise oder Methode der Geistes- und Sozialwissenschaften verstanden: 1. einen unmittelbar gegebenen und erlebten Wirklichkeitszusammenhang aus ihm selbst heraus zu begreifen und sprachlich zur Darstellung zu bringen; 2. den Sinn- oder Bedeutungszusammenhang einer bestimmten sozialen Wirklichkeit herauszuarbeiten; 3. Sinnstrukturen zu erfassen; 4. den eigenen Horizont herauszuarbeiten, in dem für den Forscher die Wirklichkeit in Bezug auf ihn selbst zur Geltung kommt (Metzke 1949, 314 Stichwort Verstehen).

Erklären

Unter Erklären sei verstanden: 1. Zusammenhänge aufgrund von beobachteten Gesetzmäßigkeiten aufzuzeigen; 2. gegebene Wirklichkeiten bzw. aufgenommene Daten auf kausale Wirkungszusammenhänge zurückzuführen; 3. Wirklichkeitszusammenhänge auf Gesetzmäßigkeiten zurückzuführen, die auch empirisch erhellt werden können (Metzke 1949, 95 Stichwort Erklären). Aus dem durch Verstehen und Erklären geleiteten Erkenntnisprozess heraus entstehen Theorien.

> „Theorien sind *das* Substrat menschlicher Erkenntnis, dessen sich der Mensch zu allen Zeiten und in allen Kulturen bedient, um ,die Welt'– einschließlich seiner selbst – kritisch zu verstehen und kognitive Kontrolle über seine Umgebung zu gewinnen" (Spinner 1974, 1486).

Theorie

Unter einer Theorie kann dem gemäß ein nach wissenschaftlichen Regeln entstandenes Produkt theoretischer und empirischer Erkenntnisse verstanden werden, das in Begriffen und Sätzen ausgedrückt wird. Dabei werden die einzelnen Erkenntnisse als Elemente definiert. In Theorien ist also sozusagen wissenschaftliche Erkenntnis systematisch zusammengebunden.

Oftmals sind die Theorien sehr komplex. Dies gilt insbesondere für Sozialtheorien, wie sie z. B. in der Sozialisations- und Enkulturationsforschung und auch in Pädagogik und Didaktik vorkommen. Bei aller Komplexität der Theorien sind aber doch Strukturen und Beziehungen von Elementen untereinander zu erkennen, die in einem logischen Zusammenhang stehen und die dadurch einen Erkenntnis- bzw. Aussagezusammenhang bilden, der als systematisch kontrolliertes und bewährtes Wissen angesehen werden und der den Anspruch der Allgemeingültigkeit erheben kann. Daher müssen Theorien gründlich erarbeitet werden, wenn sie eine Funktion für den Erkenntnis- und Forschungsprozess haben sollen.

Funktionen von Theorien

Theorien werden in der Regel aus den Ergebnissen von Forschungen gebildet. Sie versammeln die Forschungsergebnisse zu einem bestimmten Forschungsgegenstand, z. B. zur Lehrer-Schüler-Interaktion, in einem systematischen, nach Regeln der Logik aufgebauten Begriffs- und Aussagesystem. Diese Arbeit bedeutet die Systematisierung von Forschungsaussagen. Dadurch werden Theorien zu einer Art Basistexten, die auch der Planung und Prüfung von Forschung und Forschungsergebnissen dienen. So werden sie z. B. angewendet, um Hypothesen für empirische Untersuchungen abzuleiten. Theorien bestimmen nicht zuletzt auch das vorgängige Wissen bzw. das Vorverständnis der Forscher mit. Damit können sie sowohl als eine Folge wissenschaftlicher Erkenntnisprozesse als auch als eine Bedingung derselben angesehen werden. Aus diesen Bezügen heraus erwächst ihr zentraler Stellenwert in der Wissenschaft.

In Bezug auf die Pädagogik – und dies gilt auch für die Didaktik – hat Erich Weniger 1929 genau diesen Punkt erwähnt und drei Grade pädagogischer Theorienbildung hervorgehoben (Weniger 1964a, 7ff), die auch in der gegenwärtigen Diskussion noch gesehen werden (Kramp 1978, 154ff; Merkens 1991, 21) und ebenso für die Didaktik gelten.

Drei Grade didaktischer Theorien (nach Weniger 1964a,7ff)

1. Grad = Alltagstheorien
2. Grad = reflektierte Erfahrung = Handlungswissen
3. Grad = reflektiertes Handlungswissen = Gegenstandstheorien

Jedem Grad der Theorie entspricht eine spezifische Interpretation und Erfahrung der Praxis. Die Alltagstheorie eines Grundschullehrers z. B. lautet: „Alle Einzelkinder haben soziale Probleme". Dementsprechend beurteilt er die sogenannten Einzelkinder. Er hat noch nicht die empirischen Befunde, dass dies nur ein Bruchteil der Kinder bei der Einschulung betrifft, in seine Theorie eingebaut; viele haben soziale Erfahrungen im Kindergarten oder in der Vorschule gemacht. Eine Grundschullehrerin findet ihre Theorie 2. Grades immer dann bestätigt, wenn sie bei der Einführung in die „Zehnerüberschreitung" mit Muggelsteinen arbeitet. Dieselbe Lehrerin ist in der Lage, gegenstandstheoretisch zu argumentieren, wenn sie den Eltern an einem Elternabend die Veränderungen im neuen Mathematikbuch der Kinder aufgrund neuer Erkenntnisse in Bezug auf die Vermittlung mathematischer Erkenntnisse und Fertigkeiten verdeutlicht. Die Beispiele zeigen, dass ein- und derselbe Lehrer mehrere Grade der didaktischen Theorienbildung beherrscht – oft in Bezug auf unterschiedliche Kontexte.

In der Gegenwart wird allerdings primär auf die Funktionen von Theorien geachtet. In einem bemerkenswerten Beitrag gibt Spinner eine Übersicht über verschiedene Funktionen von Theorien (1974, 1490). Unter Berücksichtigung didaktischer Fragestellungen können die von Spinner aufgeführten Funktionen wie folgt weitergedacht werden:

(1) Didaktische Theorien können zum Verstehen und zum Erklären sowohl individueller als auch allgemeiner sozialer Tatbestände bzw. Gegebenheiten angewendet werden.

(2) Didaktische Theorien können bei Prognosen mit gesetzmäßigem Charakter über individuelle Ereignisse oder allgemeine Prozesse Anwendung finden.

(3) Didaktische Theorien können zur Prüfung ihrer eigenen kognitiven Qualität dienen, auch um ihren Anwendungs- und Geltungsbereich systematisch und kritisch auszuloten.

(4) Didaktische Theorien können zur Kritik an anderen Theorien eingesetzt werden. Sie können dadurch auch zu Metatheorien werden, d. h. zu Theorien, die andere Theorien wiederum wissenschaftlich prüfen.

(5) Didaktische Theorien können zur Produktion neuer Theorien verwendet werden; desgleichen zur Planung, Durchführung und Evaluation, d. h. Auswertung von Forschungsprogrammen. Sie können auch hier wiederum andere Theorien oder gar Metatheorien kritisch beleuchten und im Rahmen dieser Funktion zu neuen Einsichten, d. h. zu einer Heuristik führen, oder aber die Methodologie, d. h. die wissenschaftliche Vorgehensweise, verbessern oder gar Ansätze zu einer Theorie des Erkenntnisfortschrittes selbst liefern.

(6) Didaktische Theorien können zur kritischen Analyse und regelgeleiteten Veränderung sozialer Wirklichkeit, also der Praxis dienen. Sie können dabei bei der Aufdeckung von impliziten Wert- und Normorientierungen und/oder ideologischen Fixierungen, also zur Ideologiekritik, herangezogen werden. In diesem Zusammenhang führen Theorien auch zu Antizipationen einer besseren Praxis oder zur programmatischen Herausarbeitung konkreter Utopien.

(7) Didaktische Theorien können in didaktische Modelle transformiert werden. Dabei werden tragende Elemente der Grundstruktur eines Zusammenhangs, der in einer Theorie repräsentiert wird, sichtbar gemacht. Didaktische Modelle können zur Lösung praktischer Forschungsprobleme Verwendung finden. Sie dienen in erster Linie aber als grundlegender Bezugsrahmen für alle in der pädagogischen Praxis tätigen Personen bei der Entwicklung von Konzepten für ihr konkretes Handeln. Darauf wird an späterer Stelle näher eingegangen.

(8) Didaktische Theorien können als Hypothesenrahmen für empirische Lehr-, Lern-, Schul-, Bildungs- und Unterrichtsforschung dienen. Zur Einführung in diesen Bereich können folgende Werke dienen:

Bayrhuber u. a.: Lehr- und Lernforschung in den Fachdidaktiken
Combe u. a.: Forum Qualitative Schulforschung
Kammler/Knapp (Hrsg.): Empirische Unterrichtsforschung und Deutschdidaktik
Klafki: Schultheorie, Schulforschung und Schulentwicklung im politisch-gesellschaftlichen Kontext
Krummheuer/Naujok: Grundlagen und Beispiele interpretativer Unterrichtsforschung
Merkens/Weishaupt (Hrsg.): Schulforschung und Schulentwicklung
Schnaitmann (Hrsg.): Theorie und Praxis der Unterrichtsforschung
Tippelt (Hrsg.): Handbuch Bildungsforschung

2.3.3 Der Zusammenhang von Theorien, Modellen und Konzepten in der Didaktik

Didaktik als angewandte Sozialwissenschaft hat die Aufgabe, ihre Forschungsergebnisse, die in didaktischen Theorien zusammengefasst sind, auf die Praxis hin zu reflektieren. Diese Reflexionsarbeit ist als Transformationsprozess zu begreifen, auf dessen Weg zur Praxis hin mindestens zwei Stationen herausgearbeitet werden müssen. Sie werden als Modell und Konzept bezeichnet. So stehen Modell und Konzept als Transformationsstationen zwischen Theorie und Praxis. An ihrer Entwicklung sind mindestens zwei Personengruppen, die WissenschaftlerInnen und PraktikerInnen, beteiligt, wie die nachstehende Abbildung zeigt.

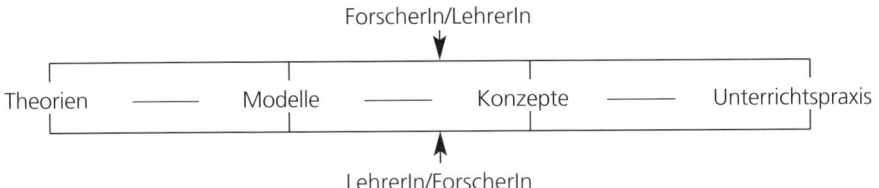

Abb. 9: Der Zusammenhang von Theorien, Modellen und Konzepten

(1) Zum Theoriebegriff: Über Theorien und ihre Funktionen in der Didaktik in Bezug auf das didaktische Handeln ist bereits oben referiert worden. In der didaktischen Literatur stehen Theorien häufig in Zusammenhang mit Modellen und Konzepten der Didaktik und diese werden insgesamt auf die Praxis bezogen.

Nicht selten werden die Begriffe Theorien und Modelle der Didaktik in einem Atemzug oder synonym gebraucht (Blankertz 1975, 16 u. 18). Ein Gleiches gilt für die Begriffe Modell und Konzept. Im Folgenden soll daher der Versuch unternommen werden, auf dem Hintergrund der vorangegangenen Ausführungen über Begriff und Funktion von Theorie die Begriffe Modell und Konzept zu klären. Dabei soll nicht auf die Modelltheorien (Popp 1970, Stachowiak 1980), sondern auf den Verwendungszusammenhang von Modellen eingegangen werden.

(2) Zum Modellbegriff: In einem längeren Beitrag über „‚Modelle' in Erziehungstheorien" hat Wolfgang Brezinka auf den vielfältigen Gebrauch des Modellbegriffs in der Pädagogik – und er bezieht hier auch die Didaktik mit ein – hingewiesen (Zschr. f. Päd. 1984, 835ff). Brezinka führt 15 verschiedene Begriffsbestimmungen auf. Drei Bestimmungen sind für den vorliegenden Zusammenhang von Interesse.

a) Unter Modell als Plan versteht Brezinka Stundenmodelle, Unterrichtsmodelle oder Modelle zur Unterrichtsvorbereitung; aber auch so genannte Stundenbilder, Planungsschemata, Unterrichtsentwürfe, in angelsächsischen Ländern „lesson-plan" genannt.

Modell als Plan

b) Beim Modell als Kategorie wird der Modellbegriff als eine bestimmte Position didaktischer Theorienbildung angesehen. Auf dem Hintergrund der über den Theoriebegriff gemachten Ausführungen kann unter Modell als didaktischer Kategorie aber eher eine Regionaltheorie verstanden werden. Diese hat ledig-

Modell als Kategorie

lich eine bestimmte Reichweite, und sie ist in übergreifendere Theorien einge-bettet. Die Gleichsetzung des Modellbegriffs mit dem Begriff der Kategorie sollte daher aufgegeben werden, zumal die vorgenannte Bestimmung von Mo-dell als Plan plausibel erscheint.

Modell als Theorie   c) Modell als Theorie: Brezinka weist ausdrücklich darauf hin, dass diese Be-stimmung u. a. bei Blankertz (1975) zu finden ist. Auf dem Hintergrund der Theoriediskussion und der ersten Bestimmung von Modell als Plan sowie aus Gründen der begrifflichen Eindeutigkeit erscheint es angebracht, diese Be-stimmung aufzugeben.

Die kurzen Darlegungen lassen es sinnvoll erscheinen, den Modellbegriff als Pro-totyp für ganz bestimmte Interaktions- oder Handlungszusammenhänge zu ver-wenden. Modelle machen dann komplexe – theoretische oder praktische – Zu-sammenhänge anschaulich. Unter einem Modell (model) kann somit verstanden werden:

> „Graphische, räumliche oder symbolische … Darstellung von Beziehungen von vorwiegend empirisch erfaßten oder erfaßbaren Eigenschaften, Merkmalen oder Variablen zum Zwecke der Veranschaulichung oder Ableitung damit zusam-menhängender Fragestellungen (Hypothesen)" (Wörterbuch Psychologie 2000, 300 Stichwort Modell).

Funktionen didaktischer Modelle   Modelle können daher 1. als eine Art Vorform von Theorie angesehen werden. Sie enthalten Elemente, die noch nicht zu einer Theorie verknüpft, die aber zur Hy-pothesenbildung herangezogen werden können; 2. reduzieren Modelle die Kom-plexität der Handlungszusammenhänge auf einige bedeutsame Elemente, die es in Bezug auf die Konzeptbildung im Auge zu behalten gilt. Sie vereinfachen also, oder sie elementarisieren die Wirklichkeit und können Handeln vorbereiten.

Modellen kommt somit sowohl in Bezug auf die Theorienbildung als auch im Hinblick auf die Praxis eine Mittlerrolle zu. Sie haben – für Theorie und Praxis – eine heuristische Funktion (Knecht von Martial 1986, 13f). Diese wird aus Ab-bildung 9 ersichtlich.

Die Darlegungen sowie die Skizze machen deutlich, dass dieser Zusammen-hang von jedem einzelnen Lehrer und von jeder Lehrerin tagtäglich geleistet wird bzw. werden muss. Daraus ist die Schlussfolgerung zu ziehen, dass der Zusam-menhang zwischen Theorie, Modell, Konzept und Praxis nur dann didaktisch zu begreifen ist, wenn die LehrerInnen als entscheidende Faktoren angesehen wer-den. Die Lehrenden konstituieren diesen Zusammenhang in ihrer Unterrichtspra-xis, gleichviel ob dieser schriftlich fixiert ist, mündlich vorgetragen wird oder in einem unbewussten Sinne leitend ist.

Wenn didaktische Forschung – und Theorienbildung! – in didaktisch relevan-ter Wirklichkeit, z. B. in Kindergarten, Schule, Fort- und Weiterbildung eine Chan-ce haben sollen, auf Akzeptanz zu stoßen und wenn Forschungsergebnisse aufge-griffen und in didaktische Praxis umgesetzt werden sollen, dann sind Modelle hier-zu eine große Hilfe. Insofern kann didaktische Forschung auch einen Beitrag zur Veränderung von Schulwirklichkeit leisten (Klafki 1983, 281ff).

Nach dieser begrifflichen Klärung ist von der praktischen Bedeutung des Modells zu sprechen. In der Forschungs- und Unterrichtspraxis dienen Modelle der Analyse und Planung von Lehr- und Lernprozessen. Hierbei sind zwei Interessensebenen zu erkennen, denen die Modelle Rechnung tragen; die erste Interessensebene zielt auf die Erfassung von Unterrichtsstrukturen, die zweite auf die Erfassung von Unterrichtsverläufen. Modelle, die der Erfassung und Beschreibung von Lehr- und Lernstrukturen dienen, helfen u. a., die Komplexität des Unterrichtsgefüges oder einer Unterrichtssituation auf eine überschaubare Anzahl von Faktoren oder Elementen zu reduzieren.

Diese Reduktion ermöglicht es den Forschern und Planern, strukturelle Zusammenhänge zu erkennen, auf denen Unterrichtsprozesse gründen, z. B. Inhalte, Ziele, Methoden, Medien, die gesellschaftlichen und individuellen Bedingungen u. v. m. Diese Modelle sollen Strukturmodelle heißen. Einige werden im 3. Kapitel vorgestellt. Dabei handelt es sich in der Regel um Modelle, in denen die grundlegenden Bedingungsfaktoren von Unterricht symbolisiert werden. **Strukturmodelle**

An anderer Stelle wird auch von Planungs- und Verlaufsmodellen von Unterricht gesprochen. Auf dieser Interessensebene kommt die Verlaufsform von Lehr- und Lernprozessen in den Blick. Modelle dieser Art seien Verlaufsmodelle genannt. In ihnen kommt die „Artikulation des Unterrichts" zur Darstellung, wie sie sich z. B. in einer Unterrichtsstunde von der Hinführung zum Thema und der Zielangabe über die Erarbeitung, Vertiefung und Anwendung des Themas in Form von Hausaufgaben zeigt. Verlaufsmodelle werden besonders dann angewendet, wenn es um die Analyse und Planung sozialer Dimensionen von Lehr- und Lernabläufen geht. **Verlaufsmodelle**

Verlaufsmodelle stehen in einem psychologischen, praktischen und theoretischen Zusammenhang zu Konzepten; so leiten z. B. LehrerInnen aus Modellen Handlungskonzepte ab, sei dies zur Planung von Unterricht oder zur Antizipation sozialer Situationen. Dies wird weiter unten zu zeigen sein.

(3) Zum Konzeptbegriff: Der Begriff Konzept wird in der Literatur unterschiedlich gebraucht. In Bezug auf die vorliegenden Erörterungen ist eine Bestimmung des Begriffs im Handbuch „Indroduction to Psychology" von Atkinson hilfreich. Dort werden Konzepte wie folgt definiert: „Konzepte sind unsere gedanklichen Werkzeuge, mit deren Hilfe wir in der Welt sinnfällig handeln können" (Atkinson 1990, 321; Übersetzung Kron).

Der Begriff Konzept wird im Fortgang der Ausführungen hier als eine Art Handlungsentwurf betrachtet, den sich Menschen von allen kulturellen Dingen, Prozessen und Beziehungen machen, ja geradezu machen müssen, um erfolgreich agieren und interagieren zu können. Konzept bedeutet daher immer ein Doppeltes: auf der einen Seite sich gedankliche Klarheit und – wenn es geht – auch begriffliche Klarheit von der Welt und den Beziehungen zur Welt und den damit verbundenen Handlungen zu machen, andererseits eine Art Antizipation, d. i. Entwurf für zukünftiges Handeln, zu entwickeln, mit welchem das betreffende Individuum eine Situation für sich selbst und für andere sinnfällig bewältigen kann.

Konzept

In der praxisbezogenen Literatur spielt der Konzeptbegriff daher eine besondere Rolle. Dort werden mit dem Konzeptbegriff eigene Vorstellungen von Unterricht bezeichnet, die für die Tätigkeit von Lehrern und Lehrerinnen leitend sind (vgl. Kap. 1.3). Ein Konzept kann auch als ein symbolisch repräsentierter Zusammenhang interpretiert werden, den alle Lehrer und Lehrerinnen entwickeln, um überhaupt situationsadäquat unterrichten zu können.

2.3.4 Erkenntnisleitende Interessen als Grundlagen didaktischer Reflexion

In der neueren didaktischen Literatur greifen namhafte Autoren auf die Interessenslehre von J. Habermas zurück. Hier sind u. a. zu nennen: Klafki in seinem Beitrag „Erziehungswissenschaft als kritisch-konstruktive Theorie" (1971d, 351ff); Schulz in dem Gespräch mit Born „Von der lehrtheoretischen Didaktik zu einer kritisch-konstruktiven Unterrichtswissenschaft" (1978, 85ff); aber auch Schäfer/Schaller (1976); Winkel (1986, 79); Peterßen (1989, 22ff). Alle Autoren argumentieren aus erziehungswissenschaftlicher bzw. didaktischer Sicht und kommen in Bezug auf die Verflechtung individuellen Handelns im Bereich der Organisation Schule als einer gesellschaftlichen Veranstaltung und als Funktion von Gesellschaft zu der Auffassung, dass zwar eine Vielfalt individueller Interessen in pädagogischen und didaktischen Vermittlungsprozessen im Spiel ist, dass aber das vorgegebene Herrschaftsinteresse, das z. B. in Schulordnungen und Lehrplänen manifestiert ist, jederzeit legitim durchgesetzt werden kann. Sie unterstellen hiermit – in Anlehnung an Max Weber (1972) – die Form einer legalen Herrschaft. Gleichzeitig lassen sie eine Vielfalt und Mehrperspektivität von Interessen zu. Die Chance zur letztlichen Durchsetzung legitimer Herrschaft entspricht dabei der funktionalistischen Sichtweise des Systemzusammenhangs von Unterricht, Schule, Gesellschaft, wie sie von Parsons vertreten wird, wenn er u. a. vom „Durchsetzungsapparat" spricht, mit dem die Herrschaftssysteme in Gestalt ihrer Repräsentanten ihre legalen Interessen gegenüber den subjektiven Interessen als subordinierte Systeme durchsetzen können (Kron 2001, 109ff u. 310ff). Da die Interessenslehre von Habermas in einer Reihe wichtiger didaktischer Publikationen eine Rolle spielt, muss auf sie eingegangen werden.

Interessenslehre (Habermas)

Für Habermas sind die Interessen jedweder Art von Menschen und Gruppen ebenso wie die alltägliche und die wissenschaftliche Erkenntnis in Lebenszusammenhänge eingebettet. Habermas führt hierzu aus:

Interesse

> „Die Einbettung von Erkenntnisprozessen in Lebenszusammenhänge macht auf die Rolle erkenntnisleitender Interessen aufmerksam: Ein Lebenszusammenhang ist ein Interessenszusammenhang" (Habermas 1973a, 260).

Wenn Interessen mit dem Leben zusammenhängen, dann hängen sie also nicht nur an der Erkenntnis, sondern auch an menschlichen Handlungen (261). Daher repräsentieren die Interessen sowohl die Bedürfnisse von Menschen als auch die Ausdrucksformen der Gesellschaft, wie sie z. B. in Herrschaft, Arbeit und Sprache vorliegen. In diesem Sinn sind die subjektiven Interessen der Individuen mit den Herrschaftsinteressen der Gesellschaft verknüpft. Dieser Verknüpfungszusammenhang macht darauf aufmerksam, dass auch wissenschaftliche Erkenntnis und Theorienbildung mit Herrschaftseinflüssen zu tun haben.

In seinem Werk „Erkenntnis und Interesse" setzt sich Habermas mit der Geschichte der wissenschaftlichen Erkenntnis in den Natur-, Geistes- und Sozialwissenschaften auseinander. Die Auseinandersetzung führt er unter dem Interesse an der Aufklärung der Begründungszusammenhänge für wissenschaftliche Erkenntnis. Transformiert man diese Erkenntnis auf dem Hintergrund didaktischer Fragestellungen auf die Handlungsebene, d. h. auf jene Ebene menschlicher Wirklichkeitsgestaltung, in welcher Handeln und Erkennen, Lehren und Lernen einen lebendigen Zusammenhang bilden, dann lassen sich die in diesem Zusammenhang entstehenden Interessen wie folgt gliedern:

> Erkenntnis- und handlungsleitende Interessen (nach Habermas 1973a)
>
> **1)** technisches,
> **2)** praktisches,
> **3)** emanzipatorisches Erkenntnis- und Handlungsinteresse.

Die einzelnen Interessen lassen sich wie folgt kennzeichnen.

1) Das technische Interesse zielt auf

technisches Interesse

> „die Wirklichkeit im Hinblick auf eine unter spezifizierten Bedingungen immer und überall mögliche technische Verfügung" (241)

Dabei soll die natürliche, die soziale und die kulturelle Wirklichkeit des Menschen für den Gebrauch erforscht, transformiert und damit handhabbar gemacht werden. Dieses Interesse, das Habermas primär den empirisch-analytischen Wissenschaften sowie den modernen Technologien zuspricht, ist aber auch in den Sozialwissenschaften und ihren anwendungsbezogenen Folgewissenschaften zu beobachten.

Alle Versuche, das Verhalten von Menschen, z. B. die Unterrichtsstile oder das Sprachverhalten von Lehrern und Lehrerinnen, zu trainieren, tragen die Intention, symbolische Interaktionen im sozialen Feld technisch zu regeln, also Sprache und Arbeit sowie die Formen der vielfältigen Herrschaft, z. B. in Beziehungsverhältnissen zwischen LehrerInnen und SchülerInnen, verfügbar zu machen, m. a. W., das technische Interesse unter den Postulaten von Rationalisierung, Leistungssteigerung, Gewinnmaximierung oder Zeiteinsparung durchzusetzen und zu realisieren. Die Wirklichkeit zeigt, dass der Unterricht in seiner didaktischen Anlage und Struktur sowie die vielfältigen Formen der Unterrichtsvorbereitung offenbar dieser Form des technischen Interesses und der Zweckrationalität unterliegen. Handeln wird in diesem Sinn in steuerbares und überprüfbares Verhalten transformiert.

> *„Im Funktionskreis instrumentalen Handelns* konstituiert sich die Wirklichkeit als Inbegriff dessen, was unter dem Gesichtspunkt möglicher technischer Verfügung erfahren werden kann: Der unter transzendentalen Bedingungen objektivierten Wirklichkeit entspricht eine restringierte Erfahrung" (236).

Das technische Erkenntnisinteresse, das mit dem instrumentalen Handeln korrespondiert, ist daher als die Grundfolie des organisierten Verhaltens und damit auch des Unterrichtens und der kulturellen Vermittlungsprozesse der Neuzeit anzusehen. Das instrumentale Handeln, d. i. das Verhalten, ist mithin in allen organisierten Vermittlungssystemen konstitutiv. Es ist notwendige Bedingung zur Bewältigung alltäglicher Verrichtungen. Somit muss es auch gelehrt und gelernt werden. Aber es darf weder verallgemeinert noch absolut gesetzt und ideologisch begründet werden. Mit den Einlassungen von Habermas ist zugleich auch auf die Chance zur Relativierung dieses die Praxis beherrschenden Handelns und Erkennens aufmerksam gemacht. Diese Chance vermag das praktische Erkenntnisinteresse zu eröffnen, das im Zusammenhang mit dem kommunikativen Handeln zu sehen ist.

praktisches Interesse

2) Das praktische Interesse dient der Interpretation

„der Wirklichkeit im Hinblick auf eine für eine hermeneutische Ausgangslage mögliche Intersubjektivität handlungsorientierender Verständigung" (241).

Mit dem Begriff des praktischen erkenntnisleitenden Interesses ist der Prozess der menschlichen Lebensbeziehungen in ihrer Intersubjektivität gemeint. Hierbei geht es in praktischer Absicht in erster Linie um handlungsorientierte Verständigung oder um das gegenseitige Interpretieren und Verstehen der Intentionen der Handlungspartner, wie z. B. Deutung und Vereinbarung der Geltung von Sprachsymbolen, Gesten, Sätzen, syntaktischen Bewegungen der Sprache.

Mit der Realisierung des praktischen, erkenntnisleitenden Interesses soll also der Grad an intersubjektiver Verständigung erhöht werden. Damit tritt neben die technische Verfügung von Welt die Auslegung von Welt und neben das technische das hermeneutische Wissen. Insofern konstituiert das kommunikative Handeln überhaupt erst jenen Prozess kultureller Vermittlung, in welchem das technische Interesse und das instrumentale Handeln eingebettet sind, oder anders ausgedrückt: Erfahrung und Erkenntnis, die die handelnden und erkennenden Subjekte im kommunikativen Prozess gewinnen, führen den Menschen über die technische Verfügbarkeit von Welt hinaus auch die Unabgeschlossenheit aller Vermittlungsprozesse vor Augen. Damit erfahren die Akteure die konstitutive Bedeutung der grundsätzlichen Unabgeschlossenheit aller Erkenntnis, Vermittlungs- und Tätigkeitsprozesse. Sie erfahren den Bildungsprozess (243).

In schulischen Vermittlungsprozessen und im didaktischen Feld bedeutet diese Erkenntnis, dass Unterrichtsprozesse so anzulegen sind, dass neben der Vermittlung technisch verfügbaren Wissens und Könnens die Akteure auch in die Lage versetzt werden, sich über die Formen, Inhalte und Bedingungen ihres Verhaltens und Handelns Klarheit zu verschaffen, d. h. also die kommunikativen Zusammenhänge ihres Daseins und ihrer Lernprozesse zu reflektieren und ihre Reflexionen auch kommunikativ in Szene zu setzen. Diese Arbeit erfordert allerdings neue Formen des Lehrens und Lernens, der Ordnung der kulturellen und sozialen Inhalte sowie eine neue Auffassung von Zeit, Raum und Leistung.

Aus diesen Darlegungen geht hervor, dass Habermas in seiner Interessenslehre auch mit zwei impliziten Auffassungen von der Kapazität des Menschen arbeitet. Auf der einen Seite ist der Mensch mit den Fähigkeiten ausgestattet, die Welt für sich verfügbar zu machen, eine Tatsache, die auch für Schule und Unterricht gilt; auf der anderen Seite haben Menschen die Fähigkeit zur Aufklärung ihrer Lebenswelt einschließlich der technischen Verwirklichungszusammenhänge. Dies bedeutet, dass der Mensch auch in der Lage ist, Frustrationstoleranz, d. i. die Fähigkeit, Rollenwidersprüche auszuhalten, Ambiguitätstoleranz, d. i. die Fähigkeit, Rollenwidersprüche aufzuweichen, und Rollendistanz, d. i. die Fähigkeit zu haben, z. B. Rollen zu interpretieren, insgesamt also Ich-Identität zu entwickeln (Habermas 1973a u. 1973b, 195ff). Diese Fähigkeiten und ihr Bedingungszusammenhang werden erst im Horizont des interpretativen Paradigmas sichtbar (Kap. 2.3.5).

3) Mit diesen Ausführungen ist auf das letzte, das emanzipatorische Interesse hingewiesen (Habermas 1973a, 244). Dem emanzipatorischen Erkenntnisinteresse entspricht auf der Handlungsseite das Begreifen der Welt mittels der menschlichen Vernunft; anders ausgedrückt: der Gebrauch der Vernunft wird als eine weitere Praxis des Menschen angesehen, die Wirklichkeit zu gestalten. Vernunftgebrauch ist also ebenso eine Art des menschlichen Handelns und der Strukturierung des Daseins wie die Auslegung der Symbole und die instrumentelle Handhabung der Welt. **emanzipatorisches Interesse**

Bei der Entwicklung dieses Gedankenganges geht Habermas auf den deutschen Idealismus, also auf Kant, Hegel und Fichte zurück. Ohne im Einzelnen auf die Philosophiegeschichte einzugehen, kann in Bezug auf das emanzipatorische Erkenntnisinteresse gesagt werden: Der emanzipatorische Kern dieses Interesses drückt sich in der Erfahrung des Menschen als geschichtliches Wesen aus, das sich seiner Vernunft – entgegen allen äußeren Bedrückungen – vergewissern kann. Dies bedeutet, dass der Mensch zumindest im Vernunftbereich die Freiheit hat, alle Verhältnisse und Zusammenhänge auf ihren humanen und prinzipiellen Sinn hin zu überprüfen. Mit einem gewissen Recht weist Habermas daher in diesem Zusammenhang auf die neuhumanistische Position Fichtes hin. Fichte sah den tiefen Grund allen Interesses im Menschen selbst, nämlich in seiner Fähigkeit, für sich selbst, d. i. zugleich für die Gattung Mensch als dem höchsten Gut, da zu sein. Von da aus gesehen wird auch die Frage nach dem „cui bono", also nach dem, was dem Menschen zum Guten gereicht, verständlich. Auch wird der Verweisungszusammenhang vom Einzelnen – dem Subjekt, das Gute zu tun – und dem Ganzen – die Idee, das Gute zu denken – wieder deutlich (Kap. 2.3.1).

Welche Antwort in der Geschichte der Menschheit auch immer auf diese Frage gegeben worden sein mag, der rote Faden einer Grundantwort lässt sich erkennen. Dieser signalisiert, dass das Gute in der Erhaltung des Lebens, der Gesundheit und der menschlichen Umwelt gesehen wird. Damit wird der Mensch als Subjekt in jene Freiheit entlassen, in der er stets die Verantwortung für das Ganze oder für das Ensemble aller Verhältnisse trägt, in die er eingelassen ist. Es soll in diesem Zusammenhang nicht auf die materialistische Kritik an dieser idealistischen Position eingegangen werden. Es bleibt bestehen, dass die idealistische Position von der Freiheit und Verantwortung des Menschen für das Ganze tagtäglich von Heranwachsenden und Erwachsenen in ihren Lebensbereichen realisiert wird, z. B. in der Frage nach dem Sinn ihres Lebens, in den Ängsten, die sie angesichts weltweiter Bedrohungen zeigen, im Protest.

Der Gebrauch der Vernunft als einer besonderen Form menschlichen Handelns bezielt somit die Selbstreflexion des Individuums, die Reflexion der kommunikativen Zusammenhänge individueller Interaktionen und die der instrumentellen Beziehungen. Damit rückt eine Tätigkeit in den Vordergrund des emanzipatorischen Erkenntnisinteresses und des vernunftgemäßen Handelns, die in der Literatur als Ideologiekritik beschrieben wird.

Ideologiekritik

Ideologiekritik kann als eine Spielart des emanzipatorischen Erkenntnisinteresses und Handelns verstanden werden, insofern die Anstrengung des emanzipatorischen Erkenntnisinteresses und die Herausforderung des Menschen zu vernunftgemäßem Handeln auf die Herausarbeitung der allen vorgenannten Interessen und Prozessen zugrunde liegenden Werte und Normen abzielt, ja noch mehr: Sie zielt auf die vernunftgemäße Prüfung aller Prozesse und ihrer Inhalte ab, einschließlich des Vernunftprozesses selbst. Insofern ist diese Form vernünftigen Handelns eine sehr hohe Anforderung an die Anstrengung menschlicher Vernunft im Einzelnen und im Ganzen.

Auch diese Form des Interesses spielt in der Didaktik eine große Rolle. Klafki hat bereits sehr früh auf die ideologiekritische Funktion und Bedeutung der Erziehungswissenschaft und damit auch der Didaktik hingewiesen (1971d, 351ff; 1985; 1991).

2.3.5 Paradigmen als Rahmenbedingungen der Didaktik

Th. S. Kuhn

Für die modernen Sozialwissenschaften hat u. a. Th. S. Kuhn den Paradigmenbegriff fruchtbar gemacht (Kron 1999, Kap. 6). Er versteht darunter

> „allgemein anerkannte wissenschaftliche Leistungen, die für eine gewisse Zeit einer Gemeinschaft von Fachleuten maßgebende Probleme und Lösungen liefern" (Kuhn 1976, 10).

Paradigma (Kuhn)

Ein Paradigma versammelt neben wissenschaftlichen Erkenntnissen auch grundlegende Interpretationen oder Auslegungen des Verhältnisses des Menschen zur Welt im Ganzen. Paradigmen liegen aller wissenschaftlichen – und damit auch didaktischen! – Erkenntnis voraus.

Sie tragen nach Kuhn zwei Grundmerkmale: 1. Neuartigkeit der Frage- bzw. Problemstellungen, und 2. Offenheit des Horizonts für weitere Problemanfragen (25). Durch diese Merkmale dimensioniert, hat ein neues Paradigma die Funktion, aufgrund neuer Erkenntnisse ein bestehendes Paradigma abzulösen bzw. zu ergänzen, neue Forschungsideen zu entwickeln, neue Forschergruppen anzuziehen, neue Kooperationsfelder zu eröffnen und neue Perspektiven für gesellschaftliche und individuelle Praxis zu entwerfen.

In Bezug auf die didaktische Diskussion ist die Einsicht in die grundlegende Bedeutung von Paradigmen von besonderer Wichtigkeit. Dies zeigt sich u. a. an dem viel diskutierten Paradigmenwechsel in den Sozialwissenschaften (Wilson 1976, 54ff). In einem zentralen Beitrag wendet Wilson den Paradigmenwechsel auf die Rollenbeziehungen bzw. das soziale Verhalten oder Handeln an.

normatives Paradigma

Er legt dar, dass die klassische Sicht einer sozialen Beziehung auf einem „normativen Paradigma" beruht. In dem anthropologischen Konzept des normativen Paradigmas wird der Mensch als ein Reflexwesen bestimmt. Demzufolge werden soziale Beziehungen als Verhalten im Sinne von Einflussnahme oder Einwirkung einer Person auf eine andere als Ursache-Wirkungs-Abfolge verstanden. Der klassische Behaviorismus z. B. kann als wissenschaftliche Folge des normativen Paradigmas angesehen werden (Kap. 4.5.1). Als Leitbegriff zur Identifizierung eines nicht ausdrücklich gemachten normativen Paradigmas kann daher der Begriff des Verhaltens dienen.

Im interpretativen Paradigma hingegen werden Rollenbeziehungen als symbolische Interaktionen angesehen. Diese sind grundsätzlich von der Sinnproduktion der Akteure und von deren Auslegungen der ausgetauschten Symbole bestimmt. Das anthropologische Konzept sieht den Menschen als sinnverstehendes Wesen an. Sinnverstehen ist aber nie eindeutig; in vielen Fällen muss es erst ermittelt werden. Daher können auch Missverständnisse, Konflikte und Krisen die sozialen Interaktionen bestimmen. Dementsprechend sind die in einer sozialen Beziehung geltenden Interpretationen der Rollenerwartungen und -übernahmen durch die Akteure nicht als Faktum vorgegeben und schon gar nicht als Ursache-Wirkungs-Abfolge zu begreifen. Vielmehr müssen sich die Akteure erst einmal ihre subjektiven Rolleninterpretationen gegenseitig vermitteln und deren Geltung festlegen. Soziale Beziehungen, verstanden als symbolische Interaktion sinnverstehend aufeinander bezogenen Handelns, werden insbesondere von den Vertretern des symbolischen Interaktionismus erforscht und beschrieben (Kron 2001, 133ff). Als Leitbegriff kann hier der Begriff des Handelns angesehen werden. Im Kontext des interpretativen Paradigmas werden auch die handelnden Subjekte in besonderer Weise thematisch. Der Mensch als Konstrukteur von Wirklichkeit kann hierfür als weiterer Leitbegriff verwendet werden.

interpretatives Paradigma

Mit dieser Bestimmung wird das interpretative Paradigma zwar nicht abgelöst, aber durch eine neue Annahme ergänzt, wie nämlich das Lernen in Interaktionen erklärt werden kann. Auf der Grundlage neurobiologischer Forschungen zeigt sich, dass alle Lebenstätigkeiten des handelnden und denkenden Subjekts auf Aktivitäten spezifischer Zentren im menschlichen Gehirn beruhen. Die Erkenntnisse führen zu einer Wende in den anthropologischen Grundlegungen der Didaktik und damit zu Anregungen, den Theorie-, Modell- und Konzeptzusammenhang neu sehen zu lernen.

Die Unterscheidung von normativem und interpretativem Paradigma dient im Folgenden dem verstehenden Einordnen der verschiedenen Theorien, Modelle und der Konzepte der Didaktik.

2.3.6 Gegenstandstheoretische Bestimmungen: ein Überblick

Im Folgenden werden mehrere derzeit in der Diskussion befindliche Ansätze vorgetragen und geordnet. Für dieses Unterfangen wurden nur Monografien herangezogen. In den Monografien werden zentrale Gegenstände der Didaktik abgehandelt, in der Regel Theorien, Modelle und Konzepte der Didaktik, Ziele und Intentionen, Methoden und Medien, Lehrplan- und Curriculumtheorien, Unterrichtsmodelle. Aus wissenschafts- und erkenntnistheoretischer Sicht handelt es sich dabei um Gegenstandstheorien. Die in Tabelle 9 aufgeführten Ansätze sind

Tab. 9:
Theorien und Modelle
gegenstands-
theoretischer
Bestimmungen
der Didaktik

1. Adressatenorientierte Didaktik (Bönsch 1981)
2. Aktivitäts- und Erfahrungsdidaktik (Schröter 1980)
3. Beziehungstheoretische Didaktik (Bosch u. a. 1981)
4. Bildungsgangdidaktik (M. Meyer 1999)
5. Bildungstheoretische Didaktik (Klafki 1959, 1964, 1974, 1980a, 1986, 1991; Beckmann 1972)
6. Curriculare Didaktik (Moller 1980, 1986)
7. Didaktik als Dramaturgie des Unterrichts (Hausmann 1959)
8. Didaktik als Grundlegung erziehenden Unterrichts (Geißler 1982)
9. Didaktik als Lehrfunktion (Klingberg 1972; Schröter 1972; Lahn 1972)
10. Didaktik als Praxis (Martin 1989)
11. Didaktik als Strukturtheorie des Lehrens und Lernens (Peterßen 1971)
12. Entwicklungspädagogische Didaktik (H. Roth 1971)
13. Evolutionäre Didaktik (Scheunpflug 1999 u. 2001)
14. Geisteswissenschaftliche Didaktik (Beckmann 1972)
15. Interaktionstheoretische Didaktik (Bosch u. a. 1981)
16. Interkulturelle Didaktik (Flechsig 1991)
17. Kategoriale Didaktik (Dauenhauer 1970)
18. Kommunikative Didaktik (Popp 1976; Winkel 1988)
19. Konkrete Inhaltsdidaktik als „Lehrkunst" (Berg/Schulze 1999)
20. Konstruktive Didaktik (Hiller 1973)
21. Konstruktivistische Didaktik (Gudjohns 1999)
22. Kritisch-instrumentelle Didaktik (Bönsch 1975)
23. Kritisch-kommunikative Didaktik (Schäfer/Schaller 1976; Winkel 1980, 1986, 1988)
24. Kritisch-konstruktive Didaktik (Klafki 1980b, 1986, 1991)
25. Kybernetische Didaktik (v. Cube 1965, 1970)
26. Kybernetisch-informationstheoretische Didaktik (v. Cube 1970, 1971, 1972, 1980, 1986)
27. Lerntheoretische Didaktik (Heimann/Otto/Schulz 1970; Schulz 1980)
28. Lernzielorientierte Didaktik (Chr. Möller 1986)
29. Lehrtheoretische Didaktik (Schulz 1980, 1986)
30. Materialistische Didaktik (Klingberg 1972; Bönsch 1975)
31. Narrative Didaktik (Schierz 1999)
32. Psychologische Didaktik (Aebli 1963)
33. Realistische Didaktik (Beckmann/Biller 1978)
34. Skeptische Didaktik (Ballauff 1970)
35. Strukturale Didaktik (Lenzen 1973)
36. Subjektive Didaktik (Kösel 1995)
37. Subjektorientierte Didaktik (Holzbrecher 1999)
38. Symboldidaktik (Edelbrock 1999)
39. Systemisch-konstruktivistische Didaktik (Reich 2000)
40. Systemtheoretische Didaktik (König/Riedel 1976; Riedel 1979)

in alphabetischer Reihenfolge geordnet. Der Begriff „Ansatz" wird in diesem Zusammenhang als Sammelbegriff für die Vielfalt der in den Monografien abgehandelten und reflektierten Gegenstände der Didaktik verwendet.

Die meisten der vorgestellten Ansätze erwecken durch ihre Formulierung den Anschein, als repräsentierten sie die Didaktik als Ganzes. Die Lektüre zeigt indes, dass es den Autoren primär um die Herausarbeitung von Theorien und Modellen geht, mit denen didaktisches Handeln verstanden und erklärt oder modellhaft antizipiert, d. i. in Gedanken strukturiert, vorbereitet werden kann oder um Handlungskonzepte, die entweder aus der reflektierten Praxis gewonnen oder von Modellen her entwickelt worden sind. Die Darstellungen reichen daher einerseits in die Forschungs- und Theoriediskussionen der didaktischen Denktraditionen sowie in die der Nachbardisziplinen hinein. Andererseits greifen sie Erfahrungen und Modelle didaktischer Praxis auf, die sich in der Regel mit spezifischen Phänomenen verbinden, wie z. B. Interpretationen von Lehrplan und/oder Curriculum, Organisation von Lehr- und Lernprozessen, Unterrichtsanalyse und -vorbereitung, didaktische Medien, Lehrer- bzw. Lehrerinnenrolle, Leistung.

Einige der aufgeführten Ansätze, die zentral die Theorien, Modelle und Handlungskonzepte der Didaktik betreffen, stehen in direkter Beziehung zueinander. Sie stellen Entwicklungen dar, die aus gegenseitiger Beeinflussung von den 70er Jahren an erwachsen sind (Klafki u. a. 1977; Kramp 1978, 151ff; Peterßen 1989 u. 2001; Jank/Meyer 2002). Dabei handelt es sich u. a. um die bildungstheoretische, die kritisch-konstruktive, die lerntheoretische und die lehrtheoretische Didaktik.

Alle Ansätze lassen sich klassifizieren, d. h. übergeordneten Begriffen zuordnen. Aufgrund einer Durchsicht der Ansätze hinsichtlich ihrer inhaltlich bestimmten Systematik lassen sich fünf Leitbegriffe finden, die eine Zuordnung der verschiedenen Ansätze ermöglichen. Diese Begriffe sind: 1. Bildung, 2. Lernen, 3. Interaktion, 4. System und 5. Konstruktion.

Tabelle 10 zeigt die Zuordnung. Die Ziffern in Klammern dienen der Identifizierung der Literaturangabe in der vorangegangenen alphabetischen Liste der Ansätze. Bei den hier vorgestellten Ansätzen handelt es sich – im Unterschied zu Wissenschafts- und Erkenntnistheorien (Kap. 2.3.1) – um Gegenstandstheorien.

Zur Herausbildung eines Vorverständnisses in Bezug auf die nachfolgenden Ausführungen werden die Leitbegriffe Bildung, Lernen, Interaktion und Konstruktion kurz vorgestellt. Die Darstellungen sind nicht als Definitionen, sondern als Skizzierungen wesentlicher Merkmale der Begriffe zu verstehen.

Der Bildungsbegriff hat seine Wurzeln in einem komplexen Zusammenhang z. B. von Theorien, Modellen, Ideologien, Anthropologien über das Verhältnis des Menschen zur Welt. Die Geschichte der Bildung zeigt, dass an diesem komplexen Zusammenhang bis in die Gegenwart hinein gearbeitet wurde und wird.

Bildung

Das Zentrum des Bildungsbegriffs ist durch die Einzigartigkeit des Menschen bezeichnet. Der Mensch wird dabei in seiner bildenden Tätigkeit, d. h. in seiner Auseinandersetzung mit der ihn umgebenden kulturellen Wertwelt, gesehen. Das Ziel dieser individuellen geistigen Tätigkeit liegt in der Entwicklung einer wertvollen und unverwechselbaren Persönlichkeit.

Wird dieser Vermittlungsprozess auf organisierte Bereiche übertragen, dann bietet z. B. der Unterricht die Bedingung der Möglichkeit, dass Menschen auf der

Tab. 10:
Ordnung der gegenstandstheoretischen Bestimmungen nach Leitbegriffen

1. Bildung
- Aktivitäts- und Erfahrungsdidaktik (2)
- Bildungstheoretische Didaktik (5)
- Didaktik als Dramaturgie des Unterrichts (7)
- Didaktik als erziehender Unterricht (8)
- Geisteswissenschaftliche Didaktik (14)
- Kategoriale Didaktik (17)
- Kritisch-konstruktive Didaktik (24)
- Realistische Didaktik (33)
- Skeptische Didaktik (34)

2. Lernen
- Adressatenorientierte Didaktik (1)
- Curriculare Didaktik (6)
- Didaktik als Lehrfunktion (9)
- Didaktik als Strukturtheorie des Lehrens und Lernens (11)
- Entwicklungspädagogische Didaktik (12)
- Konkrete Inhaltsdidaktik (19)
- Kritisch-instrumentelle Didaktik (22)
- Kybernetische Didaktik (25)
- Kybernetisch-informationstheoretische Didaktik (26)
- Lerntheoretische Didaktik (27)
- Lernzielorientierte Didaktik (28)
- Lehrtheoretische Didaktik (29)
- Materialistische Didaktik (30)
- Psychologische Didaktik (32)
- Strukturale Didaktik (35)
- Symboldidaktik (38)
- Systemtheoretische Didaktik (40)

3. Interaktion
- Beziehungstheoretische Didaktik (3)
- Didaktik als Praxis (10)
- Interaktionstheoretische Didaktik (15)
- Interkulturelle Didaktik (16)
- Kommunikative Didaktik (18)
- Konstruktive Didaktik (20)
- Kritisch-kommunikative Didaktik (23)
- Symboldidaktik (38)

4. System
- Bildungsgangdidaktik (4)
- Subjektive Didaktik (36)
- Subjektorientierte Didaktik (37)
- Systemisch-konstruktivistische Didaktik (39)

5. Konstruktion
- Evolutionäre Didaktik (13)
- Konstruktivistische Didaktik (21)
- Narrative Didaktik (31)

Grundlage ausgewählter wertvoller Kulturgüter in einen kulturellen Vermitt-lungsprozess eintreten können, in welchem sie ihre eigene Persönlichkeit heraus-bilden bzw. sich zu dieser bilden können. Als anthropologische und individuelle Grundlegung für diesen Bildungsprozess ist das Sinnverstehen anzusehen. Dieses orientiert sich aber nicht nur an den vorgegebenen Kulturgütern, sondern auch an deren Sinnstruktur, die auf einen höheren Zweck oder auf ein höchstes Gut oder eine Idee, z. B. Freiheit, gegenseitige Achtung, Gerechtigkeit, bezogen ist. Sinn-verstehen von Kulturgütern und -werten strebt daher auch danach, prinzipienorien-tiert zu denken und zu handeln. Denken und Handeln in diesem Sinne konstitu-ieren die Herausbildung einer unverwechselbaren, durch prinzipiengeleitete Ver-antwortung für das Ganze bestimmten Persönlichkeit.

Im Lernbegriff kommt menschliches Verhalten im Ensemble rational bestimmter und bestimmbarer Ziele, Inhalte, Verfahren und Medien zur Darstellung. Ins Zentrum dieser Sicht menschlicher Weltaneignung ist die Funktionalität des Ein-zelnen in der Gesellschaft gerückt. Dabei wird unterstellt, dass der Mensch für diesen Zweck in höchstem Maß geeignet ist; denn aufgrund seiner prinzipiellen Offenheit ist er – im Unterschied zum Tier – kulturell und sozial beeinflussbar. Gesellschaftliche Voraussetzung hierfür ist ein differenziertes, umfassendes und wissenschaftlich begründetes kulturelles und soziales System, das die Lenkungen nach bestimmten Kriterien, z. B. Optimierung von Leistung, organisiert, die prin-zipielle Offenheit, Lernbereitschaft und -fähigkeit vorausgesetzt.

Lernen

Auch dieses Begriffsverständnis hat Modifizierungen erfahren. Gerade in der Gegenwart wird erneut über die Bedeutung des Lernens diskutiert. Dabei stehen verschiedene Auffassungen und Theorien vom Lernen in Konkurrenz zueinander.

Mit dem Interaktionsbegriff wird ein Phänomen belegt, das von der grundsätz-lichen Einbezogenheit des Menschen in soziale Beziehungen ausgeht. Dabei wird unterstellt, dass Menschen in sozialen Beziehungen auf der Grundlage von Sym-bolen sinnverstehend handeln. Diese Annahme ist eine sozialwissenschaftliche, in die geisteswissenschaftliche Momente eingegangen sind, die auch den Bildungs-begriff kennzeichnen. Theorien- und Modellentwürfe sowie Handlungskonzepte, die in diesem Horizont entwickelt sind, können daher grundsätzlich als offen an-gesehen werden.

Interaktion

Im Zentrum symbolischer Interaktion steht der sinnverstehende Austausch von kulturellen Bedeutungen. Diese Unterstellung hat die gegenseitige und allseitige Verständigung der Akteure zur Folge. In Bezug auf organisierte Lehr- und Lern-prozesse bzw. den Unterricht führt dies zu der Auffassung, dass diese nicht nur als eine Bedingung der Möglichkeit für gegenseitiges Sinnverstehen kultureller Be-deutungen anzusehen sind, sondern dass sie auch als Verständigungsprozess or-ganisiert werden können. Abgesehen davon, dass diese Auffassung höchste An-forderungen an die organisatorischen Bedingungen und Ressourcen stellt, ist in ihr das Scheitern von gegenseitiger Verständigung bzw. die Verhinderung durch organisatorische Bedingungen einbegriffen.

Meinungsverschiedenheiten, Differenzen und Konflikte sind daher als ebenso konstitutiv anzusehen wie das Bemühen um gegenseitiges Verstehen. Damit ist eine Intention unterstellt, die auch als soziale Handlungsnorm oder Wert begrif-fen werden kann.

System

Der Begriff System ist ein bewährter Ordnungsbegriff der Philosophie und vom 17. Jahrhundert an in den verschiedensten Wissenschaften gebräuchlich. Auch in den modernen Sozialwissenschaften gehört der Systembegriff zum Repertoire der Grundbegriffe. Hier dient er „zur Analyse der Wechselwirkungen aufeinander bezogenen (interdependenten) Handelns mehrerer Individuen, Gruppen oder Organisationen" (Wörterbuch der Soziologie 1994, 857 Stichwort System).

Mit dem Begriff kann deutlich gemacht werden, dass Bildungs-, Lern- und Interaktionsprozesse der Einzelnen immer im Austausch mit einer kulturellen und sozialen Umwelt stattfinden, gleichviel ob die Individuen dabei als „Personsysteme" definiert werden, die Anpassungsleistungen vollbringen, oder ob sie als autonome „Systeme" verstanden werden, die aus ihrer Umwelt jene Faktoren und Funktionen selektieren, d. h. auswählen, die dem eigenen System Autonomie garantieren.

Die Anwendung des Systembegriffs zur Analyse und Planung von Lehr- und Lernprozessen stellt eine Distanz zu den lebendigen Menschen her und ermöglicht es, die Strukturen und Funktionen aufzudecken, mit denen das Handeln der Einzelnen, Gruppen und Organisationen erklärt werden kann.

Konstruktion

Der Begriff Konstruktion wird zur Kennzeichnung einer grundsätzlichen Position des Menschen zu seiner Umwelt und seiner Lebenstätigkeit in dieser verwendet. Trotz einer Vielfalt von Auslegungen dieses Verhältnisses von Mensch und Umwelt lässt sich der gemeinsame Nenner folgendermaßen formulieren: Der Mensch ist nicht gezwungen, die Artefakte seiner Umwelt in sich aufzunehmen und in sich „abzubilden"; er konstruiert vielmehr seine Umwelt in sich selbst. Hierzu bedarf er notwendigerweise der Interaktionen mit seiner Umwelt; aber er ist es, der aufgrund seiner Erkenntnistätigkeit oder seines Denkens die Bedeutungen von und die Erfahrungen mit seiner Umwelt in sich und für sich selbst organisiert und ordnet. Der Mensch konstruiert also die für ihn bedeutsame Wirklichkeit. Er selektiert die kulturellen Angebote, und er kann dies, weil er eine grundlegende Unterstützung hierfür durch die Struktur und die Funktionen seines Gehirns erhält. Er agiert als selbstreferenzielles autonomes System mit seiner Umwelt.

Mit dieser Sichtweise des Verhältnisses von Mensch und Umwelt ist auch eine anthropologische Unterstellung verknüpft, die Kelly (1986) in ein anschauliches Bild gesetzt hat: Der Mensch als Forscher. Diese Perspektive fordert die Didaktik zu großen und neuen Anstrengungen heraus (Kap. 3.4 u. 4.5.5).

In Tabelle 11 werden die skizzierten Dimensionen der Leitbegriffe im Vergleich veranschaulicht.

Im nachfolgenden Kapitel werden auf der Grundlage und -ordnung der fünf Leitbegriffe Theorien, Modelle und Konzepte der Didaktik vorgestellt.

Tab. 11: Dimensionen der Leitbegriffe im Vergleich

	I. Bildung	II. Lernen	III. Interaktion	IV. System	V. Konstruktion
1. Grundbe-stimmung von Mensch und Welt	Mensch – kulturelle Wirklichkeit	Mensch – kulturelle Realität	Wirklichkeit/ Realität Mensch – Mensch	Mensch – Umwelt	Mensch – Umwelt
2. Anthropo-logische Annahmen	Mensch ist Produzent von kulturellen Werten	Mensch ist Lernender in kultureller Umwelt	Mensch inter-agiert mit ande-ren Menschen im Medium der Kultur	Mensch ist autonomes „System"	Mensch ist Forscher und Konstrukteur von Welt
3. Individuelle Ausdrucks-formen	Verstehen	Verhalten	Handeln	Variieren, Selektieren, Stabilisieren	Operieren, Ordnen, Konstruieren
4. Kulturelle Ausdrucks-formen	Kulturgüter, Werte	Inhalte, Informationen, Fakten	Symbole	Informationen, Wissen	Alle Gegebenheiten der Umwelt
5. Unterricht	Bedingung der Möglichkeit für Persönlichkeits-bildung, Schaffung einer anreg. kulturellen Umgebung	zweckrationale Organisation von Lernprozessen	sinnverstehend aufeinander bezogenes Handeln im Medium von Kultur/Kulturen	Organisiertes kulturelles und soziales Angebot	Organisiertes Angebot unter vielen außer-schulischen Umweltangeboten
6. Wertorien-tierungen	höchstes Gut, Prinzipien, Ideen	Lernziele	Sinn, Bedeutungen	Selbst-reproduktion	Selbstorganisation
7. Zwecke/ Ziele	wertvolle Persönlichkeit	Funktion des Einzelnen in der Gesellschaft	gegenseitige Verständigung auf allen Ebenen	Optimierung von Funktionen	Aktive und selbstbestimmte Anpassung
8. Didaktische Relevanz	Kultur (was)	Lehren (wie)	Symbole (warum)	Differenzierte Angebote	Offene Angebote und Öffnung der Schule

3.0 Theorien, Modelle und Konzepte

Die in diesem Kapitel abgehandelten Themen gehören zum Zentrum der Entwicklung der Didaktik als Wissenschaft. Die vielen Theorien, Modelle und Konzepte, die in den letzten Jahrzehnten entwickelt worden sind und die die Didaktik als Wissenschaft vom Lehren und Lernen begründet haben, sind in diesem Kapitel fünf Leitbegriffen zugeordnet. Den Leitbegriffen kommt eine Ordnungsfunktion zu. Ihre Kenntnis erleichtert den Umgang mit vielfältigen Ansätzen.

Die Ausführungen in diesem Kapitel stehen in einer Diskussionstradition, in der immer wieder Variationen bekannter Theorien und neue Modelle hervorgebracht wurden (Gudjohns 2002). Die Frage „Neue Wege in der Didaktik?", die in einer aktuellen Publikation im Titel formuliert worden ist (Holtappels/Horstkemper 1999), kann daher durchaus positiv beantwortet werden.

3.1 Bildung als Leitbegriff: W. Klafki

Die nachstehenden Erörterungen sind in einem größeren Kontext zu sehen. Dieser ist durch die Bestimmung des Bildungsbegriffs von Herbart an über Willmann und Weniger bis hin zu Spranger, Litt, Ballauff, Ruhloff und Wulf gekennzeichnet. Darauf ist im Folgenden zu achten.

Klafki
In der Literatur ist eine Fülle von Publikationen zu erkennen, in welcher dem Werk von Klafki eine zentrale Position zugesprochen wird. Daher steht Klafkis Bildungsbegriff im Folgenden exemplarisch für alle anderen Auffassungen.

In der didaktischen Diskussion, die von den 60er Jahren an stattgefunden hat, werden Klafkis Entwürfe aber auch kritisch begleitet. Dabei werden z. T. einzelne Elemente seiner didaktischen Theorien- und Modellbildung modifiziert, verstärkt oder weiterentwickelt. Folgende Autoren und deren Werke sind hier zu nennen:

Ballauff: Skeptische Didaktik
Beckmann/Biller (Hrsg.): Unterrichtsvorbereitung
Geißler: Allgemeine Didaktik
Hausmann: Didaktik als Dramaturgie des Unterrichts
Ruprecht: Modelle grundlegender didaktischer Theorien

3.1.1 Die Theorie der kategorialen Bildung

Die bildungstheoretische Bestimmung didaktischen Handelns ist nicht aus einem archimedischen Punkt abgeleitet, sondern sie entspringt aus einer Paradoxie.

Diese wurde bereits von Herbart beschrieben, und sie hat auch in der Gegenwart noch Geltung. Sie ist einerseits dadurch gekennzeichnet, dass kulturelle Vermittlungsprozesse stets zielgerichtet und begründet sein müssen, dass ihnen aber andererseits in Erfahrung und Umgang, in Interesse und Gedankenkreis der Lernenden selbst eine individuelle Lebendigkeit entgegentritt, die sich dem Unterricht nicht immer unterwirft, sondern diesen auch durchbricht. Herbart hatte diese innere Lebendigkeit als Bildsamkeit bezeichnet. In der Tradition der bildungstheoretischen Diskussion wird der Prozess der Entwicklung der Bildsamkeit mit dem Begriff der Bildung belegt.

Klafki greift bei der Entwicklung und Begründung seiner Theorie der kategorialen Bildung (Klafki 1959 u. 1974 u. 1968, 64ff) ausdrücklich auf diese Bildungstradition zurück. Er erwähnt in besonderer Weise W. v. Humboldt und E. Weniger, sowie Autoren, deren Publikationen die bildungstheoretische Diskussion nach 1945 maßgeblich mitbestimmt und differenziert haben, wie z. B. E. Spranger, H. Nohl, Th. Litt, M. Buber, J. Derbolav, W. Flitner, E. Fink, M. J. Langeveld, G. Geißler, H. Weinstock, F. Blättner, E. Lichtenstein, O. F. Bollnow, W. Dirks, O. Kroh, K. Hahn, A. Petzelt, R. Guardini, H.-H. Groothoff, L. Froese (Klafki 1974, 46f).

Die bildungstheoretische Diskussion hat zu der grundlegenden Einsicht geführt, dass der Mensch in einem lebendigen Verhältnis zur kulturellen Welt steht und diese sinnverstehend auslegt. In der systematischen Betrachtung dieses Grundphänomens erscheint dieses Verhältnis als ein Prozess, in welchem dem Menschen eine zentrale Rolle zugesprochen wird. Der Mensch wird als jene produktive Stelle angesehen, in welcher die Dinge und Symbole der Welt verarbeitet und als kulturelle Leistungen wieder veräußert werden.

Im Individuum kommen somit zwei Momente ins Spiel: die kulturellen Inhalte und die inneren Kräfte. In der Sprache der Bildungstheoretiker werden diese Momente als materialer und formaler Aspekt dieses Prozesses, der Prozess selbst als Bildungsprozess bezeichnet; denn in diesem Prozess bringt der Mensch sich selbst und durch sich selbst auch die Kultur hervor. Damit ist das Individuum in seinem Bildungsprozess in das Zentrum pädagogischer und didaktischer Diskussionen und Forschungen gerückt.

formale und materiale Bildung

In der klassischen Bildungsdiskussion wurde dieser Zusammenhang immer wieder gesprengt. Dies zeigt sich in besonderer Weise bei der Bestimmung von Bildungsauftrag und Lehrplaninhalt. Hier tauchte nämlich die grundsätzliche Frage auf, ob die Schule primär den Zweck zu verfolgen habe, die Kräfte der SchülerInnen auszubilden – also den formalen Aspekt der Bildung zu befördern – oder das Kulturgut und seine bildende Wirkung ins Zentrum des Unterrichts zu rücken – also den materialen Aspekt der Bildung zu unterstützen. Diese Diskussion – oft mit großer Schärfe geführt – hat zu einer Dichotomisierung, d. h. Zweiteilung der beiden Aspekte und damit zu ihrer Ideologisierung, geführt. Diese findet ihren Ausdruck in den Begriffen und Programmen von der formalen und materialen Bildung.

Klafki weist die Zweiteilung des Bildungsbegriffs als Ideologie zurück. Unterstützt wird er in diesem Unterfangen durch die Diskussion um die „Stofffülle" an den Schulen und deren Reduktion, die in der „Tübinger Resolution" von 1951 ihren Niederschlag findet (Reich 1977, 50). Dort wird empfohlen, die extreme Ausformung der materialen Bildung durch „exemplarisches" Lehren und Lernen zu begrenzen und dabei auch die Ansprüche der formalen Bildungsideologie zu relativieren (Gerner 1963).

In Auseinandersetzung mit der Tradition einerseits und der aktuellen Diskussion andererseits (Klafki 1974, 27ff) entwickelt Klafki seine Kritik und seinen Neuansatz der „kategorialen Bildung". Zunächst weist er darauf hin, dass zwischen materialer und formaler Seite des Bildungsprozesses ein grundsätzlicher Verweisungszusammenhang besteht, wie ihn das klassische Phänomen auch zeigt. Wenn dieser gesprengt wird, gerät eine materiale Bildung ins Abseits einer durch Bildungsinhalte angefüllten Instrumentalisierung des Bildungsprozesses; andererseits gerät eine Ausuferung der formalen Bildung ins Extrem einer reinen Kräfte-, Fertigkeits- und Lernschulung. Bildung ist also als ein Ganzes zu sehen (38f).

Klafki bezeichnet nun diesen grundsätzlichen Verweisungszusammenhang der beiden Aspekte der Bildung in einem ganzheitlichen Konzept als „*kategoriale Bildung*" (38). Damit ist der Entwurf eines neuzeitlichen Bildungsbegriffs markiert. Aus der Optik der Subjekte, die in die Bildungsprozesse eingelassen sind, realisiert sich kategoriale Bildung als „doppelseitige Erschließung" der Individuen.

> „Diese doppelseitige Erschließung geschieht als Sichtbarwerden von allgemeinen, kategorial erhellenden Inhalten auf der objektiven Seite und als Aufgehen allgemeiner Einsichten, Erlebnisse, Erfahrungen auf der Seite des Subjekts. Anders formuliert: Das Sichtbarwerden von ‚allgemeinen Inhalten' ‚von kategorialen Prinzipien im paradigmatischen ‚Stoff', also auf der Seite der ‚Wirklichkeit', ist nichts anderes als das Gewinnen von ‚Kategorien' auf der Seite des Subjekts" (Klafki 1974, 43).

kategoriale Bildung

Kategoriale Bildung meint dem Worte nach, dass Menschen in der Lage sind, von der Welt begründete, d. h. durch Erkenntnis geprüfte Aussagen zu machen. Diese Fähigkeit ist stets an die Inhalte gebunden, die zur Aussage stehen. Formales und materiales Moment bilden damit eine Einheit, die auch den Bildungsprozess ausmacht, in dem die Fähigkeit zur Aussage und die Aussage selbst gewonnen werden.

Es bleibt hinzuzufügen, dass sich dieser Konkretisierungszusammenhang der Bildung im Individuum stets in den vielfältigsten Formen des Handelns, der Interaktion des Gestaltens und der sprachlichen Darstellung äußert. Nicht zuletzt erwachsen aus diesem Prozess überhaupt erst Verantwortungsbewusstsein und konkrete Verantwortung in den vielfältigsten Bereichen (46–71).

Die didaktische Relevanz der Bildung hat in der „doppelten Erschließung" ihren Ursprung. Sie konkretisiert sich in dem Kosmos der Bildungsinhalte bzw. -gehalte, deren Grundstruktur durch den Zusammenhang von Besonderem und Allgemeinem begriffen wird. Daher kann an einem besonderen Kulturgut auch der kulturelle Kosmos „begriffen" werden, in welchem das Einzelne seinen Sach- und Sinnzusammenhang hat. Das Einzelne steht als pars pro toto, als Teil für das Ganze, oder anders ausgedrückt: es steht exemplarisch für das Allgemeine oder es repräsentiert einen strukturierten Sachzusammenhang. Damit kommt jedem Kulturgut, das auch Bildungsgut ist, ein wesentliches Merkmal zu. Dieses lässt sich als Verhältnis vom Einzelnen zum Ganzen begreifen (134).

Kultur- und Bildungsinhalte, die dieses Gütesiegel tragen, werden im Bildungsprozess zu Unterrichtsgehalten. Aus dieser Erfahrung heraus können Bildungsgehalte auch als curriculare Elemente verstanden werden. In dieser Fassung werden sie das *„Elementare"* genannt. Elementaria machen dann jene Unterrichtsgehalte aus, von denen erwartet werden kann, dass sie bei Schülern und Schülerinnen Bildungsprozesse auslösen.

Auf diesem Hintergrund entwickelt Klafki sieben Erscheinungs- bzw. Grundformen, in welchen das Elementare zur Darstellung kommt. Diese Grundformen sind:

1) das Fundamentale,
2) das Exemplarische,
3) das Typische,
4) das Klassische,
5) das Repräsentative,
6) die einfachen Zweckformen und
7) die einfachen ästhetischen Formen (Klafki 1959, 380ff; 1968, 75ff; 1974, 119ff; 1985, 91ff).

Diese Darstellungsformen des Elementaren im Bildungsprozess bedeuten im Einzelnen:

1) Das Fundamentale wird von Klafki unter Rückgriff auf einen Aufsatz von M. Wagenschein „Über das exemplarische Lehren" von 1954 bestimmt (Klafki 1959, 313f). Mit dem Begriff des Fundamentalen ist die Intention aller menschlichen Erkenntnis bezeichnet, die in die latenten Sinnstrukturen menschlicher Kultur und kultureller Tätigkeit hineinführt und die diese aufzudecken und zur Sprache zu bringen sucht. Dabei spielt der Zusammenhang vom Allgemeinen zum Ganzen und umgekehrt eine tragende Rolle. Im Prozess des Fundamentalen bestimmt sich das Elementare. Zwar weist Klafki darauf hin, dass in der Literatur keine einheitliche Meinung über die Bedeutung und Funktion des Elementaren zu erkennen ist (315ff). Aus dem Kontext der Erörterungen kann aber die Schlussfolgerung gezogen werden, dass die Gehalte als elementare Inhaltsmomente und Kulturelemente angesehen werden müssen, aufgrund derer fundamentale Bildungsprozesse überhaupt erst ausgelöst werden. Sie haben ihren Ort im Lehrplan. **das Fundamentale**

2) Das Exemplarische repräsentiert das Elementare als allgemeine Erkenntnis an einem Beispiel, Exempel oder Exemplar aus dem Besonderen. **das Exemplarische**

Dabei kann an die Naturwissenschaften, etwa an die Physik gedacht werden, z. B. an den Stein, den Kinder von einer Brücke in den Fluss fallen lassen. In diesem Tun kann das Fallgesetz als das Allgemeine am Besonderen des fallenden

Steines erkannt werden. In systematischer Hinsicht lässt dieses Beispiel die Interpretation zu, dass es den Kindern möglich sein kann, aufgrund ihres Erlebnisses eine naturwissenschaftlich bestimmte Auslegung ihrer Erfahrung vorzunehmen, also das Fallgesetz erkennen zu können. Hier fallen Fundamentales und Elementares zusammen. Didaktisch gewendet könnten Situationen wie diese arrangiert werden, um Kinder zu fundamentaler und elementarer Erfahrung und Erkenntnis gelangen zu lassen. Von diesen könnten sie weiter zu den Formeln und den objektiven Bezügen der Physik geführt werden.

das Typische

3) Das Typische stellt im Unterschied zum Exemplarischen die Versammlung von Einzeldaten oder Erfahrungen zu einem Allgemeinen dar, z. B. die Erfahrung verschiedener gotischer Kirchen, die sich in der Anschauung und in der allgemeinen Formel vom typischen gotischen Stil verdichtet.

Auch hier kann der Unterrichtsprozess zu einem individuellen Bildungsprozess führen, wenn der Stil als ein Grundmerkmal gotischer Weltinterpretation und Baukunst durch den Besuch, z. B. des Straßburger Münsters oder des Kölner Doms, anschaulich, d. h. innerlich lebendig und zugleich als Kulturgut und Wert, erfahren wird. Werten kommt in diesem Zusammenhang die Bedeutung von Leitmotiven zu. Kulturbereiche, in denen das Typische seinen Ort hat, sind u. a. Geografie, Biologie, Wirtschaftswissenschaften, historische und politische Wissenschaften. Es kann aber auch an soziale und ästhetische Bereiche gedacht werden.

das Klassische

4) Das Klassische taucht in geschichtlich-politischen, literarisch-kulturkundlichen und lebenskundlich-philosophischen Kulturbereichen auf (389ff). Mit diesem Begriff fasst Klafki die tiefe Erfahrung einer als „gültig, vorbildlich, verbindlich erlebten menschlichen Haltung oder Leistung" (388). Im Klassischen werden sozusagen die latenten Wertstrukturen der Gesellschaft in den politischen, literarischen und philosophischen Ausdrucksformen sichtbar und erlebbar. In Bildungsprozessen, die sich aus dem Klassischen, mithin aus dem Werterlebnis und der Werterfahrung heraus ergeben, kann individuelle Verantwortung für die Kultur, die Gesellschaft und das Ganze der Welt erwachsen.

das Repräsentative

5) Das Repräsentative als eine Erscheinungsform des Elementaren meint, dass

„bedeutsame Erscheinungen der Gegenwart des jungen Menschen, die ihm bisher verborgen oder unverständlich blieben,... ihm durch die Erhellung ihres geschichtlichen Charakters, ihrer historischen Hintergründe lebendig und verständlich werden" (391).

Im Repräsentativen verdichtet sich sozusagen die Vielfalt einer Epoche, z. B. des absolutistischen preußischen Staates in einer Person, etwa in der Gestalt Friedrichs II. Es versteht sich von selbst, dass Repräsentativität als Erfahrung und Erlebnis, also als Fundamentum und Elementum im vertieften Studium von Quellentexten erfahrbar wird. Das Repräsentative macht daher in besonderer Weise Geschichte in Bildungsprozessen wirksam.

die einfachen Zweckformen

6) Die einfachen Zweckformen entsprechen „Grundformen des Pädagogisch-Elementarischen" (Klafki 1959, 393). Unter ihnen versteht Klafki

„erhebliche Teile des Schreib- und Leseunterrichts, wie für die sprachlichen Zweckformen Bericht, Antrag, Entschuldigung, Einladung usw. samt den in ihnen enthaltenen grammatischen und syntaktischen Elementen, für die Umgangsformen
der gesellschaftlichen Elementarbildung, für die Grundformen handwerklich-tech-
nischen Tuns (Falten, Schneiden, Feilen, Hobeln, Fugen, Falzen usw.) und für
zahlreiche Urformen der körperlichen Bildung (Laufen, Springen, Werfen, Stoßen,
Schieben usw.)" (393).

Auch der Fremdsprachunterricht kann z. T. zu den einfachen Zweckformen gezählt werden. Die Hinzuziehung der einfachen Zweckformen in den Kreis sonst
wertbesetzter Grundformen lässt erkennen, dass Klafki ihre Absonderung als rei-
ne Techniken verhindern will. Er will vielmehr deutlich machen, dass auch in den
als trivial bezeichneten technischen Prozessen bildungswirksame Erfahrungen im
Sinne des Elementaren und Fundamentalen gemacht werden können.

Die Unterrichtserfahrung zeigt indes, dass die Heranwachsenden nicht immer
sofort in der aktuellen Situation oder Reflexion die Fundamentalität dieser Techniken erkennen. Oftmals steht diese Erkenntnis viel später an, trägt dann aber als
das Besondere zur weiteren Differenzierung des Ganzen, d. i. des individuellen
kulturellen Horizonts, bei. Hierin liegt ihr bildender Effekt.

7) Die einfachen ästhetischen Formen kommen in Grunderfahrungen und Erleb-   **die einfachen**
nissen in musischen und ästhetischen Bildungsprozessen zum Tragen. Auch hier   **ästhetischen**
will Klafki wie bei den einfachen Zweckformen verdeutlichen, dass die musisch-   **Formen**
ästhetischen Kulturbereiche nicht zu Randbedingungen schulischer Lernprozesse
oder zur reinen technischen Vermittlung degenerieren, sondern dass in ihnen ein
kulturelles Kapital gesehen wird, das in entsprechenden Vermittlungsprozessen
zu ästhetischen Kategorienbildungen führen kann und das wiederum über Einzel-
erfahrungen die Ästhetik der Welt im Ganzen erahnen lässt.

Am Ende dieser Erörterungen stehen einige Einsichten:

(1) Alle Grundformen sind durchwirkt von der Dialektik des Verhältnisses vom
Besonderen zum Allgemeinen und umgekehrt.
(2) Die sieben Grundformen machen die Binnenprozesse individueller, kultureller Tätigkeit aus, und sie weisen zugleich auf die inhaltlich kulturelle Bestimmung dieser Prozesse hin. Sie repräsentieren die unterschiedlichsten Bil-
dungsbereiche, und sie führen zugleich zu jenen fundamentalen und elementaren Einsichten und Erlebnissen, die den Menschen zu einer kulturell
handlungsfähigen und verantwortlichen Persönlichkeit werden lassen. Der Zusammenhang zu Enkulturation, Sozialisation, Erziehung und Unterricht ist hier
augenfällig.
(3) Damit sind die Bildungsinhalte bzw. -gehalte und mit ihnen der Lehrplan
und/oder das Curriculum in das Zentrum didaktischer Diskussion gerückt. Sie
spielen in ihrer Wertigkeit eine große Rolle.
(4) Die Beschreibung und Bestimmung der Grundformen zeigt eine Konkretion,
die bereits auf die Umsetzung in Praxis und damit auf die Modell- und Konzeptbildung hindeutet.

(5) Die Grundformen bleiben in inhaltlicher und struktureller Hinsicht zwar auf das Verhältnis vom Allgemeinen zum Besonderen bezogen, sie müssen aber auch in genetischer Hinsicht betrachtet und verstanden werden. Daher haben sie ihren tragenden Grund im Wechselspiel der doppelten Erschließung im Bildungsprozess. Damit ist eine didaktische Relevanz gegeben, die – neben der Relevanz der Inhalte – auf die konstitutive Rolle der Entwicklung der Individuen im Bildungsprozess hinweist, ein Bezug, der auch für das Lernen, die Interaktion und die Konstruktion gilt.

(6) Daher sind die sieben Grundformen sowohl auf die Kulturinhalte und ihre Bewertung als Kultur- und Bildungsgüter als auch auf Erfahrung und Entwicklung der Lernenden bezogen; denn nur die Lernenden sind die produktiven Stellen im System organisierter Bildungsprozesse. Nur mit und in ihnen kann Kultur lebendig werden.

(7) Damit rücken auch die Lehrer und Lehrerinnen ins Zentrum didaktischer Überlegungen.

3.1.2 Modelle zur didaktischen Analyse und Planung von Unterricht

Die didaktische Analyse und Planung von Unterricht hat eine lange Tradition, die in der Moderne von den sogenannten Herbartianern Ziller und Rein begründet worden ist. Bei Klafki erwächst die Modellbildung zur Analyse und Planung von Lehr- und Lernprozessen bzw. Unterricht aus seiner bildungstheoretischen Reflexion. Daraus ist zu erkennen, dass Theorienbildung mit praktischen Erkenntnisinteressen zwingend die Frage nach der Analyse von Unterricht aufwirft. Die Antworten finden sich in dem Aufsuchen von Strukturen der Praxis, die in dem Erfahrungs- und Reflexionswissen der Lehrenden und in der Praxis selbst zu finden sind. Sie machen die einzelnen Elemente des Modells aus, wie im Folgenden gezeigt wird. Im Zuge der didaktischen Analyse tritt auch bereits die Frage nach der Planung der Lehr- und Lernprozesse auf, für die ebenfalls Antworten in Form eines Modells gesucht werden. Beide Modelle fallen in der Grundstruktur ihrer Elemente oft zusammen, auch wenn die Erkenntnisintentionen unterschiedlich sind. Wer diesen Ablauf einmal praktiziert hat, erfährt, dass sich in der Tat aus dem gedanklichen Nachvollzug der Theorie der Bildung zwingend die Frage nach der Analyse von organisierten Bildungsprozessen, z. B. in Schule und Unterricht, und daraus die Frage nach der Planung dieses Prozesses ergibt. Die Erkenntnis von Modellen zur Analyse und Planung von Unterricht ist das Ergebnis dieses gesamten Prozesses, der nun mehr und mehr zur Konkretisierung drängt, die sich in der Entwicklung von Handlungskonzepten erfüllt.

　Die didaktische Analyse und Planung ist von den vorangegangenen Erörterungen her zu verstehen und zu begründen. Sie ist zugleich aus Klafkis Unterrichtstätigkeit erwachsen. Insofern verbinden sich in ihr hermeneutische Theorie und verstehende Praxis. Sie wurde zum ersten Mal 1958 unter dem Titel „Didaktische Analyse als Kern der Unterrichtsvorbereitung" veröffentlicht (Klafki 1958 u. 1964, 5ff), und sie kann als erste Modellbildung zur Analyse und Planung von Unterricht in der modernen didaktischen Diskussion angesehen werden (Klafki 1974,

135ff). Das Modell zielt in erster Linie auf die Bestimmung der Kulturinhalte als Bildungsinhalte bzw. -gehalte oder als Bildungsgut. Dabei sind die auswählenden Personen in ihre volle pädagogische und gesellschaftlich-kulturelle Verantwortung gestellt. Das Modell hat zwei Teile.

(1) Der *erste Teil* kann als der allgemeine Teil der didaktischen Analyse verstanden werden. Er ist durch vier Dimensionen gekennzeichnet, die Klafki als „Struktur des didaktischen Feldes" (100) bezeichnet. In den Dimensionen konkretisiert sich sozusagen die pädagogische Verantwortung der Lehrenden vor Ort oder der Lehrplanmacher, wenn sie entscheiden müssen, welche Bildungsinhalte durchgenommen oder in einen Lehrplan aufgenommen werden sollen.

Die vier Dimensionen des didaktischen Feldes, die in einem interdependenten Zusammenhang stehen, sind folgende: **vier Dimensionen des didaktischen Feldes**

> „Erstens: *die Dimension der Geschichtlichkeit didaktischer Entscheidungen,* die durch ein spezifisches Bezugsverhältnis von Gegenwart, Zukunft und Vergangenheit charakterisiert ist.
>
> Zweitens: *die Dimension der verschiedenen Perspektiven des Welt- und Selbstverständnisses und der Motivation.* Die Problemdimension erstreckt sich vom kindlichen Welt- und Selbsterleben über die verschiedenen Bildungsstufen und Perspektiven des ‚gebildeten Laien' bis zur Perspektive der Wissenschaften und des produktiven Kulturschaffens.
>
> Drittens: *die Dimension der allgemeinen Sinngebung der geistigen Grundrichtungen und der Schulfächer.*
>
> Viertens: *die Dimension der inneren Struktur und der Schichtung der Bildungsinhalte"* (100).

(2) Der *zweite Teil* ruht auf dem ersten auf. Er macht die didaktische Analyse im engeren Sinn aus, insofern mit ihr der Lehrer bzw. die Lehrerin in Bezug auf die Planung konkreter unterrichtlicher Vorhaben bzw. Konzepte operieren kann. Dabei steht die Ermittlung des Bildungsgehaltes der Inhalte im Zentrum der Tätigkeit. Unter Bildungsgehalt versteht Klafki jene für den Prozess der kategorialen Bildung bedeutsamen kulturellen Inhalte, die der Lehrer bzw. die Lehrerin als wertvoll im Sinne der kategorialen Bildung erachten.

Dieser Teil wird aus fünf Fragestellungen gebildet. Jede dieser Fragestellungen kann als eine Art Sonde angesehen werden, mit deren Hilfe ein Handlungskonzept entwickelt wird. Die Fragen gliedern sich wieder in Unterfragen, damit die Wirklichkeitsstrukturen besser antizipiert werden können. Bei den Fragen zur Konzeptbildung handelt es sich um die folgenden: **Konzeptbildung**

> „I. Welchen größeren bzw. welchen allgemeinen Sinn- oder Sachzusammenhang vertritt und schließt dieser Inhalt? Welches Urphänomen oder Grundprinzip, welches Gesetz, Kriterium, Problem, welche Methode, Technik oder Haltung lässt sich in der Auseinandersetzung mit ihm ,exemplarisch' erfassen?
>
> 1. Wofür soll das geplante Thema exemplarisch repräsentativ typisch sein? …
> 2. Wo läßt sich das an diesem Thema zu gewinnende als ganzes oder in einzelnen Elementen − Einsichten, Vorstellungen, Wertbegriffen, Arbeitsmethoden, Techniken − später als Moment fruchtbar machen? …

II. Welche Bedeutung hat der betreffende Inhalt bzw. die an diesem Thema zu gewinnende Erfahrung, Erkenntnis, Fähigkeit oder Fertigkeit bereits im geistigen Leben der Kinder meiner Klasse, welche Bedeutung sollte er – vom pädagogischen Gesichtspunkt aus gesehen – darin haben?

III. Worin liegt die Bedeutung des Themas für die Zukunft der Kinder? ...

IV. Welches ist die Struktur des (durch die Fragen I., II., III. in die typisch pädagogische Sicht gerückten) Inhaltes? ...

1. Welches sind die einzelnen Momente des Inhaltes als eines Sinnzusammenhangs?
2. In welchem Zusammenhang stehen die einzelnen Momente? ...
3. Ist der betreffende Inhalt geschichtet? Hat er verschiedene Sinn- und Bedeutungsschichten?
4. In welchem größeren sachlichen Zusammenhang steht dieser Inhalt, was muß sachlich vorausgegangen sein?
5. Welche Eigentümlichkeiten des Inhaltes werden den Kindern den Zugang zur Sache vermutlich schwermachen?
6. Was hat als notwendiger, festzuhaltender Wissensbesitz (,Mindestwissen') zu gelten, wenn der im vorangegangenen bestimmte Bildungsinhalt als angeeignet, als ,lebendiger', ,arbeitender' geistiger Besitz gelten soll?

V. Welches sind die besonderen Fälle, Phänomene, Situationen, Versuche, Personen, Ereignisse, Formen, Elemente, in oder an denen die Struktur des jeweiligen Inhaltes den Kindern dieser Bildungsstufe, dieser Klasse interessant, fragwürdig, zugänglich, begreiflich, ,anschaulich' werden kann?

1. Welche Sachverhalte, Phänomene, Situationen, Versuche, Kontroversen usw., mit anderen Worten: welche ,Anschauungen' sind geeignet, die auf das Wesen des jeweiligen Inhalts, auf seine Struktur gerichtete Fragestellung in den Kindern zu erwecken, jene Fragestellung, die gleichsam den Motor des Unterrichtsverlaufes darstellen soll?
2. Welche Anschauungen, Hinweise, Situationen, Beobachtungen, Erzählungen, Versuche, Modelle usw. sind geeignet, den Kindern dazu zu verhelfen, möglichst selbständig auf das Wesentliche der Sache, des Problems gerichtete Fragestellung zu beantworten?
3. Welche Situationen und Aufgaben sind geeignet, daß am exemplarischen Beispiel, am elementaren ,Fall' erfaßte Prinzip einer Sache, die Struktur eines Inhaltes fruchtbar werden, während der Anwendung sich bewähren und damit üben (– immanent wiederholen –) zu lassen?" (Klafki 1974, 135ff).

Tabelle 12 zeigt noch einmal einen Überblick über die beiden Teile des didaktischen Feldes.

Handlungskonzept   Auf der Grundlage der Antworten, die auf die Fragen gegeben werden, kann nun der nächste Schritt getan werden. Es ist der Schritt der Erstellung eines Handlungskonzepts für eine konkrete Unterrichtsstunde oder -segment. Klafki nennt hierfür vier didaktische Konkretisierungsfelder:

„1. Die Gliederung des Unterrichts in Abschnitte oder Phasen oder Stufen.
2. Die Wahl der Unterrichts-, Arbeits-, Spiel-, Übungs-, Wiederholungsformen.

1. **Allgemeiner Teil:**	1. Geschichtlichkeit?
	2. Individuelles Selbstverständnis?
	3. Allgemeine Sinngebung?
	4. Struktur der Inhalte?
2. **Besonderer Teil:**	I. Exemplarische Bedeutung der Bildungsinhalte?
	II. Gegenwartsbedeutung?
	III. Zukunftsbedeutung?
	IV. Bildungsziele?
	V. Günstige Lehr- und Lernbedingungen?

Tab. 12:
Schema der
didaktischen Analyse
und Struktur-
planungsmodell

3. Der Einsatz von Hilfsmitteln (Lehr- bzw. Arbeitsmittel).
4. Die Sicherung der organisatorischen Voraussetzung des Unterrichts" (Klafki 1974, 143).

Die didaktische Analyse Klafkis hat zu vielen Anregungen und Modifizierungen geführt. Ihre Grundstruktur kann mithin generalisiert werden.

3.1.3 Der kritisch-konstruktive Theorieentwurf

Klafkis Theorien- und Modellbildung zum didaktischen Handeln kann als der erste große Entwurf nach dem Zweiten Weltkrieg in Deutschland angesehen werden. Wie gezeigt werden konnte, steht er einerseits in der klassischen Bildungstradition, insbesondere der von Nohl und Weniger; andererseits setzt Klafki aber auch einen Endpunkt, der zugleich ein neuer Anfang ist. Dieser drückt sich in der Theorie der kategorialen Bildung aus.

Von den 60er Jahren an erhebt sich in der Bundesrepublik eine neue erziehungswissenschaftliche Diskussion, die die didaktischen Fragestellungen einschließt. Diese Diskussion hat auch zur Kritik an Klafkis so genanntem bildungstheoretischen Modell geführt. Daher rühren Klafkis Bemühungen, seine klassische Konzeption zu revidieren.

Aus der Fülle der Entwicklungstendenzen werden im Folgenden einige stichwortartig genannt:

**Revisions-
gesichtspunkte
(Klafki)**

(1) Die von Heinrich Roth propagierte „realistische Wende" in der Pädagogik. Mit ihr verband sich das Aufkommen der empirischen Forschung, innerhalb der bis dahin vorwiegend sich hermeneutisch begreifenden Pädagogik.

(2) Die Rezeption der empirischen Sozialwissenschaften aus den USA.

(3) Der Einfluss marxistischer und sozialistischer Theorien auf die gesellschaftliche, die pädagogische und die didaktische Diskussion. Hieraus entwickelte sich u. a. die Sensibilisierung für die Ideologiekritik.

(4) Im Zuge der ideologiekritischen Wende in der Pädagogik entsteht der Rekurs auf die Ideen der Französischen Revolution. Hierdurch wird das Ideengut der Emanzipation für die Diskussion fruchtbar gemacht.

(5) Im Rückgriff auf die Geschichte entwickelt sich unter der Maßgabe der realistischen Wende auch die Abkehr von der reinen ideengeschichtlichen Ausrichtung der pädagogischen und didaktischen Forschung. Hinzu treten real- und sozialgeschichtliche Forschungen.

(6) Maßgeblich durch die empirischen Forschungen bestimmt, kommt die Erziehungs- und Unterrichtswirklichkeit in ihren gesellschaftlichen und individuellen Bedingungsstrukturen in den Blick. Dadurch werden Interdependenzen und strukturelle Zusammenhänge eines sehr komplexen Aktionszusammenhangs aufgedeckt. In den Diskussionen wird z. T. der Bildungsbegriff vom Lernbegriff als einer neuen didaktischen Kategorie verdrängt.

(7) Angeregt durch Forschungen aus den USA wird im Kontext der realistischen Wende auch die Frage der Bildungsinhalte und ihrer klassischen Setzungen und Begründungen problematisch. Es wird nach einer neuen Rationalität des Lehrplans und seiner Entwicklung sowie seiner Begründung und Erforschung gesucht, die ihren Ausdruck in der Curriculumforschung, Curriculumtheorie und Curriculumpraxis findet (Kap. 5).

(8) Die Interessen einer sich mehr und mehr rational formierenden Industrie und Leistungsgesellschaft schlagen sich auch im Ausbildungsbereich nieder. Schule und Unterricht werden dabei als Funktionen von Gesellschaft, Leistung als ihr notwendiges Produkt angesehen. Zugleich wird nach neuen Organisations- und Planungskonzepten für Schule und Unterricht gefragt.

(9) Innerhalb der didaktischen Diskussion formieren sich auf diesem Hintergrund neue Richtungen, z. B. die kybernetische Didaktik, die lehr- und lerntheoretische Didaktik, die curriculare Didaktik, aber auch die kommunikative, die kritische oder die strukturelle Didaktik.

(10) Waren die klassischen Diskussionen vorwiegend der Begründungsproblematik der Didaktik oder der Wertediskussion gewidmet, so treten jetzt zunehmend die Forderungen nach einer didaktischen Praxis in den Blick. Daher wendet sich die Forschung nicht nur der Unterrichtswirklichkeit, sondern auch der Entwicklung von Planungsmodellen und Planungskonzepten für Schule und Unterricht zu. Didaktische Theorien müssen daher zu didaktischen Modellen transformierbar und diese wiederum in didaktische Konzepte überführbar sein. Dies führt dazu, dass in die Theorie der kategorialen Bildung neue Elemente einbezogen werden müssen, wie im Folgenden gezeigt wird.

Neubestimmung der Didaktik

Klafki beginnt bereits früh mit der Weiterentwicklung seiner Position. Von dem Beitrag „Erziehungswissenschaft als kritisch-konstruktive Theorie – Hermeneutik – Empirie – Ideologiekritik" in der Zeitschrift für Pädagogik (1971, 351ff) an sind Klafkis Bemühungen um eine Transformation der klassischen bildungstheoretischen Didaktik in eine kritisch-konstruktive Position zu beobachten. Nachstehend soll die Entwicklung nicht historisch-systematisch verfolgt werden.

Vielmehr werden vier Themenkomplexe skizziert, an denen eine entscheidende Neubestimmung der Didaktik beobachtet werden kann. Dabei handelt es sich um die Folgenden:

(1) die Transformation der klassischen Bildungstheorie in ein Konzept moderner Allgemeinbildung,

(2) die Einbringung kritisch-konstruktiver Theorieelemente in das Didaktikmodell,

(3) die Neubestimmung des Kategorialen und die daraus abgeleiteten neuen Aufgabenfelder und

(4) die Transformation von Planungsfragen in der didaktischen Analyse in ein rationales Planungskonzept.

Für die weiteren Ausführungen ist es hilfreich, die drei Studien zur Hand zur haben, die Klafki von 1963 an in mehreren Auflagen publiziert hat. Sie beziehen sich inhaltlich aufeinander und stellen sozusagen den Zusammenhang von Besonderem und Allgemeinem, von Text und Kontext dar.

Dabei handelt es sich um die folgenden Werke: „Studien zur Bildungstheorie und Didaktik" (1974), „Neue Studien zur Bildungstheorie und Didaktik. Beiträge zur kritisch-konstruktiven Didaktik" (1985), „Neue Studien zur Bildungstheorie und Didaktik. Zeitgemäße Allgemeinbildung und kritisch-konstruktive Didaktik" (1991).

Zu (1) *Die Transformation der klassischen Bildungstheorie in ein Konzept moderner Allgemeinbildung.* In diesem Prozess bleibt die Theorie der kategorialen Bildung zwar erhalten, sie wird aber durch neue Theorieelemente angereichert. Diese entstammen nicht dem historisch-systematischen Kontext, aus dem die kategoriale Bildungstheorie entwickelt worden ist, sondern aus der aktuellen Diskussion. Folgende Elemente treten hinzu: a) Selbstbestimmung, b) Subjektentwicklung, c) gesellschaftliche Verantwortung, d) Interessen.

a) Aus dem Kontext der Französischen Revolution und der praktischen Philosophie Kants über die Emanzipation des Menschen stammt das Moment der Selbstbestimmung. Klafki fasst dieses in der Formulierung: „Bildung als Befähigung zu vernünftiger Selbstbestimmung" (Klafki 1991, 19). Diesem Element assoziiert er u. a. Elemente wie Freiheit, Emanzipation, Autonomie, Mündigkeit, Vernunft, Selbsttätigkeit. Dabei wird Bildung jetzt

„als Befähigung zu vernünftiger Selbstbestimmung, die die Emanzipation von Fremdbestimmung voraussetzt oder einschließt, als Befähigung zur Autonomie, zur Freiheit eigenen Denkens und eigener moralischer Entscheidung" verstanden (19).

Bildung (Klafki)

Sehr deutlich wird an diesem Zitat der Versuch Klafkis erkennbar, die klassische Vollzugsform der Bildung, die sich in der Selbsttätigkeit des sich im Medium der Kultur bildenden Menschen zeigt, an das Moment der gesellschaftlichen Selbstbestimmung zu koppeln.

b) Die klassische Formel der kategorialen Bildung, die sich im Zusammenhang von Besonderem und Allgemeinem zeigt, transformiert Klafki in „Bildung als Subjektentwicklung im Medium objektiv-allgemeiner Inhaltlichkeit" (20). Hier wird deutlich, dass das Besondere nicht mehr in den kulturellen Gegebenheiten gesehen wird. Vielmehr tritt der Mensch selbst als das verantwortliche kulturelle Vollzugsorgan in den Vordergrund. Das Subjekt wird also das Besondere. Das dem Menschen gegenüberstehende Allgemeine wird jetzt in Form von gesellschaftlich relevanten Ideen gefasst. Klafki nennt u. a. Humanität, Menschheit und Menschlichkeit, Welt, Objektivität (21). Man könnte dabei allerdings auch an Werte denken, die alle Menschen bzw. die Menschheit betreffen, wie z. B. Erhaltung der Welt, Gesundheit, ökologisches Gleichgewicht, Frieden. Diese Superwerte findet man auch an späterer Stelle bei Klafki, wenn es ihm um die Reformulierung des Elementaren und neuer Grundformen desselben geht. Wichtig in diesem Zusammenhang ist Klafkis Einsicht, dass diese Werte alle Menschen angehen und dass daher eine Auseinandersetzung mit ihnen von jedem Menschen gefordert und geleistet werden muss.

In der bereits herausgestellten gesellschaftlichen Verflechtung des Bildungsprozesses gründet daher für Klafki die politische Forderung, dass alle Menschen Chancen erhalten, Bildungsprozesse zu erfahren. Klafki sieht in der Gesamtschule eine Chance der Teilhabe möglichst vieler Menschen an Bildungsprozessen.

c) In Bildungsprozessen neuer Art tritt auch die Gemeinschaft als eine Besonderheit der gesellschaftlichen Verfassung und Eingebundenheit des Menschen in den Blick. Dieser Zusammenhang, der in der Literatur Sozialisierung genannt wird, kann auf dem Hintergrund der vorher skizzierten Momente im Sinne Klafkis als Bedingung zur Herausbildung einer humanistischen oder humanen Moralität bezeichnet werden. Diese drückt sich in dem Lernen von individueller Verantwortung für die Gesellschaft, die Kultur und die Welt aus, die aber nur in Bildungsprozessen erworben wird. Klafki beruft sich hierbei auf die 1981 erschienene Schrift „Selbstverwirklichung und Allgemeinheit" von Michael Theunissen, in welcher Theunissen darauf hinweist, dass angesichts der Vielfalt der Bedrohungen der menschlichen Welt der Einzelne mehr als bisher in eine Gesamtverantwortung hineinfinden muss.

Selbstverwirklichung findet also eine neue Bestimmung. Sie kann nicht mehr darin gesehen werden, dass der Mensch sich zu seiner höchsten individuellen Ausdrucksform bildet, sondern darin, dass er sich selbst in Szene setzt, um in jene Bildung hineinzufinden, aus der heraus gesellschaftliche und weltweite Verantwortung entspringen kann.

d) Folgerichtig muss Klafki jetzt auch Merkmale eines solchen Bildungsprozesses herausstellen, die im Unterschied zur klassischen Auffassung nicht mehr aus der Verflechtung der individuellen Erkenntnis mit den kulturellen Maßgeblichkeiten erwachsen, sondern die in der Person des Lernenden selbst entstehen.

Klafki spricht in diesem Zusammenhang von einer Mehrdimensionalität oder Mehrperspektivität eines Bildungsprozesses, die im Subjekt selbst hervorgebracht werden muss, und die allein moderne Bildungsprozesse strukturiert und zum Ziel der subjektiven gesellschaftlichen Verantwortung führt. Es handelt sich dabei um folgende Dimensionen: die moralische, die kognitive, die ästhetische und die praktische Dimension. Sie können auch als menschliche Interessenssphären oder Richtungen bezeichnet werden, die von jedem Menschen in allen modernen Gesellschaften ausgebildet werden sollen. Insofern machen sie die Grundbestimmung einer modernen Allgemeinbildung aus.

Allgemeinbildung in diesem Sinne erfüllt sich in der freien Entfaltung der Persönlichkeit in allen diesen Dimensionen. Allgemein heißt in diesem Zusammenhang, dass Bildung für alle Menschen organisiert werden muss. Auf die Schule kommt hier eine neue Aufgabe zu.

Moderne Bildung konkretisiert sich im Interesse an der Ausbildung kognitiver Möglichkeiten, handwerklich-technischer Produktivität, zwischenmenschlicher Beziehungsmöglichkeiten, Sozialität des Menschen, der ästhetischen Wahrnehmungs-, Gestaltungs- und Urteilsfähigkeiten und der ethischen und politischen Entscheidungs- und Handlungsfähigkeit (Klafki 1991, 54).

Schlüsselprobleme

Wie stark dieses neue bildungstheoretische Modell bereits auf die Praxis hin gedacht ist, zeigt die Einlassung Klafkis in seiner zweiten Studie (Klakfi 1991, 56ff). Dort nennt er moderne Schlüsselprobleme, an denen sich die Bildung des Einzelnen im Medium des Allgemeinen verdichten kann. Sie erinnern an die Kategorien des klassischen Bildungsmodells. Einige Schlüsselprobleme seien genannt: die Friedensfrage, die Umweltfrage, die Ungleichheit der Menschen untereinander, die Gefahren und Möglichkeiten der technischen Steuerungs-, Informations- und Kommunikationsmedien, die Ich-Du-Beziehung.

Im Kontext dieser Schlüsselprobleme können nach Klafki die vorgenannten menschlichen Interessen und Fähigkeiten entwickelt werden. Diese zeigen in der Konkretion humane Ausdrucksformen, wie z. B. Kritikbereitschaft, Argumentationsbereitschaft und -fähigkeit, Empathie, vernetzendes Denken, moralische Verantwortung u. a. m. (63ff). Zugleich werden aber auch Fähigkeiten im engeren Sinn gelernt, die zur Bewältigung des Lernens selbst dienen, wie z. B. kooperierende Lernformen in Partner- und Kleingruppen, Fähigkeiten, Problemstellungen sachgerecht anzugehen u. a. m. (68ff).

Zu (2) *Die Einbringung kritisch-konstruktiver Theorieelemente in das Didaktikmodell.* Hier ist zunächst festzuhalten, dass die *„Grundlinien kritisch-konstruktiver Didaktik"* (Klafki 1985, 31ff und 1991, 141ff) durch die Begriffe kritisch und konstruktiv charakterisiert sind. Unter kritisch versteht Klafki in Anlehnung an seine neueren bildungstheoretischen Äußerungen eine Position, in der das didaktische Interesse an der Beförderung der Selbstbestimmung, Mitbestimmung und Solidaritätsfähigkeit aller Heranwachsenden versammelt ist. Mit konstruktiv ist die Ausrichtung der didaktischen Interessen auf die pädagogische Praxis und ihre Veränderungsintention in Bezug auf den kritischen Aspekt gemeint.

Im Horizont dieser Bestimmungen lassen sich Elemente ausfindig machen, die ein Grundmodell didaktischen Handelns charakterisieren. Hierzu gehören u. a. 1. die Sozialisationsbedingungen aller am kulturellen Vermittlungsprozess Beteiligten, 2. die organisatorischen Bedingungszusammenhänge, 3. die Entscheidungsprozesse auf den verschiedenen Ebenen in Bezug auf die Lernziele, Lerninhalte, die Methoden, die Medien, die Beurteilungen u. a. m. Dabei ist sowohl an die gesellschaftliche Ebene der Entscheidungsprozesse zu denken, wie sie z. B. in der Administration gegeben ist, als auch an die Entscheidungsfelder vor Ort. 4. Die Überprüfung und Auswertung der gesamten vorgenannten Prozesse sowohl hinsichtlich der Inhalts- und Beziehungsebene als auch in Bezug auf die impliziten Anthropologien und Ideologien.

Die grundsätzliche Orientierung an seiner neuen Bildungsauffassung, die Klafki als offene und entwicklungsfähige Bildungstheorie bezeichnet (Klafki 1985, 42), legt die Annahme nahe, dass der vorgenannte Interdependenzzusammenhang als konstitutiv für Lehr- und Lernprozesse angesehen wird.

bildendes Lernen

Darin ist eine entscheidende Einsicht mitgegeben, dass nämlich im Rahmen kritisch-konstruktiver Didaktik eher von einem bildenden Lernen als von Bildung gesprochen werden kann und eher von einem Theoriemodell als von einer ausgearbeiteten Theorie.

Struktur-bestimmungen

Darauf weisen insbesondere die zwölf Bestimmungen zur Struktur des didaktischen Problemfeldes hin (1985, 62ff). Klafki weist mit Nachdruck darauf hin, dass diese sowohl auf das konkrete Handeln als auch auf die gesellschaftlichen und bildungstheoretischen Zusammenhänge ausgerichtet sind. Von diesem Bezugssystem her erhalten sie überhaupt erst ihre pädagogische und didaktische Qualität. Im Folgenden werden die zwölf Bestimmungen kurz skizziert:

1. Das Primat der Zielentscheidung. Es hat seinen Tiefengrund darin, dass die Entscheidungsträger, gleichviel auf welcher Ebene, stets den Gesamtzusammenhang von Theorie, Modell und Konzept einschließlich der gesellschaftlichen Zusammenhänge reflektieren müssen. Dadurch soll vermieden werden, dass Grundsatzentscheidungen über Ziele aus übergeordneten Sinnnormen abgeleitet und nicht mehr hinterfragt werden, sondern dass die produzierte Sinnnorm primär in dem doppelten Produktionszusammenhang entsteht und aus diesem heraus begründet wird.

2. Die Bestimmung des Verhältnisses der Zieldimension zu den Themen. Hier taucht wieder die Frage des Zusammenhangs des Besonderen zum Allgemeinen auf. In der Sprache der klassischen Bildungstheorie geht es hier um Bedingungen der Möglichkeit für die Entstehung des Elementaren in Lehr- und Lernprozessen.

3. Die Bestimmung der Themen und der Thematik in Bezug auf die Interessen und Lernbedürfnisse der SchülerInnen bzw. der jungen Generation. Gerade diese Hinsicht didaktischer Reflexion ist notwendig, weil dadurch die vorgenannte Bestimmung überhaupt erst ihre je individuelle Ausformung erhält.

4. Die Herausarbeitung und Akzeptierung der in den vorgenannten thematischen Doppelperspektiven liegenden Unterschiedlichkeiten der Interpretationen bei Lehrenden und Lernenden.

5. Die Differenzierung der Themen hinsichtlich der unterschiedlichen Interessen, die an einem Thema verfolgt werden, seien diese mehr instrumenteller, mehr praktischer oder mehr emanzipatorischer Natur.

6. Das Bedenken der Interaktionszusammenhänge im Unterricht. Galten die vorgenannten Bestimmungsdimensionen eher der Ermittlung der Inhalte, so wird in diesem Punkt neben der Inhaltsdimension der Vermittlungsprozesse auch die Beziehungsdimension thematisch gemacht.

7. Dabei werden die in den Beziehungen vermittelten Norm- und Wertorientierungen, wie sie in Sozialisationsprozessen stets implizit sind, ausdrücklich gemacht. Es geht dabei u. a. um die Aufdeckung möglicher Intentionen, Formen, Inhalte des sozialen Lernens und unterschiedliche Auffassungen.

8. Die Bestimmung der Formen des Lernens, z. B. des entdeckenden, nachentdeckenden, sinnenhaften oder verstehenden sozialen Lernens.

9. Die Bestimmung der Rollen, die die Lernenden bei der Mitbestimmung, Mit-
   planung, Durchführung und Ausführung der Lehr- und Lernprozesse einnehmen sollen.

10. Die Bestimmung der Vielfalt der Medien, die zum Einsatz gelangen sollen,
    sowie ihrer Funktion.

11. Die Offenlegung des Funktionszusammenhangs zwischen Unterrichtsme-
    thoden und Inhalten, Medien und Zielen, wobei die Beziehungsdimension
    im Vordergrund des Nachdenkens steht.

12. Das Bedenken der durch die Vermittlungsprozesse herbeigeführten Leis-
    tungen einschließlich ihrer Beurteilung und ihrer Kritik.

Die Darstellung zeigt, dass Klafki hier den Versuch unternimmt, die in dem kategorialen Bildungskonzept bzw. im Schema der didaktischen Analyse sowie im
Strukturplanungsmodell (Abb. 13) entwickelten Fragestellungen und Dimensionen aufgrund moderner Forschungsergebnisse und Diskussionstendenzen weiter-
zudenken und zu differenzieren. Dabei ist die Tendenz unverkennbar, emanzipatorisch orientierte Beiträge praktisch werden zu lassen und die notwendigen technischen Interessen in den Gesamtzusammenhang emanzipatorisch orientierter
didaktischer Reflexion einzubinden. Es entsteht aber auch eine neue Komplexität
von Faktoren, die eine zügige und griffige Unterrichtsplanung erschweren.

Zu (3) *Die Neubestimmung des Kategorialen und die daraus abgeleiteten neuen
Aufgabenfelder.* Auf dem skizzierten Hintergrund kann Klafki schlussfolgern, dass
kategoriale Bildung und die daraus entwickelten Momente bzw. Formen des exemplarischen Lehrens und Lernens immer schon als ein Reformkonzept angesehen werden konnten und auch heute noch anzusehen sind (Klafki 1985, 88). Diese Aussage
erschließt sich daraus, dass auch in einem neuen Modell eines bildenden Lernens
die Bedeutung des Grundverhältnisses vom Besonderen zum Allgemeinen konstitutiv ist. Wenn also die Lernenden, wie im vorangegangenen Punkt gezeigt werden
konnte, eine Reihe neuer Fähigkeiten und Fertigkeiten erwerben sollen, so müssen
diese nicht notwendigerweise instrumentell oder im Sinn einer materialen oder formalen Ausrichtung des Unterrichts gewonnen werden. Vielmehr weisen gerade das
emanzipatorische und praktische Interesse von Unterricht darauf hin, dass z.B.
exemplarisches Lehren und Lernen für einen modernen Unterricht grundlegend sein
kann, um verantwortetes und selbstständiges Beurteilen von Welt und Emanzipation zu befördern. Man könnte geradezu mit der Formel operieren, dass Emanzipation im Sinne von Selbstständigkeit und Beurteilungsfähigkeit, von Empathie und ge-
samtgesellschaftlicher Verantwortung nur erreicht wird, indem diese selbst in em-
pathischen und selbstgesteuerten Lehr- und Lernprozessen praktiziert werden. Dies
geschieht in Lehr- und Lernprozessen aber nur dann, wenn es den Lernenden ermöglicht wird, auch selbstbestimmt zu lernen. Damit werden Übung, Wiederholung,
Anwendung und Erprobung keineswegs obsolet, d.h. überflüssig, im Gegenteil: sie
gewinnen in diesem neuen Kontext einen neuen Stellenwert. Ebenso sind auch die
unterschiedlichen Formen des Erkennens und Handelns nicht aufgehoben. Sie werden in neuer Weise aktiviert, sei dies im direkten handelnden Umgang (aktiv) oder
in den Medien von Bildern (ikonisch) oder abstrakter Begriffe (symbolisch) (Klafki 1985, 103). Mit diesen Formen greift Klafki auf Ausführungen von Bruner zurück.

Zu (4) *Die Transformation von Planungsfragen in der didaktischen Analyse in ein rationales Planungskonzept.* Dieses wird im nachstehenden Abschnitt vorgestellt.

3.1.4 Konzept zur Unterrichtsvorbereitung

Unterrichtsplanung

Klafki nennt sein neues Modell der Unterrichtsplanung „(Vorläufiges) Perspektivschema zur Unterrichtsplanung" (Klafki 1991, 272). Es hat seinen Begründungszusammenhang in der Weiterentwicklung der Bildungstheorie und des daraus abgeleiteten Modells zur Planung von Unterricht. Die analytische Seite des Modells ist in dem Theorie-Entwurf mitgedacht. Sein Wirkungszusammenhang wird in der konkreten Unterstützung der LehrerInnen gesehen, einen emanzipatorisch orientierten Unterricht zu planen.

Im Unterschied zur didaktischen Analyse und Planung ist eine Reihe von Veränderungen festzustellen. Peterßen trägt folgende vor:

> „– An die Stelle einer ‚impliziten‘ tritt eine ausführliche *explizite Bedingungsanalyse.*
>
> – An die Stelle des ‚Primat der Inhalte gegenüber der Methode‘ tritt die ‚*These vom Primat der Zielsetzung‘.*
>
> – An die Stelle des Bildungsideals vom *gebildeten Laien* tritt als oberstes Bildungsziel die Vorstellung von der *Emanzipation,* umschrieben als *Fähigkeiten zur Selbst- und Mitbestimmung sowie zur Solidarität.*
>
> – An die Stelle des bloßen *Allgemeinen* – Maßstab für *kategoriale Bildung* – treten die *Schlüsselprobleme* als Maßstab für Allgemeinbildung.
>
> – An die Stelle einer bloß individuellen Orientierung der Fragen tritt eine durchgängige *gesellschaftspolitische Orientierung.*
>
> – Zusätzlich aufgenommen wird die *Erweisbarkeit bzw. Überprüfbarkeit* des Lernens (Lernzielkontrolle).
>
> – Zusätzlich aufgenommen wird auch die Frage nach der *Prozeßstruktur* des Lernens.
>
> – Statt als ‚Begegnung‘ mit Inhalten wird Bildung bzw. Lernen vor allem als ein *Interaktionsbegriff* begriffen".

„Im Unterschied zu den fünf Hauptfragen der ‚didaktischen Analyse‘ weist das ‚Perspektivschema‘ auf sieben solcher Fragen hin, die der ‚Bedingungsanalyse‘ folgen. In Stichworten dargestellt, zeigt sich folgende Struktur:

> – *Bedingungsanalyse:* Umfassende Erfassung aller Voraussetzungen, unter denen der Lehr- und Lernprozeß stattfinden soll
>
> – *Begründungszusammenhang:* Erörterung der Frage, ob und warum der vorgesehene Lernprozeß stattfinden kann bzw. soll
>   1. Gegenwartsbedeutung
>   2. Zukunftsbedeutung
>   3. Exemplarische Bedeutung (für die Förderung von Selbst-, Mitbestimmungs- und Solidaritätsfähigkeit)

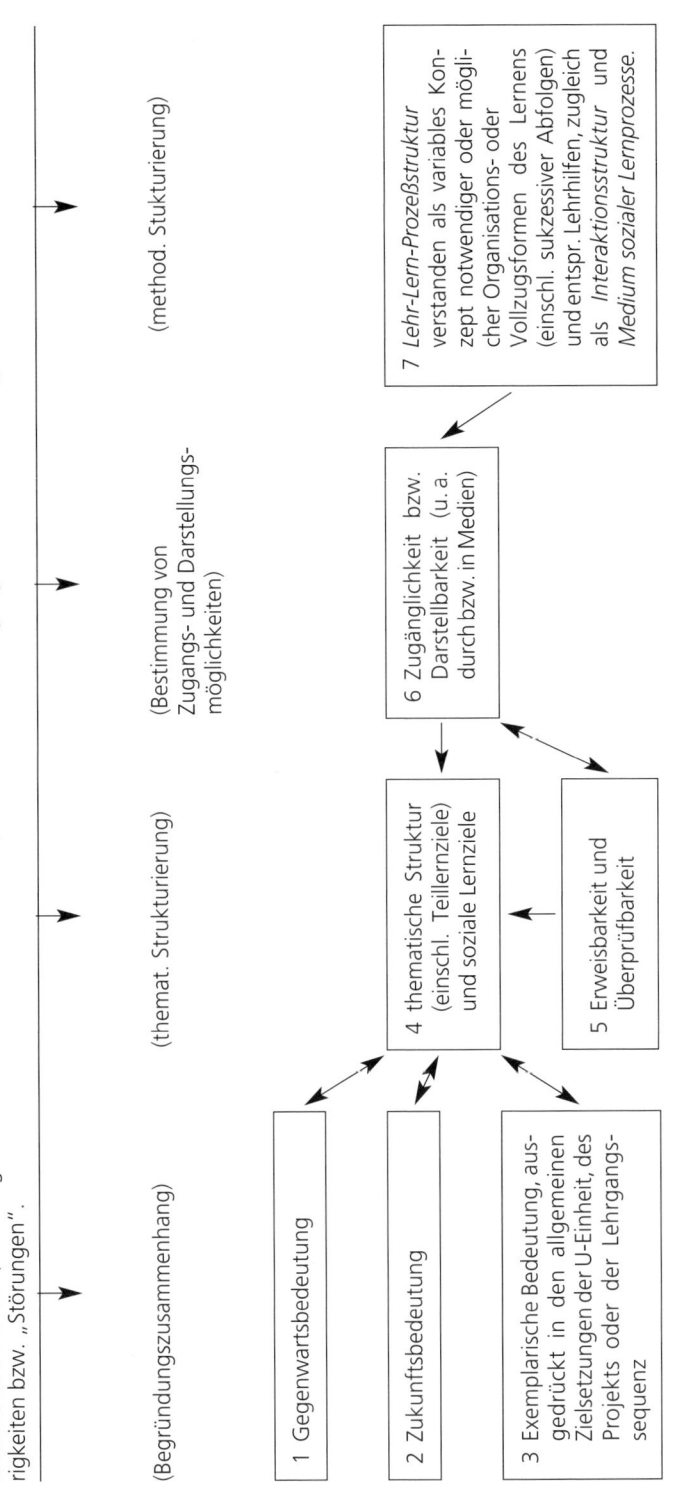

(Vorläufiges) Perspektivenschema zur Unterrichtsplanung

Bedingungsanalyse: Analyse der konkreter, sozio-kulturell vermittelten Ausgangsbedingungen einer Lerngruppe (Klasse) des/der Lehrenden sowie der unterrichtsrelevanten (kurzfristig änderbaren oder nicht änderbaren) institutionellen Bedingungen, einschließlich möglicher oder wahrscheinlicher Schwierigkeiten bzw. „Störungen".

(Begründungszusammenhang)

(themat. Strukturierung)

(Bestimmung von Zugangs- und Darstellungsmöglichkeiten)

(method. Stukturierung)

1 Gegenwartsbedeutung

2 Zukunftsbedeutung

3 Exemplarische Bedeutung, ausgedrückt in den allgemeinen Zielsetzungen der U-Einheit, des Projekts oder der Lehrgangssequenz

4 thematische Struktur (einschl. Teillernziele) und soziale Lernziele

5 Erweisbarkeit und Überprüfbarkeit

6 Zugänglichkeit bzw. Darstellbarkeit (u. a. durch bzw. in Medien)

7 Lehr-Lern-Prozeßstruktur verstanden als variables Konzept notwendiger oder möglicher Organisations- oder Vollzugsformen des Lernens (einschl. sukzessiver Abfolgen) und entspr. Lehrhilfen, zugleich als Interaktionsstruktur und Medium sozialer Lernprozesse.

Abb. 10:
Struktur- und Verlaufsplanungsmodell nach Klafki (1991, 272)

   – *Thematische Strukturierung:* Schwerpunktsetzung für das Thema des Lehr- und Lernprozesses
     4. thematische Struktur
      – Perspektive
      – Immanente Methode
      – Momente
      – Innerer Zusammenhang
      – Schichtung
      – Äußerer Zusammenhang
      – Voraussetzungen
     5. Erweisbarkeit/Überprüfbarkeit
   – *Bestimmung von Zugangs- und Darstellungsmöglichkeiten*
     6. Zugänglichkeit/Darstellbarkeit (z. B. Medien)
   – *Methodische Strukturierung*
     7. Lehr-, Lern-, Prozeßstruktur" (Peterßen 2001, 85f).

Die einzelnen Perspektiven des Planungsmodells sind als Fragestellungen zu begreifen, die bei der Vorbereitung einer Unterrichtsstunde oder einer Unterrichtseinheit eines Projektes eine unmittelbare Rolle spielen (Klafki 1985, 213f). Die Abbildung 10 zeigt die sieben Perspektiven.

Es handelt sich dabei um ein Planungsschema, und es verdeutlicht Struktur und Ablauf der neuen didaktischen Analyse. Es ist als Strukturplanung zu verstehen. Die Verlaufsplanung ist implizit.

3.2   Lernen als Leitbegriff

In diesem Kapitel geht es um die Darstellung von Theorien, Modellen und Konzepten der Didaktik, in denen das Lernen im Zentrum steht. Dabei ist von Anfang an zu beachten, dass mit dem Lernen stets das Lehren mitgedacht wird. Bei einigen Autoren wird denn auch von lehrtheoretischer Didaktik gesprochen, obwohl für sie die Initiierung von Lernen durch das Lehren im Vordergrund ihres wissenschaftlichen und praktischen Interesses steht. Daher können ihre Darlegungen durchaus unter den Leitbegriff des Lernens subsumiert werden.

Im Folgenden werden exemplarisch Autoren und ihre Werke vorgestellt, die Lernen als Leitbegriff für die Didaktik herausgearbeitet haben. Ausführlich wird das Phänomen des Lernens im 4. Kapitel behandelt.

3.2.1 Das lerntheoretische Modell zur Analyse und Planung von Unterricht: P. Heimann

Der Entstehungszusammenhang des lerntheoretischen Entwurfs und der Modellbildungen für didaktisches Handeln ist in der Schul- und Unterrichtspraxis zu suchen, und er ist eng mit der Person und dem Wirken P. Heimanns verbunden. Von seiner Lehrertätigkeit an bis hin zu seiner Lehr- und Forschungstätigkeit als Hochschullehrer in Berlin galt das Interesse Heimanns einer erfahrungs- oder unterrichtswissenschaftlichen Begründung didaktischen Handelns.

Aktueller Anlass zur Entwicklung des lerntheoretischen Ansatzes bildete ein Beschluss des Berliner Abgeordnetenhauses vom 16.10.1958, im Rahmen des Grundstudiums für LehrerInnen ein längeres Praktikum, das so genannte Didaktikum einzurichten. Heimann war maßgeblich an der theoretischen und praktischen Vorbereitung sowie an den späteren Evaluationsstadien dieses Projekts beteiligt. Bereits 1956 beginnt Heimann mit didaktischen Arbeiten. Bis 1962 ist eine ständige Weiterentwicklung des ersten Ansatzes zu beobachten (Reich 1977, 104ff), die 1962 in dem Buch „Didaktik als Theorie und Lehre" ihren ersten Abschluss fand. Von da wird in der Literatur allgemein von lerntheoretischer Didaktik oder auch von der „Berliner Schule" der Didaktik oder dem „Berliner Modell" zur Analyse und Planung von Unterricht gesprochen.

Heimanns Werk ist von einem pragmatischen Interesse, d. h. vom Interesse an der wissenschaftlichen Aufhellung von Praxis für die Praxis getragen. Dabei zielt er auf einen erfahrungswissenschaftlich begründeten Theorie-Entwurf für didaktische Analyse und Planung von Unterricht ab.

Im Folgenden wird schrittweise die Konzeptualisierung dieses Interesses vorgestellt. Dabei erschließt sich Heimanns Theorie von Didaktik als Unterrichtswissenschaft in Interdependenz zur Entwicklung des Analyse- und Planungsmodells.

Ausgang von der Praxis

(1) Heimanns Interesse setzt an der *Situation der LehrerInnen* an. Dieses Interesse ist von der auf eigene Erfahrung gegründeten Überzeugung bestimmt, dass LehrerInnen immer eine doppelte Funktion ausüben: sie analysieren und planen zugleich ihren Unterricht. In ihrer Ausbildung sollen Lehrer und Lehrerinnen daher diese beiden Fähigkeiten erwerben, denn sie machen nach Heimann das professionelle Grundprofil rational begründeten didaktischen Handelns aus.

Diese Grundüberzeugung schließt eine Reihe tragender Implikationen ein. Einige seien genannt: 1. LehrerInnen reflektieren und „analysieren" ihren Unterricht und bilden darüber „Theorien". Darauf baut u. a. ihre Planung auf. 2. Unterricht kann nicht als ein von den realen Bedingungen isolierbares Phänomen angesehen werden; 3. Planung von Unterricht geschieht nicht ohne Analyse derselben und ohne Kenntnis des den Unterricht umfassenden sozialen Feldes; 4. hinter dem ständigen Wechsel jedes aktuellen Unterrichts sind Strukturen im Sinne relativ konstanter Faktoren anzunehmen, die Analyse und Planung sowie die Praxis selbst bedingen. 5. Unterrichtsforschung und Theorienbildung haben daher auch am Lehrer, an seinem Wissen und seiner didaktischen und pädagogischen Kompetenz anzusetzen. Gerade dieser Punkt wird in den 90er Jahren wieder von M. Meyer und Th. Schulze (1999, 10) als wichtige Forschungsaufgabe der Didaktik hervorgehoben.

(2) Im Zentrum des erkenntnisleitenden Interesses von Heimann steht der *Unterricht in seinen vielfältigen Bedingungszusammenhängen und Ausformungen.* Zur Erkenntnis dieses Gesamtzusammenhangs erscheint Heimann eine unterrichtsadäquate Forschung notwendig. Diese sieht er am ehesten in der Anwendung erfahrungswissenschaftlicher Methoden gegeben. Der erfahrungswissenschaftliche Zugriff geschieht auf vielfältige Weise. Hierzu gehören u. a. Unterrichtsexperimente und -beobachtungen, Erfahrungsberichte und Reflexionen von Erfahrung.

Dabei geht es nicht nur um die wissenschaftliche Erfassung von Faktoren, die den Unterricht unmittelbar bestimmen, sondern auch um die Erforschung von Zusammenhängen individueller, sozialer und gesellschaftlicher Art, die den Unterricht mitbedingen.

Heimann nennt das Gesamtensemble seines methodologischen Ansatzes „phänomenologisch". Dies trifft insofern zu, als es ihm bei der Analyse von Unterricht sowohl um die wissenschaftliche Darstellung von empirischer Wirklichkeit als auch darum geht, deren Strukturen zu erkennen.

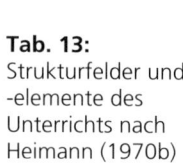

Struktur (Heimann)

Unter Struktur versteht Heimann konstante und interdependente, d. h. aufeinander bezogene Elemente, die allen Unterrichtsprozessen zugrunde liegen, auch wenn die einzelnen Unterrichtsvorhaben in ihren Erscheinungsformen unterschiedlich sind (Heimann 1970b, 123). Heimann nennt dieses Vorgehen daher auch „Strukturanalyse", die der „Faktorenanalyse" zur Seite steht (Heimann 1970b, 124ff).

Strukturanalyse

(3) Die Strukturanalyse führt zunächst zu einer den Unterricht im Allgemeinen betreffenden grundsätzlichen Erkenntnis. Diese liegt in der Faktorenkomplexität allen Unterrichts. Hierbei weist Heimann auf Winnefeld hin (Heimann 1970a, 9). Und hier beginnt auch die Entfaltung der Theorie im engeren Sinn.

Die Faktorenkomplexität ist in der Praxis des aktuellen Unterrichts vom Lehrer bzw. der Lehrerin nicht zu durchschauen. Auch kann sie mit empirischen Vorgehensweisen nur bedingt aufgehellt werden. Heimann greift daher auf die philosophische Annahme von der strukturellen oder wesensgemäßen Bedingtheit aller empirischen Erscheinungsformen menschlicher Tätigkeit zurück, wie sie u. a. in der phänomenologischen Denktradition üblich ist. Er nimmt sozusagen hinter dem komplexen Faktorenzusammenhang auf der Handlungsebene einen diesen konstituierenden Zusammenhang auf der strukturellen Ebene an, mit dessen Hilfe Einzelphänomenen ein gewisser Grad an Allgemeingültigkeit zugesprochen werden kann. Damit bestimmt Heimann den Unterricht wie folgt:

> „Unterrichtslehr-, -lern- und ‚Bildungs'vorgänge (werden) als sehr dynamische *Interaktionsprozesse* von strenger gegenseitiger Bezogenheit, bei betonter Singularität und Augenblicks-Gebundenheit betrachtet, die trotzdem einer bestimmbaren Strukturgesetzlichkeit gehorchen und deshalb auch manipulierbar sind" (Heimann 1970b, 119).

Tab. 13:
Strukturfelder und -elemente des Unterrichts nach Heimann (1970b)

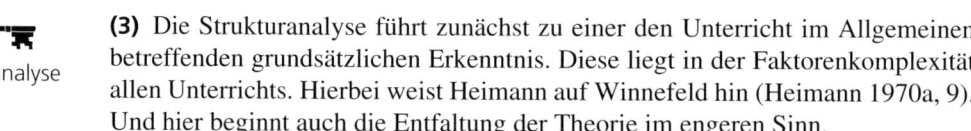

I. Entscheidungsfeld	1. Intentionen
	2. Inhalte
	3. Methoden
	4. Medien
II. Bedingungsfeld	5. anthropogene Bedingungen
	6. situative, soziale, kulturelle, gesellschaftliche Bedingungen

Die Strukturanalyse im Einzelnen lässt sechs Strukturelemente erkennen, die sich in zwei Felder aufteilen lassen. Die Felder sind:

a) Im „Entscheidungsfeld" werden vom Lehrer bzw. der Lehrerin die Ent- **Entscheidungsfeld** scheidungen für den Unterricht bedacht und gefällt, und zwar hinsichtlich folgender vier Strukturfelder: 1. der Intentionalität, 2. der Inhaltlichkeit, 3. der Methodenorganisation und 4. des Einsatzes der Medien im Unterricht.

b) Im „Bedingungsfeld" spielen zwei Strukturelemente eine Rolle: 5. die Schü- **Bedingungsfeld** lerInnen in ihren individuellen und altersgemäßen Selbstdarstellungen, die Heimann als anthropologische Bedingungen bezeichnet und 6. die situativen, sozialen, kulturellen und gesellschaftlichen Bedingungen, aufgrund derer die Schüler und Schülerinnen als Einzelne und als Klasse handeln (Heimann 1970b, 124).

(4) Die Faktorenanalyse, die neben der Strukturanalyse steht, greift die beiden Strukturelemente des Bedingungsfelds auf und verstärkt diese. Dabei weist Heimann  auf die Notwendigkeit hin, entwicklungs- und lernpsychologische Erkenntnisse Faktorenanalyse ebenso zur Anwendung zu bringen wie soziologische Forschungsergebnisse. Er widmet sein Augenmerk auch den impliziten Anthropologien und Gesellschaftsvorstellungen, den Normen und Werten und den Ideologiebildungen jedweder Art; den symbolischen und materialen Ausdrucksformen und Gegebenheiten, in welchen Unterricht institutionalisiert und organisiert ist, z. B. der Sprache und ihrer curricularen und sozialen Organisation (Reich 1977, 142).

Die Übersicht (Abb. 11) über Strukturanalyse und Faktorenanalyse einschließlich der dazugehörigen Struktur- und Bedingungselemente macht die Ausführungen deutlich. Das Schaubild spiegelt auch die Analogie von Analyse und Planung wider, die Heimann als zwei verschiedene Ausdrucksformen eines grundlegenden didaktischen Prozesses ansieht, den jeder Lehrende vollzieht. In diesem Sinne heißt es bei Heimann:

> „Bei der *Analyse* ist das Verhalten distanziert und emotional neutralisiert, erkennend, Zusammenhänge aufsuchend, zergliedernd, objektivierend, bei der *Unterrichtsplanung* konstruktiv, kombinatorisch, erfinderisch, entscheidungsbedacht, engagiert" (Heimann 1970b, 121).

Bei alledem werden Engagement, Entscheidungsfähigkeit und -willigkeit der LehrerInnen und der Auszubildenden vorausgesetzt.

(5) Heimann fasst den vorgestellten *Faktorenzusammenhang* als „offenes System"  auf. Das bedeutet in Bezug auf die Theorienbildung, dass Heimanns Entwurf als offenes System Handlungstheorie angesehen werden kann, die auf theoretisierbaren und erforschbaren Faktoren – den Strukturelementen – fußt. In diesem Modell werden Hauptfaktoren genannt, die jeden Unterricht bedingen und die jeder Lehrer und jede Lehrerin kennen muss, um seinen bzw. ihren Unterricht vorzubereiten, durchzuführen und zu evaluieren, ohne von ihnen im Handeln festgelegt zu sein. Die Gewichtung der interdependenten Faktoren liegt allein beim Lehrer bzw. der Lehrerin. Sie sind auf die jeweiligen Erfordernisse „vor Ort" zu beziehen. In dieser Auffassung liegt nach Heimann auch die didaktische Freiheit und Verantwortung der Lehrer und Lehrerinnen begründet.

Unterrichtswirklichkeit

1. Reflexionsstufe:		*Strukturanalyse* der konstanten Baugesetzlichkeit (didaktische Kategorienanalyse)	
		Strukturbewußtsein (Strukturen erkennen!)	*Problembewußtsein* (Probleme exponieren!)
Entscheidungsfeld	Intentionen	Formalstruktur: kognitiv-aktive, affektiv-pathische, pragmatisch-dynam. Dimensionen	Problem der Daseinserhellung Daseinserfüllung Daseinsbewältigung
	Inhalte	Konstante Momente: Wissenschaften Techniken Pragmata	Geschichtliche Mächte Ideologien Faktizitäten als Bestimmungs-momente des Lernpotentials
	Methoden	Artikulationsformen Organisationsformen Lehr-Lern-Weisen Methodische Modelle Didaktische Prinzipien	Entwicklung eines variablen und undogmatischen Methodengebrauchs
	Medien	Inhalts- und Methoden-bezug, Formqualitäten	Entwicklung eines be-wußten Mediengebrauchs
Beding.-feld	Anthropogene und sozial-situativ-kulturelle Bedingungen		

2. Reflexionsstufe:	*Faktorenanalyse* als wirkliches Aufsuchen der Bedingungen, die den faktischen Unterricht bestimmen
Normierende Faktoren: Gesellschaftliche Mächte Ideologischer Druck durch gesellsch. Mächte und Richtlinien etc.	Normenkritik: Selbstdistanzierung Ideologieanfälligkeiten aufdecken Quellen der Ideologie erkennen ⎱ Ideologiekritik
Konditionierende Faktoren: Wissenschaften Bildungswesen Tatbestände	Faktenbeurteilung: Druck der gesellschaftlichen und arbeitstechnischen Verhältnisse auf die Entwicklung verobjektivierter Anschauungen
Organisierende Faktoren: Überlieferte Modelle und Methoden	Formenverständnis: Übereinstimmung der Formen mit den personalen, situativen und anderen objektiven Grundverhältnissen

Handeln des Lehrers

Abb. 11:
„Analyse der Unter-richtswirklichkeit als Voraussetzung rational begründeter Lehrerhandlungen" (Reich 1977, 143)

(6) Alle didaktischen Unterfangen dienen dem obersten Zweck, *Lernen zu initiieren.* An vielen Stellen spricht Heimann vom Lernen als einem grundlegenden Prozess. Lernen muss daher auch nicht zu den Strukturelementen gezählt werden.

Heimann legt sich auch auf keine spezifische Lerntheorie fest. An einer Stelle jedoch weist er ausdrücklich auf Heinrich Roths Werk „Pädagogische Psychologie des Lehrens und Lernens" aus dem Jahre 1957 hin, in dem Roth eine unterrichtsbezogene Lerntheorie entwickelt hat (Roth 1962, 195ff).

3.2.2 Der lehrtheoretisch-kritische Entwurf: W. Schulz

W. Schulz, ein Schüler Heimanns, arbeitete mit diesem zunächst in Berlin zusammen. Von 1964 an beginnt Schulz das „Berliner Modell" selbstständig weiterzuentwickeln. Einige Jahre später wird Schulz auf eine Professur nach Hamburg berufen, und von da an arbeitet er einen eigenständigen theoretischen Ansatz heraus, der als „Hamburger Modell" bezeichnet wird. Der Übergang von der Berliner zur Hamburger Schule ist in vielen Beiträgen dokumentiert (Schulz 1976, 163ff; Schulz/Born 1978, 88ff; Schulz 1986, 43f; Reich 1977, 175ff).

Im Folgenden sollen zehn Elemente des Theorie-Entwurfs von Schulz skizziert werden. Die ersten fünf Elemente hat Schulz z. T. noch mit Heimann gemeinsam entwickelt; die nachfolgenden sind aus einer eigenständigen Entwicklung erwachsen. Ihre Grundorientierung kann als gesellschaftskritisch bezeichnet werden.

Elemente des Theorieentwurfs

(1) Grundlagen didaktischer Theorienbildung sind die erfahrungswissenschaftlichen Forschungen und die eigene Praxis.

(2) Ausgang und Ziel aller Forschungs- und Theoriebemühungen bleibt der Unterricht und seine Bedingungszusammenhänge.

(3) Zweck der Forschungen und Theorienbildungen ist die Analyse und Planung von Unterricht; dieses instrumentell-pragmatische Interesse wird von Schulz durch das emanzipatorische Interesse an der Verbesserung von Praxis ergänzt.

(4) Die Grundstruktur des Berliner Modells bleibt erhalten, wird aber hinsichtlich des emanzipatorischen Interesses vertieft.

(5) Die grundlegende Legitimation eines aufgeklärten Unterrichts wird weiter in der Verantwortung des Lehrers bzw. der Lehrerin gesehen, die aber erweitert wird. Schulz sieht die Verantwortung in einem doppelten Bezug: einmal in Bezug auf die SchülerInnen in ihrer individuellen und allgemeinen entwicklungspsychologischen Situation und zum anderen in ihrer gesellschaftlichen Einbettung. Hieraus erwächst für den Lehrenden die Weitung des Blickes über den Unterricht und die Schule hinaus in die gesellschaftlichen Zusammenhänge hinein. Daher spricht Schulz denn auch klar von der Verpflichtung der Lehrenden zu gesellschaftlichem Engagement aus didaktischer Verantwortung heraus. Dies bedeutet, dass auch gesellschaftliche Verpflichtungen zur Verantwortung der LehrerInnen für die Lernenden und für die Schule gehören (Schulz 1976, 181f). In diesem Bezogensein von individuellen und gesellschaftlichen Verpflichtungen des Lehrers gründet nach Schulz die Professionalität der Lehrer, die selbstverständlich die fachwissenschaftliche Verpflichtung einschließt.

(6) Auf dem Hintergrund der gesamtgesellschaftlichen und wissenschaftlichen Entwicklungen von den 60er Jahren an kommt Schulz zu der Überzeugung, dass eine moderne Didaktik kritisch werden müsse (Schulz 1976, 159ff; Klafki u. a. 1977). Diese Überzeugung teilt er mit Klafki. Die kritische Intention des lehrtheoretischen Ansatzes ist in vierfacher Hinsicht zu sehen: 1. in der Einbeziehung gesellschaftspolitischer Entwicklungen in die Konzeptualisierung von Theorien und Modellen für didaktische Analyse und Planung von Unterricht, 2. in der Rezeption der kritischen Gesellschaftstheorien, 3. in dem radikalen Ausgang von der Erziehungswirklichkeit, und 4. in der Einbeziehung erfahrungswissenschaftlicher Forschungsmethoden und -ergebnisse.

(7) Die „kritische Wende" führt bei Schulz u. a. zu folgenden Neubestimmungen:

- In allen Publikationen von etwa 1970 an weist Schulz ausdrücklich auf die Einbeziehung der kritischen Theorie, wie sie insbesondere von Habermas entwickelt worden ist, in die didaktische Theorien- und Modell- und Konzeptbildung hin. Der Beitrag „Unterricht zwischen Funktionalisierung und Emanzipationshilfe. Zwischenbilanz auf dem Wege zu einer kritischen Didaktik" (Schulz 1976, 155ff) gibt hierfür ein anschauliches Beispiel.
- Schulz greift die marxsche Einsicht in die grundsätzliche Widersprüchlichkeit menschlichen und gesellschaftlichen Handelns auf. Er weist dabei auf eine Reihe von Konkretionen, u. a. auf den Widerspruch von Idee und Praxis der Emanzipation in Schule und Unterricht, hin. Schulz treibt die beiden Seiten aber nicht auseinander, sondern er bezieht sie aufeinander. Damit versucht er eine praxisadäquate Lösung anzustreben. Diese sieht er u. a. darin, trotz aufgedeckter Widersprüche, Antizipationen unterrichtlichen Handelns zu entwickeln, die an emanzipatorischen Werten und Zielstellungen orientiert sind. Nur wenn dies geschieht, sind die Widersprüche auszuhalten und die Antizipationen temporär und partiell zu verwirklichen. Daher müssen LehrerInnen immer wieder den Zusammenhang – auch wenn er widersprüchlich erscheint – zwischen den Ansprüchen von Schülern und Schülerinnen, Sachinhalten und der gesellschaftlichen Realität herstellen und aushalten.

  Das Gleiche gilt für die verschiedenen Interessen, die im Unterricht zum Tragen kommen. Es steht für Schulz außer Frage, dass im Unterricht auch technische Interessen realisiert werden müssen, weil sie zur Grundausstattung junger Menschen im Bereich von Kenntnissen und Fertigkeiten gehören. Zugleich aber müssen LehrerInnen dafür eintreten, praktische und emanzipatorische Interessen, auch wenn diese in den Systemen und Organisationen unterdrückt werden, immer wieder ins Spiel zu bringen.
- Aus dem kritisch gesehenen Interessenszusammenhang heraus entwickelt Schulz drei zentrale Lernziele: 1. Kompetenz, 2. Autonomie und 3. Solidarität. Sie machen es dem Einzelnen möglich, die Widersprüche in dieser Welt auszuhalten und auch ihre teilweise Überwindung zu realisieren. Wenn Schüler und Schü-

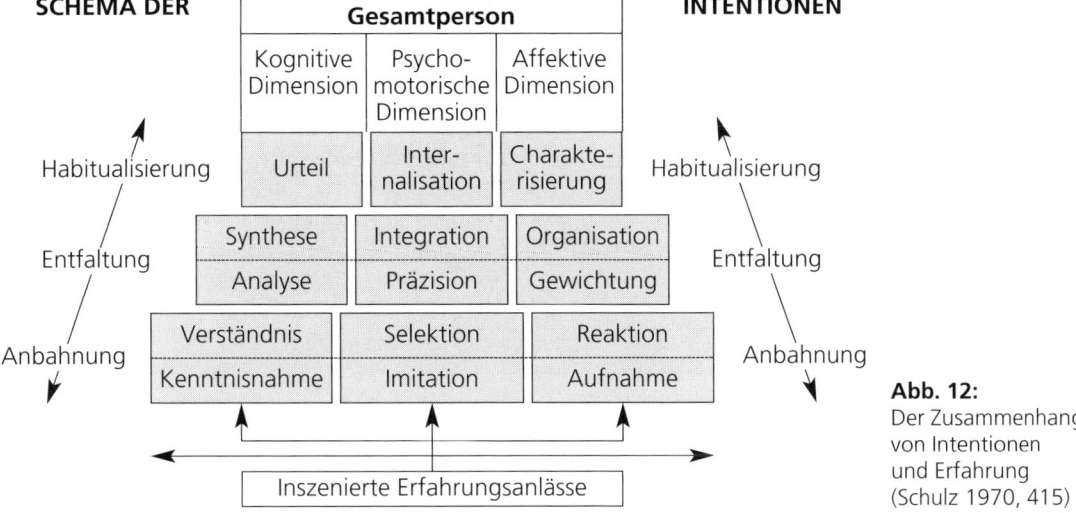

Abb. 12:
Der Zusammenhang
von Intentionen
und Erfahrung
(Schulz 1970, 415)

lerinnen z. B. in fachlich-kognitiver und sozial-affektiver Hinsicht Kompetenz, Autonomie und Solidarität erfahren, kommen sie einen Schritt in Richtung Emanzipation voran. Daher ist für den Unterricht neben den Intentionen die eigene Erfahrung der SchülerInnen konstitutiv. Schulz nennt hier drei Ebenen: 1. die Sacherfahrung, 2. die Gefühlserfahrung, 3. die Sozialerfahrung. Erst in diesen Formen einer grundlegenden Auseinandersetzung der SchülerInnen mit der Welt können Kompetenz, Autonomie und Solidarität auf den verschiedenen Erfahrungsebenen erworben werden. Schule und Unterricht müssen daher als Erfahrungsfelder organisiert werden. Abbildung 12 soll dies verdeutlichen. Das Gleiche gilt für die LehrerInnen. Sie können nur einen erfahrungsorientierten Unterricht organisieren, wenn es das System zulässt und wenn sie Unterstützung von Schulleitung, Kollegen, Eltern und SchülerInnen haben.

Es bleibt in diesem Zusammenhang noch anzumerken, dass sich Emanzipation überhaupt erst in dem Zusammenwirken von verschiedenen Erfahrungsebenen und dem Erwerb unterschiedlicher Fähigkeiten, die oben in der Abbildung zu erkennen sind, realisiert.

(8) Konsequent will Schulz die Sozialisationsforschung in didaktische Theorien- und Modellbildung einbezogen wissen. Er verweist dabei u. a. auf die von Fend beschriebenen Qualifikations-, Selektions- und Integrationsfunktionen von Schule hin (Fend 1977). Schulz unterstellt diesen Teilfunktionen die grundlegende Reproduktionsfunktion von Schule für die Gesellschaft. Der Reproduktionsfunktion stellt er den ideellen Auftrag von Schule gegenüber, die junge Generation mündig zu machen, d. h. zur Emanzipation zu befähigen. Sozialisation muss zwar in schulischen Prozessen organisiert werden; nicht aber um die Reproduktionsfunktion zu verstärken, sondern um im Rahmen der gegebenen Funktionalität emanzipatorische Prozesse zu planen und durchzuführen. Gerade hierin kommt für Schulz die

Gesamtverantwortung der Lehrer bzw. Lehrerinnen vor Ort zum Tragen; desgleichen muss diese Intention in didaktischen Theorie- und Modellbildungen konstitutiven Ausdruck finden.

Intentionalität

(9) Aus diesem Zusammenhang heraus entsteht für Schulz das Moment der Intentionalität. Auch dieses hat wieder einen doppelten Bezug: einmal hinsichtlich der individuellen Förderung und andererseits in Bezug auf die Hereinnahme gesellschaftlicher Entwicklungen in den unterrichtlichen Prozess der Individualitätsförderung. Schulz ist der Überzeugung, dass nur dort dieses anthropologische

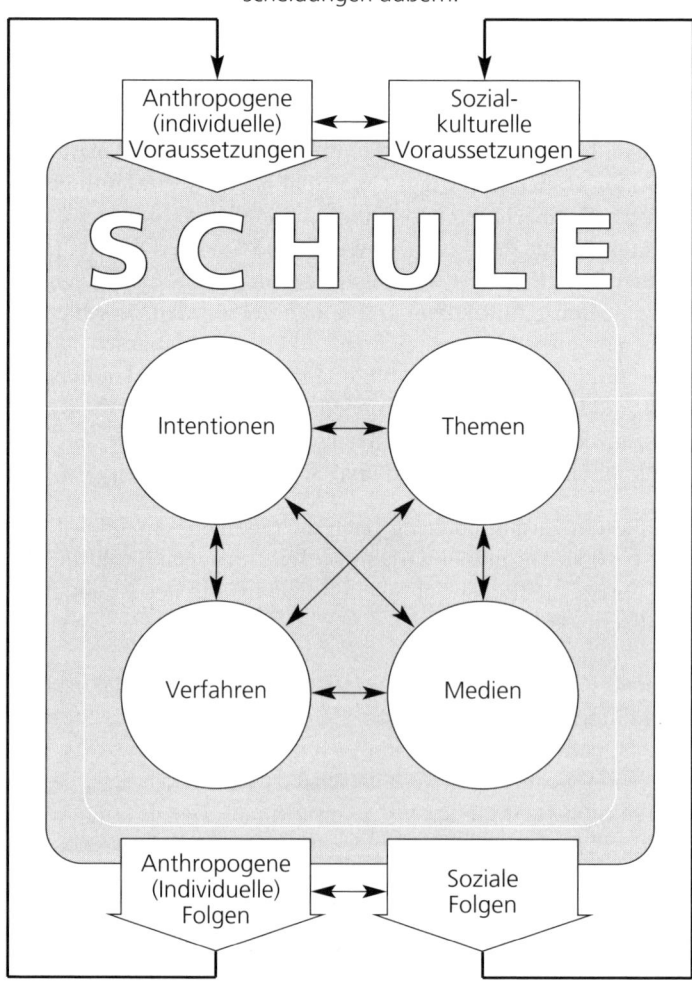

DIDAKTISCHE ANALYSE

Der pädagogische Wille, der die soziale Situation Unterricht teleologisch strukturiert, muß sich, wenn er voll wirksam werden will, in vier aufeinander bezogenen Entscheidungen äußern.

Abb. 13:
Strukturzusammenhang von Unterricht und Strukturmodell für die Unterrichtsplanung
(Schulz 1970, 414)

Interesse im Unterricht (Schulz 1970, 413) realisiert werden kann, wo auch die Entwicklungen der Gesellschaft ins Spiel gebracht werden. Der Blick auf die gesellschaftlichen Bedingungen, z. B. auf die Organisation von Schulsystem, Schule und Unterricht, lässt auch die Hürden erkennen, an denen eine anthropologische Orientierung von Unterricht in der Regel scheitert. Schulz unterstellt auch, dass die junge Generation grundsätzlich in der Lage ist, zur Verbesserung der Gesellschaft beizutragen. Sie werden aber nur zu dieser Generationenaufgabe befähigt, wenn sie diese Verantwortung auch in einer offenen Schule und in einem offenen Unterricht lernen können.

(10) Neben der Intentionalität bilden die Inhalte ein Grundkriterium. Schulz sieht die Inhalte nicht nur auf die Fachwissenschaften bezogen, sondern auch auf die gesellschaftlichen Entwicklungen und die Situation der SchülerInnen. Er bestimmt sie daher als „Themen". Neben Intentionalität und Themen nennt Schulz noch die Verfahren und Medien als jene vier Strukturmomente, über die bei jeder Planung entschieden werden muss und die in jeder Analyse von Unterricht zu berücksichtigen sind (Schulz 1970, 412). Diese Ebene der didaktischen Entscheidungen fußt auf den beiden Grundbedingungen, den individuellen und sozialen, die den strukturellen Bedingungszusammenhang von Unterricht ausmachen. Abbildung 18 verdeutlicht dies.

Auf dem Hintergrund der aufgezeigten Elemente sind die Bestimmungen von Unterricht und Schule sowie die Auffassung des didaktischen Ansatzes von Schulz zu verstehen. Unterricht und Schule werden „als Feld unseres didaktischen Handelns" (Schulz 1986, 29) und des Näheren als Interaktion im Sinne einer intentionalen Sozialisation bestimmt, die sich in Situationen konkretisiert. Situation, Feld und Interaktion haben daher auch eine didaktische Relevanz.

Den Unterricht fasst Schulz als ein Phänomen auf, in dessen Zentrum das geplante Lehren steht. Dieses dient grundlegend der Initiierung von Lernprozessen bei den Adressaten. Diese Zielstellung bleibt aber eingebettet in den umfassenderen Faktorenzusammenhang, der von Schulz als Lehren bestimmt wird. Daher bezeichnet Schulz seinen Ansatz auch als lehrtheoretisch (Schulz 1970, 407).

Unterricht

Die bisherigen Ausführungen haben erkennen lassen, dass die Konstruktion einer didaktischen Theorie durch Schulz, ähnlich wie bei Heimann, sich auf eine Reihe von Strukturelementen in ihrem interdependenten Zusammenhang stützt. Im Unterschied zu Heimann bezieht Schulz viel konsequenter anthropologische und gesellschaftskritische Momente in seinen Theorie-Entwurf mit ein, der dadurch einen stark normativen Charakter erhält. Insbesondere das Strukturelement der Emanzipation als Zielkategorie ist hier zu nennen. Der normative Charakter der Theorie hängt aber auch mit der starken Praxisorientierung und dem emanzipatorischen Interesse zusammen, bestehende Praxis als reproduktiv zu entlarven und durch Modelle und Konzepte zu verbessern, die an der Zielkategorie der Emanzipation orientiert sind. Damit leistet der Theorie-Entwurf zugleich die Analyse des Unterrichts und darüber hinaus auch der Schule, des Schulwesens und der Gesellschaft. Daher ist im Folgenden nur noch das Modell zur Planung von Unterricht vorzustellen, das allerdings eher den sachlogischen Status eines Konzepts hat.

3.2.3 Das „Hamburger Modell" zur Planung von Unterricht: W. Schulz

Das von Schulz entwickelte Planungsmodell wird im Folgenden in fünf Schritten entwickelt und vorgestellt.

Schritt 1   *Die Kriterien für die Planung.* Sie haben ihre Wurzeln in dem strukturellen Zusammenhang der oben vorgestellten Elemente. Schulz nennt u. a. folgende Kriterien (Schulz 1986, 39ff):

1. Lebensorientierung; Schulz weist hier auf Arbeiten von Robinsohn und Klafki hin; 2. Wissenschafts- bzw. fachdidaktische Orientierung; Schulz hat hier den Begriff der „structures of disciplines" von Bruner vor Augen; 3. Handlungsorientierung; hier will Schulz ausdrücklich die alltäglichen Umgangsformen im Unterricht bei der Planung bedacht wissen; 4. Methodenorientierung; 5. Orientierung an den individuellen und kollektiven Behinderungen von Lernprozessen; 6. Orientierung an den Medien; 7. Orientierung an den Organisationsformen von Unterricht; 8. Orientierung an Selbst- und Fremdkontrolle; Schulz denkt hierbei auch an die Erfolgskontrolle.

In diesem Kanon fehlt das Lernen. In allen Ausführungen sieht Schulz, dass das Bemühen allen Lehrens in dem Auslösen von Lernprozessen besteht. Er lässt aber offen, welche Art von Lernprozessen ausgelöst wird bzw. welche Lerntheorien und Modelle zur Erklärung von Lernprozessen herangezogen werden können.

Schritt 2   *Strukturmomente für das didaktische Handeln.* Diese bedingen die Kriterien für die Planung (Schulz 1986, 32ff). Sie sind:

1. Verständigung der Lehrenden und Lernenden untereinander, 2. Festlegung der Unterrichtsziele, 3. Bestimmungen der Ausgangslage, 4. Festlegung der Vermittlungsvariablen, 5. Bestimmung und Darlegung der Erfolgskontrollen, 6. Herausarbeitung der institutionellen Bedingungen, 7. Erkennen der gesellschaftlichen Widersprüche.

Von der Auffassung der Komplexität des didaktischen Feldes her ist es verständlich, dass alle diese Momente in einem interdependenten Zusammenhang zu sehen sind, und dass jede Analyse und Erkenntnis der Strukturmomente im Einzelnen zwar rational, aber nicht in voller Gänze möglich ist. Des ungeachtet bildet das Bemühen um die Herausarbeitung von Strukturelementen die Grundlage aller Planung von Unterricht und jeder Unterrichtstätigkeit überhaupt. Abbildung 19 soll die Komplexität des Strukturzusammenhangs deutlich machen. Dabei sind die vier Strukturelemente der Entscheidungsebene und die zwei Strukturmomente der Bedingungsebene wieder zu erkennen. Insofern stellt der strukturelle Komplexionszusammenhang zugleich das Modell für Unterrichtsplanung dar. Dabei handelt es sich um die Umrissplanung für eine Unterrichtseinheit (Schulz 1980c, 162).

Schritt 3   *Tätigkeiten und Funktionen didaktischen Handelns.* Wie die Kriterien und die Strukturen so stehen auch die Tätigkeiten, die das didaktische Handeln dimensionieren, in einer Komplexion. Sie werden von Schulz auch als Funktionen didaktischen Handelns beschrieben (Schulz 1986, 33). Die vorgestellten Tätigkeiten stimmen zum Teil mit denen im Strukturplan zum ersten Mal dargestellten Aufgaben und

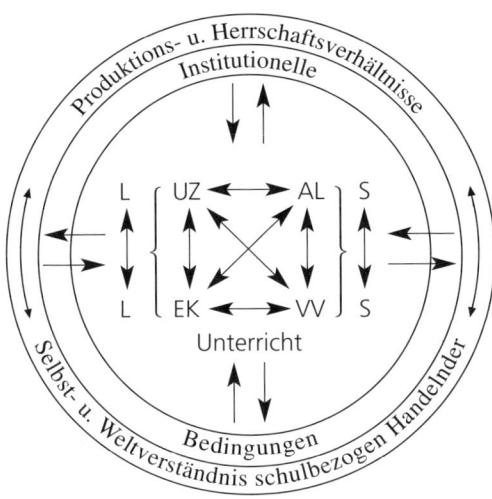

L = Lehrer

S = Schüler als Partner
    unterrichtsbezogener Planung

UZ = Unterrichtsziele:
    Intentionen und Themen

AL = Ausgangslage der Lernenden
    und Lehrenden

VV = Vermittlungsvariablen
    wie Methoden, Medien,
    schulorganisatorische Hilfen

EK = Erfolgskontrolle:
    Selbstkontrolle der Schüler
    und Lehrer

Abb. 14:
„Handlungsmomente
didaktischen Planens
in ihrem Implikations-
zusammenhang"
am Beispiel der
Umrissplanung
(Schulz 1986, 32)

Funktionen überein. Sie bestimmen die Professionalität der Lehrer und Lehrerinnen (Strukturplan 1971, 217ff). Nach Schulz sind diese:

1. beraten,
2. beurteilen,
3. analysieren,
4. planen,
5. realisieren,
6. verwalten und kooperativ handeln.

Abbildung 15 verdeutlicht die einzelnen Tätigkeiten und ihr Zusammenwirken.

Prinzipielle Überlegungen für die Planung. Hier greift Schulz auf den strukturellen Zusammenhang von Erfahrung und Intention zurück. Dabei tritt zunächst die Thematik in den Vordergrund des Planungsinteresses. Auf dem Hintergrund der theoretischen Erörterungen bedarf dieses Interesse der Korrelation durch das Interesse an der Persönlichkeitsförderung der Einzelnen und an der Beförderung ihrer emanzipatorisch orientierten Sozialisation. In der Planung muss daher eine Balancierung zwischen diesen Aufgaben angestrebt werden. Nur wenn dies geschieht, wird es möglich, Unterricht als symbolische Interaktion zwischen poten

Schritt 4

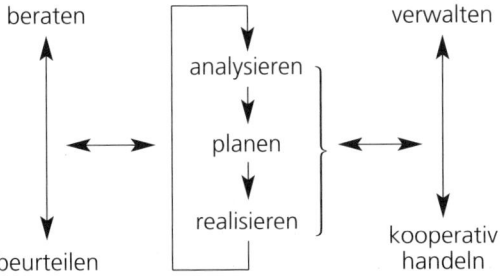

Abb. 15:
„Funktionen
didaktischen
Handelns"
(Schulz 1986, 35)

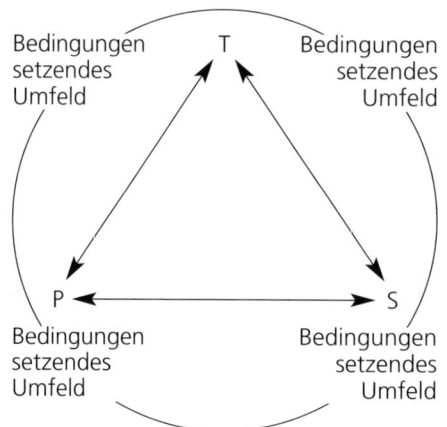

T = Thematischer Aspekt:
Die Intention, die gesellschaftlich
vorgegebene, wissenschaftsorien-
tierte Thematik als Qualifikations-
aufgabe zu erwägen

P = Personaler Aspekt:
Die Intention, sich in die Behandlung der Thematik selbst einzubringen und dabei zu sich selbst
zu kommen

S = Soziierungsaspekt:
Die Intention, mit den Gruppen-
mitgliedern Beziehungen zu un-
terhalten, die der Themenentfal-
tung, Ich-Stärkung und der wechselseitigen Hilfe dabei nützen

Abb. 16:
„Balance der
Aufgaben unterricht-
licher Interaktion"
(Schulz 1986, 35)

ziell emanzipatorisch-handlungsfähigen Subjekten zu erfahren. Abbildung 16 verdeutlicht diesen Zusammenhang.

Erfahrung und Intention als Handlungszusammenhang: In der Erfahrung geht
es dabei um Sach-, Gefühls- und Sozialerfahrung, die sich an den emanzipatorischen Intentionen von Kompetenz, Autonomie und Solidarität zu orientieren haben. Diesen Anspruch gilt es sowohl auf den verschiedenen Planungsebenen – Perspektivplanung, Umrissplanung und Prozessplanung sowie im Rahmen der Planungskorrektur – wie im unterrichtlichen Handeln einzulösen. Erst wenn dies –
auch ansatzweise – realisiert wird, kann nach Schulz von „professionellem di-
daktischem Handeln" gesprochen werden. Tabelle 14 macht den Zusammenhang
noch einmal deutlich.

Schritt 5 *Ebenen der Planung.* Wie bereits angeschnitten, bezieht sich Unterrichtsplanung
auf verschiedene Zwecksetzungen. Schulz unterscheidet daher vier Ebenen der
Planung. Diese sind:

1. Perspektivplanung,
2. Umrissplanung,
3. Prozessplanung und
4. Planungskorrektur.

Tab, 14:
Heuristische
Planungsmatrix zur
Bestimmung von
Richtzielen im
Rahmen der
Perspektivplanung
(Schulz 1986, 34)

Themen (Erfahrungsaspekte) / Intentionen (Absichten)	I Kompetenz	II Autonomie	III Solidarität
Sacherfahrung 1	I/1	II/1	III/1
Gefühlserfahrung 2	I/2	II/2	III/2
Sozialerfahrung 3	I/3	II/3	III/3

Schulz beschreibt diese wie folgt:

> „Die *Perspektivplanung*, die für einen längeren Zeitraum, über einzelne Unterrichtseinheiten hinaus, etwa für ein Semester, ein Jahr, den Durchgang durch eine Schulform einen Handlungsrahmen entwirft, für ein Fach, eine Fächergruppe oder das Lehrplangefüge im ganzen (gilt).
> Die *Umrißplanung* der einzelnen Unterrichtseinheiten.
> Die *Prozeßplanung*, (d. h.) die Ordnung der Planungsentscheidung in der Zeit, wo sie nötig erscheint.
> Die *Planungskorrektur* während des Unterrichtsprozesses, wenn unerwartete Gesichtspunkte es erforderlich erscheinen lassen" (Schulz 1986, 36f).

In Bezug auf die Realisierung der einzelnen Planungsebenen ist zu sagen: Zur Perspektivplanung des Unterrichts hat Schulz eine heuristische Matrix zur Bestimmung von Richtzielen emanzipatorisch relevanten professionellen didaktischen Handelns entwickelt, die bereits dargestellt worden ist.

Der Umrissplanung für eine Unterrichtseinheit dient ein Modell, dessen einzelne Momente in ihrem Implikationszusammenhang begriffen werden. Auch dieses Modell wurde bereits vorgestellt.

Die Prozessplanung enthält die Darstellung des Ablaufs einer bestimmten Unterrichtsstunde.

Die Planungskorrekturen (Schulz 1986, 42/43) dienen der Korrektur der Unterrichtsprozesse vor Ort (Schulz 1980c, 161ff).

Zum Abschluss der planungsbezogenen Darstellungen sei noch auf das Werk „Unterrichtsplanung" von Schulz (1980c) hingewiesen, in dem eine eingehende Erörterung der leitenden Interessen, die bei der Planung eine Rolle spielen, sowie der einzelnen Planungsebenen vorgenommen wird.

3.2.4 Die lernzielorientierte Modellbildung: B. und Chr. Möller

Die hier zu skizzierende Theorie- und Modellbildung wird in der Literatur allgemein als curriculare Didaktik oder curricularer Ansatz didaktischen Handelns bezeichnet. Sie umfasst im Wesentlichen die Arbeiten von Chr. und B. Möller. Die vorgenannten Bezeichnungen mögen daher rühren, dass die Theorie- und Modellbildung der beiden Autoren von der Curriculumtheorie ausgehen, wie sie von den 50er Jahren an in den USA entwickelt wurde. In der allgemeinen Curriculumdiskussion werden u. a. drei Ebenen der Curriculumentwicklung unterschieden: 1. die Ebene des formalen Curriculums bzw. des Lehrplans; die 2. Ebene des schulspezifischen Curriculums und 3. die Ebene des klassenspezifischen Curriculums (Kap. 5). Dieses Curriculum entwickeln die Lehrenden z. B. für eine Unterrichtseinheit oder eine Unterrichtsstunde. Es kann als Handlungskonzept verstanden werden. Daher bestimmt Chr. Möller das klassenspezifische Curriculum wie folgt:

> „Curriculum – als Endprodukt eines Entwicklungsprozesses – ist ein Plan für Aufbau und Ablauf von Unterrichtseinheiten. Ein solcher Plan muß Aussagen über Lernziele, Lernorganisation und Lernkontrolle beinhalten und dient Lehrern und Schülern zu einer optimalen Realisierung des Lernens" (Chr. Möller 1986, 63).

Curriculum
(Chr. Möller)

Im Mittelpunkt des erkenntnisleitenden Interesses von Chr. und B. Möller steht der Lernprozess. Aber den beiden kommt es im Unterschied zu v. Cube nicht auf die Optimierung der einzelnen Lernschritte und Lernoperationen, sondern primär auf das Produkt an. Daher tritt die Zielformulierung von Lernprozessen sowie deren Inhalt, also das Curriculum, in den Blick. Alle Elemente, die den Unterricht bekanntermaßen bestimmen, wie z. B. die Inhalte, die Methoden, die Medien, sowie die anthropogenen und soziokulturellen Bedingungen sind diesem Interesse der Lernzielorientierung des Unterrichts zugeordnet. Daher formuliert Chr. Moller:

lernzielorientierter Ansatz (Chr. Möller)

> „Ein ‚curriculares Didaktikmodell' gibt es also nicht … Es soll deshalb, wenn ich im folgenden meinen didaktischen Ansatz knapp vorzustellen habe, stets der mir dafür am passendsten erscheinende Ausdruck gewählt werden: lernzielorientierter Ansatz" (Chr. Möller 1986, 63).

Optimierung von Lernen

Der wissenschaftstheoretische und theoretisch-didaktische Begründungszusammenhang lässt folgende Momente erkennen:

- Der Rückgriff auf die US-amerikanische Curriculumdiskussion impliziert die Übernahme eines positivistischen Wissenschaftsverständnisses. Wissenschaft – und dies gilt auch für die Sozialwissenschaften – wird in einem technologischen Sinn verstanden. Sie dient in erster Linie der zweckrationalen und instrumentellen Aufklärung von Wirklichkeit und der Optimierung, d. h. der Verbesserung individuellen und kollektiven erfolgreichen Handelns. Dieses Wissenschaftsverständnis schließt im methodologischen Bereich die Rationalisierung und Optimierung aller Verfahren, die Elementarisierung der Begriffe und Denkmodelle sowie die Evaluierung aller Prozesse ein. Diese dienen dem übergeordneten gesellschaftlichen Gesamtzweck der Maximierung von Erfolg, Glück, Wohlstand, Produktion. Daher müssen Lernzielbestimmung, Lernorganisation und Lernkontrolle als die drei entscheidenden Dimensionen der lernzielorientierten Modellbildung für didaktisches Handeln in den Anspruch auf Allgemeingültigkeit hineingenommen werden.
- Unterricht wird diesem Wissenschaftsverständnis entsprechend als ein rationaler Planungs- und Realisierungszusammenhang aufgefasst, in dessen Zentrum die lernziel-orientierte Optimierung erfolgreichen Lernens, Verhaltens und Handelns steht.
- Das instrumentelle Interesse an und in der didaktischen Praxis wird durch die Hineinnahme informationstheoretischer Annahmen über das Lernen und die behavioristische Lernpsychologie verstärkt. Chr. Möller weist in diesem Zusammenhang ausdrücklich darauf hin, dass ihre Forschungen auf die Arbeiten von Skinner, Tyler, Bloom und Mager zurückgehen (Chr. Möller 1986, 64). Auch B. Möller greift in seinem Werk „Analytische Unterrichtsmodelle. Ergebnisse und Probleme der Lernorganisation" (1971) bei der Klassifikation von Lernzielen im kognitiven, affektiven und psychomotorischen Bereich auf die US-amerikanische Lernpsychologie u. a. von Bloom und Guilford sowie auf die naturwissenschaftlich orientierte Persönlichkeitspsychologie Rohrachers zurück (B. Möller 1971, 24ff).
- Alle theoretischen und praktischen Bemühungen der Didaktik kreisen nach Chr. und B. Möller um das in der Gesellschaft erfolgreich operierende Individuum.

Auf dem Hintergrund dieses lerntheoretischen und gesellschaftspolitischen Entwurfs erwächst ein Modell für didaktisches Handeln, das sich in erster Linie an der Prämisse der Lernzielorientierung orientiert.

Das lernzielorientierte Modell didaktischen Handelns beinhaltet primär die Planung von Unterricht. Nach Chr. Möller hat die Unterrichtsplanung drei Arbeitsschritte:

> **(1)** Lernplanung,
> **(2)** Lernorganisation und
> **(3)** Lernkontrolle (1986, 64f).

(1) Bei der Lernplanung werden die Sollwerte, die im Lernprozess auf fachlicher und sozialer Ebene erreicht werden sollen, gesammelt, beschrieben, geordnet und in eine Reihenfolge gebracht; sodann wird über die Reihenfolge und ihre zu planende Realisierung entschieden. Dabei muss auch bewertet werden. Diese Werte und Normen werden aber nicht ausdrücklich gemacht. Von besonderer Bedeutung in diesem Arbeitsschritt ist hingegen die Beschreibung der Lernziele. Gemäß dem Wissenschaftspostulat wird die Beschreibung der Lernziele ständig revidiert und

Lernplanung

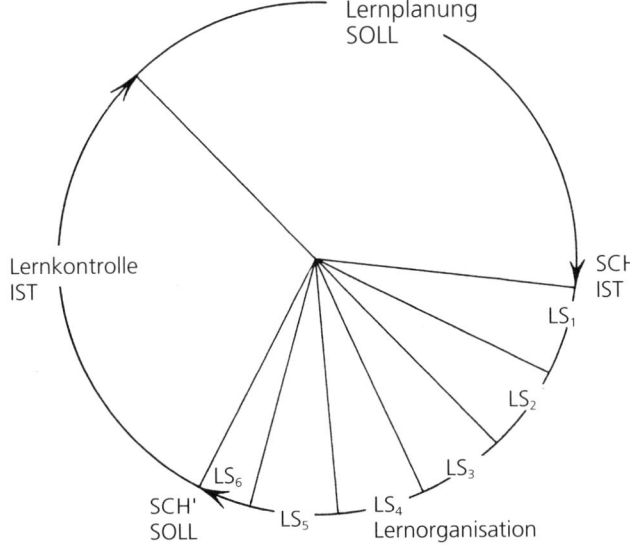

„Der Lehrer erstellt in seinem ersten Arbeitsschritt für den Schüler ein bestimmtes Lernziel (Planung des Lern-Soll-Verhaltens = Lernplanung), organisiert das Lernen in bestimmter Weise durch optimale Anordnung von Lernschritten (Versuch, das Lern-Soll-Verhalten zu erreichen = Lernorganisation) und kontrolliert, ob aus dem Schüler SCH infolge des Lernens ein Schüler SCH' geworden ist (Feststellung, ob das geplante Lern-Soll-Verhalten mit dem tatsächlichen Lern-Ist-Verhalten übereinstimmt = Lernkontrolle).

Abkürzungen: SCH   = Schüler am Anfang des Lernprozesses
             SCH' = Schüler am Ende des Lernprozesses
             LS   = Lernschritt"

Abb. 17:
„Schematische Darstellung des Unterrichtsprozesses" (Chr. Möller 1969, 20)

Tab. 15:
Lernzieltaxonomien
für den kognitiven,
affektiven und
psychomotorischen
Lernbereich
(Chr. Müller 1969,
158ff)

1.   Kognitiver Bereich
„1.00   Wissen
1.10   Wissen konkreter Einzelheiten im engeren und weiteren Sinn
1.11   Begriffliches Wissen
1.12   Kenntnis einzelner Fakten
1.20   Wissen der Verfahrensweisen mit konkreten Einzelheiten
1.21   Wissen von Konventionen
1.22   Wissen über zeitliche Verläufe
1.23   Dispositionswissen
1.24   Kriterienwissen
1.25   Methodisches Wissen
1.30   Abstraktes Wissen
1.31   Wissen über Verallgemeinerungen und Gesetze
1.32   Wissen über Theorien
…“

2.   Affektiver Bereich
„…
3.00   Werten
3.10   Wertannahme
3.20   Bevorzugung eines Wertes
3.30   Bindung an einen Wert
4.00   Wertzuordnung
4.10   Wertgeneralisierung
4.20   Errichtung eines Wertsystems
…“

3.   Psychomotorischer Bereich
„…
6.00   Koordination
7.00   Flexibilität“.

präzisiert, so dass schließlich eine klare Definition möglich wird. Hierzu sind Merkmalskataloge oder Kategorienraster notwendig, an denen sich die Lernzielbestimmungen zu orientieren haben. Die Raster können auch aus der Arbeit selbst entwickelt werden. Chr. und B. Möller stellen u. a. drei Kataloge von Klassifikationen für Lernziele vor: 1. Ziele für den kognitiven Lernbereich (B. Möller 1971, 24f). Hier greifen die Autoren im Wesentlichen auf die Taxonomie, d. h. Klassifikation von Lernzielen von Bloom (1972, 217–223) zurück. 2. Ziele für den affektiven Lernbereich (B. Möller 1971, 26–29). Auch hier stehen Werke aus der US-amerikanischen behavioristischen Lernpsychologie Pate; B. Möller entwickelt die Struktur seiner Taxonomie von der naturwissenschaftlich-physiologisch begründeten Persönlichkeitspsychologie Rohrachers (1953, 432ff) her. 3. Ziele für den psychomotorischen Bereich. Dabei wird auf eine Arbeit von Guilford über „A System of Psychomotor Abilities" aus dem Jahre 1958 hingewiesen (B. Möller 1971, 29). Eine ausführliche Darstellung der drei Klassifikationskataloge gibt B. Möller (1971, 24ff). Die in Tabelle 15 wiedergegebene Kurzfassung von Chr. Möller soll einen ersten Eindruck vermitteln.

Zur Bestimmung der Lernziele dienen vier Handlungsschritte: 1. Sammeln, 2. Beschreiben, und 3. Ordnen der Lernziele, sowie 4. entscheiden, welche Lernziele zur Planung verwendet werden.

Danach ist ein Lernziel

Ziel

„dann eindeutig beschrieben, wenn darin angegeben wird,
- was der Lernende tun soll (eindeutige Endverhaltensbeschreibung),
- woran und unter welchen situativen Bedingungen er dies tun soll (Angabe der näheren Bedingungen des situativen Rahmens), und
- woran das richtige Verhalten oder Produkt erkannt werden kann (Angabe des Beurteilungsmaßstabes, der Grenze für das noch annehmbare Verhalten).

Ein solcherart beschriebenes Lernziel kann als Feinziel oder operationalisiertes Lernziel bezeichnet werden" (Chr. Möller 1986, 67).

Feinziel

Auf dem Hintergrund der vorangegangenen Erörterungen versteht es sich, dass sich die Feinziele, die für den Unterricht gelten, selbstverständlich an den Zielen der mittleren (Grobziele) und der weiteren Reichweite (Richtziele) in den formellen oder schulspezifischen Curricula zu orientieren haben. Nur hierin ist der Anspruch auf Allgemeingültigkeit gesichert. Und wenn im obigen Zitat von Verhalten die Rede war, dann ist dabei nicht nur das soziale Verhalten, sondern auch das Endverhalten in Bezug auf das zu reproduzierende Wissen und die erwarteten Fertigkeiten im fachlichen Bereich zu verstehen. Die Darlegungen werden durch Abbildung 17 veranschaulicht.

„Ist der Lernplanungsprozeß abgeschlossen, so ergibt sich als Produkt ein geordnetes Inventar präzise beschriebener, begründeter Lernziele zur Weiterverarbeitung. Auf dieser Basis kann der Lernorganisationsprozeß begonnen werden" (Chr. Möller 1986, 70).

(2) Der Lernorganisationsprozess oder die Unterrichtsorganisation besteht aus Beschreibung und Ordnung der Methoden. Diese Arbeiten werden an den vorher bestimmten Lernzielen orientiert. Dabei müssen die LehrerInnen über ein wissenschaftlich begründetes und rational organisiertes Repertoire an Methoden, zu denen auch die Medien zu zählen sind, verfügen. Die Begründung für den Einsatz bestimmter Medien und Methoden geschieht dabei ausschließlich von der Lernzielbestimmung her.

Lernorganisation

Eine wissenschaftlich begründete Unterrichtsplanung bzw. -organisation beruht daher auf einem Lernplan und nicht auf einem Lehrplan. Denn der Lernplan enthält die Lernziele und wird von den Fragen geleitet, was, wann, wie und wo gelernt werden soll (B. u. Chr. Möller 1966, 43). Vernachlässigt wird dabei die Frage, warum etwas gelernt werden soll, denn diese ist in dem gesellschaftlichen und individuellen Globalziel, erfolgreiches Handeln und Verhalten zu initiieren und zu optimieren, bereits vorgegeben.

wissenschaftlich begründete Unterrichtsplanung bzw. -organisation

(3) In dem Prozess der Lernkontrolle geht es darum, den in den Lernzielen vorgegebenen Richt- oder Sollwert mit dem Istwert, also mit den Lernergebnissen, die von den Schülern und Schülerinnen gezeigt werden, ins Verhältnis zu setzen

Lernkontrolle

und zu vergleichen. Die daraus resultierende Verhältniszahl kann mit Tests und Leistungsmessungsverfahren ermittelt werden. Die Verhältniszahl zeigt an, ob und inwieweit die einzelnen SchülerInnen oder die Gruppe das definierte Lernziel erreicht haben oder nicht. Die Überprüfung und Kontrolle der Lern- und Leistungsergebnisse erbringt nach Meinung der Autoren für alle Akteure sowie für die an Schule interessierten Personen, Gruppen und Instanzen Transparenz und Rationalität in Bezug auf die Selbsteinschätzung, das Engagement und die Einstellung der SchülerInnen zu Unterricht und Schule. Daraus wird gefolgert, dass auf dieser Ebene das Postulat der Demokratie hinsichtlich der gleichen Chance rational gewahrt wird. Unterricht, Schule und gesellschaftliche Zusammenhänge können somit als offene, transparente, effiziente und rationale Prozesse angesehen werden.

> „Der letzte Vorteil dieses Ansatzes besteht meiner Meinung nach in seiner Effizienz: Effizienz insofern, als die Grundlage jeder adäquaten Lernorganisation und Lernkontrolle konkret beschriebene Lernziele sind … und (ich) damit positive Verstärkungsmöglichkeiten bei Lehrern und Lernern schaffe; womit – nach dem *Skinner*schen Lernmodell – das wirksamste Mittel zum Aufbau erwünschter Verhaltensweisen diesem Modellansatz innewohnt" (Chr. Möller 1986, 75).

3.2.5 Der lernorganisatorische Entwurf mit emanzipatorischer Zielstellung: M. Bönsch

In seinem Buch „Beiträge zu einer kritischen und instrumentellen Didaktik" (1975) legt Manfred Bönsch einen normativen Theorie- und Modellentwurf vor. Normativ ist der Entwurf deshalb zu nennen, weil er im Unterschied zu den vorangegangenen Entwürfen nicht von Funktionen, Relationen und impliziten Lerntheorien ausgeht, sondern sich auf eine Wertentscheidung – hier die Emanzipation – beruft, die zugleich als allgemeines und spezifisches Ziel von Unterricht definiert wird. Die Zielstellung ist das zentrale Wertelement in dem Theorieentwurf und für die Modell- und Konzeptbildung leitend.

Gesellschaftskritik **(1)** Der Entwurf basiert auf einer marxistisch-materialistischen Gesellschaftskritik. Dabei geht Bönsch von dem gesellschaftlichen Widerspruch demokratischer Industriegesellschaften zwischen dem gesetzlichen Anspruch des Individuums auf Selbstbestimmung und Emanzipation einerseits und den diesen Anspruch unterdrückenden gesellschaftlichen Mechanismen andererseits aus. Eine moderne Didaktik hat in Theorie und Praxis von diesem Widerspruch auszugehen und ihn in Richtung Emanzipation aufzuheben (Bönsch 1975, 42f).

Von diesem Anspruch her, den Widerspruch unter der Zielstellung der Emanzipation temporär und partiell aufzuheben, werden auch Schule, Unterricht und Lernen bestimmt. Auf der repressiven Seite des Widerspruchs legt Bönsch klar, dass Schule, Unterricht und Lernen als Funktionen gesellschaftlicher Reproduktion zu bestimmen sind. Auf der emanzipatorischen Seite des Widerspruchs müssen diese aber in neue Formen der Selbstorganisation, des selbstbestimmten Lernens und der Mitbestimmung transformiert werden. Dies hat auch Folgen in Bezug auf Analyse und Planung von Unterricht. Unter Heranziehung sozialisationstheoreti-

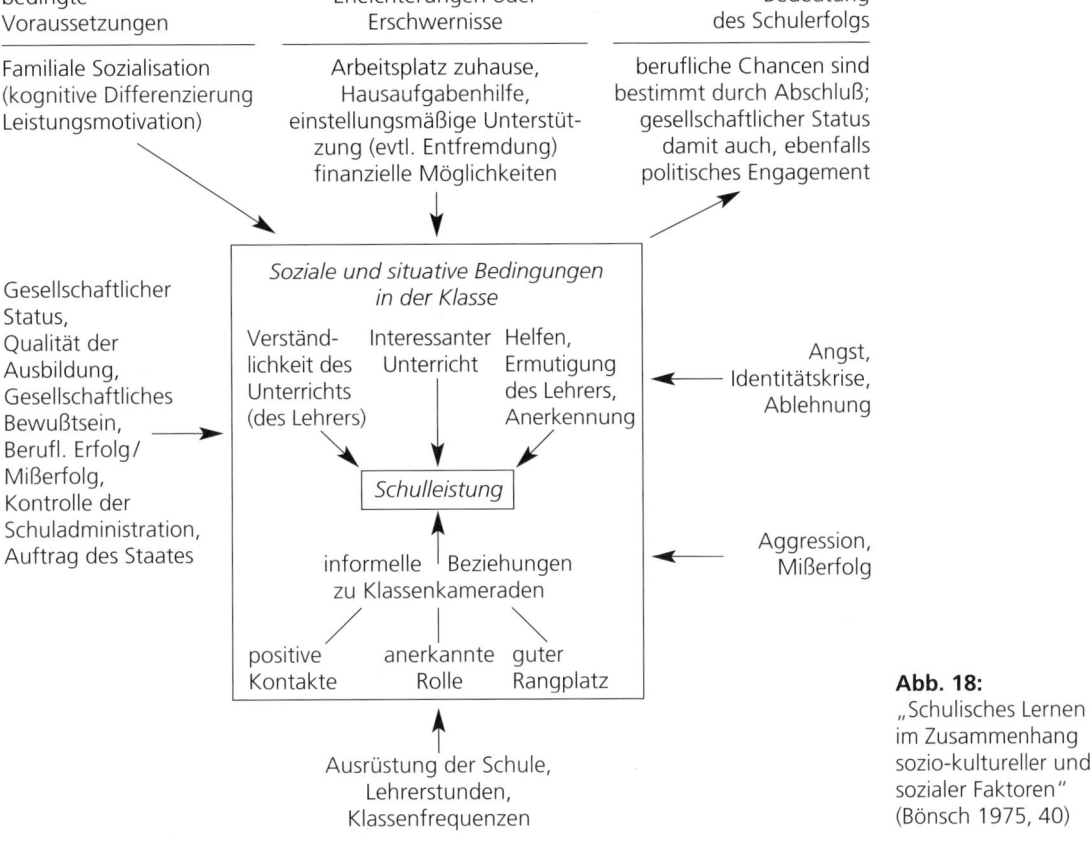

Abb. 18:
„Schulisches Lernen im Zusammenhang sozio-kultureller und sozialer Faktoren" (Bönsch 1975, 40)

scher Erkenntnisse, wie sie insbesondere von Fend (1971 u. 1977) vorgetragen worden sind, sowie im Anschluss an Ausführungen von Mollenhauer (1972) sieht Bönsch das soziale Beziehungsgeflecht einer Schulklasse daher von einer Reihe von äußeren Faktoren, d.h. außerschulischen Herrschaftsinteressen, wie z.B. Schulart, Lehrplan, Schulordnung, Versetzungsordnung bedingt. Diese gehen in ihrem gesellschaftspolitischen Bedingungszusammenhang weit über die von Klafki, Heimann, Schulz u. a. vorgestellten Faktoren hinaus. Abbildung 18 macht den neuen Faktoren- und Bedingungszusammenhang deutlich.

(2) Diese Grundlegung seines Ansatzes gewinnt Bönsch aus der Einsicht in den vorgestellten gesellschaftspolitischen Verweisungs- und Bedingungszusammenhang. Im Erkennen und Aushalten des Spannungsverhältnisses von Repression und Aufhebung der Unterdrückungsmechanismen sowie Selbstverantwortung sieht Bönsch den Ansatz einer Chance für neues Lehren und Lernen in fachlicher und sozialer Hinsicht. Also muss Lehren und Lernen im Horizont der großen emanzipatorischen Aufgaben organisiert werden. Dies bedeutet primär, die jeweils eigene Lehr- bzw. Lernsituation aller Betroffenen in den Blick zu bringen. Darüber hinaus müssen die Bedingungszusammenhänge, die die Erkenntnis und das Beschreiten des Weges der Emanzipation behindern, ausgeräumt werden. Dies betrifft SchülerInnen wie LehrerInnen. Beide Seiten müssen daher ein Interesse an der emanzipatorischen Praxis entwickeln und lernen, dieses ins Werk setzen. In diesem Sinne kann Bönschs „instrumentelle" Basis der Didaktik interpretiert werden. Sie ist notwendig, und ihre Relativität erhält sie vom praktischen und emanzipatorischen Interesse her. Dieser Verweisungszusammenhang der drei Interessensrichtungen in der Praxis kann als Grundlegung des didaktischen Theorie- und Modellansatzes von Bönsch angesehen werden.

Bei der Analyse und Planung des Unterrichts tritt somit ein großer Komplex in das Blickfeld, der makrosoziale, mikrosoziale und intraindividuelle Zusammenhänge umspannt (Bönsch 1975, 48ff).

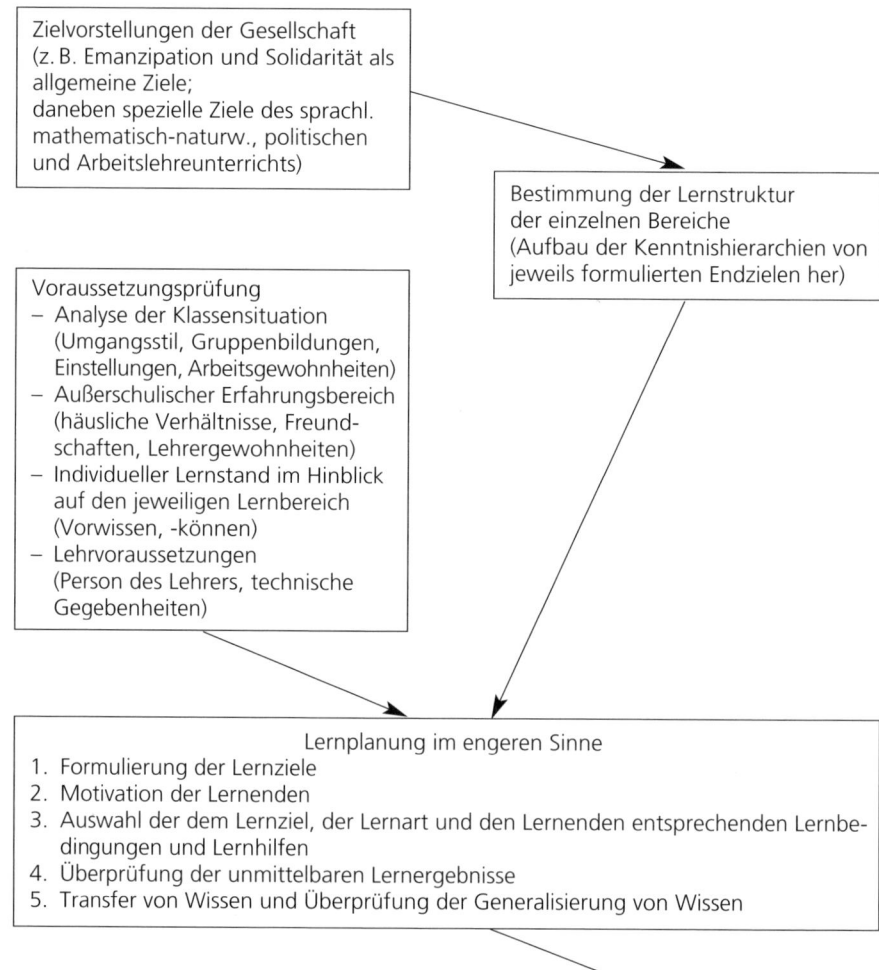

Abb. 19:
„Entscheidungssystem für die Planung und Durchführung von Unterricht"
(Bönsch 1975, 86)

Zielvorstellungen der Gesellschaft
(z. B. Emanzipation und Solidarität als allgemeine Ziele;
daneben spezielle Ziele des sprachl. mathematisch-naturw., politischen und Arbeitslehreunterrichts)

Bestimmung der Lernstruktur der einzelnen Bereiche
(Aufbau der Kenntnishierarchien von jeweils formulierten Endzielen her)

Voraussetzungsprüfung
– Analyse der Klassensituation (Umgangsstil, Gruppenbildungen, Einstellungen, Arbeitsgewohnheiten)
– Außerschulischer Erfahrungsbereich (häusliche Verhältnisse, Freundschaften, Lehrergewohnheiten)
– Individueller Lernstand im Hinblick auf den jeweiligen Lernbereich (Vorwissen, -können)
– Lehrvoraussetzungen (Person des Lehrers, technische Gegebenheiten)

Lernplanung im engeren Sinne
1. Formulierung der Lernziele
2. Motivation der Lernenden
3. Auswahl der dem Lernziel, der Lernart und den Lernenden entsprechenden Lernbedingungen und Lernhilfen
4. Überprüfung der unmittelbaren Lernergebnisse
5. Transfer von Wissen und Überprüfung der Generalisierung von Wissen

Unterrichtsentwurf – Lernentwurf

4. Dimension	Es kann beim Lernen in Gruppen, Klassen, Schulen ein Reflexionsniveau erreicht werden, auf dem der Begründungszusammenhang des initiierten Lernens sowie der gesellschaftliche Kontext im Diskurs reflektiert und bestimmt werden können.	metakommunikativer Aspekt

	Die entsprechenden gruppendynamischen Prozesse werden von allen Teilnehmern beobachtet, analysiert, entsprechend fortgestetzt oder korrigiert (Brocher-Vorschläge).	emotionaler Aspekt

3. Dimension	Die Lernenden gestalten den Lernprozess aktiv mit: sie übernehmen Teilaufgaben, erwerben sich partielle Sachkompetenz, übernehmen Steuerungsaufgaben, bilden u. U. das Beschlussgremium für den Fortgang des Lernens unter dem Inhalts- und Beziehungsaspekt.	emanzipatorischer Aspekt

2. Dimension	Der Gang einer Lernveranstaltung wird durch die „kritische Aktivität" der Teilnehmer mitbestimmt: kritische Fragen, Veränderungswünsche, inhaltliche Beiträge verstärken die Motivation der Lernenden, geben den Lernenden ein wichtiges feed-back.	lernpsychologischer Aspekt

1. Dimension	Wissen wird vermittelt – Fertigkeiten werden geschult. Die Lernenden nehmen die Lernzwänge als gegeben hin, die Autorität des Lehrenden bleibt unbezweifelt.	Lernen als blinde Anpassung

Abb. 20:
„Dimensionen organisierter Lernprozesse"
(Bönsch 1975, 74)

Zur systematischen Erfassung dieses Gesamtzusammenhangs hat Bönsch ein Strukturmodell zur Planung und Durchführung von Unterricht entwickelt. Abbildung 19 stellt dieses Modell vor.

Von besonderem Interesse in Bezug auf die Mikrostrukturen ist die „Lernplanung im engeren Sinne" anzusehen. Für Bönsch rücken dabei nicht primär psychologische Lerntheorien in den Vordergrund. Er greift vielmehr auf die Arbeiten von Robert Gagné zurück, wie sie in dem Buch „Die Bedingungen des menschlichen Lernens" dargestellt sind (140ff). Auf dem Hintergrund von Gagnés Arbeiten gewinnt der Zusammenhang von Sache, Denken und Sprache für den Lernprozess und damit auch für dessen Organisation, also für das Lehren, an zentraler Bedeutung. Ausdrücklich weist Bönsch daher behavioristische, kybernetische und lernzielorientierte Ansätze des Lernens zurück.

emanzipatorisches Ziel (Bönsch)

Bönsch sieht das emanzipatorische Ziel im mikrosozialen Zusammenhang der Schulklasse primär darin, die Schüler und Schülerinnen handlungsfähig zu machen. Der emanzipatorische Gehalt dieser Handlungsfähigkeit liegt darin, dass sie in der Lage sind, nicht nur das, was sie lernen, sondern auch die soziale Seite, nämlich das, wie sie lernen, in den Blick zu bekommen. Dabei geht es nicht nur um ihre eigene Situation, sondern auch um die der MitschülerInnen. Das Bedenken eines größeren Zusammenhangs kann dann vom gesellschaftskritischen Anspruch her als jener Weg verstanden werden, auf dem SchülerInnen neben ihrem fachlichen und sozialen auch ihr gesellschaftliches Bewusstsein entwickeln. Auf diesem Wege ist die metakommunikative Ebene zu thematisieren. Dies obliegt besonders dem Lehrer bzw. der Lehrerin bei der Organisation von Lernprozessen. Er/sie muss daher beachten, dass Lernen über Erwerb und Transfer von Wissen und Fertigkeiten hinausführt und die SchülerInnen auch dazu befähigt, die Inhalts- und Beziehungsebene zu bewerten, d. h. in Beziehung zur eigenen Biografie, Lebenssituation und -perspektive zu setzen. Nicht zuletzt darin ist das Grundinteresse einer kritischen und instrumentellen Didaktik zu sehen. Abbildung 20 zeigt, wie diese Zielstellungen als Dimensionen und Aspekte im Modell organisierten Lernens verortet sind.

Bönsch hat damit eine sozialwissenschaftliche Erweiterung der Theorie- und Modelldiskussion in der Didaktik vorgenommen, die sich außerdem auf dem erzieherischen Grundwert des demokratischen Handelns im Bereich organisierten Lehrens und Lernens leiten lässt.

3.3 Interaktion als Leitbegriff

3.3.1 Einführung in begriffliche Grundlegungen

In den Theorie-, Modell- und Konzeptbildungen didaktischen Handelns, die dem Interaktionsbegriff zugeordnet werden können, schlägt der Paradigmenwechsel vom normativen zum interpretativen Paradigma voll durch (2.3.5). In ihnen kommt es primär auf die Erforschung der Wirklichkeit, ihrer Strukturen und gesellschaftlichen Bedingungszusammenhänge an. Auch Gesellschaftskritik tritt in den Blick. Damit gewinnen die drei Betrachtungsebenen didaktischer Phänomene an Bedeutung (2.2.2). Die mikrosoziale Ebene tritt dabei in den Vordergrund des Interesses. Nicht zuletzt werden wieder die verschiedenen Interessen (2.3.4) ins Spiel kommen. Das praktische und das emanzipatorische Interesse stehen dabei im Blickpunkt. Einige Autoren sehen aber auch das technische Interesse als grundlegend an.

Die Literatur zeigt, dass vier Begriffe den systematischen Horizont markieren, in dem die didaktische Bedeutung von Interaktion entwickelt werden kann. Es handelt sich dabei um die folgenden:

(1) Interaktion,
(2) Kommunikation,
(3) Handeln,
(4) Kritik.

Nachstehend werden diese Begriffe in systematischer Absicht skizziert.

(1) Der Begriff der Interaktion kommt aus der Sozialisationsforschung und spielt dort eine bedeutende Rolle (Kron 2001, 133ff u. 255ff). Unter Interaktion (interaction) kann in einem allgemeinen Sinne verstanden werden:

Interaktion

> „allgemeine und umfassende Bezeichnung für jede Art wechselseitiger Bedingtheit, z. B. im sozialen Verhalten, wo zwei oder mehrere Versuchspersonen durch Kommunikation einander beeinflussen können und das gemeinsame Verhalten als Ergebnis der Interaktion angesehen werden kann (soziale I.)" (Wörterbuch Psychologie 2000, 245 Stichwort Interaktion).

Dementsprechend können alle wissenschaftlichen Bemühungen, z.B. Theorienbildungen und Forschungen zur Aufhellung und Erklärung sozialer Interaktion, als Interaktionismus (interactionisme) bezeichnet werden.

Als einer der Hauptvertreter des symbolischen Interaktionismus kann G. H. Mead angesehen werden. Für die Bundesrepublik Deutschland hat Klaus Mollenhauer in seinem Werk „Theorien zum Erziehungsprozess" die Theorie des symbolischen Interaktionismus aufgegriffen und in eine pädagogische Interaktionstheorie umgesetzt. Dabei zeigt Mollenhauer, dass sich pädagogisches Handeln stets in Situationen vollzieht, dass diese Situationen strukturiert sind und dass diese Binnenstruktur einer sozialen Beziehung sich stets über Symbole abspielt, also einen kommunikativen Charakter hat. Des Weiteren arbeitet er heraus, dass diese Mikrostrukturen des sozialen Handelns in ein umfassenderes soziales Feld eingebettet sind (Kron 1999, 146ff). Dieses ist durch die Vielfalt der gesellschaftlichen Einflüsse strukturiert. Didaktisches Handeln ist zudem stets in Organisationsformen verankert. Es wird somit durch Regelwerke legitimiert und bestimmt. Diejenigen Akteure, die die symbolischen Interaktionen maßgeblich bestimmen können, wie z.B. die Lehrer und Lehrerinnen, sind staatlich ausgebildete und geprüfte Beamte oder Angestellte, deren Handeln durch Ordnungen legitimiert und bestimmt ist. Insofern wirkt die Gesellschaft mit ihren politischen, wirtschaftlichen und kulturellen Interessen durch die Lehrenden direkt in die soziale, symbolische Interaktion hinein, ja sie bestimmt diese und/oder determiniert sie sogar. Dies zeigt sich auch in den vorgegebenen Schul- und Organisationsstrukturen von Unterricht, in den Raum-Zeitanordnungen, den Lehrplänen. Wo bleiben aber da die SchülerInnen? In interaktionistischen Theorie-, Modell- und Konzeptentwürfen kommt ihnen eine ebenso maßgebliche Rolle zu wie den Lehrenden. Dabei geraten aber der Interaktionsprozess, der sich zwischen ihnen gestaltet, und die sich mit diesen verbindenden anderen Gegebenheiten in einen grundsätzlich neuen Blick. Die Wendung bahnt sich in dem nachfolgenden systematischen Zwischenschritt der Darstellung an.

Nun hebt Mollenhauer hervor, dass die Interaktion aufgrund von Symbolen realisiert wird. Im Anschluss an Mead, der die Geste als das einfachste Symbol für eine Interaktion bezeichnet hat, ist im didaktischen Bereich davon auszugehen, dass neben der Geste und der Mimik die Sprache eine zentrale Rolle spielt.

In der Sprache finden alle kulturellen Darstellungen, gleichviel in welchem Kulturbereich und/oder Fach, ihre symbolische Konkretion. Und im Zur-Sprache-Bringen, z.B. in der Diskussion, in einem Aufsatz, in einem Spiel, erlangen die kultu-

Mollenhauer

**Symbole
(Mollenhauer)**

rellen Darstellungen ihre soziale Verbindlichkeit, Geltung und die Formen ihrer sprachlichen Wiedergabe, z. B. in der schulischen Form einer gezeigten Leistung, ihrer Beurteilung und Benotung.

Damit bekommt die Interaktion eine neue anthropologische Dimension. Interaktionen sind auch aus der Perspektive der interagierenden Individuen oder Subjekte zu verstehen, zu denen auch gleichrangig die SchülerInnen gehören. Sie sind daher als dynamische, kulturbestimmte Beziehungsverhältnisse zu betrachten, die sich entwickeln. Sie haben häufig einen ungewissen Ausgang und sind nur bedingt planbar. Planbarkeit und Zielgerichtetheit der Vermittlungsprozesse können an der Dynamik der sozialen und kulturellen Interaktion scheitern. Mollenhauer betont, dass in einer aus der Perspektive des Subjekts interpretierten symbolischen Interaktion und aus dem Interesse einer Pädagogik und Didaktik heraus, die das Leben und Lernen der Menschen zu verbessern suchen, neben dem instrumentellen und praktischen auch ein emanzipatorisches Interesse realisiert werden muss. Im Anschluss an die Ausführungen von Jürgen Habermas macht er daher deutlich, dass in der Dynamik der sozialen Interaktionen ein Spielraum steckt, der sich zwar negativ in der Unplanbarkeit und Unstetigkeit zeigt, der aber zugleich positiv dazu genutzt werden kann, die Ideen, Vorschläge, Bedürfnisse und Interessen der handelnden Subjekte ins Spiel zu bringen; denn nur von ihnen aus gehen neue Impulse sowohl inhaltlicher als auch beziehungsmäßiger Art in den Lehr- und Lernprozess ein.

Kommunikation

(2) Der Begriff Kommunikation wird in Soziologie, Sozialpsychologie, Psychologie und Informationstheorie vielfältig benutzt (Kron/Sofos 2003, 57ff). In der für den vorliegenden Zusammenhang interessantesten Bestimmung wird unter Kommunikation verstanden:

> „die ‚Fähigkeit des Individuums, seine Gefühle u. Ideen einem anderen mitzuteilen, sowie die Fähigkeit von Gruppen, enge u. vertraul. Verbindungen miteinander zu haben‘" (Wörterbuch der Soziologie 1994, 426 Stichwort Kommunikation).

In dieser Definition, die insbesondere für den symbolischen Interaktionismus gilt, werden die Bedeutung einer Information und der Sinn der Informationsübermittlung in den Vordergrund gerückt. Dabei geht es allen an der Kommunikation beteiligten Akteuren um die Erfassung der in den Symbolen vermittelten Bedeutung und damit um gegenseitige Verständigung und um die Ermöglichung sinnverstehenden gemeinsamen Handelns. Dieser Kommunikationsbegriff unterliegt mithin nicht einem instrumentellen, sondern einem praktischen Erkenntnisinteresse. Es versteht sich dabei von selbst, dass die Akteure auf der Grundlage von Rollen und Rollenbedeutungen handeln. Damit ist die Beziehungsebene gekennzeichnet. Auf dieser Basis werden zugleich die kulturellen Inhalte thematisch gemacht, in denen es u. a. in organisierten Lernprozessen geht, z. B. um Mathematik oder die deutsche Sprache. Kommunikation ist also durch die Beziehungs- und die Inhaltsebene strukturiert.

In diesem Kontext ist Interaktion als eine erweiterte Kommunikation anzusehen (Watzlawick u. a. 1972, 50f), z. B. als Folge von Kommunikationssequenzen oder als der Oberbegriff von Kommunikation.

In einer gewissen Analogie zu den Naturwissenschaften und zur Technik sowie zur Informationstheorie kann Interaktion auch als ein System beschrieben werden, insofern die einzelnen Kommunikationsfolgen als Elemente aufgefasst werden, die miteinander in einer Beziehung stehen und Informationen enthalten. Es handelt sich hier also um ein soziales System. Soziale Systeme werden allgemein in der Literatur als offene Systeme in Bezug auf ihre Umwelt bezeichnet (Watzlawick u. a. 1972, 117ff).

System

Unter offenen Systemen werden in den Sozialwissenschaften Organisationen, Kollektive oder Gruppen verstanden, in denen die Interessen, Bedürfnisse und Intentionen, z. B. die Interpretationen der Akteure, in den Vordergrund des praktischen und wissenschaftlichen Interesses rücken. In diesem Sinn können Lehr- und Lernprozesse auch als Interaktionen bzw. als Abfolge von Kommunikationssequenzen angesehen werden.

offenes System

(3) Menschliches Handeln, i. e. S. soziales Handeln, kann als eine Lebenstätigkeit angesehen werden, die jeder Mensch vollzieht.

Im Folgenden wird auf Max Weber zurückgegangen, der in seinem Epoche machenden Buch „Wirtschaft und Gesellschaft" eine bis heute gültige Theorie des sozialen Handelns entwickelt hat. Im Anschluss an Weber wurde soziales Handeln mehrfach definiert. Es soll gelten:

Handeln

Handeln wird als ein sinnhaft aufeinander gegenseitig eingestelltes „Verhalten" beschrieben. Dabei wird angenommen, dass die Symbole, die in ihrer Eindeutigkeit weder sprachlich noch gestisch festliegen, der jeweiligen Situation entsprechend entschlüsselt werden müssen. Die Sinngebung und die Bedeutungsverleihung wird daher zu den grundlegenden Prozessen gerechnet, die Menschen erzeugen müssen. Dementsprechend wird in einer Didaktik, in der soziales und fachliches Handeln eine grundlegende Rolle spielt, diese Fähigkeit auch grundlegend zu erwerben und zu fördern sein.

Demzufolge heißt Lehren: Handeln zu organisieren bzw. für die Lernenden zu ermöglichen und zwar auf verschiedenen Ebenen: der fachlichen, der sozialen und der persönlichen Ebene. Dabei kann Handeln als äußeres und inneres Handeln verstanden werden. Auf eine pragmatische Formel gebracht hat diese Einsicht J. Dewey mit dem Slogan: „Learning by doing".

(4) Im Folgenden werden zwei Auffassungen vorgestellt, die in der didaktischen Diskussion eine Rolle spielen und die der Abklärung bedürfen.

Kritik

Mit dem Begriff „vernunftkritisch" wird auf den Vernunftbegriff von Immanuel Kant zurückgegriffen. Kritisch bedeutet danach, das Urteilsvermögen so einzusetzen, dass das Verhältnis von Mensch und Welt als ein Erkenntnisprozess zu begreifen ist, in dem allein die Urteile der Vernunft gelten. In seiner „Grundlegung zur Metaphysik der Sitten" aus dem Jahre 1785 hat Kant diese Auffassung präzisiert (Kant 1968, 28).

vernunftkritisch

Dem gemäß ist kritisches Handeln im Bereich der vernunftbestimmten Moral anzusiedeln, die als die Grundlage aller sozialen Regeln und Normen und damit auch der sozialen Beziehungen angesehen wird. Daher müssen auch alle kulturellen Lehr- und Lernprozesse, da sie alle im Medium der Moral spielen, den Vernunfturteilen folgen, d. h. diese entwickeln und realisieren.

In diesem Verständnis von kritisch ist der Intention nach gemeint, dass kulturelles und soziales Handeln an Prinzipien ausgerichtet werden sollte. Insbesondere in der Sozialisationsforschung zur moralischen Entwicklung und Urteilsbildung, wie sie u. a. von Jean Piaget und von Lawrence Kohlberg durchgeführt worden ist, spielt die Forderung der Entwicklung der moralischen Urteilsbildung – auch in Schule und Unterricht – eine große Rolle.

In der Didaktikdiskussion greift Klaus Schaller auf diesen Ansatz zurück. In seinem Buch „Einführung in die kritische Erziehungswissenschaft" sieht Schaller eine zentrale Aufgabe des Kritisch-Seins darin, das in die Kritik gekommene Vernunftdenken selbst einmal auszuhalten und in einen Diskurs, d. h. herrschaftsfreien Dialog, zu stellen (Schaller 1974, 27f).

Eine Umsetzung dieser Einsichten in eine emanzipatorische und/oder revolutionäre Praxis, wie sie in Anlehnung an den dialektischen Materialismus entwickelt wurde, verbietet sich Schaller. Kritisch heißt daher für Schaller: das Aufbringen und Aushalten aller Widersprüche im eigenen Denken, gleichviel auf welcher Ebene diese auftreten. Der vernunftorientierte Diskurs von Gleichgesinnten kann dabei eine große Hilfe sein.

gesellschaftskritisch Die gesellschaftskritische Auffassung wird u. a. von Mollenhauer vorgetragen. Er greift einerseits auf den aufklärerischen und emanzipatorischen Gehalt der Schriften von Kant zurück und betont die Notwendigkeit der Antizipation der Idee der Emanzipation zum Zwecke ihrer Umsetzung in Erziehungs- und Unterrichtsprozessen. Zugleich sieht er aber die Eingebundenheit aller Interaktions-, Kommunikations- und Handlungsprozesse in gesellschaftliche Vorgegebenheiten. Daher bedeutet kritisches Handeln auch die Herausforderung der eigenen Vernunft und des vernünftigen und sinnverstehenden Handelns unter dem Anspruch der Emanzipation. Dies hat zur Folge, dass sich pädagogisches und didaktisches Handeln in erster Linie kommunikativ vollziehen müssen. Andererseits müssen didaktische Bemühungen auch den Zwängen und den Verhinderungen, die in allen Organisationen, z. B. durch Bürokratisierung und Vorschriften, gegeben sind, entgegenwirken. Kritisch-didaktische Reflexion und entsprechendes Handeln haben also einerseits gegen die Verhinderungen von Emanzipation zu streiten, zu kämpfen und diese aufzuheben, und andererseits die emanzipatorischen Prozesse zu fördern. Dabei rückt Mollenhauer die handelnden Individuen in den Vordergrund.

K.-H. Schäfer geht in dem mit K. Schaller verfassten Buch „kritische Erziehungswissenschaft und kommunikative Didaktik" über diesen Ansatz noch hinaus (1976, 216). Ihr erkenntnisleitendes und praktisches Interesse setzt nicht primär an den handelnden Subjekten, sondern an den Interaktionsprozessen an. Damit treten die verschiedenen Ebenen der Interaktion in den Vordergrund. Im Kontext des umfassenden Interaktionsgeschehens kann die Thematisierung dieser Ebenen als kollektiver Rationalisierungsprozess verstanden werden, in welchem die einzelnen Subjekte überhaupt erst als Individuen und als Mitglieder des Interaktionsablaufs konstituiert werden. Dabei muss die Idee der Emanzipation als neuer Wert erkannt und in Handlungsnormen umgesetzt werden. In diesem Argumentationszusammenhang ist der Hinweis von Bedeutung, dass der kollektive Rationalisierungsprozess in den Fluss des gesamten geschichtlich-gesellschaftlichen Interaktionsprozesses eingebettet ist. Nur aufgrund dieser Einsicht in Geschichte und Geschichtlichkeit ist Emanzipation als geschichtlich-gesellschaftlicher und als individueller Wert aufzudecken.

3.3.2 Die Bedeutung von Kommunikation: P. Watzlawick u. a.

Aus den vorangegangenen Darlegungen ist unschwer die Bedeutung von Kommunikation hervorgegangen. Als symbolisch vermittelte Interaktion beruht Kommunikation nach Blumer, dem Begründer des symbolischen Interaktionismus, auf folgenden Prämissen (Blumer 1976, 81):

1. Menschen handeln aufgrund von Bedeutungen.
2. Die Bedeutungen entstehen in kulturellen und sozialen Interaktionen bzw. werden aus diesen abgeleitet.
3. Bedeutungen werden in den symbolisch vermittelten Interaktionen, also in Kommunikationen, gelernt, kreiert, ausgehandelt und benutzt, z. B. in Form von Gesten, Mimik und Sprache.

Auf dieser Grundlage hat Mead strukturelle Merkmale von symbolischer Interaktion entwickelt (Mead 1989, 117ff):

1. Die kleinste Handlungseinheit in jeder Kommunikation ist die Geste. Dazu zählen auch Mimik und Sprache.
2. Aufgrund von Gesten können Menschen Bedeutungen entwickeln.
3. Wird die Bedeutung von allen Akteuren geteilt, dann ist sie signifikant, d. h. sie ist konzeptbildend und handlungsleitend.

Auf diesen beiden Vorgaben beruhen die bekannten fünf „pragmatischen Axiome", die P. Watzlawick und Mitarbeiter formuliert haben (1972, 53ff). Diese Axiome werden im Folgenden an Beispielen in Bezug auf ihre didaktische Relevanz vorgestellt.

**fünf „pragmatische Axiome"
(Watzlawick)**

Fünf pragmatische Axiome der Kommunikation (Watzlawick u. a. 1972, 50ff)

1. „Man kann nicht nicht kommunizieren."
2. „Jede Kommunikation hat einen Inhalts- und Beziehungsaspekt."
3. „Die Natur einer Beziehung ist durch die Interpunktion der Kommunikationsabläufe seitens der Partner bedingt."
4. „Menschliche Kommunikation bedient sich digitaler und analoger Modalitäten. Digitale Kommunikationen haben eine komplexe und vielseitige logische Syntax, aber eine auf dem Gebiet der Beziehungen unzulängliche Semantik. Analoge Kommunikationen dagegen besitzen dieses semantische Potential, ermangeln aber die für eindeutige Kommunikationen erforderliche logische Syntax."
5. „Zwischenmenschliche Kommunikationsabläufe sind entweder symmetrisch oder komplementär, je nachdem, ob die Beziehung zwischen den Partnern auf Gleichheit oder auf Unterschiedlichkeit beruht."

1. „*Man kann nicht* nicht *kommunizieren*" (1972, 53). Dieses Axiom besagt, dass die Tatsache des menschlichen In-der-Welt-Seins auch grundlegende menschliche Äußerungen jedweder Art, z. B. körperliche oder sprachliche, nach sich zieht. Gleichviel auf welcher Ebene, mit welchen Ausdrucksformen und unter welchen Bedingungen diese Äußerungen zustande kommen, das Grundaxiom beinhaltet, dass auch die Unterlassung, z. B. das Schweigen, kommunikationstheoretisch als eine Äußerung angesehen werden muss, dessen Wirkung als kommunikative Äußerung – phänomenologisch gesprochen – auch zu beobachten ist. Hierbei muss an Max Webers Bestimmung vom sozialen Handeln erinnert werden, in der Weber darauf hinweist, dass auch die Unterlassung oder die Duldung Arten von sozialem Handeln darstellen (Weber 1972, 1); M. a. W.: Menschen handeln immer, und sie handeln immer aufgrund von Bedeutungen. Sie äußern sich also stets und ständig, reagieren und agieren in Bezug auf Äußerungen anderer. Sie sind sogar in der Lage, sich für sich selbst und vor sich selbst zu äußern. Darauf hat G. H. Mead hingewiesen. Er zeigt, dass Menschen auch sich selbst gegenüber ihre Ideen, Vorstellungen und Meinungen als Gesten anzeigen (Mead 1975, 192f). An diesen zentralen Parallelen ist zu erkennen, dass dem ersten Axiom insgesamt ein hoher Grad an Geltung zugesprochen werden kann.

2. Jede Kommunikation ist durch einen „*Inhalts- und einen Beziehungsaspekt*" (Watzlawick u. a. 1972, 53) strukturiert. Dieses Axiom besagt, dass auf der Inhaltsebene der Kommunikation jene Sachinformation vermittelt wird, von der der Kommunikant meint, dass sie, für andere oder für sich selbst zu wissen, von Bedeutung ist. Auf der Beziehungsebene kommt demgegenüber die Art und Weise zum Tragen, wie diese Information, z. B. sprachlich oder gestisch, „verpackt" ist, d. h. dargestellt wird. Die Autoren weisen mit Nachdruck darauf hin, dass die Beziehungsebene oft unbewusst zum Ausdruck kommt und auch auf dieser Ebene wahrgenommen wird. Nun ist die Beziehungsebene selbst aber auch eine Form von Information. Sie liefert nämlich die soziale Bedeutung, in dem die inhaltliche Information gesehen wird oder gesehen werden soll. Ein Beispiel soll das Gesagte verdeutlichen.

Eine Mutter geht mit ihrem 7-jährigen Sohn durch den Kinderladen. Der Sohn sieht ein Päckchen mit neuen Legobausteinen, läuft auf das Regal zu, nimmt das Päckchen an sich, zeigt es der Mutter und sagt: „O, wie toll." Auf der Inhaltsebene hat der Junge ausgedrückt, dass er die neuen Legosteine für gut befindet – eine ausgesprochen fachliche Art der Urteilsbildung – und dass er sie für sein Spiel geeignet hält. Auf der Beziehungsebene kann er zum Ausdruck bringen, dass er die Steine haben will – und zwar jetzt. Er kann der Mutter aber auch vermitteln wollen, dass er diese Steine schätzt. Er geht darauf hin auf seine Mutter zu. Dieses Hingehen zur Mutter wäre dann ein spontaner Ausdruck seiner Begeisterung und – aus seiner Sicht – das Zeichen gewesen, die Mutter an seiner Freude teilnehmen zu lassen. – Von der Mutter wird es nun abhängen, welche Beziehungsinformation sie ihrem Kind gibt. Das Beispiel nahm in der Wirklichkeit folgenden Fortgang: Die Mutter sagt zu dem Jungen: „Ja, schön, man kann dir das ja zum Geburtstag schenken." Diese Äußerung der Mutter, die auf die Äußerung des Jungen folgt, macht zusammengenommen die Interaktion in dieser Situation aus.

Watzlawick und seine Mitautoren stellen neben der Inhalts- und Beziehungsebene noch eine dritte Ebene, die metakommunikative Ebene, vor. Auf dieser Ebene werden die inhaltlichen Aspekte der Beziehungsebene thematisch gemacht;
d. h. dass die unbewusst geäußerten Beziehungselemente aufgedeckt, bewusst gemacht und hinsichtlich ihrer Intention und des Umgangs mit ihnen in der Gruppe
bearbeitet werden. Am vorgenannten Beispiel könnte das bedeuten, dass die Mutter keine Antwort gibt, sondern zurückfragt: „Ja – und?". Der Junge müsste dann
seine in der Beziehungsebene verborgene Intention zutage fördern, also verdeutlichen: ob er der Mutter vermitteln wollte, dass er das Spielzeug sofort gekauft haben wolle, ob er warten wolle bis zum Geburtstag, ob er nur die Mutter an seiner
Freude teilnehmen lassen wollte u. a. m. In pädagogischer und didaktischer Hinsicht sind alle drei Ebenen von Bedeutung.

Metakommunikation

3. „Die *Natur einer Beziehung ist durch die Interpunktion der Kommunikationsabläufe seitens der Partner bedingt"* (Watzlawick u. a. 1972, 61). Das vorbe-
schriebene Beispiel macht die Funktion der Interpunktion in Ereignisfolgen deutlich. Die Kommunikationssequenz von Junge und Mutter stellt gemäß der diesen
Ausführungen vorgegebenen Bestimmung eine Interaktion dar. Die Interpunktion,
d. h. Zeichensetzung, geschieht in diesem Beispiel durch die Mutter. Mit ihrer
Frage hält sie den Jungen zur Metakommunikation an. Sie könnte aber auch mit
der Aussage, „das bekommst du am Geburtstag", das soziale Zeichen setzen, dass
sie bestimmt, wann der Junge in den Besitz der neuen Legosteine kommen kann.
Mit dieser Interpunktion bringt sie ihre Autorität ins Spiel, d. h. sie bestimmt die
soziale Beziehung einseitig, indem sie klarlegt, dass nur sie den Zeitpunkt des Kaufs
bestimmt und dass der Junge dieser Anweisung Folge zu leisten bzw. gehorsam
zu sein hat. Die Interpunktion bezieht sich aber nicht nur auf die Zukunft, sondern
sie zielt auch auf die Situation selbst ab. Der Junge kann auf das bisherige positive Beziehungsverhältnis zu seiner Mutter vertrauen, das Päckchen mit den Lego-
steinen wieder ins Regal zurücklegen und dem Versprechen der Mutter glauben,
dass er die Legosteine zum Geburtstag bekommt.

Interpunktionen können als alltägliche und notwendige Regelungsmomente in
Interaktionen angesehen werden.

4. In dem vierten Axiom wird die Struktur der Kommunikation angesprochen. Damit sind die Weisen gemeint, in denen die Objekte dargestellt und zum Gegenstand von Kommunikation gemacht werden können.

> *„Menschliche Kommunikation bedient sich digitaler und analoger Modalitäten.
> Digitale Kommunikationen haben eine komplexe und vielseitige logische Syn-
> tax, aber eine auf dem Gebiet der Beziehungen unzulängliche Semantik. Ana-
> loge Kommunikationen dagegen besitzen dieses semantische Potential, erman-
> geln aber die für eindeutige Kommunikationen erforderliche logische Syntax"*
> (Watzlawick u. a. 1972, 68).

Unter digitaler Kommunikation wird eine differenzierte sprachliche Darstellung
der Botschaft sowohl auf der Inhalts- als auch auf der Beziehungsebene verstanden. Danach ist eine Information und ihre Übermittlung, z. B. nach grammatischen

**digitale und
analoge
Kommunikation**

und syntaktischen Gewohnheiten, geordnet. Analoge Kommunikationen bestehen demgegenüber aus Handlungen, Verhaltensweisen, wie z. B. Gesten und Mimik, oder aus Zeichnungen, in denen z. B. Gefühle der Lust oder Unlust in der Situation dem Beziehungspartner signalisiert oder zum Ausdruck gebracht werden. Dabei handelt es sich immer um verallgemeinerte Symbole, die also von allen Menschen verstanden werden, deren Bedeutungszusammenhang in spezifischen Situationen aber nicht immer sofort gesehen wird. Daher muss der verallgemeinerte Sinn auf die spezifische Situation hin erst entschlüsselt und interpretiert werden. Ein Beispiel soll das Gesagte verdeutlichen.

Immer wenn eine Mutter die Balkontür oder die Tür eines großen Schrankes öffnet, fängt ihr kleines Kind an zu weinen. Mit dem Weinen drückt das Kind z. B. seine Angst aus, dass die Mutter es verlässt, wie sie es tut, wenn sie durch die große Tür das Haus – und das Kind! – für eine bestimmte Zeit verlässt. Die Mutter mag in dieser Situation auf der digitalen Ebene antworten: „Ich bleibe doch da, du musst nicht weinen. Ich gehe nur auf den Balkon, um den Teppich auszuklopfen. Aber du musst schön drin bleiben, draußen ist es zu kalt für dich." Dieses beruhigende Ansprechen des Kindes und die rationale Erklärung sind aber in Bezug auf die emotionale Erregung des Kindes ohne Belang. Das Kind wird diese digitalen Aussagen in dieser Situation weder im Inhalts- noch im Beziehungsaspekt verstehen. Dies mag weniger damit zusammenhängen, dass das Kind noch nicht vollständig im digitalen System eingelernt ist, als vielmehr damit, dass es in dieser Situation primär seine Beziehungsebene zur Mutter und damit auch sich selbst und seine emotionale Befindlichkeit ins Spiel bringen will.

Dieses Beispiel lässt erkennen, dass sich rationale, z. B. fachliche Inhalte eher digital, Beziehungsaspekte dagegen eher analog vermitteln lassen. Zugleich wird aber deutlich, dass analoge und digitale Kommunikationsweisen in allen Situationen stets miteinander anzutreffen sind.

> „Wenn wir uns nun erinnern, daß jede Kommunikation einen Inhalt und einen Beziehungsaspekt hat, so wird deutlich, daß die digitalen und analogen Kommunikationsweisen nicht nur nebeneinander bestehen, sondern sich in jeder Mitteilung gegenseitig ergänzen. Wir dürfen ferner vermuten, daß der Inhaltsaspekt digital vermittelt wird, der Beziehungsaspekt dagegen vorwiegend analoger Natur ist" (Watzlawick u. a. 1972, 64).

5. Watzlawick beschreibt die Interaktionsabläufe wie folgt:

> „Zwischenmenschliche Kommunikationsabläufe sind entweder symmetrisch oder komplementär, je nachdem, ob die Beziehung zwischen den Partnern auf Gleichheit oder auf Unterschiedlichkeit beruht" (1972, 70).

Unter symmetrischen Beziehungen innerhalb von Interaktionen werden Rollenverhältnisse verstanden. Diese sind dadurch gekennzeichnet, dass es den Interaktionspartnern möglich ist, ihr Rollen- und damit auch ihr Beziehungs- und Sprachspiel chancengleich zu gestalten. Dies bedeutet zugleich, dass sie auf die „Verminderung von Unterschieden zwischen den Partnern" (69) aus sein können. Unter komplementären Interaktionen werden Rollenbeziehungen verstanden, deren Definition auf „sich gegenseitig ergänzenden Unterschiedlichkeiten" basiert (69).

Interaktionen und Interpunktionen werden im Alltag in der Regel als komplementäre Beziehungen realisiert. Dabei nimmt – wie dies am Beispiel der Mutter mit dem Sohn sichtbar wird – jene Person die situationsdefinierende Position ein, deren Rolle gesellschaftlich mit einem Mehrwert oder Vorteil ausgestattet ist. In diesem Falle ist es die Mutter. In anderen Beziehungsverhältnissen, wie z. B. Lehrer-Schüler-Beziehungen, wird die Alphaposition der Autoritätspersonen noch verstärkt. Dies kann die Legitimität, d. h. Rechtmäßigkeit ihrer Anordnung durch Gesetze, Ausbildungspläne, Prüfungsordnungen begründen und die Beziehungsdefinition – auch gegen Widerstreben des anderen – durchsetzen. Diese Form der Autorität wird Herrschaft genannt. Dadurch können Chancen zur Definition von Beziehungen auch autoritär genutzt werden.

Demgegenüber wird von einer Didaktik, die sich an Idee und Praxis der Interaktion orientiert, immer wieder die Symmetrie der Beziehungen in den Vordergrund gerückt. Demzufolge müssen in Theorie- und Modellbildungen sowie in der Praxis selbst Chancen eröffnet werden, symmetrische Beziehungen in Szene zu setzen. Zugleich müssen aber auch Fähigkeiten erworben werden, Beziehungsebenen und Metaebenen thematisch zu machen. Nicht zuletzt müssen organisatorische, rechtliche und andere Verhinderungen angegangen und aus dem Wege geräumt werden, damit einer symmetrischen Interaktion eine Chance gegeben werden kann. Auf diesen Zusammenhang weisen die Vertreter einer kritisch-kommunikativen Didaktik in besonderer Weise hin.

Haben Watzlawick u. a. auf die sozialpsychologische Bedeutung des Kommunikationsbegriffs hingewiesen, so Mollenhauer auf die sozialpädagogische und didaktische. Beide heben in der symbolischen Auffassung von Kommunikation und Interaktion die Chancen hervor, Lehr- und Lernprozesse offen zu gestalten, um den Reichtum und die Vielfältigkeit der Kultur und der Beziehungsformen zur Wirklichkeit zu bringen. Ihre Argumentationen gehen dabei stark vom Individuum aus, wobei sie aber – insbesondere Mollenhauer – den Einfluss der Gesellschaft nicht außer Acht lassen. In diesem Zusammenhang ist noch das Werk von Dieter Ulich „Pädagogische Interaktion. Theorien erzieherischen Handelns und sozialen Lernens" (1976) zu nennen. Ulich, der bereits durch die Markierung von drei Forschungs- und Betrachtungsebenen in der Didaktik bekannt ist, hebt insbesondere die persönlichkeitsbildende Kraft symbolischer Interaktionen hervor. Gerade mit dieser Aussage gewinnt diese Kommunikationstheorie eine hohe didaktische Relevanz.

3.3.3 Unterricht als Interaktion: R. Biermann

Stand in der bisherigen Theorie- und Modelldiskussion immer eine Schulklasse, also eine Großgruppe im organisierten Raum von Schule als rationaler Organisation Pate, so tritt bei Biermann aus der Perspektive einer „kommunikativen Bildung" der „Prozess kommunikativen Handelns" in den Vordergrund (Biermann 1976, 33 u. 32). Damit treten Klein- und Zweiergruppen, also die sozialen Mikrostrukturen von Face-to-face-Beziehungen ins Blickfeld. Drei Grundaussagen charakterisieren Biermanns Ansatz. Sie werden im Folgenden skizziert.

(1) Unterricht wird als ein Prozess kommunikativen Handelns umschrieben, der von den Beteiligten in Szene gesetzt wird. Im strengen Sinn ist darunter ein Interaktionsprozess zu verstehen, in welchem die Akteure sinnverstehend miteinander interagieren. Damit tritt zunächst die Beziehungsebene in den Vordergrund des analytischen und planenden Interesses. Ausdrücklich weist Biermann in diesem Zusammenhang darauf hin, dass sich „die Verständigung zwischen Lehrer und Schüler… nicht in einem reduzierten Sender-Empfänger-Modell" darstellen lässt (Biermann 1976, 46), sondern dass dieser Kommunikationsprozess als gegenseitige Verständigung aufgefasst werden muss. Daraus resultiert seine zweite Aussage:

(2) Die symbolische Interaktion dient in „besonderer Weise der Verständigung der am Unterricht Beteiligten" (Biermann 1976, 47). Damit werden sowohl die soziale Beziehungs- als auch die kulturelle Inhaltsebene der Interaktion thematisch.

(3) Die dritte Aussage lautet demzufolge:

„Der Inhaltsaspekt der kommunikativen Vermittlung strukturiert den Ablauf des Unterrichtsprozesses:

a) durch die schrittweise Vermittlung des Inhalts und

b) durch die mit dem Inhalt an die Teilnehmer des Kommunikationsprozesses gestellten Aufgaben" (48).

Biermann kann in diesem Punkt so interpretiert werden, dass die Förderung der Beziehungsebene, z.B. des sozialen Lernens, in den Dienst des fachlichen Lernens gestellt wird. Daher ist auch zu verstehen, dass die einzelnen Subjekte ihre Chan-

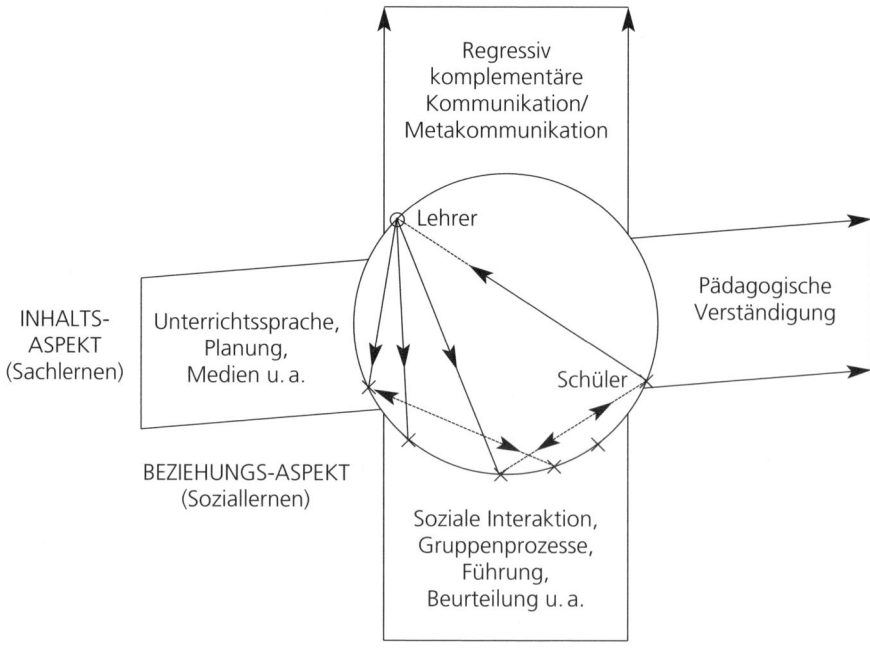

Abb. 21:
„Unterrichtliche Interaktion als Handeln der Klassengruppe" (Biermann 1978, 19)

ce zur Selbstdarstellung nur dann erhalten, wenn sie auch ihre lebensweltlichen Erfahrungen und ihr Vorverständnis von dem zur Rede stehenden Sachverhalt her zur Sprache bringen und nicht allein von ihren sozialen Erfahrungen mit diesen.

In der interaktiven Sichtweise von Unterricht müssen daher auch die autoritären Formen des Unterrichts in den Hintergrund und sozialintegrative Formen in den Vordergrund treten. Bei Letzteren handelt es sich um Sozialformen von Unterricht, wie z. B. Partnerarbeit, Gruppenunterricht, Teamteaching. Sie sollen das Interesse an gegenseitiger fachlicher und sozialer Verständigung hervorrufen, wach halten und fördern. Hinsichtlich der Unterrichtsplanung wird daher eine offene Unterrichtsplanung empfohlen und in Bezug auf den Unterricht die grundsätzliche Schülerorientierung vorgeschlagen. Abbildung 21 veranschaulicht den Zusammenhang der Vermittlungs-, Inhalts- und Beziehungsaspekte der Interaktion im Unterricht.

3.3.4 Die Betonung der Beziehungsebene für Analyse und Planung von Unterricht: D. Bosch u. a.

Auf dem Hintergrund einer empirischen Untersuchung zur Erprobung metakommunikativer Formen in der Grundschule entwickeln Bosch, Buschmann und Fischer Dimensionen sozialer Beziehungen im Unterricht. Sie nennen ihren Ansatz „Beziehungstheoretische Didaktik" (Bosch u. a. 1981) und rücken im Rahmen eines Modells, das an den symbolischen Interaktionismus angelehnt ist, die Beziehungsebene in den Vordergrund. Dabei werden Kommunikation und Interaktion als Lernprozesse verstanden, in denen es sowohl um fachinhaltliche als auch um soziale, d. h. Handlungs- und Verhaltensnormen geht. Organisierter Unterricht wird dabei als ein Interaktionsgeschehen betrachtet, der einer doppelten Zwecksetzung dient: 1. dem fachlichen Lernen im kognitiven Bereich, und 2. der Verhaltensmodifikation im affektiven und psychomotorischen Bereich (83). Die Autoren greifen dabei auf ein lerntheoretisches Konzept zurück und kombinieren dies mit interaktionstheoretischen Axiomen, wie sie z. B. von Watzlawick u. a. entwickelt worden sind.

Dementsprechend formuliert Bosch das erkenntnisleitende Interesse einer beziehungstheoretischen Didaktik: Darunter sei eine

„Didaktik verstanden als Theorie unterrichtlichen Handelns, das durch soziale Kontakte, Prozesse (Interaktionen) und Beziehungen bestimmt ist, die in der Auseinandersetzung mit einer Sache (einem Problem) im Schulfeld entstehen. Unterricht stellt sich als ein soziales Geschehen dar, das durch wechselseitige Beeinflussung und Durchdringung von Sachstrukturen und Beziehungsstrukturen zustande kommt und Richtung erhält. Es wäre – wenn die Eigendynamik des Geschehens vorangestellt wird – die Ableitung einer ‚Formel' möglich:

$U = Sa \times Hha \times Si \times Ak$:

Unterricht ist das Ergebnis der Einflüsse (Wirkungszusammenhänge) einer Sache (Sa), der Haltung der Beteiligten (Hha), der Situationen, in der die Auseinandersetzung mit der Sache stattfinden (Si) und der Aktionsformen (Ak), die für die Auseinandersetzung gewählt werden" (88).

Tab. 16:
„Planungsmuster einer beziehungs-theoretischen Antizipation von Unterricht (Bosch u. a. 1981, 89). Die Bezüge der aktionalen Analyse wurden nicht nummeriert, um den ständigen Wechsel-bezug zu allen anderen Aspekten der Analysebereiche A und B zu betonen.

A Ziel-, Problem-, Sachanalyse	B Beziehungsanalyse	C Aktionale Analyse
1. Bezug: Problembegegnung Zieldiskussion Zielentscheidung	**1. Bezug:** vorgegebene a) *Haltungen:* individuelle Dispositionen, Erfahrungen, Motivationen, Einstellungen bei Lehrern und Schülern b) *Situation:* Ort (Raum), Zeit, soziale Distanz, Wetterbedingungen, Stundenfolge	**Bezug:** Problemlösestrategien/ Gesamtplanung **Bezug:** Informations- und Aktions-formen: direkte/indirekte Informationsformen, Sozialformen, Differenzierungsformen
2. Bezug: Problemstrukturierung, Problementfaltung, Diskussion der Sachaspekte	**2. Bezug** wünschbare Haltungs- und Situationsänderung bei L und SS, Meinungs- und Kritikäußerung	**Bezug:** Arbeits- und Übungstechniken: fach- und problemspezifisch
3. Bezug: Problemlösung, Bearbeitung von Teilzielen	**3. Bezug** Handlungs- und Kommunikationsstrategien	**Bezug:** Medienwahl, Technische Hilfsmittel, Bücher, Arbeitsanweisungen, Materialien f. Experimente
4. Bezug: Transfer/Diskussion und Übertragung der Ergebnisse, Gesetze	**4. Bezug** Metakommunikation, Äußerung von Ich-Botschaften/Gefühlen	**Bezug:** Lehr- und Lernmaschinen Programme
5. Bezug: Internalisation/ Verinnerlichung der Ergebnisse, Prinzipien	**5. Bezug:** Neubestimmung der Beziehungsstruktur	

Mit der Sache ist die fachliche Dimension des Unterrichts bezeichnet. Unter Haltung werden individuelle Dispositionen und Motivationen, Gefühle, Strategien, aber auch soziale Wünsche, Sicherheit, neue Erfahrungen usw. verstanden. Die Situation wird u. a. durch den Raum, die soziale Distanz, die Zeit- und Klimabedingungen bestimmt. Die Aktionsformen sind u. a. durch direkte und indirekte Informationen, Medien, Arbeitstechniken, Sozialformen, Materialien definiert.

Die Analyse und Planung von Unterricht hat drei grundlegende Dimensionen: 1. Sachanalyse und Planung, 2. Beziehungsanalyse und Planung, und 3. aktionale Analyse und Planung (90ff). Die Dimensionen werden in Tabelle 16 verdeutlicht.

3.3.5 Unterricht als Kommunikationsprozess: W. Popp, H. Rumpf

Auch diese beiden Autoren gehen von der Interpretation von Unterricht als einem kommunikativen und interaktiven Zusammenhang aus. Sie greifen dabei primär auf die Theorie des symbolischen Interaktionismus sowie implizit auf die Beziehungstheorie von Watzlawick u. a. zurück. Dabei werden die politischen und gesellschaftlichen Zusammenhänge ebenso wenig verschwiegen wie die organisatorischen Zwänge, in die Schule und Unterricht in ihrer derzeitigen Realität eingebunden sind. Zugleich machen die Autoren deutlich, dass ihr didaktisches Interesse in der Humanisierung unterrichtlicher Praxis begründet ist. Die unterschiedliche Akzentuierung dieses Ansatzes wird im Folgenden skizziert.

In dem von Walter Popp herausgegebenen Sammelband „Kommunikative Didaktik. Soziale Dimensionen des didaktischen Feldes" stellt der Herausgeber in einem eigenen Beitrag sechs Aspekte der kommunikativen Didaktik vor. Diese sind: 1. der politische Aspekt, 2. der Aspekt der Handlungsforschung, 3. der interaktionspädagogische Aspekt, 4. der Aspekt der Metakommunikation, 5. der Aspekt der Handlungsfähigkeit, 6. der realistische Aspekt (Popp 1976, 12ff).

Popp

Ins Zentrum seiner didaktischen Erörterungen rückt Popp den interaktionspädagogischen Aspekt. Die pädagogische Bedeutung der Auslegung des Unterrichtsprozesses als Interaktionsprozess ist nach Popp darin zu sehen, dass Unterricht nicht als geschlossenes System oder als geschlossener Strukturzusammenhang verstanden werden kann, sondern als ein offener Lehr- und Lernprozess, in dem insbesondere die eigenständige Identitätsentwicklung der Lernenden im Mittelpunkt steht (Popp in Dohmen u. a. 1972, 49ff).

Dies hat zur Folge, dass didaktische Theorie- und Modellbildungen sowohl von einem schüler- als auch von einem lehrerzentrierten Unterricht Abstand nehmen müssen. Vielmehr geht es um den Unterricht, um seinen interaktiven Charakter und seine Funktion als Aufklärung von Welt (Popp 1976, 15).

Für den Aufklärungsprozess ist es von großer Bedeutung, dass auch die lebensweltlichen und biografischen Erfahrungen der Akteure zur Geltung gebracht werden. Allerdings wird diese Orientierung nicht subjektivistisch verstanden, sondern als ein lebensweltlicher Zusammenhang, in welchem die SchülerInnen auch in ihren Rollen außerhalb der Schule gesehen werden, z.B. mit ihren Alltagserfahrungen und -deutungen, ihrem Vorverständnis und ihren Missverständnissen. Daher könnte in gewisser Anlehnung an die bildungstheoretische Position formuliert werden, dass die kommunikative Didaktik das interpretative Verhältnis der Heranwachsenden zu ihrer Welt ins Zentrum rückt. Daher werden die SchülerInnen auch grundsätzlich als handlungsfähig angesehen. Aber diese Handlungsfähigkeit, die sie aus ihrem Alltagsleben mitbringen, soll sich unter neuen Aspekten, der Sach-, Selbst- und Sozialbegegnung, in der Schule bewähren, erweitern und auf andere Ebenen des Sinnverstehens, z.B. des prinzipien- oder regelorientierten Sinnverstehens, transformieren. Dabei wird es auch darum gehen, bereits festzustellende ideologische Fixierungen aufzulockern. Ein Gleiches gilt für die Lehrer und Lehrerinnen. Auch sie müssen lernen, von ihren zweckrationalen und traditionellen Theorie- und Modellvorstellungen von Lehren und Lernen abzusehen. Hier stellt sich die Frage, wie diese Ziele im traditionellen Klassenverband erreicht werden sollen.

An diesem Punkt setzt die Diskussion von Horst Rumpf an. In seinem Werk „Unterricht und Identität. Perspektiven für ein humanes Lernen" stellt Rumpf auf der Grundlage einer differenzierten Phänomenanalyse heraus, dass ein humaner und den demokratischen Leitideen verpflichteter Unterricht nur dann ans Ziel kommt, wenn für den schulischen Bereich die Identitätsbildung allgemein, d.h.

Rumpf

politisch und gesellschaftlich, von den Schulbehörden, den Lehrern und Lehrerinnen sowie den Eltern akzeptiert und auch in Szene gesetzt wird. Hier wird Lernen als ein Prozess der Herausbildung einer inneren Wirklichkeit verstanden, die sinnvolles und gesellschaftlich verantwortetes Handeln überhaupt erst möglich werden lässt. Lernen bedeutet die Überwindung intellektueller und emotionaler Hürden. In diesem Prozess treten auch Identitätsbedrohungen, z. B. in Form von Ängsten, auf. Lernen kann auch scheitern. Lehren nimmt dann die Form von helfender, beratender, betreuender und therapeutischer Hilfestellung an. Diese Hilfestellung muss aber an der jeweiligen Situation der Schüler oder Schülerinnen orientiert sein. Lehren gewinnt dabei über die fachliche und die soziale Dimension hinaus die Bedeutung einer identitätsfördernden Maßnahme. Wenn dies realisiert wird, dann entfaltet sich Unterricht zugleich als ein soziales Netz, in dem sich die Lernenden in der Auseinandersetzung mit der jeweiligen Sache bewähren können, ohne sofort Sanktionen und damit Behinderungen an ihrer Identitätsarbeit zu erleiden, wie dies z. B. in der Arbeitswelt und der verwalteten Schule der Fall ist. Schule und Unterricht haben in diesem Sinne noch keine Ernstfunktion in Bezug auf die berufliche Tätigkeit der SchülerInnen, wohl aber einen Ernstbezug hinsichtlich ihrer je eigenen Identitätsentwicklung und Biografie (Rumpf 1976, 165).

Daher geht es zum einen darum, die traditionellen, zweckrational orientierten Theorien und Modelle didaktischen Handelns durch kommunikative „Unterrichtsbilder" abzulösen. Zugleich sollen instrumentell-formale durch kommunikative „Spielarten" von Unterricht ersetzt werden. Im Interaktionszusammenhang von Unterricht selbst kann dies aber nun nicht bedeuten, Routinen, die aus instrumentell-formalen Unterrichtskonzepten erwachsen, zu vermeiden. Es geht vielmehr darum, diese zu durchschauen und sichtbar zu machen, um aufgrund der Einsicht in die realen Zusammenhänge einerseits und im Glauben an die emanzipatorischen Ideen andererseits, neue Formen pragmatischen Handelns und Interagierens zu entwickeln und zu erproben. Dabei kann davon ausgegangen werden, dass Heranwachsende immer schon in einem pragmatischen Auslegungszusammenhang ihrer Welt stehen, sei dies in ihrer individuellen Auseinandersetzung mit Welt, in der Gruppe der Gleichaltrigen oder in der Familie, an die ein solcher Unterricht anknüpfen kann.

neue didaktische Perspektive (Rumpf) Diese Einsichten, die u. a. aus phänomenologischen Studien, wie sie z. B. auch von Lippitz/Meyer-Drawe vorgetragen worden sind, führen nach Rumpfs Meinung zu einer neuen didaktischen Perspektive und zu einer neuen Einschätzung der Schüler- und Lehrerrolle; ebenso zu neuen Einschätzungen von Analyse und Planung von Unterricht. Für Rumpf ist der Lehrende immer schon in den Analyseprozess eingebettet, indem er nämlich seinen Unterricht reflektiert und ihn in größere Zusammenhänge stellt. Zwar ist der Lehrende im Alltag an Routine gebunden, z. B. in seiner Orientierung am Lehrplan, am Schulbuch oder an der Fachsprache. Dennoch entwickeln LehrerInnen auch die Perspektive der Identitätsförderung. In der Regel wird diese aber durch den Druck der Routine unterdrückt. Daher müssen LehrerInnen lernen, die Achtung vor der Persönlichkeit des Kindes als Grundwert zu erkennen und zu realisieren. Dieser Wert, der insbesondere in den angelsächsischen Gesellschaften und Schulen eine große Rolle spielt und der dort vor den Wert des fachlichen Lernens gerückt wird, bedürfte in Deutschland einer kräftigen Bewegung.

Rumpf lässt keinen Zweifel daran, dass es sich dabei nur um offene Konzepte von Unterricht handeln kann. Dies bedeutet allerdings nicht die Preisgabe von Planung; wohl aber die Verabschiedung routinierter Planungen und Zielstellungen. Lehrer und Lehrerinnen sollten daher eine Reihe von Planungsmodellen kennen und diese je nach Situation variieren. Dabei bilden ihre eigenen Beobachtungen und die Interessen der Schüler und Schülerinnen die Grundlagen für die Konzeptbildung für ihren Unterricht.

3.3.6 Der handlungs- und situationsbezogene Ansatz: K.-H. Flechsig und H. D. Haller

In diesem Ansatz wird Didaktik als Handlungswissenschaft verstanden, „d. h. als ein System der Aufklärung und Verbesserung didaktischer Praxis" (Flechsig/Haller 1975, 8). Dieses Interesse schließt ein, dass sich Didaktik als wissenschaftliche Disziplin auch um Selbstaufklärung und Verbesserung ihrer Theorien und Modellbildungen bemüht.

Im Zentrum dieses Ansatzes stehen die Begriffe Situation und Handeln: Situation wird sowohl als kleinste Forschungseinheit angesehen als auch als ein Phänomen, in dem mehrere Menschen in einem Handlungszusammenhang stehen. Damit scheidet die Schulklasse als Grundeinheit aus den Erörterungen aus. Eine Schulklasse kann als Feld bezeichnet werden. Als konstitutiv für die handlungs- und situationsbezogene Theorien- und Modellbildung der Didaktik wird die Kleingruppe angesehen. Daher weist dieser Ansatz auch über die Schulorganisation und den Unterricht hinaus und in andere pädagogisch und didaktisch relevante Arbeitsfelder hinein, wie z. B. Erwachsenenbildung, Sozialpädagogik, betriebliche Ausbildungszentren, in denen im Unterschied zur Schule primär in Gruppen gearbeitet bzw. unterrichtet wird.

Didaktisches Handeln unterliegt Interessen (Kap. 2.3.4). Die Ausführungen von Flechsig und Haller unterstehen technischen und praktischen Interessen. Die Autoren gehen davon aus, dass in einer zweckrational organisierten Berufswelt Kenntnisse und Fertigkeiten technischer Art notwendig sind. Zum anderen sind aber auch praktische und emanzipatorische Interessen in das berufliche Handeln einzubringen, um die sozialen, humanen und aufklärerischen Momente im Handlungsprozess zur Geltung zu bringen und um gegenseitige Verständigung – nicht nur Anweisung! – möglich zu machen. Die Grundinteressen sind auf verschiedenen Handlungsebenen zu realisieren. 1. Auf der Ebene der Gestaltung institutioneller, ökonomischer, personeller und konzeptioneller Rahmenbedingungen, 2. auf der Ebene der Gestaltung übergreifender Lehrplan- und Schulkonzepte, 3. auf der Ebene der Gestaltung von Lernbereichen und Unterrichtskonzepten, 4. auf der Ebene der Gestaltung von Unterrichtseinheiten, und 5. auf der Ebene der Gestaltung von Lehr-Lern-Situationen (Haller/Flechsig 1975, 14). Die Autoren machen deutlich, dass auf allen diesen Ebenen didaktisch gehandelt wird. Dabei kommen auch die unterschiedlichen Interessen ins Spiel. Nicht selten handelt die gleiche Person auf allen Ebenen, z. B. ein Lehrer, der zugleich in einer Curriculumkommission oder in einem kirchlichen oder parteilichen Organ tätig ist. Daher kann er als Multiplikator wirken.

offenes Modell   Um verantwortungsbewusst didaktisch handeln zu können, bedürfen die auf den verschiedenen Ebenen operierenden Personen eines Spielraums. Unter dieser Maßgabe muss die Organisation von handlungsorientiertem Lernen in der Form offener Modelle erfolgen, in denen sowohl ein technisches und praktisches als auch ein emanzipatorisches Handeln möglich wird (31).

Offene Modelle können aber nur dann in einem praktischen und emanzipatorischen Sinn verwirklicht werden, wenn eine optimale Kenntnis von Bedingungszusammenhängen bei den Organisatoren, z. B. den Lehrern oder Lehrerinnen, gegeben ist. Dies bedeutet im Klartext z. B. die differenzierte Kenntnis von Lerntheorien, Lernzieltexonomien, Klassifikationen von Lehr- und Lernzusammenhängen. Lehrende, die offenen Unterricht planen, müssen z. B. über folgende Klassifikationen von Lernen genau Bescheid wissen:

Klassifikationen von Lernen:

1. „Lernen durch Tun",
2. „Lernen durch Simulation und Spiel",
3. „Lernen durch Erkunden und Forschen",
4. „Lernen durch Lehren",
5. „Lernen mit audiovisuellen Medien",
6. „Lernen durch Vortrag, Gespräch und Diskussion",
7. „Lernen mit gedruckten Texten" (Flechsig/Haller 1975, 289).

Diese Vielfalt macht deutlich, dass handlungsbezogener Unterricht und eine handlungsbezogene Didaktik den Weg von einer vorwiegend ein- oder wenigdimensionalen Didaktik verlassen müssen, in welchen in erster Linie das Lernen durch Lehren oder durch Vortrag, Gespräch und Diskussion oder mit gedruckten Texten im Vordergrund steht. Stattdessen muss das Lernen durch weitere Medien und Vermittlungsformen ergänzt werden. Daher sprechen die Verfasser auch von einer Handlungsdidaktik, die auf dem Wege zu einer „multimedialen Didaktik" sei (301).

Eine multimediale Didaktik mit der Vielfalt von lernsituativen Formen und Interessen auf den unterschiedlichsten Handlungsebenen kommt den jüngsten Entwicklungen in allen Kulturen und Gesellschaften dieser Welt entgegen, insofern sich diese mehr und mehr multikulturell entwickeln (Kron/Sofos 2003). In diesem Sinne ist dieser vorgetragene Ansatz geradezu eine positive Ergänzung für eine „interkulturelle Didaktik" (Flechsig 1991, 1073ff).

Auf diesem Hintergrund kann z. B. im Bereich der Erwachsenenbildung eine „adressatenorientierte Didaktik" (Bönsch 1981, 32ff) angestrebt werden. In der Perspektive dieser didaktischen Theorien- und Modellbildung steht im Gegensatz zu der klassischen „Vermittlungsdidaktik" die situationsbezogene Arbeit mit Gruppen vor Ort im Zentrum. Hierbei tritt auch der Erwerb neuer Qualifikationen und Grundkompetenzen in den Vordergrund, wie z. B. kommunikative, interdisziplinäre und wissenschaftliche Kompetenz oder Animations- und Sachkompetenz (34).

Prämisse:

Der Erwachsene als autonomes Individuum mit unterschiedlicher Bewußtseinslage und unterschiedlichen Bedürfnissen/Interessen ist der Ausgangspunkt curricularen Denkens. Es kann kein schulähnliches, d. h. verordnetes Curriculum in der quartären Phase geben!

	Kommunikationskompetenz	*Interdisziplinäre Fachkompetenz*	*Lehrerqualifikationen*	*Animateurqualifikationen i. e. S.*	*Speziellere Fachkompetenzen bzw. Fertigkeiten*	*Ausbildungs-(Qualifikations-)bedürfnis*
Qualifikationen der Lehrenden	Sensibilität, Toleranz, Empathie, Toleranz in sozialen Fragen, Fähigkeit zu Gespräch, Selbstreflexion, Gruppendynamiktraining	Grundfragestellungen für vieles, speziellere Kenntnisse für weniges besitzen		Anregen, organisieren und Mut machen, Freude, Spaß verbreiten, lockern		
Bewußtseins-Bedürfnis-Skala	Suche nach Sinnorientierung Bewußtseinserweiterung	Interesse/Bedürfnis an neuen Kommunikationsformen, Lebensweisen	Interesse an Wissen über Gesellschaft, Kultur/Technik/Politik/Wissenschaft	Bedürfnis nach Abschlüssen wie Haupt-, Realschulabschluß, Abitur	Interesse an Freizeitaktivitäten, Bedürfnis nach Lebenserfüllung	Ausbildungsbedürfnis
Veranstaltungsformen	Wochenendseminare, Heimvolkshochschulwochen, Bildungsurlaub, Meditationszeiten	Gruppendynamische Seminare, Bildungsurlaub, Familienseminare, Stadtteilarbeit, Projekte	Vorträge, Vortragsreihen, Seminare, Kurse, Diskussionsformen	Lehrgänge, Semesterkurse, Schulungen, Abendschule Abendoberschule	Selbstorganisiertes Lernen, Spielen, Kurse, Lehrgänge, Exkursionen, Reisen, Theater, Konzert, Sport, Lesungen	Ausbildung, Training, Umschulung in Bereichen wie z. B. Schreibmaschine, Steno, Englisch, EDV, Techn. Zeichnen

Abb. 22:
„Adressatenorientierte Didaktik im Überblick"
(Bönsch 1981, 35)

Abbildung 22 veranschaulicht die verschiedenen Aufgabenfelder, die eine adressatenorientierte Didaktik, z. B. in der Erwachsenenbildung, wahrnehmen kann.

Ein großes und bereits bewährtes Feld der Anwendung dieses Ansatzes ist auch in der sozialpädagogischen Arbeit zu sehen. Hier ist die Arbeit mit Kleingruppen die Regel und der handlungs- und situationsbezogene Ansatz didaktischen Handelns ebenso.

Abbildung 23 zeigt das Verlaufsmodell didaktischer Arbeit im sozialpädagogischen Bereich. Aus der Grafik sind sehr gut die unterschiedlichen Funktionen zu erkennen, die in einer gelungenen Handlungs- und Situationsarbeit zur Realisierung kommen können.

Gegenüber diesen freien und selbstbewussten Formen und Möglichkeiten didaktischer Modellbildung ist die Schule ein vororganisierter Raum, in dem die Realisierung einer handlungs- und situationsbezogenen Arbeit nur bedingt möglich ist. Von den 60er Jahren an sind dennoch eine Reihe von Ansätzen im Schulbereich zu beobachten.

- Der revolutionäre Ansatz fasst den Handlungs- und Situationsbezug politisch. Mit ihm wird die gegebene Realität als Unterdrückungszusammenhang interpretiert. Der handlungs- und situationsbezogene Ansatz wird demzufolge als ein Instrument benutzt, die negativ interpretierte Realität zu sprengen und eine neue Wirklichkeit zu begründen. Beispiele dieses Ansatzes finden sich u. a. in der antiautoritären Erziehungsbewegung im Schulbereich (Kron 1973).
- Handlungsorientierung kann auch als Emanzipationsprozess des einzelnen Mitglieds der Gruppe und Gesellschaft verstanden werden. In diesem Fall ist die Einbeziehung der Lernenden in alle Phasen unterrichtlichen Geschehens die Voraussetzung. Dabei geht es primär um die Beförderung der Identitätsentwicklung (Rumpf 1976). In Organisationsformen drückt sich dieser Ansatz z. B. im offenen Unterricht, im Team teaching oder im Projekt aus (Kap. 4.6).
- Die Handlungs- und Situationsorientierung kann auch der Einübung in neue Lebenspraktiken und Techniken sowie in der Information neuer Kenntnisse liegen. Hier sind eher Interessen im Spiel, die Lernenden für zukünftige Berufssituationen qualifizieren. Diese Orientierung ist u. a. in Berufs- und Handelsschulen anzutreffen, wenn z. B. Simulationsformen, wie Fallmethode (Fallstudie), Rollenspiel, Planspiel, Projektmethode, Übungsfirmen und Lernbüroarbeit, den Unterricht ergänzen bzw. erweitern.

3.3.7 Der kritisch-kommunikative Modellentwurf: R. Winkel

Für Reiner Winkel steht der gesellschaftskritische Aspekt für die Entwicklung didaktischer Theorien- und Modellbildung sowie für die Lehr- und Lernpraxis im Vordergrund. Dabei greift er auf die Diskussion um eine kritische Erziehungswissenschaft zurück.

> „Die kritisch-kommunikative Didaktik fußt auf der Kritischen Erziehungswissenschaft, wie sie von *Gamm, Mollenhauer, Schaller* u. a. konzipiert wurde" (Winkel 1986, 83).

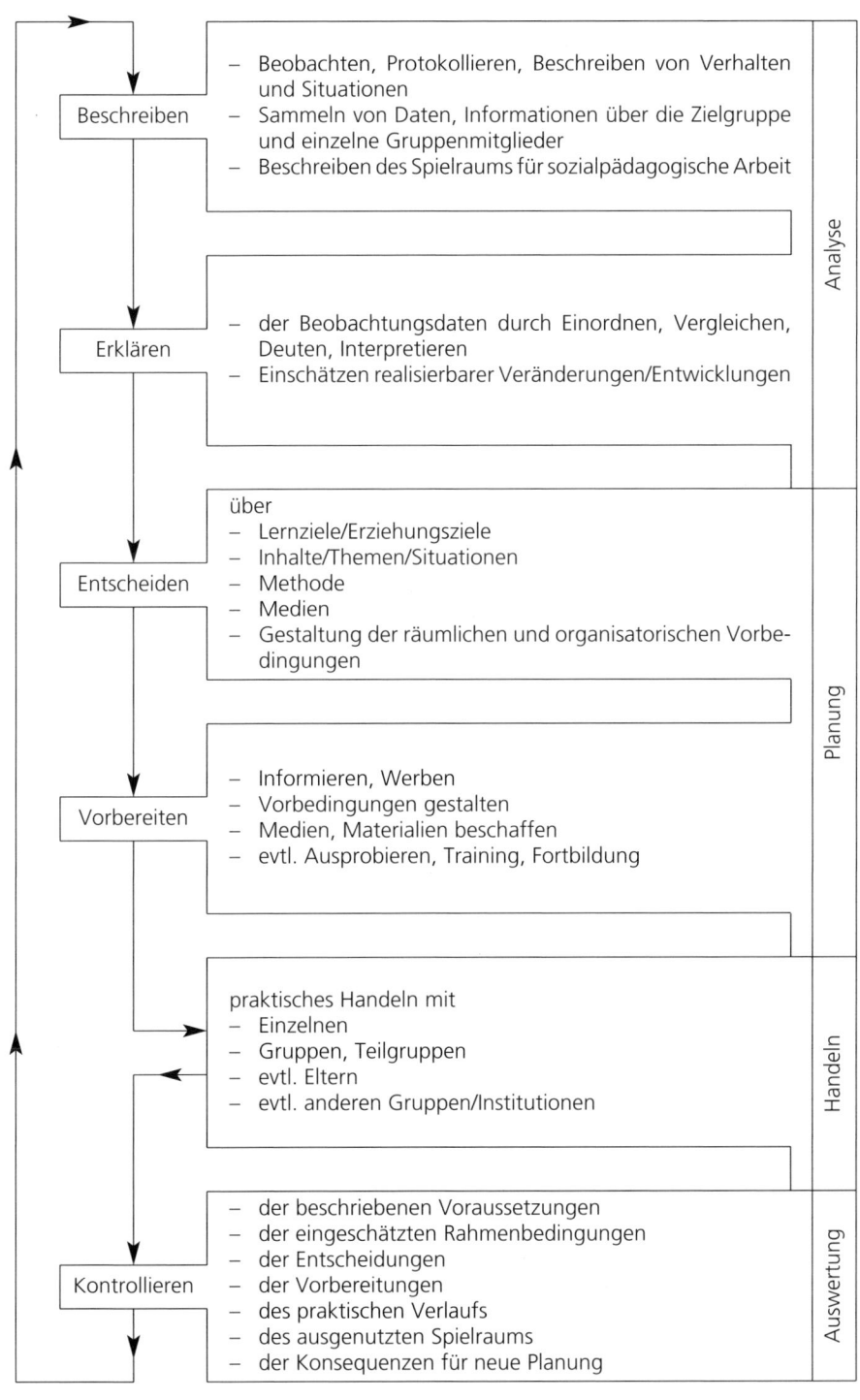

Beschreiben
- Beobachten, Protokollieren, Beschreiben von Verhalten und Situationen
- Sammeln von Daten, Informationen über die Zielgruppe und einzelne Gruppenmitglieder
- Beschreiben des Spielraums für sozialpädagogische Arbeit

Erklären
- der Beobachtungsdaten durch Einordnen, Vergleichen, Deuten, Interpretieren
- Einschätzen realisierbarer Veränderungen/Entwicklungen

Entscheiden
über
- Lernziele/Erziehungsziele
- Inhalte/Themen/Situationen
- Methode
- Medien
- Gestaltung der räumlichen und organisatorischen Vorbedingungen

Vorbereiten
- Informieren, Werben
- Vorbedingungen gestalten
- Medien, Materialien beschaffen
- evtl. Ausprobieren, Training, Fortbildung

Handeln
praktisches Handeln mit
- Einzelnen
- Gruppen, Teilgruppen
- evtl. Eltern
- evtl. anderen Gruppen/Institutionen

Kontrollieren
- der beschriebenen Voraussetzungen
- der eingeschätzten Rahmenbedingungen
- der Entscheidungen
- der Vorbereitungen
- des praktischen Verlaufs
- des ausgenutzten Spielraums
- der Konsequenzen für neue Planung

Analyse — Planung — Handeln — Auswertung

Abb. 23:
„Verlaufsmodell der didaktischen Arbeit"
(Martin 1989, 64)

„Kritisch ist diese Didaktik insofern, als sie vorhandene Wirklichkeit, die Ist-Werte unserer Gesellschaft eben nicht unkritisch akzeptiert, sondern – soweit dies Schule überhaupt kann – permanent zu verbessern trachtet, in Sollens-Werte zu überführen sucht" (79).

Daher müssen bei Theorien- und Modellbildung auf der einen Seite die Verzerrungen der im Grundgesetz und in den Ideen der Aufklärung zutage tretenden Menschenrechte herausgearbeitet werden. Auf dem Hintergrund dieses kritischen Potenzials kann nun auf der anderen Seite der Versuch unternommen werden, kommunikative Unterrichtsprozesse in Gang zu setzen. Dabei greift Winkel auf das Kommunikationsmodell von Watzlawick zurück. Er modifiziert dies aber insofern, als er in den Mittelpunkt der Kommunikation die gleiche Chance aller Akteure rückt, den Kommunikationsprozess sowohl auf der Beziehungs- als auch auf der Inhaltsebene zu bestimmen (Winkel 1986, 80). Die gesellschaftskritisch-didaktische Arbeit erstreckt sich dabei auf alle bekannten Faktoren, die den Unter-

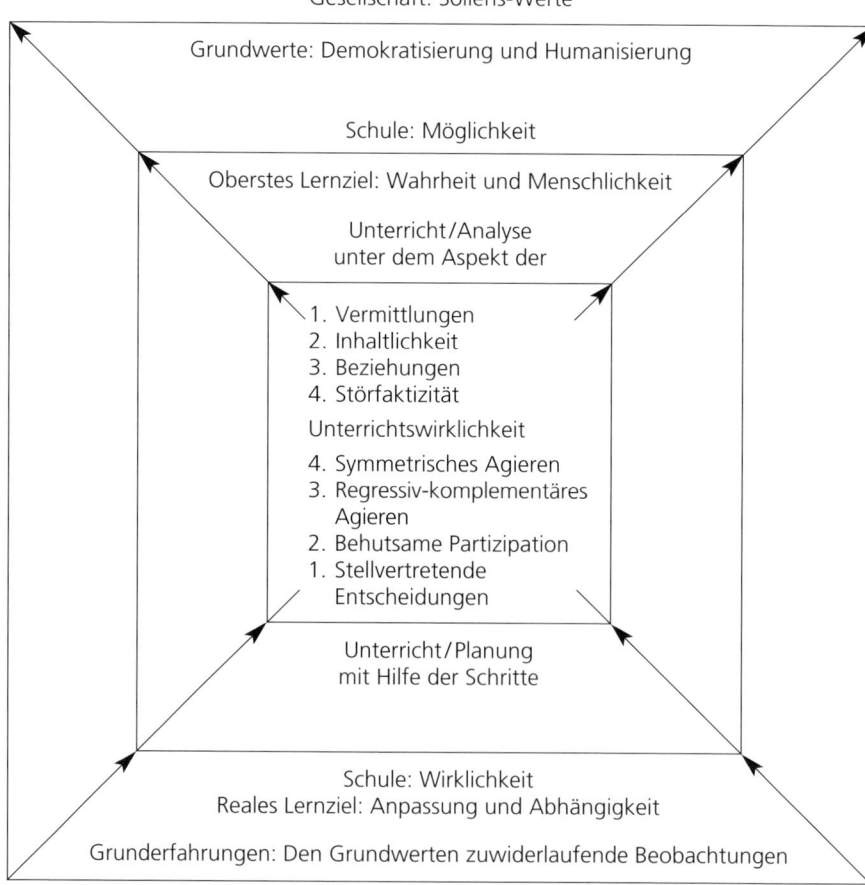

Abb. 24:
„Analyse und Planung von schülerorientiertem Unterricht" (Winkel 1988, 88)

richt bestimmen und die z. B. in der didaktischen Analyse Klafkis, im Berliner Modell Heimanns oder im Hamburger Modell von Schulz zu finden sind. Das besondere Interesse Winkels bleibt auf den Beziehungsaspekt gerichtet. Darin geht es ihm primär um die Förderung der Mitbestimmungsmöglichkeiten der Lernenden (Winkel 1988, 85).

Winkel sieht sehr deutlich, dass Unterricht und Schule der dreifachen Reproduktionsfunktion, nämlich der Qualifikation, Selektion und Legitimation (Fend 1977) unterliegen. Dessen ungeachtet aber bringt er zum Ausdruck, dass die Reproduktionsfunktion „kontrafaktisch" durchbrochen werden muss. Daher gilt das Hauptinteresse den Störfaktoren im Unterricht und den gesellschaftlichen Bedingungszusammenhängen, die emanzipatorischen Unterricht verhindern. Dennoch muss Unterricht in einem kritisch-kommunikativen Sinn geplant und die Beziehungsdimension vor den anderen Dimensionen in den Vordergrund gerückt werden. Dabei geht es auch um die Thematisierung der darin zutage tretenden Normen, Werte usw., also um „Metakommunikation" (Winkel 1986, 88).

Im Spannungsverhältnis von gesellschaftlicher Kritik und emanzipatorischem Anspruch ist denn auch das Analyse- und Planungsmodell der kritisch-kommunikativen Didaktik zu sehen. In Abbildung 24 wird das Modell vorgestellt.

In Bezug auf die Strukturbestimmung von Unterricht kennt Winkel, wie die vorgenannten Autoren auch, drei Aspekte, fügt aber noch einen bedeutsamen vierten Aspekt hinzu. Die vier Aspekte der Strukturbestimmung von Unterricht sind:

1. Vermittlungs-,
2. Inhalts-,
3. Beziehungsaspekt und
4. „störfaktorialer" Aspekt.

Abbildung 25 verdeutlicht diesen Strukturzusammenhang.

Interessant sind Winkels Ausführungen zu den vier Strukturaspekten von Unterricht, insofern er Konkretisierungen aufzeigt, deren Kenntnis die Basis für die Entwicklung von Konzepten sind (Winkel 1986, 86f).

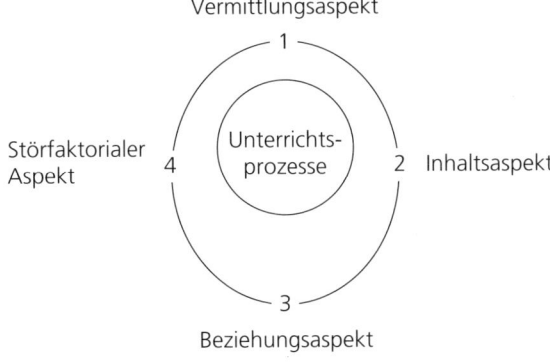

Abb. 25:
„Unterricht im Spiegel kritisch-kommunikativer Didaktik – Die vierfache Aspektierung des Unterrichts" (Winkel 1988, 87)

Vermittlungs-aspekt

Unter dem Vermittlungsaspekt werden u. a. genannt: 1. Lernbegriffe und Lernakte, z. B. darbieten, antworten, Impulse geben. 2. Medien, Lehr- und Übungsmittel, 3. Unterrichtsmethoden, z. B. Einzelarbeit, programmierte Unterweisung, Klassenarbeit, Hausarbeit, Großgruppenunterricht, Kleingruppenunterricht, Partnerarbeit, simulative Verfahren wie Rollenplan, Entscheidungsspiele, Lernspiele, Lehrerdarbietung, Schülerdarbietung, entwickelndes Lehrgespräch, lockeres Unterrichtsgespräch, Diskussion, Rundgespräch, Debatte, Experiment, Team Teaching; 4. Unterrichtsgliederung, z. B. stufige oder kommunikative Modelle, 5. Unterrichtsorganisation, z. B. innere oder äußere Umstände.

Inhaltsaspekt

Unter dem Inhaltsaspekt werden die Fachinhalte verstanden, aber auch die offiziellen und geheimen Curriculumsstrategien, Sacherfahrungen, Lernmethoden.

Beziehungsaspekt

Im dritten, dem Beziehungsaspekt, werden u. a. Elemente der sozialen Interaktion genannt: z. B. persönliche Stellungnahmen, Anweisungen, Hilfeleistungen, an bestimmte SchülerInnen gerichtete Lehrerinteraktionen, dirigierte oder kommunikative Formen der Interaktion.

störfaktorialer Aspekt

Die störfaktorialen Aspekte konkretisieren sich wie folgt:

Störungsarten: Disziplinstörungen, Provokationen, akkustische und visuelle Störungen, Störungen aus dem Außenbereich des Unterrichts, Lernverweigerungen – Passivität, neurotisch bedingte Störungen,

Störungsfestlegungen: vom Lehrer bzw. der Lehrerin, vom Schüler oder der Schülerin, vom Lehr- und Lernprozess her,

Störungsrichtungen: personale Schüler-, Schüler-Lehrer-Richtungen, objektive oder normative Richtungen,

Störungsfolgen: Stockung, Unterbrechung, Blockade, Verstimmung, organische oder psychisch-soziale Verletzungen, Rückwirkungen,

Störungsursachen: im gesellschaftlich-schulisch-unterrichtlichen- oder psychisch-sozialen Kontext.

3.4   System als Leitbegriff

Sind Bildung, Lernen und Interaktion als Leitbegriffe seit vielen Jahren bekannt, so ist die Diskussion um die Bedeutung des Systembegriffs in der Didaktik neueren Datums. Es bedarf daher zunächst einer Verständigung über den Systembegriff.

3.4.1 Zum Begriffsverständnis

Wie bereits im zweiten Kapitel erwähnt, zählt der Systembegriff zu den klassischen Ordnungsbegriffen der verschiedensten Wissenschaften, wo er zur Bezeichnung unterschiedlicher Einheiten und ihrer inneren Struktur- und Funktionszusammenhänge sowie ihrer Beziehungen nach außen, also zur Umwelt hin, verwendet wird. Hier sind u. a. zu nennen (Wörterbuch Psychologie 2000, 430 Stichwort System):

- deskriptive Systeme, z. B. die Klassifizierung von Pflanzen,
- technische Systeme, z. B. die vernetzte Datenverarbeitung,
- kybernetische bzw. Regelsysteme, z. B. die Heizung,
- Mensch-Maschine-System, z. B. programmiertes Lernen,
- interaktive Systeme, z. B. Flugüberwachung,
- soziale Systeme, z. B. symbolische Interaktionen, Kommunikationen, Handlungsabläufe.

In den Sozialwissenschaften werden soziale Systeme grundsätzlich als offene Systeme bezeichnet, insofern sie mit ihrer Umwelt in Beziehung stehen. In der Gegenwartsdiskussion sind zwei Grundauffassungen von System zu erkennen. Nach Luhmann handelt es sich dabei (1) um das strukturell-funktionale und (2) um das funktional-strukturelle System (1991a). Diese beiden Systeme sind unter erkenntnistheoretischen und analytischen Interessen entstanden. Ihnen stehen aber auch 3. Systemauffassungen zur Seite, die aus praktischen, z. B. therapeutischen Interessen entwickelt worden sind. Diese werden mit dem Begriff „systemisch" belegt (Weber 1996, 108ff).

Zu (1) Die strukturell-funktionale Systemauffassung kann als die klassische bezeichnet werden. Zu ihr können u. a. die kybernetische und die Auffassung von der logischen Struktur sozialer Systeme gerechnet werden. Als Hauptvertreter der klassischen Auffassung kann T. Parsons angesehen werden. Er legt seiner Auffassung die Struktur des sozialen Systems zugrunde und ordnet dieser die verschiedenen Funktionen zu, die im Wesentlichen die Differenzierung des Gesamtsystems und die Integration und Anpassung der Systemelemente bzw. der Subsysteme in das Gesamtsystem garantieren (Kron 2001, 109ff). Der Grund für diese Auffassung ist in Parsons erkenntnisleitendem Interesse zu suchen, das an der Frage nach der Reproduktion und damit an dem Gleichgewichtszustand der sozialen Systeme ausgerichtet war. Anschaulich wird dieses Interesse an der strukturellen hierarchischen Ordnung der Systeme bzw. Subsysteme und ihren vier Grundfunktionen: Anpassung, Zielerreichung, Integration, Aufrechterhaltung der Wertorientierungen (Kron 2001, 110ff).

strukturell-funktionales System

Zu den zentralen Annahmen von Parsons gehört der Zusammenhang von Systemen in den verschiedensten kulturellen und sozialen Bereichen und im individuellen Handeln. Handeln figuriert hier im mehrfachen Sinn. Zunächst ist es ein System wie andere Systeme auch, so dann ein Subsystem im übergeordneten System, z. B. im sozialen und kulturellen System, und sogar die Systembasis aus der das jeweilige Personsystem der Akteure erwächst. Im Handlungssystem kommen also soziales und kulturelles System mit dem Persönlichkeitssystem zusammen.

Der Ertrag dieser strukturfunktionalistischen Auffassung von System für die Didaktik ist denn auch in der Interdependenz von sozialem sowie kulturellem und persönlichem System zu sehen. Parsons sagt hierüber klipp und klar:

„Das wichtigste funktionale Problem hinsichtlich des Verhältnisses des sozialen Systems zum Persönlichkeitssystem involviert *lebenslanges Lernen, Entwickeln und Aufrechterhalten einer adäquaten Motivation* zur Partizipation an sozial bewerteten und kontrollierten Formen des Handelns" (Parsons 1986, 24).

Dabei unterstellt Parsons unter Inanspruchnahme des psychoanalytischen Modells zur Erklärung der Funktionen des „psychischen Apparats" (Freud), dass das „soziale und kulturelle Lernen stark durch das Engagement der Lustmechanismen des Organismus motiviert ist" (Parsons 1986, 24).

Für das Angebotssystem Unterricht und dessen Subsysteme, wie z. B. Gruppenarbeit, Individualisierung, bedeutet diese anthropologische Grundannahme ein Vielfaches: Herstellung von angenehmen Lernumgebungen (= Absage an öde Klassenräume); Herstellung von befriedigenden, personbezogenen sozialen Beziehungen (= Absage an formalisierte, statusorientierte Beziehungen); Bereitstellen von unterschiedlichen kulturellen und sozialen Lernangeboten, um in den – aufgrund unterschiedlicher Sozialisation – unterschiedlichen Personsystemen jeweils entsprechende Motivationen zu wecken und aufrecht zu erhalten (= Absage an normierte Angebote und ihre Durchsetzung für alle Mitglieder einer Klasse ohne Ansehung des individuellen Motivationssystems); Freiräume für persönlichkeitsadäquate Selbststeuerung beim Lernen zu ermöglichen (= Absage an dirigistische Formen des Lehrens und Lernens); Ermöglichung von Lehr-Lern-Zusammenhängen, die zu gemeinsamem und selbstverantwortetem Arbeiten an einer Sache und zum Projektieren von Arbeit führen (= Absage an bloßes Lernen um einer Note willen, Absage an formalisierte Formen des Lernen-Lernens und Absage an Lernen als Anhäufung von Wissen oder als Verstärkung von Verhalten).

funktional-strukturelles System

Zu (2) Im Unterschied zu Parsons ist das erkenntnisleitende Interesse der modernen Systemtheoretiker, an deren Spitze N. Luhmann steht, darauf gerichtet, die Differenz sozialer Systeme zu ihrer Umwelt zu erklären. Auch dieser Ansatz geht von der Interaktion zwischen sozialen Systemen und ihrer Umwelt aus. Im Unterschied zu Parsons, der die Anpassungsleistung des sozialen Systems an die Umwelt durch Integration und systeminterner Verarbeitung von Außenelementen zum Zweck der strukturellen Systemstabilisierung beschreibt, hebt Luhmann die Funktionen des Systems hervor. Nach Luhmann (1991b) sind dies insbesondere die Funktionen der Variation, Selektion und Retention (= reproduktive Stabilisierung). Aufgrund dieser Funktionen benutzt das soziale System die für seine Zwecke wichtigen Elemente aus der Umwelt, ohne dabei auf die Intentionen, Ziel- und Zwecksetzungen der Umwelt einzugehen. Es ist durch die Funktionen, insbesondere durch die Selektionsfunktion, quasi autonom und selbsteferenziell; m. a. W. es konstituiert die Informationen aus seiner Umwelt für sich selbst zu eigenem Wissen und Können, die ihm als System einen höheren Grad an Selbststeuerung ermöglichen. Das soziale System bestimmt, erhält und entwickelt sich also nicht durch Anpassung, sondern durch Selektion. Diese Erkenntnis wird auch durch aktuelle neurobiologische Forschungen gestützt (Kap. 4.4).

In Bezug auf didaktische Fragestellungen wird in dieser Auffassung von System dem lernenden bzw. dem erkennenden, denkenden und aktiv handelnden Subjekt ein hoher Rang beigemessen, insofern es die Gegenstände und die Formen der Befassung mit diesen selbst konstituiert. Gleichviel auf welcher Ebene der Persönlichkeit sich diese Gegenstands- und Methodenkonstitution abspielt, immer ist das menschliche Gehirn beteiligt, wie die Forschungen aus der Neurobiologie zeigen (Kap. 4.5). Diese anthropologische Grundannahme stellt an die

Organisation von Lehr- und Lernprozessen neue und hohe Anforderungen, die über die bei Parsons gezogenen Schlussfolgerungen hinausgehen. Das bedeutet z. B., die Schule und den Unterricht zu anderen Arbeits-, Lebens- und Erfahrungsfeldern hin zu öffnen, um Ressourcen von außen in das Schul- und Unterrichtssystem einbringen zu können (Kron 2001, 305ff). Ansätze hierzu bietet die Arbeit mit den Neuen Medien, insbesondere mit Computer und Internet (Kron/Sofos 2003).

Zu (3) Die systemische Auffassung geht von der strukturellen und funktionalen Annahme aus, dass das Handeln eines Menschen als gegenseitige Beeinflussung aller Subjekte und Objekte in einem lebendigen sozialen System, z. B. Familie, zu verstehen ist. Das bedeutet für systemische Analyse, Therapie und Arbeit in einem sozialen System, stets das ganze System und alle seine Teile in ihrer Interdependenz zu sehen. Damit steht in Therapie, Erziehung und Unterricht nicht mehr die einzelne Person im Zentrum aller Bemühungen, sondern das gesamte Ensemble. Hilfe für den Einzelnen bedeutet daher die Aktivierung der Mitglieder des gesamten sozialen Systems, um dem Einzelnen Handlungschancen zu ermöglichen, sich selbst zu helfen. Die hier unterstellte Anthropologie fasst den Menschen in einem positiven Sinn als eigenen Kapitän und Steuermann in seiner Umwelt auf.

systemische Auffassung

3.4.2 Der kybernetische Theorie- und Modellentwurf: F. v. Cube

In einem bemerkenswerten Gesamtwerk vertritt Felix v. Cube einen kybernetischen Ansatz von Didaktik, der mit dem klassischen Systembegriff verknüpft ist. Seine Arbeiten sind auf dem Hintergrund einer breiten Diskussion zu sehen, die Mitte der 60er Jahre beginnt und die in der Gegenwart durch die Arbeit mit dem Personalcomputer in den Lehr- und Lernbereichen wieder neu belebt wird. Einige dieser Diskussionsdimensionen seien im Folgenden skizziert (Frank 1969; Itelson 1967; v. Cube 1965; Klauer 1973):

- Bei der Einschätzung der gesellschaftlichen Entwicklung kommt v. Cube zu der Einsicht, dass die Technologie zur rationalen Bewältigung von didaktischen Problemen beitragen kann (v. Cube 1965, 172ff).
- Diese Einschätzung beeinflusst auch das Wissenschaftskonzept v. Cubes. Wissenschaft bestimmt sich für v. Cube positiv; d. h. die Welt wird dem rationalen Kalkül der Wissenschaft als reales Objekt gegenübergestellt. Die Welt ist zu erklären aufgrund rational geplanter Hypothesen und Methoden. Dieser in der Literatur als empiristisch oder positivistisch bezeichnete wissenschaftstheoretische Ansatz (Ströker 1982) unterliegt einem technischen Interesse an wissenschaftlicher Erkenntnis und Verfügbarkeit dieser Erkenntnis zum Zwecke der Optimierung oder Rationalisierung individueller und gesellschaftlicher Prozesse.
- Diese Auffassung spiegelt sich in der Bestimmung von Didaktik und ihrer Theorie wider. Hier stehen nicht die Inhalte, sondern die Funktionen im Vordergrund (v. Cube 1965, 41). Gemäß dem technischen Interesse, das der Wissenschaft und ihrer Erkenntnis entgegengebracht wird, wird unter Didaktik

Didaktik
(v. Cube)

„die Wissenschaft von den prinzipiellen Eingriffsmöglichkeiten und Konstruktionsmöglichkeiten im Bereich individueller und sozialer Lernprozesse des Menschen" (173) verstanden.

■ Eine besondere Rolle spielen dabei die behavioristischen Lerntheorien (72ff). Hier greift v. Cube insbesondere auf die Forschungsergebnisse von Skinner zurück (Kap. 4). Er hebt dabei die Elemente der Steuerung von erwünschtem Verhalten hervor.
Erziehung und *Unterricht* erscheinen in diesem Kontext als organisierte Steuerungssysteme (v. Cube 1972, 117ff, 125ff).

■ Die mit der Steuerung von Verhalten einhergehende Verhaltensänderung wird im behavioristischen Sinn als Lernen bezeichnet. Wiederum weist v. Cube darauf hin, dass es ihm bei dem Lernbegriff nicht auf die Inhalte, die im Lernprozess transformiert werden, ankommt, sondern auf die Funktionen und Strukturen (v. Cube 1965, 83). Dabei zielt sein wissenschaftliches Interesse auf Formalisierung und Verallgemeinerung ab, um dem Modell einen größtmöglichen Anwendungsbereich zu sichern.

■ Dieses Interesse führt dazu, dass v. Cube auf die Informationstheorie und die darin grundgelegte Mathematisierbarkeit und Steuerung von technischen, organischen und sozialen Systemen zurückgreift. Unter dem didaktischen Interesse kommt es v. Cube bei der Verwendung der Informationstheorie darauf an, sie ebenso zur Optimierung von Lehr- und Lernsystemen wie die behavioristische Lernpsychologie zu verwenden. Diese bezieht sich sowohl auf Einzelne als auch auf Gruppen. Ermöglicht wird dieser Transfer durch das Kommunikations- oder Informationsmodell aus der Nachrichtentechnik, das instrumentell und monokausal nach dem Sender-Empfänger-Prinzip definiert wird. Zur näheren Erklärung dieses Sender-Empfänger-Modells verweist v. Cube ausdrücklich auf den Erfinder der Nachrichtentechnik Norbert Wiener und dessen Werk „Kybernetik, Regelung und Nachrichtenübertragung in Lebewesen und Maschinen".

■ Die vorgenannten Momente beschreiben Begriff und Funktion von Kybernetik in einem allgemeinen Sinn:

Kybernetik

Auf dieser Basis kann Kybernetik als eine Disziplin verstanden werden, die sich mit der Analyse der Struktur von Regelungsprozessen jedweder Art und mit deren Nachahmung durch entsprechende in der Regel elektronisch gesteuerte Apparate unter Einbeziehung der Informationstheorie befasst (Wörterbuch Psychologie 2000, 276 Stichwort Kybernetik).

Informationstheorie

Die Informationstheorie ist eine mathematische Theorie, mit deren Hilfe Ereignisse und Prozesse im Kommunikations- und Regeltechnikbereich systematisch erfasst werden können. Sie arbeitet mit dem binären Ziffernsystem, damit z. B. Informationen und Nachrichten im Kommunikationszusammenhängen bzw. -systemen eindeutig definiert werden können. Damit kommen Phänomen und Begriff des Systems ins Spiel.

System (kybernetisch)

Im vorliegenden Zusammenhang wird unter System die abstrakte Darstellung 1. von Wechselwirkungsmerkmalen und Regelungsstrukturen physikalisch-technischer und biologischer Prozesse (kybernetische Systeme), 2. von Prozesselementen, die aktiv sind und sich gegenseitig beeinflussen (= geschlossenes System), 3. von Prozesselementen, die aktiv sind, sich gegenseitig beeinflussen und von Umweltbedingungen beeinflusst werden (offenes System) verstanden. Alle Prozesse, in denen Menschen involviert sind, können als offene Systeme definiert werden, seien dies physiologische, psychologische, kulturelle oder soziale Prozesse, immer strebt das jeweilige „System" danach, eine Balance zwischen dem eigenen Organismus und den Umwelteinflüssen herzustellen (= Fließgleichgewicht). In den Sozialwissenschaften, zu denen auch die Didaktik zählt, wird der Systembegriff verwendet, um das mehr oder weniger geregelte oder auch gestörte Miteinander von Menschen in Bezug auf den Ausgleich oder die Durchsetzung von Interessen oder die Anpassung an die Umweltbedingungen oder Aufgaben zu erklären. In diesem weiten Sinn der Definition wird hier vom *sozialen System* oder *Handlungssystem* gesprochen, die als *offene Systeme* zu bezeichnen sind.

Unter einem Modell versteht v. Cube eine mathematische Theorie oder Teiltheorie zur Erklärung von Vorgängen in jedweder Realität (v. Cube 1965, 44). Die Verwendung mathematischer Formeln ist nach v. Cube deshalb zwingend notwendig, um einen möglichst großen Formalisierungsgrad zu erhalten, der eine optimale Anwendung in den verschiedensten Bereichen ermöglicht. Realitäten werden dabei als Systeme definiert, gleichviel um welchen Lebensbereich es sich handelt: sei dies der technische, der individuelle, der soziale oder der sprachliche. Immer kommt es darauf an, die Prozesse, die in den jeweiligen Systemen ablaufen, mit Hilfe kybernetischer Denkmodelle zu erfassen.

Modell
(v. Cube)

Unter kybernetisch-didaktischer Betrachtungsweise können mithin individuelle und soziale Systeme als Zusammenhänge von Realität verstanden werden, deren Elemente sich stets in Funktion mit anderen Elementen oder Systemen befinden, und die innerhalb des jeweils eigenen Systems danach streben, einen Gleichgewichtszustand herzustellen (Wörterbuch der Kybernetik 1967, 353ff Stichwort Kybernetisches System). Dabei spielen eine Reihe von Grundelementen eine Rolle, die im so genannten Regelkreis dargestellt sind. Dieser wird bei v. Cube auch zur Strukturbeschreibung von Unterricht und insbesondere Lernen herangezogen.

3.4.3 Der systemrationale Ansatz: E. König und H. Riedel

Eine systematische Weiterführung erhält das kybernetische Modell durch seine Definition als System. Ernst König und Harald Riedel rücken den Systembegriff, der ja auch v. Cubes Theorienbildung strukturell zugrunde liegt, in das Zentrum der Theorienbildung. Riedel greift zudem auf die Modellbildung von Heimann zurück, in der der Systembegriff bereits implizit neben dem zentralen Lernbegriff gebraucht wird.

System wird von Riedel als eine Menge von Relationen zwischen einzelnen Elementen bestimmt. Diese haben eine bestimmte Funktion bzw. Funktionen inne. Relationen und Funktionen machen die Struktur des Systems aus. König und Riedel greifen dabei auf die logische Struktur des klassischen Systembegriffs zurück.

Aufgrund der formalen Systemlogik legen sie fest, dass Unterricht als ein System begriffen werden kann (König/Riedel 1976, 102). Diese Bestimmung gilt auch

**Unterricht
als System**

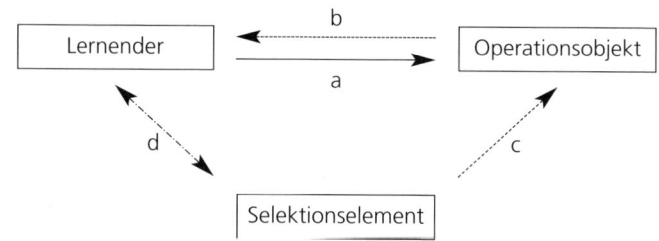

Abb. 26:
„Geregelte
Lernsituation mit
direkter Initiation"
(König/Riedel 1976, 25)

für alle Subsysteme, die den Unterricht strukturieren, z. B. die einzelnen Unterrichtssequenzen, die Situationen des Unterrichts, gleichviel welcher Art diese sind. Das kleinste System bildet der Lernbezug des Schülers bzw. der Schülerin zum Unterrichtsinhalt, von Riedel auch Operationsobjekt genannt. „Das wichtigste, im Unterricht enthaltene System ist die Lernsituation" (102). Diese wird durch den Lehrer bzw. die Lehrerin, auch Selektionselement genannt – weil er bzw. sie die Auswahl der Operationsobjekte trifft –, geregelt. Dadurch ist die Lernsituation nicht mehr zufällig, – wie z. B. im Alltag –, sondern systematisiert. Das nachstehende Schaubild verdeutlicht diesen Zusammenhang.

System und Subsysteme

Der Unterricht besteht aus einer Komplexität von Systemen und Subsystemen. So gesehen komplizieren sich die Lernsituationen der einzelnen Schüler und Schülerinnen beim Lernen im Klassenverband erheblich. Zudem brauchen einzelne SchülerInnen und/oder Gruppen zusätzliche Lernangebote. Ein Gleiches gilt für den Lehrer. Je größer die Gruppe oder Klasse, um so schwieriger sind für ihn die Vielzahl der Subsysteme, z. B. Cliquen, zu durchschauen und die Komplexität so zu reduzieren, dass Lernen möglich wird. Dabei versagen auch die herkömmlichen Disziplinierungsmaßnahmen und die im derzeitigen Schul- und Klassensystem üblichen Lernarrangements, wie z. B. Individualisierung, Gruppenarbeit, Lernen mit Lernprogrammen. Die Autoren empfehlen systemadäquate zusätzliche Lernangebote für einzelne SchülerInnen und Gruppen. Diese werden Hilfsoperationsobjekte genannt, die den Lernprozess in die erwünschte Richtung bringen oder verstärken sollen. Abbildung 27 zeigt die Faktorenkomplexion mit zwei Schülern und das systemtheoretische Reduktionsmuster.

Die Autoren betonen an mehreren Stellen, dass Funktionen und Relationen aller Elemente dem Ziel dienen, gewünschtes Lernen zu erzeugen (König/Riedel 1976, 14).

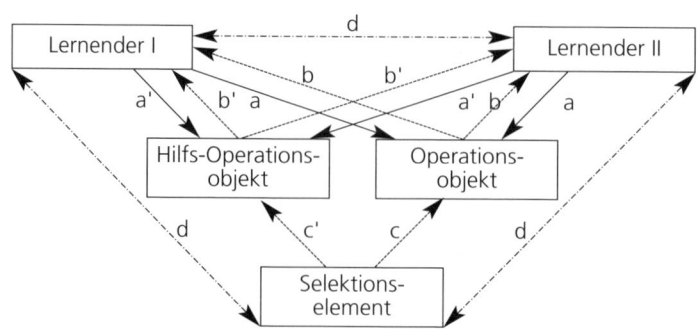

Abb. 27:
„Geregelte indirekt
initiierte Lernsituation
mit zwei Lernenden"
(König/Riedel 1976, 30)

Die Skizzierung des theoretischen Ansatzes zeigt, dass die systemtheoretische Begründung der Didaktik als Theorie-Entwurf bezeichnet werden kann, denn in dem handlungsorientierten Interesse der Autoren vermischen sich immer wieder Theorie- mit Modellelementen und mit Intentionen. Dies gilt auch in Bezug auf die Funktionsrichtungen der Analyse und Planung von Unterricht. Das erkenntnisleitende Interesse zielt daher primär auf die Erhöhung der Rationalität bei der Planung und auf eine Optimierung der Lernprozesse in der Praxis ab. Gemäß diesem erkenntnisleitenden Interesse rückt der Lernende in seiner Lernsituation ins Zentrum (20ff) und mit ihm – didaktisch gesehen – die Initiierung von Lernprozessen, von Riedel Interoperationen genannt (Riedel 1979, 24).

Zur lernpsychologischen Begründung greift Riedel sowohl auf den Behaviorismus als auch auf die kognitive Psychologie zurück. So unterscheidet er unterschiedliche Arten des Denkens, die den Lernprozess strukturieren. Gemäß den verschiedenen Formen des Denkens bzw. Verhaltens ist der Unterricht zu arrangieren; m. a. W. eine Unterrichtsplanung hat darauf zu achten, dass ein reichhaltiges und differenziertes Lernangebot gemacht wird, um möglichst viele Lernebenen bei den unterschiedlichsten Lerntypen anzusprechen. Kommunikationstheoretisch gesprochen könnte gesagt werden, dass das Angebot auf verschiedene Denkleistungen abzielt und dass dadurch eine Reduktion von Information erreicht werden soll, die in einer Herausbildung höherer kognitiver Schemata oder Verhaltensweisen besteht. Die Grafik zeigt die verschiedenen Ebenen des Denkens, die im Unterricht angesprochen werden sollen.

Die Komplexität des Planungsvorhabens wird von Riedel auf eine einfache Formel gebracht, wie die nachstehende Grafik zeigt. Dabei kommen dem Lehrer bzw. der Lehrerin eine Reihe von Funktionen zu, die aus anderen Planungsmodellen bereits bekannt sind. Auch die Ist-Soll-Relation zur Bewertung des Lernergebnisses

---

Interoperationen
(unterschiedliche Arten des Denkens)

divergent denken:	die Lernenden denken nach vielen verschiedenen Richtungen, um vielfältige und neuartige Ergebnisse zu gewinnen
konvergent denken:	die Lernenden wenden ihre Kenntnisse an, um ein bestimmtes (für sie) neues Ergebnis zu gewinnen
auswerten:	die Lernenden vergleichen erkannte und/oder erinnerte Sachverhalte, um sie auf gegenseitige Entsprechungen bzw. Unterschiede zu untersuchen
speichern:	die Lernenden bewahren einen anerkannten Sachverhalt im Gedächtnis
erinnern:	die Lernenden werden sich eines im Gedächtnis bewahrten Sachverhalts bewußt
erkennen:	die Lernenden werden sich eines Sachverhalts aus der Umwelt bewußt

Tab. 17:
„Differenzierung der Interoperationen"
(Riedel 1979, 24)

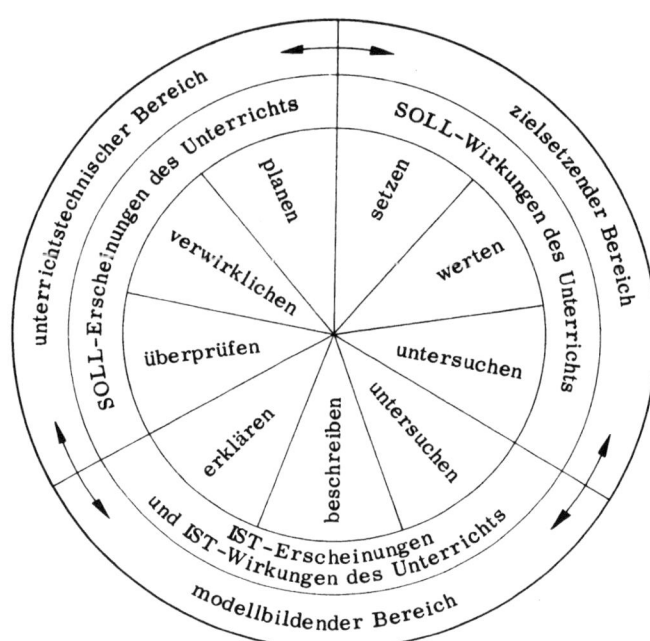

Abb. 28:
„Funktions- und
Relationsmodell zur
Unterrichtsplanung"
(Riedel 1979, 57)

ist im Spiel. Neu an diesem intentionalen Modell, das zugleich auch als Ausdruck der Aufgabenbereiche der Didaktik begriffen wird, ist das Moment der modellbildenden Wirkung von Unterricht. Hierzu zählt nicht zuletzt der Lehrer oder die Lehrerin.

Die Vielfältigkeit der Planungsaspekte halten Riedel und König deshalb für notwendig, damit die Lehrenden flexibel auf die individuellen Reaktionen und Aktionen der Lernenden reagieren können. Sie weisen besonders darauf hin, dass ein Planungskonzept nicht durchgeboxt werden solle, sondern der Flexibilisierung der Initiierung und der Optimierung von Lernen dient (Riedel 1979, 62ff).

In dem Buch „Standort und Anwendung der systemtheoretischen Didaktik" (Riedel 1979) werden Planungsmodelle entwickelt und vorgestellt (Reichard 1979, 131; Schulz zur Wiesch 1979, 171 u. 173).

3.4.4 Die strukturtheoretische Erfassung von Lehr- und Lernprozessen: W. H. Peterßen, D. Lenzen

Zum besseren Verständnis der vorzutragenden Ansätze muss zunächst der Strukturbegriff geklärt werden.

Struktur

Unter Struktur wird eine Ordnung oder eine Bauart verstanden. In sozialwissenschaftlicher Bedeutung soll unter **Struktur**

„ein relativ stabiles, bestimmten Gesetzmäßigkeiten unterliegendes Gefüge im Aufbau u. Ablauf der Beziehungen zwischen theoret. unterscheidbaren Elementen eines aufgrund dieser Beziehungen nach ‚außen' hin abgrenzbaren Systems"

verstanden werden.

„Der Begriff S. bezieht sich immer auf einen Zusammenhang von variablen Elementen, die nur (theoret.) ausgewählte Ausschnitte der Wirklichkeit repräsentieren. Damit zwingt er die Analyse zu einer systemat. Entscheidung über Bereich, Inhalt und Interdependenzen, die gerade interessieren" (Wörterbuch der Soziologie 1994, 846 Stichwort Struktur).

Aus dieser Bestimmung geht hervor, dass unter Struktur ein geordnetes Gefüge verstanden wird, in dem verschiedene Elemente innerhalb dieses Gefüges aufeinander bezogen sind und wobei dieses Gefüge selbst das übergeordnete Ganze bildet. Des Weiteren wird unterstellt, dass die einzelnen Elemente in einem interdependenten Zusammenhang stehen. Daraus ist ersichtlich, dass sie stets in einer Art dynamischem und labilem Gleichgewicht sind; m. a. W. sie werden als Kräfte interpretiert, die auf gegenseitigen Ausgleich drängen. Darin besteht ihre Funktion. Sozialwissenschaftliches Arbeiten zielt auf die Erfassung von Strukturen, d. h. Ordnungsgefügen, und den Funktionen ihrer Elemente ab.

In den Sozialwissenschaften wird der Strukturbegriff in den Zusammenhang mit dem Systembegriff gebracht. Wenn es also um die Erfassung sozialer Zusammenhänge, z. B. sozialer Systeme geht, richtet sich sozialwissenschaftliche Erkenntnis primär auf die Erfassung sozialer Strukturen (social structures), d. h. auf

Struktur und System

„Beziehungen zwischen Individuen, die durch Gemeinsamkeiten der Aufgaben oder Ziele Merkmale der Kooperation, Kohäsion und Normengebundenheit angenommen haben" (Wörterbuch Psychologie 2000, 424 Stichwort Struktur).

Von diesem unterstellten klassischen Systembegriff gehen die Autoren aus, stellen aber aus erkenntnistheoretischen und auf die Handlungsebene bezogenen Gründen den Strukturbegriff ins Zentrum ihrer Erörterungen. Daher werden z. B. kulturelle, personale, soziale Systeme oder auch Handlungssysteme in Bezug auf ihre Strukturen geprüft und erforscht, um Beziehungen oder Verhältnisse der einzelnen Elemente zueinander herauszufinden. In der Literatur lassen sich u. a. drei Hauptrichtungen erkennen, die für den vorliegenden Erörterungszusammenhang von Bedeutung sind: 1. der philosophisch-anthropologische Strukturbegriff, 2. der linguistische Strukturbegriff und 3. der kognitivistische Strukturbegriff.

(1) In der philosophischen Denktradition der Phänomenologie hat sich von Edmund Husserl auf die Erforschung menschlicher Wirklichkeit und auf die Erfassung von Strukturen spezialisiert. Auch in der Pädagogik spielt die Erforschung, z. B. von individuellen oder sozialen Strukturen bzw. Persönlichkeits- oder sozialen Systemen, die eine erzieherische Situation bestimmen, eine große Rolle (Danner 1998, 117ff). Im Zentrum der Erfassung pädagogischer und didaktischer Strukturen steht daher nicht die Produktion von Wissen über einen Sachverhalt oder über eine Situation. Die Erkenntnis ist vielmehr auf die Prozesse selbst gerichtet, um deren Strukturzusammenhang herauszuarbeiten. Dabei geht es in der Gegenwart nicht mehr darum, etwa ein überzeitliches Wesen oder eine Idee zu entdecken. Die Struktur eines didaktisch relevanten Handlungszusammenhangs zeigt sich vielmehr im Aufweis des Verhältnisses der einzelnen Kommunikationselemente zueinander und darin, auf welche Art und Weise dieser Zusammenhang die soziale Interaktion bestimmt. Darauf haben Watzlawick und seine Mitarbeiter in besonderer Weise aufmerksam gemacht.

philosophisch-anthropologischer Strukturbegriff

linguistischer Strukturbegriff

(2) Mit dem linguistischen Strukturbegriff werden Elemente und ihre Zusammenhänge bezeichnet, wie sie in Kommunikations- und Informationssequenzen entstehen, und sie machen deren Bedeutung für diese Handlungszusammenhänge klar. Hier geht es z. B. um das Erkennen der Bedeutungszusammenhänge grammatikalischer oder syntaktischer Bewegungen der Sprache. Dabei wird unterstellt, dass Akteure im Handeln auch sprechen und dass Handeln und Sprache auf Denkprozessen beruhen, die auch als kognitive Strukturen beschrieben werden können (Lenzen 1973, 4ff). Das bedeutet, dass Handeln, Denken und Sprache einen Zusammenhang bilden. Dieser hat seinen strukturellen Grund im Persönlichkeitssystem der Akteure bzw. in deren kognitiven Strukturen. Er findet seinen sichtbaren Ausdruck in den Interaktionen. Daher wird in der Literatur zwischen Kompetenz und Performanz unterschieden (32ff).

Kompetenz

Unter Kompetenz sei die Tiefendimension verstanden, die als relativ überdauernde, aber sich immer weiter entwickelnde kognitive Struktur angesehen werden kann, aufgrund derer Handeln und Sprache überhaupt erst formierbar werden.

Performanz

Mit Performanz sei jene Fähigkeit bezeichnet, z. B. die Sprache allgemeinverständlich zu sprechen und die Gesten so darzustellen, dass kulturelles und gesellschaftliches Handeln sinnvoll erscheint.

Lernen kann daher als ein „Transformationsprozess von Oberflächenstrukturen in Tiefenstrukturen" (36f) angesehen werden. In diesem Prozess verbindet sich der sprachliche Ausdruck stets mit dem Handeln und dem Denken der Akteure. Er kann somit als Enkulturations- und Sozialisationsprozess interpretiert werden, in welchem die Individuen ihre gesellschaftliche Handlungsfähigkeit erwerben. Daher gewinnen in Analyse und Planung von Unterricht neben den „transformationalen Aktivitäten des Lerners" (75) auch die Methoden und die Sozialnormen, die kulturellen Angebote, d. h. die Curricula, sowie die Medien an Bedeutung. Einer modernen Didaktik kann es daher nicht gleichgültig sein, welche Inhalte, auf welche Art, unter welchen Bedingungen gelehrt und gelernt werden, denn der gesamte Lehr- und Lernprozess ruht auf dem Aufbau von Kompetenzen, seien dies operative, moralische oder kommunikative. Diese Einsichten stehen in gedanklicher Nähe zu den philosophischen Ausführungen von Habermas und zu den didaktischen Wertorientierungen von Bönsch und Winkel.

kognitivistischer Strukturbegriff

(3) Mit dem Begriff der kognitiven Strukturen ist ein Forschungsfeld aufgetan, das insbesondere von Jean Piaget bearbeitet worden ist. Piaget erkennt, dass Strukturen nicht nur einen Beziehungszusammenhang von kognitiven Elementen bilden und dass Strukturen damit nicht nur eine Funktion in der Lebenstätigkeit der Menschen erfüllen, nämlich gesellschaftlich handlungsfähig zu sein – dies ist die Grundlegung aller Sozialisationsprozesse! –, sondern er entdeckt auch, dass sich Strukturen entwickeln. Insofern spricht Piaget von einem genetischen Strukturalismus. Dieter Lenzen erörtert in seinem Buch „Didaktik und Kommunikation" (1973) eingehend die Bedeutung des genetischen Strukturalismus für die Didaktik.

Lernen als Transformationsprozess

Anknüpfend an Piagets theoretische und epistomologische Arbeiten beschreibt Lenzen die Entwicklung kognitiver Strukturen als Transformationsprozess. Dieser wird so verstanden, dass die Individuen ihre kognitiven Strukturen ständig umorganisieren müssen: einerseits um die Impulse von außen aufzunehmen und zu integrieren, andererseits um die Impulse aus der eigenen Reflexion oder aus dem Gefühlsbereich mit den neuen Erfahrungen und Einsichten in Beziehung zu setzen und zu bewerten. Diese dauernde Transformation von Strukturen ermöglicht es dem Individuum, erfolgreich und sinnfällig zu handeln. Dabei werden die Strukturbeziehungen der Elemente wieder geordnet, d. h. in ein relatives dynamisches Gleichgewicht gebracht. Dieser Wechsel von relativer Ungeordnetheit und relativer Ordnung der Struktur kann als Lernen begriffen werden. Der Transformationsprozess ist daher auch als Lernprozess zu bezeichnen.

Für die Praxis des Lehr- und Lernprozesses hat diese Erkenntnis weitreichende Folgen. Wenn im Unterricht z. B. Lernprozesse ausgelöst und wenn diese in Gang gehalten und zu einem Abschluss gebracht werden sollen, der auch zu einem sinnfälligen Handeln und einer sinnfälligen sprachlichen Darstellung des Gelernten führen soll, dann muss davon ausgegangen werden, dass die Lernenden ihre kognitiven Strukturen umorganisieren müssen. Daher muss Lehren eine Provokation in der Sache, im Handeln und in der Sprache für die Lernenden darstellen, um das relative dynamische Gleichgewicht der Strukturen auszuhebeln, damit Lernprozesse, d. h. also Transformationsprozesse in Gang gesetzt werden.

In seinem Buch „Die Strukturtheorie der Didaktik" stellt Peterßen einen in der phänomenologischen Denktradition stehenden Versuch der strukturtheoretischen Erfassung von Lehr- und Lernprozessen vor.

Unter Struktur versteht Peterßen das „Gefüge von Bedingungen und Voraussetzungen … das allem Lehren und Lernen zugrunde" liegt (Peterßen 1971, 186). In seiner Studie kommt Peterßen zu dem Ergebnis, dass die bereits von Klafki, Heimann, Schulz u. a. vorgelegten Modelle von Unterrichtsanalyse und -planung Grundstrukturen von Lehren und Lernen wiedergeben.

Struktur
(Peterßen)

Was allerdings in den klassischen Arbeiten zur Didaktik als Interdependenz eines faktoriellen Zusammenhangs beschrieben worden ist, das kann strukturtheoretisch nur bedingt bestätigt werden, denn die Strukturanalyse untersucht überhaupt erst die Beziehungen der einzelnen Faktoren und deren Gewichtung unter-

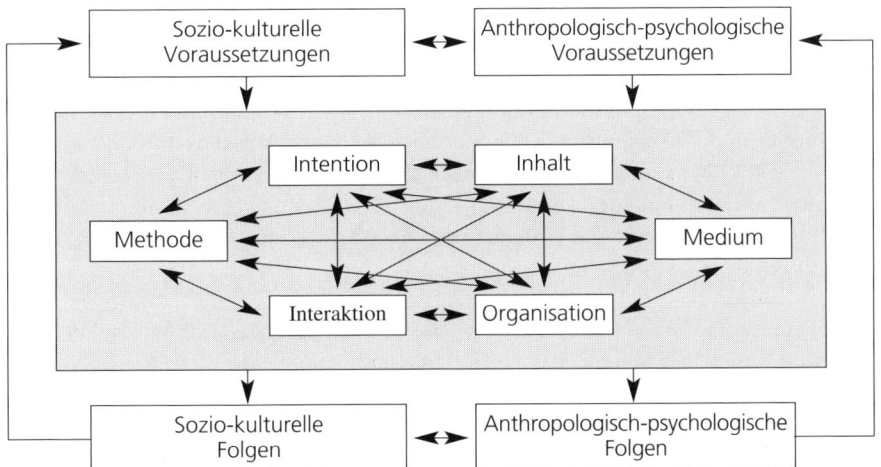

Abb. 29:
Strukturmodell zur Analyse und Planung von Unterricht (Peterßen 1971, 203)

einander. Daher ist die von den Bildungstheoretikern und den klassischen Lerntheoretikern behauptete Interdependenz aller Faktoren als ideelle oder normative Aussage zu bewerten, die strukturtheoretisch noch in keinster Weise erwiesen ist. Strukturen können auch Differenzen und Disbalancen aufzeigen. Gerade diese Phänomene können als Grundmerkmale angesehen werden, denn sie machen deutlich, dass sich Strukturen entwickeln, m. a. W. dass Lernen und Entwicklung zusammenhängen.

In der Umkehrung kann nun auch gesagt werden, dass die Lehrprozesse, die auf den genannten Faktoren aufruhen, ebenfalls keine strukturelle Interdependenz aufweisen, ganz im Gegenteil: die Analysen in der Wirklichkeit zeigen immer wieder, dass die einzelnen Faktoren untereinander in Kollision geraten. Stetige Handlungsabläufe kippen plötzlich um. Ein neuer Lernrhythmus entsteht, der zur Modifizierung der Lehrplanung und zu Wendungen des Unterrichts zwingt. Strukturtheoretische, d. h. wissenschaftliche Erfassung und Planung von Unterricht muss zwar zunächst auf die Erfassung und Planung von möglichen Gesetzmäßigkeiten der Elemente untereinander bedacht sein, aber sie schließt die Bewegungen und Entwicklungen ein. Insofern sind Strukturmodelle nicht normativ zu verstehen und zu handhaben. In diesem Sinn ist die Abbildung 29 zu interpretieren.

3.4.5 Unterricht aus system- und evolutionstheoretischer Perspektive: A. Scheunpflug

„Evolutionäre Didaktik" ist der Haupttitel des Buches (2001a), in dem A. Scheunpflug Theorieansätze über den Zusammenhang von Lehren und Lernen aus system- und evolutionstheoretischer – hinzuzufügen ist noch aus kommunikationstheoretischer – Perspektive entwickelt. Drei erkenntnisleitende Interessen bilden den Bezugsrahmen der Überlegungen.

(1) Die „biologischen Grundlagen des Lernens" (Scheunpflug 2001b), insbesondere die neurobiologischen Forschungsergebnisse, begründen die erste Perspektive ihres Ansatzes (Kap. 4).

(2) Die zweite, weitaus umfassendere Perspektive verdichtet sich in dem epistemologischen und in dem methodologischen Interesse Scheunpflugs, Forschungsergebnisse und Theorienbildungen aus verschiedenen Wissenschaften zu „synthetisieren" (2001a, 184ff), um eine neue Blickrichtung in der Didaktik als Wissenschaft auf dem Feld der Theorienbildung zu gewinnen. Das erkenntnisleitende Interesse zielt dabei auf die Herausarbeitung einer „eleganten Theorienbildung" ab, mit deren Hilfe die hohe Komplexität von organisierten Lehr- und Lernprozessen beschrieben und erklärt werden kann, allerdings unter der Maßgabe, dass eine Theorie dieser Art einen hohen Abstraktionsgrad hat und „keine Handlungsanleitung" zu geben vermag (1999, 169), die wohl aber kritische Reflexionen über Unterricht und Handlungsanleitungen initiieren kann. In Parallele zu Luhmanns Abhandlung „Systemtheorie, Evolutionstheorie und Kommunikationstheorie" (1991b, 193–203) kommt Scheunpflug zu dem Ergebnis, dass sich menschliche

Entwicklung – gleichviel ob sie phylogenetisch oder ontogenetisch gesehen oder sich auf der Mikro-, Makro- oder Individualebene vollzieht – als Struktur- und Funktionsentwicklung bestimmt werden kann. Das Individuum wird dabei als ein organisches System definiert, das in Differenz zu seiner Umwelt agiert und dabei drei Hauptfunktionen erfüllt: „Variation", „Selektion" und Retention", d. h. reproduktive Stabilisierung (Luhmann 1991b, 195) bzw. „Variation", „Selektion" und „Stabilisierung" (Scheunpflug 1999, 172). Scheunpflug kommentiert diese Auffassung und ihre Begrifflichkeit wie folgt:

> „Anders als Schöpfungs- und Handlungstheorien interpretiert dieses Paradigma Veränderungen nicht durch Intentionen, Ursachen und kausale Ereignisse, sondern sieht sie in Reaktion auf eine vorausgegangene Entwicklung in Form von Strukturveränderungen von Systemen durch die evolutionären Mechanismen Variation, Selektion und Stabilisierung bedingt."

(3) Diese drei bereits von Darwin formulierten Grundfunktionen aller organischer Systeme werden in dem system- und evolutionstheoretischen Ansatz auch auf soziale Systeme übertragen. Dabei muss aber eine neue Auffassung von Gesellschaft sowie gesellschaftlichen und individuellen Handelns vorausgesetzt werden. Moderne Gesellschaften werden von Luhmann als komplexe Systeme definiert (1991b, 204–221). Damit rückt der Begriff Komplexität ins Blickfeld der weiteren systematischen Erörterungen.

Der Begriff Komplexität wird in den verschiedenen Wissenschaften unterschiedlich bestimmt. In Bezug auf den vorliegenden Argumentationszusammenhang wird mit dem Begriff Komplexität eine Vorstellung bezeichnet, die die Mannigfaltigkeit und Einheit zugleich repräsentiert.

Komplexität

> „Die Komplexität hat ihre Einheit also in der Form einer Relation: in der *Relation* wechselseitiger Ermöglichung von Elementenmengen und reduktiven Ordnungen. Als Einheit eines Systems ist Komplexität in sich selbst relationaler Natur. … Von höherer Komplexität kann man in bezug auf Systeme dann sprechen, wenn die Selektivität der nach der Größe und der Struktur des Systems möglichen Beziehungen zunimmt. Das heißt: Steigerung der Komplexität erfordert nicht nur Wachstum (Kron: bzw. Entwicklung und Lernen), sondern auch schärfere strukturelle Selektion … angesichts anderer (Kron: bzw. neuer realer und gedachter) Möglichkeiten" (Luhmann 1991b, 207).

Aufgrund der angenommenen Differenz von System und Umwelt, z. B. des Lernenden zu den Möglichkeiten aller kulturellen und sozialen Angebote, muss das Individuum als „System" mit den drei bekannten Grundfunktionen operieren. Es sichert sich damit seine individuelle Entwicklung. Auf der Makroebene vollzieht sich dieser Entwicklungsprozess in Analogie. Mit den Funktionen Variation, Selektion und Stabilisierung wählt das individuelle System aus der Umwelt jene Offerten oder Informationen aus, die es für sein Fortkommen benötigt; es selektiert. Es wählt aber aus der Vielfalt nur eine Möglichkeit aus und setzt damit die von ihm bestimmte Bedeutung bzw. den Sinn ein. Das bedeutet: in Bezug auf alle gedachten Möglichkeiten wählt das „System" jene Möglichkeit aus, die es als sinnstiftend, d. h. funktional für das eigene System definiert. Aufgrund dieser systemimmanenten Tätigkeiten nimmt zwar die Komplexität des eigenen Systems zu, durch innere Differenzierung findet aber zugleich eine „Reduktion von Komplexität" statt und damit eine Stabilisierung des Systems gegenüber der Umwelt und seiner Entwicklung.

Lernen

Ein in pädagogischer und didaktischer Hinsicht bedeutsamer Prozess in diesem Zusammenhang ist der des Lernens. Lernen in diesem Kontext bedeutet also Reduktion von Komplexität durch Sinnstiftung. Dabei folgt der Lernprozess den Grundfunktionen der Variation, Selektion und Stabilisierung oder in den Worten des psychologischen Konstruktivismus formuliert: Lernen heißt Denken und Handeln, Forschen und Erkennen, Operieren und Konstruieren. In diesem Sinn tritt neben das klassische Lernen als Akkumulation von standardisiertem Wissen das forschende Lernen oder Denken und Operieren mit variierten und selektierten Informationen mit dem Ziel, das Wissen, das als bedeutsam erachtet wird, selbst herzustellen und zu konstruieren. Hier ist die Brücke von der System-, Evolutions- und Kommunikationstheorie zu den konstruktivistischen Theorien zu erkennen.

Variation (Scheunpflug)

Selektion (Scheunpflug)

Stabilisierung (Scheunpflug)

Scheunpflug zieht auf dem Hintergrund der skizzierten Prämissen von der Komplexität des Gesellschaftssystems, der Differenz von System und Umwelt und den drei Grundfunktionen in Bezug auf die Didaktik als Wissenschaft vom Lehren und Lernen sowie auf eine Theorie vom Unterricht folgende Schlüsse (1999, 172ff):

1. *Variationen* sind Funktionen, die durch neuartige und von bekanntem Wissen abweichende Erfahrungen von Individuen vorgenommen werden.

2. Selektionen sind Funktionen, die auf Variationen folgen. Bei der Selektion wird aufgrund z.B. von Lob oder Tadel, Akzeptanz oder Ablehnung und durch Vergleich, Urteilsbildung und Schlussfolgerungen aus den Offerten der Umwelt oder den gedachten Möglichkeiten jene ausgewählt, die für die Entwicklung oder das eigene Handeln (Dewey) Erfolg versprechen.

3. Stabilisierung ist als Folge der vorangegangenen Funktionen zu definieren, insofern bereits stabilisierte Muster oder etablierte Sinnbestimmungen stabilisiert sind oder erweitert oder außer Kraft gesetzt und erneuert werden. Letzteres geschieht in der Regel unter großen Schmerzen, weil bereits lieb gewordene Gewohnheiten (habits) oder Interpretationsmuster aufgegeben und durch neue ersetzt werden müssen.

4. In Bezug auf die Entwicklung der Forschungsperspektive der Didaktik bedeuten diese Erkenntnisse, dass an die Stelle von Interesse an kausal oder final bestimmten Lehr- und Lernprozessen „Simultanverursachungen" oder „systemische" Betrachtungen treten.

5. Das hat zur Folge, nicht primär Strukturen und ihre Einzelelemente in Bezug auf das vermutete Ganze zu beobachten und zu untersuchen, sondern die Funktionen der Elemente untereinander, also die Differenzen einschließlich der Differenzen der Systeme zu ihrer Umwelt. In Bezug auf die Analyse von Unterricht bedeutet dies, auch die Schule als System und das soziale Umfeld der Schule in den kritischen Blick zu nehmen.

6. Schließlich wird erkennbar, dass der hohe Grad an Theoriegeladenheit des Ansatzes nicht zur normativen Kritik oder zu präskriptiven Aussagen, wohl aber zur „Aufklärung über vergessene und übersehene Zusammenhänge angesichts hoher Komplexität" (Scheunpflug 1999, 174) geeignet ist.

Obwohl Scheunpflug ihren Theorieansatz nicht für handlungsleitende Orientierungen geeignet hält, nimmt sie doch Übertragungen auf die Mikroebene vor, wenn sie Unterricht als Evolution bezeichnet und eine „Evolutionäre Didaktik" andenkt (2001a, 55ff, u. 1999, 176ff). Unterricht wird in der Übertragung der system- und evolutionstheoretischen Perspektive wie folgt verstanden:

- Zunächst ist die Erkenntnis wichtig, dass sich im Unterricht zwei Ebenen der Evolution verbinden: „die kulturelle Evolution einer Gesellschaft mit der individuellen Entwicklung einer heranwachsenden Person" (Scheunpflug 1999, 176).
- Unterricht ist ein soziales System, das sich durch Kommunikation konstituiert. Damit werden die vorher abgehandelten Prämissen und Funktionen wirksam.
- Unterricht in dieser Auffassung ist durch die drei Grundformen als Wechselspiel von Kooperation und Wettbewerb bestimmt. Zum sinnvollen Überleben des Einzelnen ist daher stabile Gruppenbildung entwicklungsfördernd.

In Analogie hierzu können auch system- und evolutionstheoretisch orientierte Auffassungen und Aufgaben der Didaktik formuliert werden:

- *Didaktik* ist eine spezifische Form, über Unterricht zu reflektieren, nicht aber Handlungsanleitungen zum Unterricht zu entwickeln oder gar in bestimmten Formen im Unterricht zu handeln.
- *Didaktik* hat die Systemdifferenzen in Lehr- und Lernprozessen aufzudecken, z. B. die Differenz im Lehren und Lernen, von Schüler-Lehrer-Beziehungen, von Kommunikationssequenzen.
- *Didaktik* denkt Unterricht als Kommunikationsangebot für selbstreferenzielle und autonome Lernsysteme bzw. Lernprozesse.

Abschließend ist noch in Anlehnung an Luhmann (1991c) zu sagen, dass System im Sinne der Systemtheorie als Praxis zu verstehen ist und dass diese Art von Theorie-Praxis von der Unterrichtspraxis weit entfernt ist, aber dennoch eine kritische und aufklärende Funktion in Bezug auf die Unterrichtspraxis haben kann. Handlungs-, interaktions- und lerntheoretisch orientierte didaktische Ansätze werden aus dieser Perspektive als normativ und präskriptiv interpretiert; evolutions-, system- und kommunikationsorientierten Theorien wird hingegen der Status einer deskriptiven Theorie mit aufklärenden Effekten in Bezug auf die Praxis zugesprochen. Dem entsprechend wird „Didaktik als Evolution" (Scheunpflug 1999, 180) aufgefasst.

3.5 Konstruktion als Leitbegriff

3.5.1 Zum Begriffsverständnis

Der Begriff Konstruktion ist sehr häufig, insbesondere in der modernen und aktuellen Literatur anzutreffen. Er wird in unterschiedlichen wissenschaftlichen Zusammenhängen gebraucht und unterliegt daher unterschiedlichen Definitionen. Im Folgenden werden einige Bestimmungen vorgestellt.

Konstruktion

– In der Psychologie gibt es die Richtung der genetischen Betrachtung menschlicher Erkenntnis, wie sie u. a. von Piaget, Aebli, Kelly und Kohlberg vorgenommen worden ist. In diesen Forschungen und Theorienbildungen wird die Entwicklung des Denkens als Genese kognitiver Strukturen beschrieben. Dieser intraindividuelle Prozess, in dem sich die kognitiven Strukturen bilden, wird als Konstruktion bezeichnet; das Produkt als Konstrukt. Ein Konstrukt kann als die kognitive Repräsentation von Welt bzw. Wirklichkeit angesehen werden; die Konstruktion als Prozess der kognitiven bzw. erkenntnismäßigen Bearbeitung bzw. Transformation von Welt.

– In der Soziologie wird der Begriff Konstruktion u. a. zur Beschreibung der inneren Repräsentation von Rolleninterpretationen verstanden. Rolleninterpretationen bestehen in der Regel aus standardisierten, d. h. allgemeingültigen Vorschriften, wie eine bestimmte Rolle von Einzelnen interpretiert werden soll. Da Rollen gelernt werden müssen, kann der Lernprozess auch als Prozess der Konstruktion gesellschaftlicher Wirklichkeit aufgefasst werden, wie dies u. a. Berger und Luckmann zeigen.

– Im US-amerikanischen Pragmatismus wird der Begriff Konstruktion als Erkenntnis- bzw. als Denkprozess begriffen, der eng mit dem Handeln verknüpft ist. Der Zusammenhang von Denken und Handeln ist aber noch mit dem Zweck der Verbesserung von Tätigkeiten verknüpft. Sie führen daher auch in erster Linie zu positiven, d. h. verwendbaren Erkenntnissen bzw. anwendungsbezogenem Wissen, wie Dewey gezeigt hat.

– In der philosophischen Richtung des Konstruktivismus wird mit dem Begriff Konstruktion eine Theorie zur Begründung wissenschaftlicher Erkenntnis bezeichnet, so z. B. bei Kamlah und Lorenzen. Aufgrund dieser Theorie werden Methoden, Begriffe, Sätze und Teiltheorien Schritt für Schritt, d. i. konstruktiv, entwickelt. Der Forschungsprozess wird mithin als Konstruktion auf differenzierte Ziele und Anwendungsgebiete hin aufgefasst. In diesem Konstruktionsprozess müssen die jeweiligen Erkenntnisse so formuliert werden, dass sie von jedem Sachkundigen verstanden und in einem rationalen Diskurs zum Konsens gebracht werden können. Dabei spielt die Sprache eine grundlegende Rolle.

– In der aktuellen neurobiologischen Forschung wird der Begriff zur Bezeichnung von Wahrnehmungsprozessen benutzt, die sich im menschlichen Gehirn abspielen, die von den Sinnesorganen rezipiert werden und die in Interaktionen entstehen. Dieser Prozess wird als Konstruktion definiert, insofern in den verschiedenen Zonen des Gehirns unterschiedliche Prinzipien wirken, die die Sinneserregungen „interpretieren". Wahrnehmung kann daher als Konstruktion von Wirklichkeit verstanden werden, die im Gehirn entsteht. Der Mensch konstruiert daher seine je eigene Wirklichkeit im Gehirn, wie u. a. Singer und Roth gezeigt haben.

– An diese Auffassung schließt sich jene zweite soziologische Bestimmung des Verhältnisses von Mensch und Welt an, die von Luhmann (1991b) gegeben worden ist. Sie besagt, dass Individuen, die in Kommunikationssystemen interagieren, als „selbstreferenzielle" (= autopoietische) Systeme definiert werden können, die aus sich selbst heraus die gesellschaftlichen Wirklichkeiten produzieren oder reproduzieren, d. h. konstruieren.

Den verschiedenen Ansätzen aus Psychologie, Soziologie und Philosophie, gleichviel ob sie auf empirischen Forschungen oder auf Theorienbildungen beruhen, ist eine in der Regel implizite Anthropologie, d. h. Bild oder Auffassung und Lehre vom Menschen gemeinsam: Sie sehen den Menschen in seinen neurologischen, affektiven und kognitiven Leistungen, Interaktionen und Handlungen als Akteur an. Die gemeinsame Erkenntnis ist in diesem Zusammenhang, dass die Akteure zwar mit ihrer Umwelt interagieren oder kommunizieren, handeln und sich verhalten, dass aber die Lern- und Erkenntnisprozesse in ihnen selbst als Konstruktionsprozesse ablaufen. Auf die damit verbundenen Folgen und Konsequenzen für Lehren und Lernen wird weiter unten näher eingegangen (Kap. 4.5 u. 4.6).

3.5.2 Der systemisch-konstruktivistische Ansatz: K. Reich

Der Doppelbegriff „systemisch-konstruktivistisch" signalisiert bereits die beiden Schwerpunktsetzungen in der Pädagogik und Didaktik von K. Reich (2000). Mit dem Begriff „systemisch" wird die Modellvorstellung eines Systems beschrieben, das auf der klassischen Systemtheorie beruht. Diese wird aber durch drei Zusatzannahmen dynamisiert:

1. durch die Definition des Struktur- und Funktionszusammenhangs als symbolische Interaktion (Kron 2000, 133ff und 255ff),
2. durch die Modifizierung dieses Ansatzes durch die Kommunikationstheorie und die darin maßgeblichen fünf pragmatischen Axiome (Kap. 3.2.2) sowie
3. durch die Einbeziehung des systemischen Therapie- und Beratungskonzepts (Schlippe/Schweitzer 1996), das u. a. auf den Forschungen von Watzlawick u. a. (1972) und Bronfenbrenner (1976) beruht.

Durch die Dynamisierung des klassischen Systembegriffs werden die Akteure aus der klassischen Rollen- und Statusdefinition und den damit verbundenen Funktionsleistungen herausgelöst und einer neuen Definition zugeführt. In dieser werden die Individuen als in einem Beziehungsnetz der Umwelt sich entwickelnde Personen verstanden, die die Bedeutungen ihrer Umwelt selbstständig konstruieren. Die hierbei ausdrücklich gemachte Anthropologie hat selbstverständlich Rückwirkungen auf Reichs Auffassung von System, die den Kontext für die Bestimmung des Menschen als Konstrukteur von Wirklichkeit bildet. Dieser Ansatz ist für die Didaktik interessant. Die grundlegenden Einsichten von Reich werden in den folgenden fünf Schritten entwickelt.

Schritt 1   Der Ausgang der Theorienbildung ist in den Wechselwirkungen zwischen Individuum und Umwelt, genauer: zwischen Anlage, Selbst und Umwelt, zu sehen. Konkretionen dieses Netzwerkes von Beziehungen sind z. B. das Mutter-Kind-Verhältnis oder das Lehrer-Schüler-Verhältnis in einer Schulklasse, die Bronfenbrenner „Mikrosysteme" nennt, oder die „Mesosysteme" einer Schulklasse, der Gleichaltrigengruppe.

Schritt 2   Die Dynamik des Netzwerkes kann als ein gegenseitiger Austauschprozess (transaction) symbolischer Interaktionen zwischen allen Faktoren in einem System angesehen werden. Dieses „transaktionale Beziehungsnetz" befindet sich in ständiger Entwicklung und es wird als Grundlage für die Entwicklung des Individuums verstanden. Dabei ist die Erkenntnis leitend, dass in dieser Auffassung von System alle Elemente in einer dynamischen Wechselwirkung stehen und sich gegenseitig beeinflussen.

Schritt 3

Die sozialwissenschaftliche Schlussfolgerung liegt auf der Hand: Will man ein einzelnes Element, z. B. einen Schüler oder ein „Mikrosystem", z. B. die Beziehung eines Schülers zu seinem Lehrer, betrachten und pädagogische, didaktische und therapeutische Schlussfolgerungen für das Handeln ziehen, dann muss immer das System im Ganzen und in seinen Teilen in Bezug auf das Ganze beobachtet und analysiert werden. Eine systemische Beobachtung muss daher diesen Gesamtzusammenhang als ablaufenden „Kreisprozess" (Reich 2000, 26) im Auge haben und verstehen und voreilige Erklärungen über Ursache-Wirkungszusammenhänge vermeiden. Ein Beispiel soll das Gesagte erläutern.

Ein Physiklehrer erklärt einer Klasse die Newton'schen Gesetze. Der Lehrer bemerkt eine große Unruhe, unterrichtet aber weiter (Reich 2000, 25). Aus systemisch-konstruktivistischer Sicht muss sich die didaktische Analyse auf das gesamte System Schulklasse in dieser speziellen Stunde, gegebenenfalls auf andere Stunden und auf die Schule, ihre Organisation, die Rollenverteilungen, die Atmosphäre, die Schulphilosophie usw. beziehen.

Für die systemische Arbeit in pädagogischen Bereichen – und das gilt auch für die Didaktik – sieht Reich (2000, 33) vier Vorteile: (1) Die Beobachtungen werden durch eine ganzheitliche Perspektive geleitet; (2) da Einzelbeobachtungen ausgeschlossen werden, gibt es keine „Täter" und „Opfer" mehr; (3) die Interaktionen und die damit verbundenen Bedeutungen stehen im Zentrum der Beobachtertätigkeit; und (4) im Horizont des interpretativen Paradigmas müssen sich auch die BeobachterInnen, z. B. auch die LehrerInnen, als Elemente im Systemganzen sehen und in die Beobachtung und Analyse z. B. von Unterricht – aber auch in die Beratung zur Veränderung ihrer Einstellungen und Erwartungen – einbeziehen.

Schritt 4

Den Konstruktionsprozessen der einzelnen Individuen kommt in dem systemischen Netz eine besondere Bedeutung zu, die Reich (2000, 118ff) mit drei Perspektiven verbindet, die eine konstruktivistische Pädagogik – und Didaktik! – dimensionieren: Konstruktion, Rekonstruktion, Dekonstruktion.

Konstruktion (Reich)

Unter Konstruktion versteht Reich die Erfahrung, dass Menschen – wie Watzlawick es formuliert hat – ihre Wirklichkeit erfinden. Sie zeigen dabei folgende Intentionen und Tätigkeiten: Sie wollen etwas selbst erfahren und ausprobieren; sie wollen experimentieren; sie wollen eigene Interessen, Gefühlslagen und Motivationen realisieren. Diese Intentionen und Tätigkeiten – so Reich – können durch didaktische Arrangements gefördert werden. Unterricht, Schule und Lehrerausbildung müssen sich hierfür aber verändern (2000, 282ff).

Rekonstruktion (Reich)

Rekonstruktion bedeutet, dass Menschen ihre Wirklichkeit entdecken und zur Darstellung bringen, d. h. konstituieren. Konstitutionsprozesse dieser Art setzen also an sozialen und kulturellen Gegebenheiten an, z. B. an den Newton'schen Gesetzen und fragen wann, wo, unter welchen Umständen und mit welchen Mitteln Newton zur Erkenntnis und Formulierung seiner Gesetze kam und wer vielleicht in seiner Zeit seine Arbeit kritisiert oder gar bekämpft hat. In didaktischer Hinsicht bedeutet dies die Auflösung des fachwissenschaftlich formulierten Wissens in Möglichkeiten, den SchülerInnen die Situation des Entdeckers Newton erfahrbar zu machen und ihnen damit die Lernchance zu geben, die Entdeckung der Gesetze im Zusammenwirken anderer Faktoren in dieser Zeit zu rekonstruieren. In dieser didaktischen Schlussfolgerung ist das systemische Grundprinzip wieder zu erkennen.

Dekonstruktion wird als kritisches Hinterfragen der Erfahrungen mit dem Ziel angesehen, z. B. Gegensätzliches, Andersartiges, Hintergründiges, Zwiespältiges aufzudecken bzw. zu „enttarnen". Diese Tätigkeit dient dazu, vorhandenes Wissen und gegebene Erkenntnis durch neue Erfahrungen und Einsichten zu erweitern und auf höhere Wissens- und Erkenntnisniveaus zu transformieren. Reich weist in diesem Zusammenhang ausdrücklich auf Piagets Arbeiten hin.

Dekonstruktion (Reich)

„Mit dem ‚Dreiklang' von Erforschen, Entdecken und Enttarnen beziehen wir uns direkt auf Selbsttätigkeit und Selbstbestimmung in pädagogischen (Kron: und didaktischen) Prozessen" (Reich 2000, 121), die Individuen in systemisch-konstruktivistisch definierten sozialen und kulturellen Systemen leisten.

In der Zusammenführung einiger grundlegender aktueller Theorien hat Reich ein didaktisches Modell entwickelt, das der Analyse (= Beobachtung) von Unterricht dienen kann. Entsprechende Handlungskonzepte liegen im Ansatz in Form von Fragekatalogen vor, die sich auf die vorgestellten Perspektiven beziehen (143ff).

Schritt 5

4.0 Lerntheorien

Die Lerntheorien gehören zur Basis aller Anstrengungen der Didaktik in Theorie und Praxis. Wann und wo immer die Frage nach dem Lehren und Lernen auftaucht, wird in erster Linie das Lernen thematisiert. Die grundlegende Frage, die hier gestellt wird, lautet, ob in Lehrprozessen überhaupt Lernen stattfindet und wie man diese Prozesse erklären kann. In der einschlägigen Forschung hat sich eine Reihe von Theorien und Modellen bewährt, die einem Erklärungsanspruch genügen können. In diesem Zusammenhang sind die neueren Ansätze interessant, die in der strukturgenetischen, konstruktivistischen und neurobiologischen Forschung entwickelt worden sind und deren didaktischer Transfer noch auf die Praktiker wartet.

Allen Theorien, Modellen und Konzepten vom Lehren und Lernen bzw. Unterricht liegen Lerntheorien und/oder -modelle zugrunde, wie die Strukturdarstellungen im vorangegangenen Kapitel zeigen. Ihnen wird in den einzelnen Darstellungen in der Regel auch die Priorität im Zusammenhang mit dem Lehren, den Inhalten und Medien sowie den gesellschaftlichen, sozialen und anthropologischen Strukturmerkmalen zugestanden (Kap. 3.2.3). Der Grund hierfür kann darin gesehen werden, dass die Lernenden es sind, auf die sich alle Lehr- und Lernprozesse bzw. der Unterricht, konzentrieren. Es ist daher konsequent, im Folgenden eine Reihe von Lerntheorien und -modellen und ihre didaktische Bedeutung vorzustellen, die in der Diskussion sind. Mit ihrer Hilfe können die intraindividuellen Prozesse erklärt werden, die bei den Lernenden ablaufen, wenn sie sich in der Auseinandersetzung mit den funktionalen und intentionalen kulturellen und sozialen Angeboten ihrer Lebenswelt auseinandersetzen.

4.1 Die behavioristische Lerntheorie

Der Behaviorismus oder die Wissenschaft vom Verhalten kann als eine wissenschaftliche Strömung angesehen werden, die ihre Wurzeln im Positivismus hat. Der klassische Positivismus behauptet, dass in Wissenschaft und Alltagspraxis nur das gilt, was beobachtbar und objektiv quantifizierbar ist.

Skinner

Als einer der herausragendsten Forscher und Interpreten des Behaviorismus kann Burrhus Frederic Skinner angesehen werden. Seine wissenschaftliche Vorstellung vom menschlichen Verhalten bringt er in seinem Werk „Wissenschaft und menschliches Verhalten" (1973) auf folgenden Nenner:

Lernen durch Verstärkung

– Behavioristische Forschung zielt auf die kontrollierte Erfassung tatsächlich beobachtbaren Verhaltens ab.

– Unter Verhalten seien alle symbolischen und motorischen Äußerungen von Menschen zu verstehen, insofern sie beobachtbar sind.
– Verhalten kann durch wissenschaftlich begründete Stimulationen verändert und gesteuert werden. Die Steuerungsprozesse basieren auf der Modellvorstellung, dass menschliches Verhalten als eine Antwort (Response) auf einen äußeren Anreiz (Stimulus) definiert wird. Folgt dem gezeigten Verhalten eine positive Verstärkung als Stimulus (= Reinforcement), dann läuft eine Verhaltenskette von stimulus – response – reinforcement/stimulus – response ab, die als Lernen bezeichnet werden kann.
– In einem modifizierten Verhaltensmodell werden auch spontane Äußerungen von Organismen aufgegriffen und verstärkt.
– Im Verhaltensmodell wird angenommen, dass das einzelne Individuum (= Organismus) in einer Umwelt lebt, die verhaltensbildend, -steuernd und -verändernd einwirkt. Dies erfolgt auch in organisierten Lehr- und Lernprozessen durch die Lehrenden sowie durch die von ihnen angewendeten Medien, Organisationsformen und Methoden.
– Ziel behavioristisch orientierter Lehr- und Lernprozesse ist es, verwertbares Wissen und Können bei Lernenden hervorzubringen.

Im Folgenden werden vier Funktionen vorgestellt, die in der Beziehung von Individuum und Umwelt grundlegend sind, die die Verhaltensmodifikation bzw. das Lernen des Individuums stimulieren und fördern. Dabei handelt es sich um die Folgenden:

1. die kulturellen Einflussfaktoren der Umwelt auf das Individuum und den Lernprozess,
2. die Steuerungsmechanismen der Umwelt, die auch im Unterricht verwendet werden, insbesondere die „Verstärkung",
3. der intraindividuelle Mechanismus der „Selbstverstärkung" und
4. die Übertragung der Verhaltenstheorie auf die Optimierung von Unterricht durch das programmierte Lehren und Lernen.

4.1.1 Die Einflussfaktoren der Umwelt

Die Wissenschaft vom Verhalten geht von der Umwelt der Individuen aus und fragt, wie diese Umwelt funktioniert, damit Individuen zu bestimmten Verhaltensweisen gelangen und diese Verhaltensweisen auf Dauer stellen können. Die implizite Unterstellung, dass damit in den Individuen Lernprozesse ablaufen, wird zunächst vernachlässigt. Die Vernachlässigung der intraindividuellen Lernprozesse führt nicht zu der Schlussfolgerung, „dass diese etwa nicht existierten, sondern dass sie für eine funktionale Analyse nicht relevant sind" (Skinner 1973, 41).

Folgt man dieser Auffassung, dann können die intraindividuellen Prozesse gewiss nicht geleugnet werden, aber sie dürfen nicht in einen Erklärungszusammenhang gebracht werden, in welchem Funktionen von Individuen und Umwelt untersucht werden. Eine „funktionale Analyse" hat also diesen externen, d. h. sozialen Zusammenhang zu untersuchen, und sie muss daher auch streng bei diesem Zusammenhang bleiben.

Das Ensemble sozialer Bedingungen, das für die Veränderungen oder Steuerung von Verhalten maßgeblich ist, wird als „Umwelt" (126ff.) bezeichnet.

Verhaltens-steuerung

„Wir können die Probleme, die eine Wissenschaft des Verhaltens aufwirft, nicht umgehen, indem wir einfach abstreiten, daß es möglich ist, die notwendigen Bedingungen zu kontrollieren. In der Wirklichkeit begegnen wir einem beachtlichen Ausmaß an Steuerung in bezug auf viele relevante Bedingungen. In Strafanstalten und militärischen Einrichtungen wird ein hohes Maß an Verhaltenssteuerung ausgeübt. Wir steuern die Umwelt des menschlichen Organismus im Kindergarten und in Institutionen, die sich um Leute kümmern, für die die Bedingungen des Kindergartens auch im späteren Leben unerläßlich sind. Einer weitgehenden Kontrolle und Steuerung von Bedingungen, die für menschliches Verhalten relevant sind, begegnen wir in der Industrie in Form von Löhnen und Arbeitsbedingungen, in der Schule in Form von Klassen und Unterrichtsbedingungen, im Handel in Form von Geld oder Gütern, im Staatswesen in Form von Polizei und Militär, in der klinisch-psychologischen Praxis in Form eines Einverständnisses desjenigen, dessen Verhalten gesteuert wird usw. Eine ebenfalls wirksame, wenn auch weniger leicht erkennbare Verhaltenssteuerung ruht in den Händen von Conferenciers, Schriftstellern, Inserenten und Werbefachleuten. Durch diese Kontrollen, die, was ihre praktische Anwendung anlangt, häufig nur zu evident sind, sind wir hinreichend legitimiert, die Resultate einer Wissenschaft aus dem Labor auf die Interpretation von Verhalten im Alltag auszuweiten – zu theoretischen oder zu praktischen Zwecken. Da eine Wissenschaft des Verhaltens zu einer verstärkten Nutzung dieser Kontrollen führen wird, ist es heute wichtiger denn je, die impliziten Prozesse zu verstehen und auf die Probleme vorzubereiten, die gewiß nicht auf sich warten lassen werden" (29f).

Die Umwelt, in die jedes Individuum von Geburt bis zu seinem Tod eingelassen ist, kann als kulturelle und im engeren Sinn als soziale Umwelt (Kap. 2) bezeichnet werden.

„Man bezeichnet die soziale Umwelt gewöhnlich als ‚Kultur' einer Gruppe. Dieser Begriff soll häufig auf einen Geist, eine Atmosphäre oder einen Zustand mit ähnlichen nichtphysikalischen Dimensionen verweisen … im breitesten Sinne setzt sich die Kultur, in die die Einzelperson hineingeboren wird, aus all den Variablen zusammen, von denen die Person beeinflußt wird und die von anderen arrangiert werden. Die soziale Umwelt ist teilweise das Ergebnis jener Gruppenpraktiken, die ethisches Verhalten erzeugen, sowie der Ausdehnung dieser Praktiken auf Sitten und Gebräuche" (382).

Die Vielfalt der Umwelteinflüsse oder -faktoren wird in vier Kategorien gefasst (Skinner 1973): 1. Sachen, 2. Personen, 3. Gruppen, 4. Instanzen.

An einigen Beispielen wird schnell deutlich, was Skinner konkret unter diesen vier Umweltfaktoren versteht. Wenn zum Beispiel eine Mutter ihrem Baby mit einem Fläschchen zu trinken gibt, so kann z. B. das Fläschchen eine Verstärkung für das Baby sein, wenn es lernt, das Fläschchen in der richtigen Position zu halten, so dass die Milch fließt (Kap. 4). Damit wird eine Sache zum Verstärker des Verhaltens des Kindes. Es kann die Mutter aber auch durch ein aufforderndes Lächeln das Kind zum Trinken ermuntern. In diesem Fall ist die Mutter als Verstärker, also als eine Person, die verstärkt, zu betrachten. Eine Gruppe mit Verstärkerfunktion ist z. B. in der Familie zu sehen; aber auch in einer Lerngruppe in der Schule. In dieser werden mit entsprechenden Mechanismen wie z. B. konkurrierendem Lernen oder Gruppenlernen inclusive der Aussicht, dass das gelernte Wissen mit einer guten Note oder mit Punkten bestätigt wird, verstärkt. Als Instanzen betrachtet Skinner u. a. den Staat und die Gesetze, die Religion, die Psychotherapie, die wirtschaftlichen Voraussetzungen und die Erziehung.

   Die kulturelle und soziale Umwelt übt also einen direkten Einfluss auf die Individuen aus, insofern die Individuen stets und ständig handeln bzw. sich verhalten. Die Tatsache, dass Menschen in eine soziale und kulturelle Welt hineingeboren und dort tätig werden, ist also der Grund dafür, dass diese Gesellschaft durch bestimmte Umweltfaktoren auf das Verhalten einwirkt. Diese Prozesse der kulturellen und sozialen Einwirkung werden in der Literatur als Enkulturation, Sozialisation und Erziehung bezeichnet (Kron 2001, 47ff), die die Einflussfaktoren bedingen. Hierzu kann auch der Unterricht als organisierte Einflussnahme gezählt werden.

Umwelteinflüsse

4.1.2 Verstärkung als grundlegender Steuerungsmechanismus

Im Horizont der bisherigen Erörterungen gewinnen die Organisation der Umwelt und ihre Steuerungsmechanismen zur Beeinflussung und Kontrolle von Verhalten („Verhaltenssteuerung") einzelner Individuen und Gruppen größte Bedeutung. Dabei wird auf das Phänomen der Verstärkung zu achten sein.

   In einem allgemeinen Sinn wird von positiver und negativer Verstärkung des gezeigten Verhaltens gesprochen. Dabei kann einmal das Verhalten als Reaktion (response) auf einen äußeren Reiz (stimulus), z. B. eine gestische Aufforderung, dass das Kind seiner Oma die rechte Hand geben soll, definiert werden. Zum anderen unterstellt Skinner in späteren Werken aber auch dem menschlichen Organismus, dass er selbst spontane Äußerungen, z. B. das Greifen des Babys nach dem Fläschchen, zeigt. Sind diese spontanen Äußerungen erwünscht, dann werden sie positiv verstärkt; z. B. wird das Baby mit freundlichem Nicken und sprachlicher Zustimmung „belohnt". Allmählich lernt das Kind, die Hand gezielt zum Fläschchen zu führen und dieses sogar in jenem Winkel zu halten, der ihm ein optimales Absaugen der Milch ermöglicht. Die Mutter hat eine ganze Reihe solcher Verstärker bzw. Steuerungsmechanismen in ihrem sozialen Repertoire. Es sei hier unentschieden, woher sie diese hat. Sie hat sogar – wie jeder Mensch – für viele andere Situationen Steuerungsmechanismen, ja sogar ganze Pläne bzw. Konzepte zur Steuerung von Einzelpersonen und Gruppen parat. Sie aktualisiert diese Steuerungsmechanismen je nach Konstellation einer Situation auf das von ihr gewünschte bzw. in dem Steuerungsplan oder -konzept vorgegebene Verhaltensziel hin. Als Mittel zur Erreichung der gesetzten Ziele werden Dinge benutzt – z. B. das Fläschchen – oder Symbole wie z. B. Gesten, Mimik und Sprache. Ein Gleiches gilt für die Lehrenden.

   Bisher war von der Steuerung die Rede, die auf einer positiven Verstärkung beruht. Skinner spricht aber auch von negativer Verstärkung oder „Extinktion". Diese zweite Art der Verstärkung wird dann angewendet, wenn gezeigtes Verhalten nicht erwünscht ist und wenn die Umwelt darauf Wert legt oder gar darauf besteht, dass das unerwünschte Verhalten nicht mehr realisiert gezeigt werden soll. Sie soll

positive und negative Verstärkung

aber in keinem Fall auf Dauer angewendet werden, da negative Verstärkung, wie z. B. Tadel und Strafen, als Zwang angesehen werden, und weil Zwang als ein völlig ungeeignetes Mittel angesehen wird, um Verhalten zu erzeugen, bei dem sich betreffende Menschen auch wohlfühlen. Diese Auffassung, von Skinner in seiner Erziehungs- und Gesellschaftsutopie „Futurum II" vorgetragen, gipfelt denn auch in dem Satz: „Wir wenden keinen Zwang an! Alles, was wir anwenden, ist eine sinnvolle Steuerung der Verhaltensweisen" (Skinner 1985, 150).

Die Umwelteinflüsse funktionieren aber nur im Funktionszusammenhang mit den Individuen, auf die sie einwirken. Auf Seiten des Individuums unterstellt Skinner, dass der Mensch mit einem Organismus zu vergleichen ist, der aus einer Fülle von Elementen besteht, die in einer assoziativen Verbindung miteinander stehen. Wird z. B. ein Verhalten gezeigt, das nicht erwünscht ist, und wird es entsprechend negativ sanktioniert, dann geraten die Elemente sozusagen in Unordnung. Das Individuum muss aufgrund eines im Organismus angelegten Programms wieder Ordnung herstellen. Es lernt. Dabei organisiert es seine Elemente assoziativ derart um, dass in einer nachfolgenden ähnlichen Situation das gewünschte Verhalten gezeigt werden kann. Es lernt sich damit in einer Weise zu organisieren, dass sein Verhalten Erfolg für es hat, d. h., dass der Organismus nicht in Unordnung gerät und dann wieder neu oder umlernen muss. Hinter dieser Auffassung eines assoziativen, aus Elementen bestehenden Organismus steht der Gedanke der Homöostasie, d. h. des Gleichgewichts eines Organismus, wie er aus der Biologie nicht unbekannt ist. Ebenso ist festzuhalten, dass die Assoziation als Erklärungsprinzip für das Lernen einer der mechanistischen Vorstellung vom „psychischen Apparat" folgt.

intrinsische Motivation

Immerhin kann Skinner darauf verweisen, dass in seiner Erziehungs- und Gesellschaftsutopie die Motivationen, die die Kinder, Jugendlichen und Erwachsenen spontan oder auch aufgrund von vorangegangenen Lernprozessen – die Spaß gemacht haben! – gezeigt haben, echt sind und auch realisiert werden können. Dieser in der Literatur als „intrinsische Motivation" beschriebene Antrieb zum Lernen und Verhalten bzw. zur Auseinandersetzung mit der Welt, also zur Sozialisation, auf Seiten des Individuums führt zur produktiven und schöpferischen Arbeit; zu beharrlichen Entdeckungen und zur permanenten Neugier (118). Eine „extrinsische Motivation", wie sie z. B. in den Kindergärten und Schulen über viele didaktische Brücken und methodische Hilfskonstruktionen in der pädagogischen Absicht erzeugt wird, ist in einer auf die Verhaltenslehre gestützten Erziehung bzw. in einem darauf beruhenden Unterricht also nicht vonnöten.

> „Die Motive im Erzieherischen … sind die gleichen wie in allem menschlichen Verhalten. Erziehung sollte einfach das Leben selbst sein. Wir brauchen keine Motive zu finden. Wir vermeiden die unechten akademischen Motive … und desgleichen vermeiden wir das Ausweichen vor Bedrohungen, das in den staatlichen Institutionen so reichlich angewandt wird. Wir appellieren an die Neugier, die dem unverdorbenen Kind wie dem gesunden wißbegierigen Erwachsenen eigen ist" (118).

Auf dem Hintergrund der bisherigen Erörterungen wird ersichtlich, dass die Gesellschaft als ein großes, differenziertes soziales System angesehen wird, das über eine Vielzahl von „Verstärkern" – Dinge, Personen, Gruppen, Institutionen, Organisationen – soziales Verhalten regelt, kontrolliert und steuert. Die diesem gesamten sozialen System zugrunde liegenden Werte, Normen und Regeln werden allerdings als gegeben vorausgesetzt und nicht mehr problematisiert. Dieser Punkt ist aus dem Entstehungszusammenhang der Modellvorstellung vom Verhalten zu verstehen. Im Zusammenspiel von Pragmatismus, Positivismus und Behaviorismus werden nämlich die gegebenen Grundordnungen der Gesellschaft und des Staates nicht problemhaltig, insofern der Erfolg in wirtschaftlicher, gesellschaftlicher und damit auch in erzieherischer Hinsicht gewährleistet ist. Und dieser ist gemäß den Grundideen der oben genannten Richtungen der „Vater alles Guten".

4.1.3 Die Selbstverstärkung des Individuums

In späteren Werken führt Skinner einen Faktor ein, den er „Selbstkontrolle", „Selbststeuerung" oder „Selbstverstärkung" nennt. Im Folgenden wird aus systematischen Gründen der Begriff Selbstverstärkung verwendet.

Selbstverstärkung kann als Mechanismus im Individuum angesehen werden, aufgrund dessen der Organismus „gelernt" hat, nur Impulse für solche Verhaltensweisen zu geben, die rückwirkend auf ihn als angenehm empfunden und vom Individuum als erfolgreich erfahren werden. Zu seiner Realisierung stehen dem Menschen eine Reihe von Techniken zur Verfügung.

Selbstverstärkung

> „Wenn ein Mensch sich selbst kontrolliert, sich zu einer bestimmten Handlungsweise entschließt, die Lösung eines Problems ausarbeitet oder vermehrt selbst Kenntnis anstrebt, verhält er sich. Er kontrolliert und steuert sich selbst, ebenso wie er das Verhalten einer anderen Person kontrollieren und steuern würde – durch die Manipulation von Variablen, deren Funktion das Verhalten ist. Sein „Sich-so-Verhalten" kann durch eine Analyse ohne weiteres erfaßt werden und muß letztlich mit Variablen begründet werden, die außerhalb der Einzelperson liegen" (Skinner 1973, 214).

Die Selbstkontrolle ist letztlich ein Mittel zum Zweck der Funktionalität der Umwelt, sie dient nicht dazu, die Einzelperson in eine irgendwie geartete Freiheit zu setzen, um sich selbst kritisch und distanziert verhalten zu können. Ganz im Gegenteil, die Selbstverstärkung ist als ein raffiniertes Mittel der Umwelt anzusehen, in dem der Einzelne im wahrsten Sinne des Wortes an die Umwelt angepasst wird. Es kann nun nicht abgestritten und geleugnet werden, dass eine Reihe von Prozessen in allen Gesellschaften auf diese Art und Weise ablaufen. Ein Blick in die Realität zeigt aber, dass es nur wenige Gesellschaften und Epochen mit Gesellschaften gibt, die mit aller Strenge und Rigorosität ihre spezifischen und in der Regel organisierten Umwelten, wie z. B. Schule und Unterricht, nach dem Verstärkerprinzip ordnen können. Selbst wenn dies geschähe, dann müsste eine anthropologische Unterstellung mitgedacht werden, dass nämlich Menschen sich ähnlich wie Ratten in einem Labyrinth oder wie Pingpong spielende Tauben verhalten, dass also Menschen sozusagen ein Reaktionsbündel sind, und dass sich ihr Organismus lediglich assoziativ und aufgrund von Außensteuerung organisiert, und dass auch evolutionstheoretisch gesehen keine Möglichkeiten und Ansätze zu einer Selbstorganisation gegeben sind.

Aus didaktischer Sicht hängt das Moment der Selbststeuerung durch Selbstverstärkung eng mit dem Moment der Motivation zusammen. Dies wissen auch die Lehrenden, wenn sie als Folge aus der von ihnen oft praktizierten Verhaltenskette Lehrerfrage (= stimulus) – richtige Schülerantwort (= corect response) – Lob „gut gesagt" (= positive reinforcement) sich eine „intrinsische" Motivation bei den befragten Schülern erhoffen. Diese intrinsische Motivation – so wird von den Lehrenden erwartet – soll das Lernen der Fachinhalte positiv verstärken. Die Erfahrung zeigt aber, dass die SchülerInnen dieser Erwartung nur bedingt oder überhaupt nicht entsprechen. Bestenfalls beziehen die SchülerInnen die positive Verstärkung auf das eigene Verhalten und das des Lehrers, also auf die soziale und nicht auf die fachliche Dimension vom Unterricht. Des Weiteren zeigt die Erfahrung, dass SchülerInnen ihre „intrinsische Motivation" zu den Fachinhalten primär dann entwickeln, wenn sie die Sache selbst erforschen können.

4.1.4 Das programmierte Lehren und Lernen

Da es vollkommene Gesellschaften nicht gibt und geben kann, so kann doch der Versuch gemacht werden, auf einem Teilgebiet des menschlichen Handelns das Modell von der optimalen Beeinflussung zum Zweck der Optimierung von erwünschtem Lernen zu realisieren. Für Skinner bot sich hier das organisierte schulische Lernen, also der Unterricht, an. Die Frage, die sich hier stellte, war, auf welche Art sich der Lehr- und Lernprozess optimieren lässt, damit sich die Lernleistung vom Individuum und zugleich dessen Beitrag zur Funktion der Gesellschaft in Unterricht, Schule und Beruf steigern lassen, und dies in einer Weise, die den Betreffenden auch noch Freude bereitet. Die Antwort war die Erfindung des „programmierten Lehrens und Lernens" oder des „programmierten Unterrichts". In der Gegenwart sind die Selbstlernprogramme weithin bekannt und akzeptiert. Eine „Lehrmaschine" oder ein Lernprogramm

> „führt zu dem gewünschten Erfolg, indem sie den Lernenden durch eine sorgfältig zusammengestellte Folge von Aufgaben führt ... die so ausgewählt ist, daß er gewöhnlich jeden Schritt erfolgreich bewältigt. Die Schritte am Anfang der Aufgabenreihe bereiten ihn auf den später folgenden schwierigen Stoff vor" (Holland/Skinner 1983, V),

Lernprogramme so heißt es im „Vorwort für den Lehrenden", in einem bearbeitenswerten Selbstlernprogramm. Die den Lehr- und Lernprogrammen zugrunde liegenden Prinzipien stammen aus der Verhaltenstheorie und den entsprechenden Forschungen, die darin entwickelten Techniken orientieren sich am Erfolg, an der positiven Verstärkung des Lernenden und streben die Selbstverstärkung an. Der Lernende soll sozusagen mit „Lust und Liebe" die Programme lernen. Seit den 90er Jahren werden im Vertrauen auf diese sich bildende intrinsische Motivation die Computer und ihre Spiel- und Lernprogramme angeboten.

> „Programme für Lernmaschinen sind vielen anderen Unterrichtsmethoden insofern überlegen, als sie viele Vorteile bieten, die sonst nur im Einzelunterricht gegeben sind

(1) Jeder Schüler arbeitet nach seinem eigenen Tempo: ...

(2) Der Schüler geht erst dann zu schwierigerem Lernstoff über, wenn er die davor liegenden Schritte erfolgreich bewältigt hat

(3) Aufgrund dieses allmählichen Fortschreitens und aufgrund bestimmter Techniken, Hinweise und Hilfen für die Aufgabenbeantwortung ... macht der Schüler fast keine Fehler

(4) Der Schüler ist ständig aktiv und erhält eine sofortige Bestätigung für seinen Erfolg

(5) Die Aufgaben sind so angelegt, daß der Schüler die kritischen Punkte verstehen muß, um die Antwort zu finden

(6) Das ,Konzept' wird in dem Programm an vielen Beispielen und in vielen syntaktischen Anordnungen dargestellt, um eine größtmögliche Generalisation auf andere Situationen zu erzielen

(7) Eine Aufzeichnung der Antworten, die die Schüler geben, liefert dem, der das Programm entwickelt hat, wertvolle Hinweise für spätere Revisionen" (Holland/Skinner 1983, V/VI).

4.2   Das kybernetische Modell

Auf dem Hintergrund der Erörterungen zur kybernetischen Theorienbildung und ihren Bezug zur Didaktik (Kap. 3.4.2) wird im Folgenden näher auf das Lernen und die sich damit verbindende Modellbildung über das Lernen im Zusammenhang mit Lehren eingegangen. Mit der kybernetischen Betrachtung von Lernen wird der gesamte Unterricht in den Blick genommen. Dabei sind zwei Grunddimensionen des didaktischen Interesses zu erkennen: 1. die Herausarbeitung eines kybernetischen Modells zur Erklärung von Lernprozessen im Unterricht und 2. die Anwendung dieses Modells auf die Optimierung von Lehr- und Lernprozessen einschließlich der darin enthaltenen Faktoren.

4.2.1 Unterricht in kybernetischer Perspektive

Geht man davon aus, dass Unterricht als Regelungsvorgang begriffen wird, dann kann dieser auch strukturell als Regelkreis begriffen werden (v. Cube 1986, 48ff). Der Regelkreis enthält fünf Funktions- und Strukturelemente: 1. den Sollwert, der kognitive und pragmatische Lehrziele enthält; 2. den Regler, d. i. der Verlaufsplan zur Erreichung der gesetzten Lehrziele, mit dem die „Regelgröße", der Lernende, beeinflusst, „Störfaktoren" ferngehalten und der Lernprozess optimiert werden soll; 3. die Stellglieder, d.h. die personalen und technischen Medien, die den Unterrichtsprozess steuern; 4. die Messfühler, die der „Lernkontrolle" dienen und 5. die Regelgröße oder die Adressaten. Abbildung 30 soll diesen „didaktischen Prozess" (v. Cube 1970, 153) verdeutlichen.

Ein Wort muss noch in Bezug auf die Adressaten gesagt werden: Sie sind die Faktoren, die beeinflusst werden sollen, machen aber auch die Störgrößen im Regelkreis aus; sie sind nicht immer planbar. Also muss die Strategie der Einflussnahme implizite Rückkopplungselemente enthalten. Diese sind die Ist-Soll-Vergleiche. Sie dienen der Ermittlung von Lernergebnissen. Fallen diese nicht den ge-

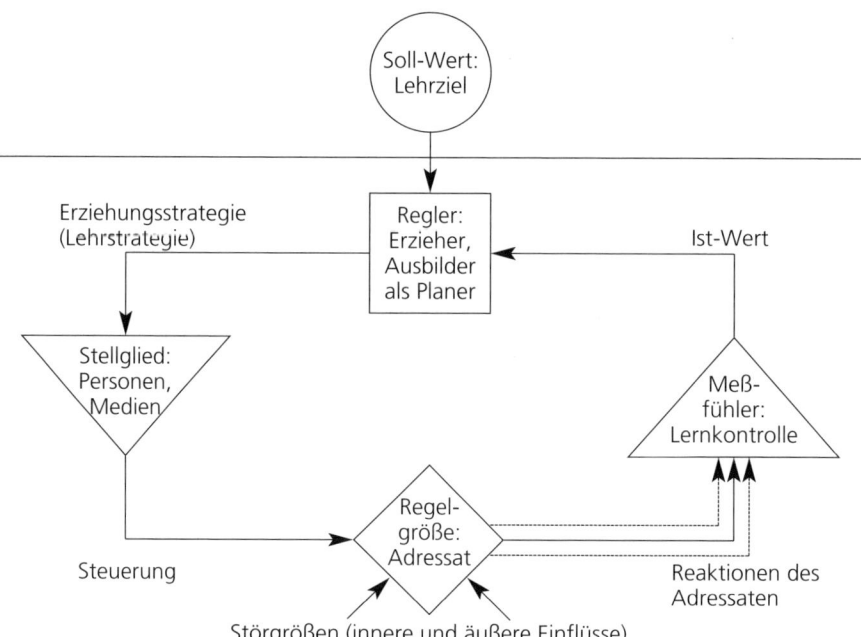

Abb. 30:
Unterricht als
Regelkreis
(v. Cube 1986, 49)

Unterrichten
(kybernetisch)

setzten Zielen entsprechend aus, dann müssen neue Impulse gegeben werden. Im anderen Fall kann der Lehr- und Lernprozess als abgeschlossen gelten. Der Regelkreis wird hier analog zum konditionierten Lernen gedacht.

V. Cube hebt hervor, dass der Regelkreis ein Funktionsschema ist und nicht als Beschreibung von Personen oder Instanzen angesehen werden darf.

Unter dieser Modellvorstellung heißt Unterrichten, immer wieder neue Regelprozesse in Gang zu setzen, wenn zwischen Ist- und Sollwert eine Differenz festgestellt wird. Dies bedeutet, die nicht gelernten – bei Lernerfolg neuen! – Informationen wieder in den Regelprozess einzubringen. Dabei muss darauf geachtet werden, dass die Information einerseits nicht zu hoch ist, um kognitiv verstanden in das Informationssystem der Adressaten eingearbeitet und auf ein höheres Informationsniveau transformiert zu werden.

Andererseits aber darf die Information nicht zu niedrig sein. In diesem Fall geht der Lernprozess auf Null. Es stellt sich keine Veränderung hinsichtlich des Ausbaus eines höheren Informations- und damit Verhaltensniveaus ein. Dieser Prozess wird in der Literatur u. a. mit den Begriffen der Entropie und der Redundanz belegt (v. Cube 1965, 16 u. 47ff). Lerntheoretisch gesehen bedeutet dieser Prozess den Aufbau von höheren, abstrakteren Informationseinheiten, die das Verhalten rascher und angepasster werden lassen.

Informationsverarbeitung wird daher als ein Lernprozess aufgefasst bzw. umgekehrt. Dieser Prozess erzeugt im Individuum immer neue Ordnungen, um gesichertes und erwartetes Verhalten zeigen zu können. Die intrapsychischen Prozesse können auch als Konstruktion bezeichnet werden, die aber von v. Cube noch nicht im konstruktivistischen Sinn verstanden werden. Sie bleiben streng auf das

Verhalten bzw. auf die Stimuli des sozialen Systems bezogen. Verhalten bezieht sich in diesem Kontext sowohl auf soziale, als auch auf fachliche Äußerungen bzw. Leistungen.

4.2.2 Die Optimierung von Lehr- und Lernprozessen

Hinsichtlich der praktischen Anwendung zeigen sich u. a. drei beachtenswerte Verwendungsbereiche (v. Cube 1986, 53ff):

- Lernen kann als Informationsverarbeitung bestimmt werden. Die Verarbeitung der gegebenen objektiven Informationen erfolgt kognitiv durch den Abbau subjektiver Informationen und durch den Aufbau neuer Ordnungen, d. h. durch die Herausarbeitung von Superzeichenbildung, also von höher geordneten und abstrakten Systemen, die das Verhalten situationssicherer erscheinen lassen.

Lernen

- Die kybernetische Modellvorstellung kann auch zur Optimierung von Lehrstrategien sowie deren Präzisierung Verwendung finden. Diese Zielstellungen im Lehrbereich zeigen sich insbesondere bei den Medien. Der Medienbegriff wird sehr weit gefasst. Unter einem Medium wird z. B. ein Zeichen oder ein Zeichensystem verstanden, das der Codierung von Nachrichten dient. Hierzu können sowohl subjektive als auch technische Medien, z. B. bildhafte, symbolische, grafische, ins Spiel gebracht werden. Zugleich wird an dem differenzierten und rationalen Ausbau der Prüfsysteme gearbeitet, mit deren Hilfe in den jeweiligen Vermittlungsstadien von Unterricht die Istwerte mit den Sollwerten verglichen werden können. Aufgrund der ermittelten Leistungsnorm kann der Lehrer z. B. didaktisch entscheiden, ob er für eine bestimmte Gruppe oder für einzelne Schüler oder Schülerinnen neue Informationsprozesse in Gang setzen muss. Die didaktische Intention hierbei weist auf das Moment der Individualisierung im Unterricht hin, gleichviel wie diese realisiert wird.

Medium

- Daher können Selbstlernprogramme entwickelt werden, die auf verschiedenen Ebenen mit verschiedenen Medien eingesetzt werden können, seien dies Programme, die von den Lernenden selbst vorgenommen werden, oder rückgekoppelte Lehrsysteme, wie sie etwa im programmierten Unterricht zu finden sind. Außerdem kann der Regelkreis auf moderne elektronische Geräte, z. B. den Personalcomputer, angewendet werden (Kron/Sofos 2003, 89ff). Schließlich bestehen Anwendungsbereiche im praktischen Unterricht des Alltags, z. B. in der Strukturierung von Texten im Bereich der audiovisuellen Medien, der Rechtschreibung, des Einsatzes von Videos und Filmen im Unterricht oder beim Lesenlernen, i. e. S. beim Erlernen der Lesetechniken (v. Cube 1970, 164ff).

4.3   Das Lernen am Modell

Wie bereits mehrfach erörtert, verbindet sich mit dem fachlichen Lernen das soziale Lernen, das insbesondere mit dem Lernen am Modell erklärt werden kann. Im Unterricht ist das Lernen am Modell insofern von großer Bedeutung, weil SchülerInnen sich oft mit dem Verhalten einer Person in der Realität oder in der Virtualität identifizieren und das Gelernte in neuen Situationen realisieren.

Diese Art des Lernens erfährt in der Literatur eine vielfache Bezeichnung: „Wahrnehmungslernen", „Imitationslernen", „Beobachtungslernen", „imitative learning, identificatory learning, observational learning" (Wörterbuch Psychologie 2000, 234 Stichwort Imitation). Gagné (1980, 219 ff) spricht von „Modelllernen"; Tausch/Tausch (1979, 32) sprechen von „Imitationslernen", „Identifikationslernen" sowie „Nachahmungslernen". Sie geben aber dem Begriff des Wahrnehmungslernens den Vorzug. Gleichviel, wie diese Art des Lernens bezeichnet wird, entscheidend sind folgende Momente bzw. Unterstellungen:

(1) Bei Tier und Mensch sind Tendenzen zu beobachten, durch Nachahmung oder Beobachtung des Verhaltens anderer in einer bestimmten Situation von diesem Verhalten zu lernen und ähnliches bzw. „vorbildkonformes" Verhalten zu zeigen.

(2) Insbesondere Menschen können auch durch Beobachtung eines Modells – dies können andere Menschen, aber auch Bilder oder Situationen sein – nicht nur neue Reaktionen oder Verhaltensweisen lernen, sondern auch ihre alten modifizieren oder verstärken. Dabei ist es ohne Belang, ob der Betreffende sein neues Modellverhalten bereits in der Situation zeigt oder danach.

(3) Das Modell-Lernen kann verstärkt werden. Bandura (1968), ein amerikanischer Psychologe, hat dieses Prinzip der „stellvertretenden" Verstärkung entdeckt. Es bedeutet Folgendes:

> „Empfängt eine Modellperson für ein bestimmtes Verhalten Belohnung, so steigt unter geeigneten Bedingungen die Wahrscheinlichkeit des Auftretens dieser Reaktion (auch! Anm. Kron) beim Beobachter in ähnlichen Situationen. Das Verhalten wird relativ überdauernd. Das Verhalten wird relativ überdauern, wenn beobachtetes Verhalten einschließlich seiner Konsequenzen in das Einstellungs- oder Vorstellungssystem des Beobachters übernommen wird" (Wörterbuch Psychologie 2000, 234 Stichwort Imitation).

Wie das Zitat zeigt, geht Modelllernen über das behavioristisch interpretierte Lernen insofern hinaus, als beim Individuum zwei zentrale intrapsychische Tätigkeiten angenommen werden: 1. das Individuum stellt sein Verhalten bzw. Handeln bzw. deren Konzepte auf Dauer, weil es an einem eigenen Einstellungs- und Vorstellungssystem arbeitet und 2. weil seine Emotionen bei den Erfahrungen und bei allen Erlebnissen im Spiel sind.
Auf diesem Hintergrund werden im Folgenden drei Strukturmomente des Lernens am Modell vorgestellt, die auch allen Lehr- und Lernprozessen zugrunde liegen.

1. Einstellungen und Wertorientierungen,
2. Selbstkonzept und die offene Auseinandersetzung mit dem eigenen Erleben,
3. individuelle und Umweltbedingungen des Lernens.

4.3.1 Einstellungen und Wertorientierungen

Einstellung

Der Begriff Einstellung unterscheidet sich von dem Begriff der Disposition, der den Vorstellungen vom operanten Lernen zugrunde liegt, maßgeblich. Unter Einstellungen werden innere Zustände verstanden, „welche die Auswahl von Handlungsalternativen beeinflussen". Bei diesen Handlungen, die den Alternativen zugrunde liegen, handelt es sich nicht um einzelne Handlungen, sondern um bestimmte Klassen individuellen Handelns; „deshalb werden Einstellungen häufig als „Verhaltenstendenzen" oder als Zustände, die sich durch „Reaktionsbereitschaft" kennzeichnen lassen, beschrieben.

> „Eine nützliche Definition, die sich über lange Zeit gehalten hat, stammt von Allport (1935, 810): ‚Eine Einstellung ist ein mentaler und neuraler Bereitschaftszustand, der durch Erfahrung organisiert ist und einen direkten oder dynamischen Einfluß auf das individuelle Verhalten gegenüber allen Gegenständen und Situationen, auf die sie sich bezieht, ausübt'" (Gagné 1980, 219).

Im sozialen Bereich können unter Einstellungen z. B. Fairplay oder Pünktlichkeit, Sauberkeit und Höflichkeit, aber auch die gute Arbeitsmoral verstanden werden. Eine Liste von Beispielen, die für Schule und Unterricht von Bedeutung sind, wird von Gagné (221) vorgelegt:

> „– Achtung vor der Individualität anderer
> – Bereitschaft zur Verantwortung der eigenen Handlungen
> – positive Wertschätzung eines bestimmten Gegenstandsbereichs
> – positive Einstellung gegenüber Klassenkameraden
> – positive Einstellung gegenüber dem Lehrer
> – Arbeitsfreude, Pünktlichkeit beim Arbeitsanfang
> – Sorgfalt im Umgang mit eigenem und fremdem Besitz
> – Bereitschaft zur Kooperation mit anderen
> – Höflichkeit, sorgfältige Beachtung von Sicherheitsregeln".

Auch Tausch/Tausch (1979, 99 ff.) geben eine Reihe wesentlicher positiver Momente vor, die sie in vier Klassen unterteilen. Dabei handelt es sich um so genannte Dimensionen (Haltungen, Aktivitäten) von Person zu Person, die für die Persönlichkeitsentwicklung junger Menschen förderlich sind, wenn sie von LehrerInnen gezeigt werden:

> „Achtung, Wärme, Rücksichtnahme",
> „einfühlendes, nicht wertendes Verstehen",
> „Echtheit" bzw. „Authentizität",
> „fördernde, nicht dirigierende Einzeltätigkeiten".

4.3.2 Das Selbstkonzept

Beim Lernen am Modell müssen zwei wesentliche Unterstellungen berücksichtigt werden. 1. Die Selbstachtung bzw. das Selbstkonzept, 2. die offene Auseinandersetzung mit dem eigenen Erleben (Tausch/Tausch 1979; Gagné 1980).

Unter einem Selbstkonzept kann verstanden werden, dass der betreffende Mensch ein Bild von sich selbst hat, so wie es ihm im Regelfall von den anderen Menschen gespiegelt wird. Dieses Bild von sich selbst kann positiv oder auch negativ besetzt sein (Tausch/Tausch 1979, 52). Dies besagt, dass die Selbstachtung einer Person gering oder auch stark sein kann. Geht man nun von einem positiven Menschen- und Gesellschaftsbild aus, dann sollte im Selbstkonzept eines Menschen möglichst viel Selbstachtung enthalten sein. Im Unterricht sollte daher

Selbstkonzept

positiv auf das Selbstkonzept eingewirkt und die Selbstachtung gefördert werden. Hier ist erfolgreiches Handeln für die SchülerInnen angesagt.

Die Auseinandersetzung mit der eigenen Person in einer gewissen Offenheit besagt, dass der Mensch die Fähigkeit hat, sich nicht nur mit seinem eigenen Selbstbild und den Wert- und Normimplikationen auseinander zu setzen, sondern auch in der Begegnung von Person zu Person (99). Aufgrund der vier Dimensionen der Achtung, des Verstehens, der Echtheit sowie der fördernden, nicht dirigierenden Einzeltätigkeiten bzw. deren Gegenteil haben Tausch/Tausch die Entwicklung von Selbstkonzepten bei Heranwachsenden untersucht und die Bedeutung eines „sozialintegrativen" Verhaltens für erzieherisches Handeln herausgestellt.

Aus dem Vorgetragenen geht bereits hervor, dass das Lernen am Modell stark im affektiven Bereich angesiedelt ist. Daher sind auch die Einstellungen eher affektiver Natur, ebenso wie ihr Gegenstück, die Erwartungen.

Erwartung

Dabei sei unter Erwartung Folgendes verstanden: eine „Bezeichnung für eine Einstellung, die sich auf mehr oder weniger klare Zielvorstellungen bezieht" (Wörterbuch Psychologie 2000, 166 Stichwort Erwartung). Die Einstellungen auf Seiten des Heranwachsenden korrespondieren mit den Erwartungen auf Seiten des Erwachsenen vice versa oder, praxisbezogen ausgedrückt, die Erwartung des Erziehers ist auf die Einstellung des Educanden gerichtet und umgekehrt. Dabei müssen die gegenseitigen Einstellungen bzw. Erwartungen nicht unbedingt komplementär sein, wie bereits an anderer Stelle mehrfach betont. Alle Akteure aber müssen die aufeinander bezogenen Systeme von Erwartungen und Einstellungen sozusagen „im Kopf" haben, damit soziales Handeln „klappt".

Außerdem ist zu erkennen: „Modellernen tritt in vielen Situationen auf. Das Modell muss (dabei! Anm. Kron) nicht leibhaftig erscheinen, sondern es kann in Bildern, Film- oder Fernsehszenen geboten werden" (Gagné 1980, 234). Modell-Lernen findet aber auch z. B. beim Lesen von Romanen oder beim Besuch des Theaters oder im Atelier eines Malers, beim Lösen von Konflikten, bei der Selbstdarstellung von Politikern, Cowboys, Comic-Figuren u. a. m. statt. Immer wird von Bedeutung sein, dass dem Modell eine gewisse Glaubwürdigkeit zugrunde liegt bzw. unterstellt wird. Wichtige und zentrale Bedingungen für das Modell-Lernen sind dabei, dass nicht eine einzelne Handlung gelernt wird oder eine bestimmte Verhaltensweise, sondern eine Gruppe von Verhaltensweisen, und dass es dabei nicht nur um eine Person oder ein Element in einer Situation, sondern immer um die gesamte Situation selbst geht. Damit wird dem sozialen Kontext des Verhaltens sowie den Interaktionen der in einer Situation „handelnden" Personen eine besondere Bedeutung zugestanden.

4.3.3 Individuelle und Umweltbedingungen des Lernens

Sowohl auf Seiten des Individuums als auch auf Seiten der Umwelt muss eine Reihe von Bedingungen erfüllt sein, damit sich Lernen vollziehen und zu den vorgestellten Zielen führen kann.

individuelle Bedingungen

Zunächst muss der Lernende eine gewisse emotionale und kognitive Struktur haben, d. h. er muss die Begriffe, um die es in der Situation geht bzw. mit denen bestimmte Wert- und Normvorstellungen bezeichnet werden, kennen. Er muss also über den Begriff „der Klasse von Gegenständen, Ereignissen oder Personen verfügen … auf die sich die neue (oder veränderte) Einstellung beziehen soll" (Gagné 1980, 236). Wenn also von gerechtem Verhalten gesprochen wird, etwa wenn der Vater seinen beiden Kindern sagt, sie sollen etwas gerecht teilen, dann muss der Begriff der Gerechtigkeit in Form der Gleichheit im kognitiven Repertoire der Kinder bekannt sein. Dies weist bereits auf ein Problem hin, dass Modell-Lernen nicht nur über Gefühle abläuft und auf Gefühle konzentriert ist, sondern dass hierbei auch die Kognition und insbesondere die Sprache involviert sind. Mit Recht weist Gagné daher darauf hin, dass das Modell-Lernen nicht allein auf affektiven Emotionen und Einstellungen beruht, sondern auch auf kognitiven Einstellungen sowie auf verhaltensgemäßen Dispositionen oder Bereitschaften zu handeln bzw. sich zu verhalten.

Eine weitere Voraussetzung muss gegeben sein. Es handelt sich dabei darum, dass die einzelnen Elemente, die zu einem Handlungsvollzug bzw. zu einer Verhaltenssequenz gehören, als Merkmale identifiziert und gelernt worden sind.

Die dritte Bedingung betrifft wiederum die Diskriminierung, d. h. die Tatsache, dass der Lernende in der Lage sein muss, zwischen unterschiedlichen Elementen zu unterscheiden. Diese Unterscheidung ist notwendig, damit überhaupt Variationen des Modell-Lernens und Generalisierungen möglich werden.

Auf der situativen Seite, also an externen, sozialen Bedingungen, sind nach Bandura und Walters (1963) folgende Momente aufzuzählen:

Umwelt-bedingungen

„– persönliche Merkmale des Modells; Modelle mit hohem sozialen Status (relativ zu dem des Lernenden) werden (z. B. Anm. Kron) stärker imitiert.
– Ähnlichkeit des Lernenden mit dem Modell; je größer die erlebte Ähnlichkeit mit der eigenen Person, desto stärker die Imitation; die Nachahmung nimmt ab, je weniger das Modell einer realen Person ähnelt.
– Art des Modellverhaltens; beispielsweise werden feindselige oder aggressive Verhaltensweisen leicht imitiert.
– Konsequenzen des Modellverhaltens; ein beobachtetes Verhalten, das von anderen belohnt oder gebilligt ist, wird leichter übernommen. Die Wirkungen von Strafe sind nicht eindeutig.
– Merkmale des Beobachtenden; Individuen, die geringes Selbstvertrauen haben oder in ihrer bisherigen Lerngeschichte für konformes Verhalten häufig belohnt wurden, übernehmen leichter das Modellverhalten" (nach Skowronek 1975, 65/66).

Damit wird deutlich, dass beim Lernen am Modell sowohl die Imitation als auch die Identifikation eine Rolle spielen – so Bandura/Walters (1963) im Folgenden:

„Beobachtungslernen wird in der experimentellen Psychologie im allgemeinen Imitation und in der Persönlichkeitstheorie Identifikation genannt. Beide Begriffe beziehen sich jedoch auf dasselbe Phänomen im Verhalten, nämlich die Tendenz eines Individuums, Handlungen, Einstellungen und emotionale Reaktionen zu reproduzieren, die von symbolisierten oder realen Modellen gezeigt werden. Der Unterschied gegenüber den Anfängen der Integration von imitativem Verhalten in die Reiz-Reaktions-Lerntheorie von Dollart und Miller (1941) ist, daß nach Bandura und Walters Beobachtungs- oder ‚stellvertretendes' Lernen auch ohne Verstärkung (Belohnung) zustande kommt" (Skowronek 1975, 65).

Daraus erhellt sich, dass Verstärkungen, wie sie beim operanten Lernen durch die Einzelperson des Lehrenden als notwendig erachtet werden, beim Lernen am Modell wegfallen können. An die Stelle der einzelnen Person tritt das Ensemble von Elementen in einer Situation, wobei dann die Person sicher eine Rolle spielt, nicht aber ihre intentionale Ausgerichtetheit auf das Verhalten der SchülerInnen. Daher erscheint auch das Rollenspiel als eine geeignete Form, Modell-Lernen zu realisieren, insofern die Akteure aufgrund bestimmter Wert- und Normvorgaben ihrer Rollen handeln. Dabei kann sozusagen „unauffällig" oder „nicht-intentional" bzw. selbstbestimmt gelernt werden.

4.4 Die strukturgenetische Lerntheorie

Lernen als Erkennen Das Besondere und in dieser Hinsicht didaktisch Bedeutsame an dieser Theorie ist in der Verbindung von Lernen, Entwicklung, Denken und Handeln zu sehen; genauer formuliert: in der Definition von Lernen als individuellem Entwicklungs- und Handlungsprozess. Dabei wird der Lernbegriff durch den Begriff des Denkens bzw. durch den der Erkenntnis ergänzt.

Zu den herausragenden Vertretern dieses Ansatzes gehören Jean Piaget, dessen Schüler Hans Aebli sowie John Dewey und Jerome Bruner. Im Folgenden werden das erkenntnisleitende Interesse, einige Forschungsergebnisse sowie Schlussfolgerungen für den Unterricht der Autoren in fünf Schritten vorgestellt. Diese Schritte repräsentieren die folgenden Themen:

1. Der Zusammenhang von Lernen und Entwicklung
2. Der Zusammenhang von Handeln und Denken
3. Die Entwicklung von Handlungskonzepten
4. Die zentrale Funktion der Operationen
5. Der Zusammenhang von Struktur und Funktion.

4.4.1 Der Zusammenhang von Lernen und Entwicklung

Aebli Die vorangegangenen Ausführungen haben bereits die Abhängigkeit organisierten Lernens von der Entwicklung der Lernenden und umgekehrt deutlich werden lassen. Im Folgenden soll das Augenmerk auf die kognitive Seite der Lernprozesse gerichtet werden, mit der in erster Linie das Lernen der kulturellen Inhalte in mikrosozialen Prozessen erklärt werden kann. Dabei wird primär auf die Forschungen Aeblis zurückgegriffen. Pragmatische Schlussfolgerungen, die Bruner aus dem Forschungsmaterial zieht, das Aebli und insbesondere dessen Lehrer Piaget vorgelegt haben, ergänzen die Darlegungen.

In diesem Zusammenhang soll nicht unerwähnt bleiben, dass Maria Montessori als erste in einem modernen Sinn auf die Bedeutung des Zusammenwirkens von Lernen und Entwicklung aufmerksam gemacht hat.

 Hans Aebli hat in seinem Werk „Psychologische Didaktik. Didaktische Auswertung der Psychologie von Jean Piaget" (1963) eine didaktische Handlungstheorie entwickelt, in der Lernen als individueller Entwicklungsprozess bestimmt wird. Diese Auffassung beruht auf einer Fülle von empirischen Untersuchungen und Unterrichtsforschungen sowohl von Piaget als auch von Aebli selbst. Obwohl Aebli weder ein Struktur- noch ein Verlaufsmodell für Analyse und Planung von Unterricht anbietet, sind seine Ausführungen so differenziert und durch Unterrichtsforschung aus verschiedenen Fächern derart belegt, dass die Lektüre seiner Darlegungen die Leser unmittelbar anspricht und sie herausfordert, ihre eigene Lehrtätigkeit mit den angebotenen neuen Ideen zu vergleichen. Dabei entdecken die Leser sehr schnell, welche didaktischen Arrangements und Schritte zu unternehmen sind, um SchülerInnen in einen von ihnen selbst gestalteten Lern- und Entwicklungsprozess hineinzuversetzen. Sie erleben sozusagen die Lehr-Lern-Situation aus der Perspektive der SchülerInnen an dem von Aebli präsentierten theoretischen und praktischen Material.

Aebli geht – wie sein Lehrer Piaget – von der grundlegenden Annahme aus, dass Handeln und Denken bzw. Erkennen eine Einheit bilden. Piaget unterscheidet zwei Arten von Handlungen, isolierte Handlungen, wie z. B. Steine werfen, und koordinierte Handlungen, die an und mit Dingen oder mit Menschen vollzogen werden. Letztere sollen soziale Handlungen heißen. Von diesen ist im Folgenden die Rede. Damit wird ein Grundaxiom festgelegt: Menschen handeln immer. Wenn sie aber immer handeln, dann muss dieses Handeln auch seinen Niederschlag im Denken bzw. im Erkennen finden und umgekehrt: dann kann das Denken bzw. das Erkennen Handeln antizipieren, z. B. vorwegnehmen, erahnen oder auch konzipieren bzw. planen. **Handlung**

Dieser interdependente Zusammenhang wird von Piaget als Struktur beschrieben (Kron 2001, 162ff). Piaget wendet den Strukturbegriff auf vielfältige Gebiete an. In diesem Zusammenhang bedeutet Struktur die Konstruktion und Repräsentation der im Zusammenhang von Handeln und Denken erworbenen Kenntnisse, Fertigkeiten und Einsichten. Damit ist ein kognitiver Zusammenhang beschrieben. Die Welt wird somit vom Individuum konstruiert, repräsentiert und im Handeln zur Gestalt gebracht oder in Szene gesetzt. **Struktur (Piaget)**

„Die Konstruktion mag angeregt sein durch Erfahrungen, vor allem durch konflikt- und dissonanzerzeugende, sie mag auch vorgegeben sein durch Wort, Bild oder Beispiel; sie ist aber *nicht* empirisches Lernen, sondern neue Strukturierung und Organisation, ob kreativ und selbständig entdeckt oder nur nachvollzogen" (Oerter/Montada 1986, 418).

Mit dieser lernpsychologischen Position des genetischen Konstruktivismus ist eine Gegenposition zu den behavioristischen Lerntheorien bezogen. Die behavioristischen Lerntheorien werden in der Literatur als Abbildungstheorien, die strukturgenetische Lerntheorie wird als konstruktivistische oder kognitivistische Theorie bezeichnet. Dies hat Folgen für die lerntheoretischen Grundlagen didaktischer Theorien- und Modellbildung. **genetischer Konstruktivismus**

„Die sensualistisch-empiristische Psychologie (Assoziationspsychologie) und die herkömmliche Didaktik beruhen auf der Theorie der Bildeindrücke im menschlichen Geist. Nach diesen Lehren sind die Bilder die grundlegenden Elemente des … Denkens … Von den allgemeinen Begriffen nimmt man an, sie entstünden durch einen Prozeß der Abstraktion, der die zufälligen Merkmale ausscheidet … Wir haben gesehen, daß jeder Lehrer gezwungen ist, auf irgendeine Weise die Aktivität der Schüler anzuregen, damit sie die ihnen gezeigten Gegebenheiten vergleichen, sich Umformungen vorstellen oder ganz einfach den Demonstrationen des Lehrers folgen. Nun gehen aber alle diese Tätigkeiten bereits über den einfachen Prozeß des Eindrucks hinaus und zeigen an, daß die grundlegenden Elemente des Denkens nicht statische Bilder (Abbilder äußerer Modelle), sondern Schemata von Tätigkeiten sind, an deren Ausführungen das Subjekt einen wichtigen Anteil hat. Die Psychologie Jean Piagets umreißt die Wirkungsweise und die Bedeutung dieser Aktivität des Subjekts. Ohne die Existenz der Bilder zu leugnen, weist er ihnen eine ganz andere Funktion zu, als es die klassische Psychologie getan hatte. Er zeigt, daß das Denken vor allem eine Form des Tuns ist, die sich im Verlauf ihrer Entwicklung differenziert, organisiert und ihre Wirkungsweise verfeinert" (Aebli 1963, 53).

Das längere Zitat macht deutlich, dass es in Lehr- und Lernprozessen nicht primär auf die Vermittlung im Sinne von Beibringen von Inhalten ankommt, sondern darauf, Schüler in Handlungssituationen hineinzuversetzen, in denen sie Beziehungen zwischen den Dingen und ihren Fragestellungen, Interessen, Problemen herstellen können. Dabei zeigt die Erfahrung, dass nur diese Art der Operation zu Erkenntnisprozessen und damit auch zur Herausarbeitung und Darstellung jener Strukturen führt, die als Struktur der Dinge selbst unterstellt werden. In diesem Zusammenhang kann auch von Sach- oder Wissenschaftsstrukturen gesprochen werden (Bruner 1980, 21ff). Lehr- und Lernprozesse sind daher so anzulegen, dass die Lernenden zu Operationen angehalten werden, aufgrund derer sie die gesetzmäßigen Beziehungen oder Relationen zwischen den Strukturelementen (= Funktionen) sowie den Strukturzusammenhang selbst zu erkennen und zu formulieren in der Lage sind.

„Die Operation ist das aktive Element des Denkens. Sie ist es, welche die wesentlichen Fortschritte der Intelligenz sichert" (Aebli 1963, 56/57).

Lernen durch Operieren

In dieser Auffassung von Lernen spielen die Quantität und die Qualität der Inhalte eine sekundäre Rolle. „Lernen" geschieht am ehesten durch die Herausforderung der Intelligenz selbst, z. B. durch das Operieren mit Dingen. Die Intelligenz wird umso mehr herausgefordert, je mehr sie zum Vergleichen verschiedener Elemente eines Sachverhalts eingesetzt wird, ein Prozess, aus dem die Sachstrukturen und/oder die Beziehungen, d. h. die Gesetzmäßigkeiten der Elemente untereinander, erkannt und formuliert werden können (Bruner 1974).

„Überall sind es die Operationen, welche die Begriffe definieren, und der Unterricht muß daher den Schüler dazu bringen, diese Operationen zu vollziehen, zuerst tatsächlich und dann in ‚verinnerlichter' oder stellvertretender Form. Bevor der Lehrer also die Aufgabe der praktischen Verwirklichung einer Unterrichtseinheit beginnt, muß er sich darüber klar werden, welche Operationen den Begriffen zugrunde liegen, die er die Schüler erwerben lassen will. Nehmen wir an, er will ihnen den Begriff ‚Winkel' faßbar machen, somit wird er sich fragen: welche Operation definiert diesen Begriff?" (Aebli 1963, 87).

Lehren heißt also, Handeln und Denken zu ermöglichen, Handlungszusammenhänge herzustellen, z. B. durch geeignetes Material, damit Schüler in Operationen hineinversetzt werden, oder auch: Unter Lehren kann jegliche Aktivität verstanden werden, „die darauf zielt, einem anderen das Lernen zu erleichtern", d. h. ins Lernen hineinzuversetzen (Gage 1979, 2). In diesem Sinne kann es gelingen, dass Schüler mehr und mehr ihre Erkenntnis erweitern und damit ihren kognitiven Strukturzusammenhang von Handeln und Denken differenzieren, d. h. sie zielgerichtet, selbstzufrieden und selbstgewiss planen, arbeiten und argumentieren können. Lehren heißt dann nicht mehr, SchülerInnen mit mehr oder weniger gut aufbereiteten Inhalten zu traktieren und sie in ihrem Lernprozess sich selbst zu überlassen. Hier werden neue didaktische Kompetenzen für LehrerInnen erforderlich (Kap. 6.3) und neue Herausforderungen an die Bildungspolitiker gestellt, das Bildungswesen umzuorganisieren, um den neuen Erfordernissen des Lernens und der Organisation von Handeln und Denken Rechnung tragen zu können. Diese Forderungen gelten in erster Linie für die Kindergärten und Vorschulen und nicht zuletzt für das gesamte Schulwesen.

    In Bezug auf die Strukturen, die dem Lernen zugrunde liegen, bringt nun Piaget den zentralen Gedanken ein, dass sich Strukturen entwickeln. Dies gilt auch für den Strukturzusammenhang von Handeln und Erkennen. Wenn es also eine Entwicklung des Erkennens gibt, dann hat auch jede Entwicklung eine Lerngeschichte oder in der Umkehrung gesagt: Jedes Lernen schreibt die individuelle Entwicklung fort. In Bezug auf die hier vorgestellte kognitive und genetisch konstruktivistische Lerntheorie heißt das:

Entwicklung von Strukturen

> „Jede Operation hat ihre Geschichte. Bei der Entwicklung des kindlichen Denkens kann man beobachten, wie sich Operationen, ausgehend von einfachen Handlungsschemata, mehr und mehr differenzieren, um immer komplexere beweglichere Systeme herauszubilden, die schließlich fähig sind, das ganze Universum zu deuten. Die Aufgabe des Lehrers besteht folglich darin, für das Kind psychologische Situationen zu schaffen, in denen es die Operationen aufbauen kann, die es sich aneignen soll. Der Lehrer muß die früheren Schemata aufgreifen, über die das Kind bereits verfügt, und von diesen aus die neue Operation entwickeln. Er muß das dieser geistigen Aktivität angepaßte Material liefern und darüber wachen, daß die neue Operation in der erstrebten Richtung gesucht wird" (Aebli 1963, 88).
>
>   „Wir halten fest: Diese geistigen Operationen haben nichts zu tun mit jenem Abstraktionsvorgang, den die empiristischen Didaktiker und Psychologen beschrieben haben. Es handelt sich keinesfalls darum, durch einen Ausscheidungsprozeß die gemeinsamen Bestandteile der verschiedenen Größen zu suchen, sondern darum, ein *System von Operationen* aufzubauen, und durch diese den ins Auge gefaßten Begriff zu definieren" (Aebli 1963, 21/22).

SchülerInnen lernen also, indem sie ihre kognitiven Strukturen entwickeln, d. h. differenzieren und zugleich integrieren. Unter Differenzierung sei die klare Aufhellung komplexer oder noch nicht erkannter Zusammenhänge zu verstehen, unter Integration die Verschmelzung von neuen mit bekannten Erkenntnissen zu höheren Erkenntniseinheiten. In diesem Gesamtprozess werden die Entwicklung der Erkenntnis und der Persönlichkeit des Heranwachsenden zugleich verwirklicht. Konkret kann sich diese Entwicklung in der immer breiteren Palette von Handlungsentwürfen oder -plänen bzw. -konzepten zeigen (Aebli 1963, 95ff).

Pläne

Pläne sind hier als differenzierte kognitive Handlungsentwürfe bzw. -konzepte zu verstehen, die in den jeweiligen Situationen ein selbstgesteuertes und aktives Handeln möglich machen. Dies schließt das Reagieren nicht aus, dieses wird aber durch das Handeln relativiert und in einen größeren individuellen Aktivitätskontext gerückt. Damit erhält auch das Individuum eine ganz andere Rückmeldung aus den Situationen. Es erlebt sich selbst als autonom und sein Handeln zugleich als erfolgreich. Dabei lernt es, sein erkenntnisleitendes Interesse auf die Relationen, also die Beziehungen und Zusammenhänge, zu lenken und nicht allein auf die Quantität oder Qualität der Dinge selbst. Dadurch bekommt es auch eine Sensibilität für soziale Beziehungen, also auch für die Normen, Werte und Regeln sowie die diese umfassende Moral.

Da die Lernenden im Zusammenhang von Handeln und Erkennen stets durch die Operationen gezwungen sind zu vergleichen, Regeln, Gesetzmäßigkeiten, Beziehungen, Zusammenhänge aufzudecken, zu formulieren und ihre Gesetzmäßigkeiten, d. h. ihre Verallgemeinerung vorzunehmen und zu prüfen, ob diese auch im Kontext anderer Erkenntnisse Geltung hat, ist in diesem Prozess die Selbstkontrolle und die Selbstprüfung ein impliziter pädagogischer und didaktischer Wert (Aebli 1963, 48). Lernende entdecken dabei, dass zur Erkenntnis punktuelle und einmalige Wahrnehmungen oder Erfahrungen im Umgang, z. B. mit einer Sache, nicht hinreichen, um dem Anspruch einer Allgemeingültigkeit Genüge zu tun. Sie werden daher zu beobachten lernen. Beobachtung, gepaart mit Sicherung der Beobachtungsergebnisse, gehört dann ebenso zum grundlegenden Handlungs- und Erkenntnisrepertoire der Lernenden wie das Vergleichen, Messen, Prüfen u. a. m. Diese Tätigkeiten manueller und geistiger Art werden mit dem Begriff der Operation belegt. Von Aebli wird in diesem Zusammenhang an mehreren Stellen auch auf die Gruppen- und die Partnerarbeit hingewiesen (Aebli 1963, 106ff). Diese erhöhen den Austausch von Informationen (= symbolische Interaktion) im Erkenntnisprozess des Einzelnen. Dabei tritt eine Relativierung der eigenen Erkenntnisse auf; m. a. W., der eigene Erkenntniszusammenhang gerät aus dem Gleichgewicht. Dieses Ungleichgewicht im kognitiven Strukturierungsprozess führt zu erneuter Befassung mit der Sache, z. B. zu erneuten Beobachtungen, Messungen und Vergleichen. Neue Erkenntnisse treten ein; das Gleichgewicht eines regulierten Erkenntniszusammenhangs stellt sich wieder ein. Ein Lernprozess hat stattgefunden. An diesem Beispiel wird das Zusammenwirken von Lernen und Entwicklung der Erkenntnis deutlich.

didaktische Konsequenzen

In Bezug auf die didaktische Praxis lässt sich Folgendes sagen: Aus alledem

„erklärt sich eine Favorisierung der selbsttätigen Entdeckung, der Modelle des offenen Unterrichts, der genetischen Methode, auch die Betonung der Bedeutung einer Interaktion der Kinder mit Gleichaltrigen für die kognitive Entwicklung, da diese in geringerem Maße die Gefahr birgt, daß sich Meinungen einer übermächtigen Autorität unverstanden durchsetzen. Im Lichte dieser Überlegungen ist Piagets ‚klinische Methode‘, die von ihm als eine Methode der Diagnose des Strukturniveaus seiner Probanden verstanden wird, in Wahrheit bereits die ideale Methode des Unterrichtens: Probleme werden gestellt, aber keine Lösungen durchgesetzt oder auf oberflächlichem Niveau automatisiert. Der Erwachsene beginnt mit einem Problemangebot, das zu Lösungen oder

Lösungsversuchen führt, die ihrerseits Anlaß geben, die Lernenden mit Alternativen und gegenteiligen Meinungen zu konfrontieren, Implikationen der Antworten aufzuzeigen und zu erfragen, Begründungen herauszulocken und damit die Problemlage und den Lösungsversuch zu klären. Dies gibt wohl Anstöße zur Elaboration einer Lösung … und damit im Sinne Piagets zur Reorganisation des kognitiven Systems. Warum sollte nicht auch ein Lösungsangebot – so vorbereitet – auf fruchtbaren Boden fallen?" (Oerter/Montada 1986, 422).

Bruner wendet diese Erkenntnisse noch mehr ins Praktische. Ausgehend von der Struktur des Wissens konstituiert sich der Beziehungszusammenhang der Dinge im handelnden und zugleich im erkennenden Subjekt. Eine objektive Realität, in der die Dinge im Sinn von Gegenständen den Menschen gegenüberstehen, ist damit außer Kraft gesetzt. Danach repräsentiert sich das Wissen als Erkenntnisprozess und nicht als – äußerer oder innerer, mentaler oder abbildhafter – Gegenstand. Bruner sieht diese Repräsentation der Wissensstrukturen in dreifacher Weise gegeben:

Bruner

> „durch eine Zahl von Handlungen, die geeignet sind, ein bestimmtes Ziel zu erreichen *(enaktive Repräsentation),* durch eine Reihe zusammenfassender Bilder oder Graphiken, die eine bestimmte Konzeption versinnbildlichen, ohne sie ganz zu definieren *(ikonische Repräsentation),* und durch eine Folge symbolischer oder logischer Lehrsätze, die einem symbolischen System entstammen, in dem nach Regeln oder Gesetzen Sätze formuliert und transformiert werden *(symbolische Repräsentation)"* (Bruner 1974, 49).

Im Prozess des Lehrens ist diese Weise der Repräsentation von Wissen insofern zu beachten, als die Lehrenden auf Grund ihrer didaktischen Kompetenz wissen müssen (Kap. 6.3.3), in welcher Entwicklungsphase ihre Adressaten sind, welche Erkenntnisweise angesprochen werden soll und von welcher Struktur die Lehrangebote sind bzw. welche Erkenntnisstruktur sie den Lernenden abverlangen; außerdem müssen sie wissen, in welcher Abfolge der Erkenntnisprozess verlaufen soll, um dessen Genese zu erleichtern und nicht zu blockieren. Wenn z. B. eine mathematische Textaufgabe gelöst werden soll oder wenn es einen wissenschaftlichen Text zu interpretieren gilt, dann müssen z. B. Begriffsbildung, Satzbildung und In-Beziehung-Setzen von Begriffen mit logischen Mitteln sowie die logischen Mittel selbst bekannt sein, wenn Lernen sinnvoll realisiert werden soll (Berliner/Gage 1977, 345ff; Oerter/Montada 1986, 436ff). Ikonische Formen können dabei als Vorlauf stützend sein; sie können aber auch z. B. in Gestalt einer bildhaften Sprache, in welcher die Textaufgabe formuliert ist, den rationalen Zugang verhindern oder gar erschweren, d. h. das Denken auf eine falsche Fährte bringen. Zur Lösung gerade dieser Problematik muss das Lernen des Lernens, also das Metalernen gelernt sein; m. a. W. SchülerInnen müssen Forschungs- bzw. Erkenntnismethoden an der Hand haben, mit deren Hilfe sie Fehlerquellen aufdecken können, die im Zuge von Entscheidungen für die eine oder andere Vorgehens- und Erkenntnisweise entstanden sind. Daher heißt es bei Bruner auch:

> „Jemandem diese Wissensgebiete zu *lehren* heißt nicht, ihn dazu zu bringen, daß er sich die fertigen Ergebnisse einprägt, sondern es heißt, daß wir ihn *lehren,* wie er an dem Prozeß der Wissensgewinnung teilhaben kann … *Wissen in diesem Sinne ist kein Produkt, sondern ein Prozeß"* (Bruner 1974, 74).

4.4.2 Der Zusammenhang von Handeln und Denken

Obwohl Piaget und Aebli diesen Zusammenhang immer wieder begründend betonen, so hat Dewey hierzu epochemachende Ausführungen geliefert, auf die in der gegenwärtigen Diskussion auch immer wieder hingewiesen wird. Im Folgenden wird Deweys Auffassung vorgestellt, die aber auf Phänomen und Begriff der Erfahrung beruht. Auf die pragmatische Grundlegung wird zunächst eingegangen und darauf aufbauend der zentrale Zusammenhang von Handeln und Denken (= Lernen) skizziert.

Phänomen und Begriff der Erfahrung sind grundlegend für Deweys Philosophie und Pädagogik. Für diese Aussage stehen zwei Beispiele.

Das erste Beispiel stammt aus dem Buch „Democracy and Education", das 1916 zum ersten Mal publiziert wurde. In dem Kapitel „Experience and Thinking" heißt es:

> "Before the child goes to school, he learns with his hand, eye, and ear, because they are organs of the process of doing something from which meaning results. The boy flying a kite has to keep his eye on the kite, and has to note the various pressures of the strings on his hand. His senses are avenues of knowledge not because of external facts are somehow 'conveyed' to the brain, but because they are *used* in doing something with a purpose. The qualities of seen and touched things have a bearing on what is done, and are alertly perceived; they have a meaning" (Dewey 1966, 142).

Das zweite Beispiel findet sich in dem erst 1989 in deutscher Sprache erschienenen Sammelband von Dewey „Die Erneuerung der Philosophie". Dort stellt Dewey im vierten Kapitel „Gewandelte Auffassungen von Erfahrung und Vernunft" das Beispiel von einem Kind vor, das seinen Finger ins Feuer steckt.

> „Nehmen Sie an, ein Kind steckt im Eifer einen Finger ins Feuer. Das Tun ist zufällig, ziellos, ohne Absicht oder Reflexion. Aber irgendetwas geschieht in der Folge. Das Kind verspürt die Hitze, es leidet Schmerzen. Das Tun und Leiden, das Greifen und sich Verbrennen sind verknüpft. Das Eine suggeriert und bedeutet jetzt das Andere. Dann gibt es hier eine Erfahrung in einem vitalen und bedeutsamen Sinn" (Dewey 1989, 132).

Die zwei Beispiele zeigen ein zweckgerichtetes und ein zufällig ausgelöstes Handeln. In beiden Fällen werden die Sinne, das Denken und das Handeln aktiviert. Diese Aktivitäten bilden die Erfahrung aus, auf Grund derer die Kinder in späteren Situationen noch zielgerichteter bzw. äquater agieren oder interagieren können. Erfahrung – so folgert Dewey – ist daher eine Folge des Zusammenwirkens von Sinnen, Denken und Handeln, die sich sowohl im körperlichen als auch im kognitiven Tun manifestiert. Man könnte auch sagen: Erfahrung ist ein Konstrukt, mit dessen Hilfe die Individuen in zukünftigen Situationen optimierter handeln können. Im Handeln denken die Kinder und sie bringen die gleichen Leistungen im Alltag hervor wie die Forscher im Forschungsprozess. Sie prüfen und bestimmen die Beschaffenheit von Gegenständen, die Differenzen und Beziehungen bzw. Funktionen der Gegenstände; sie ziehen Schlussfolgerungen; sie urteilen und bilden eigenständig Begriffe; sie ordnen und klassifizieren, kurzum, sie wenden die Regeln der Logik an (Kron 1999, 38ff).

Am Beispiel des Feuers vergleicht das Kind den Schmerz, den es beim Verbrennen seines Fingers empfindet, mit dem heilen anderen Finger. Im Beispiel des Drachenfliegens muss der Junge im Handeln die Leistung der physischen und kognitiven Koordinierung der Drachenbewegungen hervorbringen. Dabei ist der Junge durch das Tun gezwungen, Hierarchien der Ordnung zu bilden, die das weitere Handeln im Sinne eines besseren, koordinierteren Tuns antizipieren, d. h. vorauf zu bauen. Deweys Schlussfolgerung lautet daher:

> "When we experience something we act on it, we do something with it; then we suffer or undergo the consequences. We do something to the thing and then it does something to us in return: such is the peculiar combination. The connection of these two phases of experience measures the fruitfulness or value of the experience. Mere activity does not constitute experience. ... It is not experience when a child merely sticks his finger into a flame; it is experience when the movement is connected with the pain which he undergoes in consequence. Henceforth the sticking of the finger into the flame *means* a burn. Being burned is a mere physical change, like the burning of a stick of wood, if it is not perceived as a consequence of some other action. ... To 'learn from experience' is to make a backward and foreward connection between what we do to things and what we enjoy or suffer from things in consequence. Under such conditions doing becomes a trying; an experiment with the world to find out what it is like; the undergoing becomes instruction – discovery of the connection of things.
>
> Two conclusions are important for education follow. (1) Experience is primarily an active-passive affair; it is not primarily cognitive. But (2) *measure of the value* of an experience lies in the perception of relationships or continuities to which it leads up. It includes cognition in a degree in which it is cumulative or amounts to something, or has meaning" (Dewey 1966, 139f).

Dewey interpretiert Erfahrung als eine Konsequenz oder Folge koordinierten Handelns und Denkens und der Erkenntnis von handlungsleitenden Antizipationen oder von Handlungskonzepten bzw. -plänen. Damit hebt er den von ihm gemeinten Erfahrungsbegriff vom behavioristischen Begriff der Erfahrung als Reaktionszusammenhang von stimulus – response – reinforcement ab. Er setzt also nicht das Verhalten als Grundlage für Erfahrung an, sondern das durch Denken koordinierte Handeln. Hier steht er dem Ansatz des symbolischen Interaktionismus sehr nahe. Im Rückgriff auf die evolutionstheoretischen Wurzeln seines Denkansatzes interpretiert Dewey den Menschen als einen Organismus, der auch von der Umwelt stimuliert wird. Im Unterschied zum Behaviorismus (Kap. 4.1.2) leitet er aber daraus die Interaktion des Organismus mit der Umgebung ab, um sich aktiv an die Umwelt „anzupassen" (Kap. 4.5 u. 4.6). Wissen erscheint in diesem Zusammenhang als ein kontinuierlicher Erwerb, mithin als Prozess der Konstruktion und Rekonstruktion von Erfahrung in einem strukturierten Denkprozess, der seine individuelle und gesellschaftliche Bedeutung durch seine ständige Überprüfung gewinnt und der als Erkenntnisprozess begriffen werden kann (Dewey 1989, 32f). Insofern kann Wissen auch als objektivierte Erkenntnis aufgefasst werden, das in einem spannenden intraindividuellen und interaktiven Prozess entsteht und nach diesem Prozess in einem außerhalb dieses primären Entstehungsprozesses liegenden sekundären Lehr- und Lernsystem abgestellt werden kann.

reflektierte Erfahrung (Dewey)

Gemäß der Grundstruktur symbolischer Interaktion bringt das Handeln stets das Denken hervor und umgekehrt: Denken provoziert stets das Handeln. Dieser grundlegende und unabdingbare oder dialektische Zusammenhang von Handeln und Denken bringt Dewey zu der Annahme, dass Reflexion und Erkenntnis stets in Erfahrung entsteht, auf Erfahrung beruht und Erfahrung provoziert. Daher beginnt er den zweiten Teil seines Aufsatzes „Experience and Thinking" auch wie folgt:

> *"Reflexion in Experience.* Thought or reflection, as we have already seen virtually if not explicitly, is the discernment of the relation between what we try to do and what happens in consequence. No experience having a meaning is possible without some element of thought" (Dewey 1966, 144f).

Im Unterschied zum behavioristischen Erfahrungsbegriff von „trial and error" nennt Dewey diesen Typ von Erfahrung „reflective". Erfahrung ist daher immer reflektiertes oder durch Reflexion bestimmtes Tun. Das hat zur Folge, dass auch die Reflexion bzw. das Denken eine spezifische Form der Erfahrung, nämlich – im Unterschied zur äußeren Erfahrung, die aus dem Handeln erwächst – eine innere Erfahrung ist. Daher kann Dewey auch feststellen:

> "Thinking *is* the method of intelligent learning, of learning that employs and rewards mind. We speak, legitimately enough, about the method of thinking, but the important thing to bear in mind about method is that thinking is method, the method of intelligent experience in the course which it takes. The initial stage of the developing experience which is called thinking is *experience*" (153).

4.4.3 Die Entwicklung von Handlungskonzepten

Aus dem unmittelbaren Reflexions- und Aktionszusammenhang von Handeln und Denken entwickeln die Individuen ihre Handlungspläne oder Antizipationen für verbessertes, d. h. erfolgreicheres Handeln. Handlungspläne können auch als Handlungskonzepte definiert werden. Diesen Ansatz hat Dewey mit den Strukturalisten und Konstruktivisten gemeinsam, dass nämlich Individuen ihre Welt konstruieren und aufgrund dieser Konstruktionen auch gesellschaftlich handlungsfähig werden. Dewey verlegt aber sein erkenntnisleitendes Interesse von den intraindividuellen Bedingungen und den gesellschaftlichen Zusammenhängen, wie sie in den psychologischen und soziologischen Ansätzen beschrieben sind, auf den interindividuellen Handlungszusammenhang der Akteure. Unter einem *Handlungsentwurf* versteht Dewey:

Handlungsentwurf
(Dewey)

> "He develops a plan of procedure, a method of dealing with the situation … He will anticipate certain future moves, and will be on the alert to see whether they happen or not" (149).

Auf diese Weise setzt sich der Mensch in die Lage, Situationen jeglicher Art zu meistern. Im Anschluss an Suhrs interessante Interpretationen von Deweys Erfahrungsbegriff lassen sich fünf Phasen der Situationsbewältigung aufzeigen. Die Tätigkeiten, die in den einzelnen Phasen vollzogen werden, beziehen sich – der dialektischen Struktur der Erfahrung zufolge – sowohl auf Handlungen als auch auf die Erkenntnis. Insofern ist das Phasenkonzept auch ein treffendes Beispiel für den Erkenntnisprozess, der bereits die Strukturen und die Schritte eines Forschungsprozesses erkennen lässt.

1. Die Unbestimmtheit der Situation: Dieses Phänomen zeigt sich, wenn sich z. B. ein Kind in einer Situation befindet, in der es eine elterliche Anweisung nicht im Sinne der Eltern „objektiv" versteht, sondern wenn es aufgrund seiner vorangegangenen Konstruktionen und Erfahrungen eine eigene Interpretation vornimmt. Dann tritt eine Unbestimmtheit in der Interaktion auf. Man kann diese Unbestimmtheit der Situation als Antezedenzbedingung jeglicher Erkenntnis und Erfahrung ansehen.

2. Die Bearbeitung der Situation als Problem: Die Faktoren und Elemente, die aus der Unbestimmtheit einer Situation aufbrechen, erscheinen als Aporie, also als eine gewisse Schwierigkeit, im aktuellen Handeln eine angemessene Lösung für die Situation zu finden. Diese aporetische Befindlichkeit kann als ein fruchtbarer Ausgangspunkt für Erkenntnisprozesse angesehen werden.

3. Die Überprüfung der Tatsachen: Man kann dieses Phänomen auch als Überprüfung der Elemente und der Gegebenheiten bestimmen. Diese Tätigkeit geschieht in der Regel auf der Grundlage von Begriffs-, Urteils- und Schlussbildungen durch Bewerten und Definieren, durch Inbeziehungsetzen, durch Beobachtung, Experiment und Vergleich.

4. Die Entwicklung von Problemlösungen und Problemlösungsstrategien: Dieser Schritt ist als die logische Folge des 3. Schrittes anzusehen. Hier werden Ideen und Antizipationen für Lösungsmöglichkeiten geprüft. Es werden Handlungskonzepte entwickelt, also Konstrukte aufgebaut. Es ist die Phase der Hypothesenbildung, in der Vorschläge und Lösungsmöglichkeiten entwickelt werden.

5. Die Prüfung der Problemlösungen und Problemlösungsstrategien: In dieser Phase werden die verschiedenen Konzepte miteinander verglichen und gegebenenfalls miteinander verknüpft. Es werden hier noch einmal alle Aktivitäten wie in der dritten Phase realisiert. Dabei entsteht ein Diskurs, also ein inneres oder auch mit anderen geführtes Gespräch, in dem sowohl die Inhalte und ihre Beziehungen als auch die vielfältigen Bedeutungen, die ihnen zugesprochen werden können, geprüft werden. Man kann diese Phase auch als Phase der Theorienbildung bezeichnen.

4.4.4 Die zentrale Funktion der Operationen

Piaget bestimmt menschliche Erkenntnis als einen aktiven Prozess, in welchem kulturelle oder soziale Realität transformiert wird. Das bedeutet, dass die Gegenstände oder Symbole der Welt, wie z. B. die Normen oder die sprachlichen Zusammenhänge, sowohl ihrem Inhalt nach als auch hinsichtlich der Beziehungen, in denen sie zu dem erkennenden Subjekt stehen, betrachtet werden können. Das traditionelle Erkenntnisinteresse von Psychologie, Pädagogik oder Soziologie ist

Piaget

auf die Inhalte (= Qualität) und/oder die Anzahl (= Quantität) der Gegenstände gerichtet. Dieser „figurative Aspekt" des Erkennens (Piaget 1973a, 21) zwingt den
Lernenden sozusagen dazu, sich die Qualität und die Quantität der Gegenstände
anzueignen, sich aber nicht mit deren Relationen untereinander zu befassen. Das
bedeutet in der Schultradition, dass Lehr- und Lernprozesse primär darauf angelegt werden, dass Wissen im Sinne von Qualität und Quantität von Gegenständen
bearbeitet wird. In dieser Tradition dienen assoziationistische Theorien, wie z.B.
der Behaviorismus, zur Erklärung. Piaget hält dem entgegen, dass in Lernprozessen, in denen der Mensch eine Chance erhält, das erkennende und handelnde Subjekt zu sein, eher die Relationen als die Qualität und Quantität der Dinge in den
Blick kommen. Er nennt dies den „operativen Aspekt" (Piaget 1973a, 21), der sich
im Handeln und im Denken des Subjekts mit den Gegenständen zeigt und der sowohl Erkenntnis produziert als auch aufgrund von Erkenntnisstrukturen Handeln
entsprechend realisiert. Piaget spricht daher an vielen Stellen auch analog zum
Denken von Operation.

Operation
(Aebli)

Piagets akademischer Schüler Hans Aebli definiert Operation folgendermaßen:
„Die Operation ist das aktive Element des Denkens. Sie ist es, welche die wesentlichen Fortschritte der Intelligenz sichert" (Aebli 1963, 56f). Operationen entwickeln sich im Laufe des Lebens eines Menschen. Aebli formuliert daher:

> „Bei der Entwicklung des kindlichen Denkens kann man beobachten, wie sich
> Operationen, ausgehend von einfachen Handlungsschemata, mehr und mehr
> differenzieren, um immer komplexere beweglichere Systeme heranzubilden, die
> schließlich fähig sind, das ganze Universum zu deuten" (1963, 21f).

Das Zitat macht deutlich, dass Operationen nicht Selbstzweck sind, sondern dass
sie sich selbstverständlich auf das Handeln beziehen. Operationen schließen also
stets den kognitiven und den handlungsgemäßen Aspekt ein. Piaget konstatiert
daher:

Erkennen
(Piaget)

> „Einen Gegenstand erkennen heißt in bezug auf ihn handeln und ihn transfor-
> mieren, um die Mechanismen dieser Transformation in Verbindung mit den trans-
> formierenden Handlungen selbst zu erfassen. Erkennen bedeutet also die Wirk-
> lichkeit an Transformationsstrukturen zu assimilieren und eben diese Strukturen
> entwickelt die Intelligenz im Sinne einer direkten Fortsetzung des Handelns"
> (Piaget 1972, 38f).

In den Operationen werden also Erkenntnisse und Handlungspläne (= Konzepte)
zu immer höheren Systemen organisiert und koordiniert, die Piaget Transforma-
tionssysteme nennt und die den Menschen in die Lage versetzen, sich mit neuen
und komplizierteren Sachverhalten gezielter zu befassen oder im Sinne Deweys
formuliert: das Handeln erfolgreich zu machen. Hierin ist die Funktion der Entwicklung von Strukturen zu sehen. Auf diese Weise kann auch die Entstehung von
Wissen in und durch das handelnde Subjekt erklärt werden. Wissen konstituiert
sich als Erkenntnisprozess und als ein Ergebnis desselben. Jeder Mensch schafft
und repräsentiert also Wissen, das für sein gesellschaftliches und kulturelles Handeln und Denken bedeutsam ist.

4.4.5 Der Zusammenhang von Struktur und Funktion

Der Zusammenhang von Struktur und Funktion ist auf dem Hintergrund der vorher skizzierten drei Momente zu verstehen. Er wird von Piaget an einem Beispiel treffend demonstriert.

„Auf dieses Beispiel, eines, das wir an vielen Kindern sehr gründlich studiert haben, bin ich von einem befreundeten Mathematiker gebracht worden, der es als Ausgangspunkt seines Interesses an der Mathematik anführte. Als kleines Kind hatte er einmal Kieselsteine gezählt: er hatte sie in eine Zeile gelegt, von links nach rechts gezählt und war auf zehn gekommen. Nur so zum Spaß zählte er sie anschließend von rechts nach links, um zu sehen, welche Zahl er jetzt erhalten würde, und war erstaunt, als er wieder auf zehn kam. Er legte die Kiesel dann in einen Kreis, zählte sie, und wieder war es zehn. Er zählte den Kreis in der anderen Richtung durch, und zählte auch auf diese Weise zehn. Und wie auch immer er die Kiesel anordnete, wenn er sie zählte, jedesmal kam er bis zur Zahl zehn. Er entdeckte hier, was in der Mathematik Kommutativität (Vertauschbarkeit) genannt wird: Die Summe ist unabhängig von der Ordnung der Elemente. Aber wie entdeckte er dies? Ist diese Kommutativität eine Eigenschaft der Kieselsteine? Die Kieselsteine ließen es zu, sie in verschiedenen Weisen anzuordnen; mit Wassertropfen hätte er das nicht genauso tun können. In diesem Sinne war also zweifellos ein sinnlicher Aspekt in seiner Erkenntnis enthalten. Aber die Ordnung war nicht in den Kieselsteinen begründet; sie wurde von ihm hergestellt, er, das Subjekt, legte die Kiesel in eine Zeile und dann in einen Kreis. Darüber hinaus steckte die Summe nicht in den Kieselsteinen selbst; er, das Subjekt, vereinigte sie. Die Erkenntnis, die dieser künftige Mathematiker an jenem Tage entdeckte, hatte ihren Ursprung also nicht in den sinnlich wahrnehmbaren Eigenschaften der Kieselsteine, sondern in den Handlungen, die er mit ihnen ausführte" (Piaget 1973a, 24f).

Nach diesen Darlegungen wird deutlich, wie Piaget den Strukturbegriff versteht. In einem allgemeinen Sinn wird unter Struktur das Aufeinanderbezogensein von Elementen eines Sachverhalts verstanden. Synonym wird der Begriff daher auch mit den Begriffen System und Organisation verwendet. Piaget legt folgende Definition vor:

Struktur (Piaget)

> „In erster Annäherung ist eine Struktur ein System von Transformationen, das als System (im Gegensatz zu den Eigenschaften der Elemente) eigene Gesetze hat und eben durch seine Transformationen erhalten bleibt oder reicher wird, ohne daß diese über seine Grenzen hinaus wirksam werden oder äußere Elemente hinzuziehen. Mit einem Wort: eine Struktur umfaßt die drei Eigenschaften: Ganzheit, Transformation und Selbstregelung … In zweiter Annäherung … muß sich die Struktur zu einer Formalisierung eignen. Doch muß man daran denken, daß diese Formalisierung das Werk des Theoretikers ist, während die Struktur von ihm unabhängig ist, und daß sich diese Formalisierung unmittelbar in logisch mathematischen Gleichungen äußern oder durch ein kybernetisches Modell vermittelt werden kann" (Piaget 1973b, 8f).

Entwicklung von Strukturen (Piaget)

Auf dem Hintergrund des Zusammenspiels von Entwicklung von Strukturen und Entwicklung verschiedener Funktionen ist Piagets Konzept der Genese menschlicher Erkenntnisleistungen zu verstehen, das vier Stufen (Piaget 1972, 40ff.; Ginsburg/Opper 1975, 43ff.) enthält:

a) die sensomotorische Stufe (von der Geburt bis etwa zwei Jahre)
b) die präoperative Stufe (zwei bis ca. sieben Jahre)
c) die Stufe der konkreten Operationen (sieben bis ca. elf Jahre)
d) die Stufe der formalen Operationen (elf Jahre und älter).

Furth hat zu diesem Konzept eine interessante allgemeine Charakteristik vorgelegt.

> „1. Jede Stufe umfaßt eine Periode der Bildung (Genesis) und eine Periode des Erreichens. Das Erreichen ist durch die fortschreitende Organisation einer aus inneren Operationen zusammengesetzten Struktur gekennzeichnet.
> 2. Jede Struktur stellt gleichzeitig das Erreichen der einen Stufe und den Ausgangspunkt der nächsten Stufe eines neuen evolutionären Prozesses dar.
> 3. Die Reihenfolge der Stufen ist konstant. Das Alter bei ihrem Erreichen kann innerhalb bestimmter Grenzen in Abhängigkeit von Motivationsfaktoren, Übung, kulturellem Milieu usw. variieren.
> 4. Der Übergang von einer früheren zu einer späteren Stufe folgt in Analogie zu dem Prozeß der Integration einem Gesetz der Implikation, d. h.: frühere Strukturen werden zu einem Teil späterer Strukturen" (Furth 1972, 51).

Auf die Darstellung der Entwicklung menschlicher Erkenntnisleistungen im Einzelnen muss in diesem Zusammenhang verzichtet werden. Die authentische Darstellung gibt Piaget in seinem Werk „Theorien und Methoden der modernen Erziehung" (Kron 2001, 170ff).

Piaget hat in vielen experimentellen Untersuchungen die einzelnen Stufen materialreich dokumentiert. Von der ersten Stufe an zeigen die von den Probanden durchgeführten Operationen in struktureller und funktionaler Hinsicht Übereinstimmungen mit Regeln und Begriffsbildungen, die aus der Logik bekannt sind.

So zeigen sich in *der ersten, der sensomotorischen Stufe:* Operieren mit dem eigenen Körper; Herstellung von Beziehungen zwischen dem eigenen Körper und den Personen und Dingen der Umwelt; Entwicklung von Schemata für das Vergleichen und für das Verhalten in Raum und Zeit; Entwicklung von Schemata von Regeln für das Handeln.

In *der zweiten, der präoperativen Stufe:* Operieren mit symbolischen Ausdrucksformen, z. B. mit Sprache, mit Rollen und Regeln; Versuchen, Probieren, Testen, Experimentieren, Vergleichen und Systematisieren von symbolischen Ausdrucksformen; Schlussfolgerungen herstellen; Bilden von Begriffen und Operieren und Experimentieren mit Begriffen; Generalisierungen von Erfahrungen vornehmen und in Aussagen und sprachliche Formulierungen umsetzen.

In *der dritten, der Stufe konkreter Operationen:* Operieren mit Klassen von Regeln, z. B. sozialen, physikalischen Regeln und Prinzipien, z. B. mit dem Gleichheitsprinzip; Erstellung von Konzepten und Plänen für Handeln und zur Gewinnung neuer Erkenntnis.

In *der vierten, der Stufe der formalen Operationen:* Operieren mit gedanklichen Inhalten, z. B. Entwicklung von Hypothesen und Versuch ihrer Verifizierung; Überraschung bei der Entdeckung der Falsifikation von Hypothesen in eigenen Nachforschungen an bestimmten Sachverhalten, Dingen, Gegenständen; Überprüfen von Aussagen; Herstellung und Anwendung von Final- und Kausalbeziehungen; Operation mit Kategorien Raum, Zeit, Relation u. a. m.

4.5 Das konstruktivistische Modell von Lernen

Der Konstruktivismus wird als eine Denktradition bezeichnet, in der es um die Grundfrage geht, wie menschliche Erkenntnis zustande kommt. Dieser Frage haben sich in der Geschichte der Wissenschaften viele Disziplinen, wie z. B. Philosophie, Psychologie, Soziologie, Mathematik, Informatik, Kybernetik, Neurobiologie, bis in die Gegenwart hinein angenommen. In dieser Denktradition wird nachgewiesen, dass die Menschen aufgrund ihres Denkens ihre Umwelt dadurch ordnen und organisieren, dass sich dieses Denken selbst organisiert und ordnet. Synonym mit dem Begriff „Denken" wird auch der Begriff „Erkenntnis" gebraucht. Danach handelt der Mensch immer schon auf der Grundlage seiner Erkenntnisstrukturen und -funktionen mit dem Ziel, sein Leben zu meistern. Die Welt, in der der Mensch tätig ist, ist daher immer schon durch seine Erkenntnistätigkeit vorstrukturiert (Glasersfeld 2000) oder anders ausgedrückt: „Die Umwelt, so wie wir sie wahrnehmen, ist unsere Erfindung" (v. Foerster 2000, 40).

Im Konstruktivismus wird daher auch eine Verbindung von Erkenntnis zur Wirklichkeit, zum Lernen und zum Aufbau von Wissen hergestellt. Dabei wird auch auf die Forschungen von Piaget hingewiesen (Glasersfeld 2000). Piaget kann – wie auch Kelly – zu den Vertretern des psychologischen Konstruktivismus gezählt werden. Im Folgenden wird Kellys psychologischer Konstruktivismus in vier Schritten vorgestellt.

4.5.1 Der Ansatz des psychologischen Konstruktivismus

„Wir gingen von zwei Gedanken aus: 1. daß der Mensch aus der Sicht von Jahrhunderten als Wissenschaftler begriffen werden könne, der am Anfang steht und 2. daß jeder einzelne Mensch auf seine Weise Konstrukte aufstellt, durch die er die Welt der Ereignisse betrachtet. Als Wissenschaftler versucht der Mensch, den Verlauf der Ereignisse vorherzusagen und damit zu kontrollieren. Daraus folgt, daß der Mensch die Konstrukte mit der Absicht aufstellt, eine Unterstützung bei seinen Bemühungen der Vorhersage zu haben" (Kelly 1986, 26).

Kelly

Kellys erkenntnisleitendes, wissenschaftliches, d. h. psychologisches Interesse ist auf die einzelmenschliche Erkenntnis, so wie sie im Alltag entsteht, sich entwickelt und wie sie angewendet wird, gerichtet. Dabei kann unter Alltag sowohl das alltägliche Handeln in Haus, Garten und Straßenverkehr, aber auch das Handeln in Lehr- und Lernprozessen in Organisationen, wie z. B. der Schule oder der Universität, oder die Arbeit in einer Fabrik verstanden werden.

Kelly geht von der pragmatischen Einsicht aus, dass jeder Mensch in allen Lebensbereichen, wann und wo immer er – von der Geburt bis zu seinem Tod – tätig ist, Erfahrungen macht, sammelt, reflektiert und ordnet. Der Mensch verhält sich nur zum Teil; im Wesentlichen handelt er. Er handelt aber nicht allein aufgrund von äußeren Stimuli, die in seinem Persönlichkeitsorganismus ein bestimmtes Antwortverhalten provozieren oder aufgrund angelegter Verhaltensmuster, sondern auf der Grundlage von selbst organisierten Erfahrungen und Erkenntnissen, die aus vorangegangenen Handlungen erwachsen sind und die zugleich neue Erfahrung vorstrukturieren oder konzeptualisieren.

4.5.2 Die Bedeutung psychischer Konstrukte

Konstrukt
(Kelly)

Nach Kelly sind Erfahrungen psychisch organisiert, d. h. reflektiert und geordnet. Dies geschieht in und durch Erkenntnis. Organisierte Erkenntnisse werden von Kelly Konstrukte genannt. Den Prozess der Erstellung von Konstrukten nennt Kelly daher konstruieren.

> „Mit dem Begriff konstruieren meinen wir: 'mit einer Interpretation versehen'; ein Mensch versieht das mit einer Interpretation, was konstruiert wird. Er errichtet eine Struktur, in deren Rahmen die Substanz Form annimmt, oder eine Bedeutung erhält. Nicht die vom Menschen konstruierte Substanz erzeugt die Struktur, der Mensch erschafft sie. … Bei der Konstruktion merkt sich der Mensch die Merkmale einer Reihe von Elementen, die für einige der Elemente charakteristisch und für andere besonders wenig charakteristisch sind. So bildet er Konstrukte der Ähnlichkeit und des Gegensatzes. Beides, die Ähnlichkeit und der Gegensatz, sind dem selben Konstrukt inhärent. … Wir erklären damit, daß der Begriff der Konstruktion, je nachdem, wie er verwendet wird, einen großen Gültigkeitsbereich hat" (Kelly 1986, 63f).

Demnach kann ein Konstrukt als ein Verfahren bezeichnet werden, „mit dem einige Dinge als einander ähnlich und doch als verschieden voneinander, konstruiert werden" (115). In den Konstrukten sind also Elemente individueller Erfahrungen zusammengebunden. Ihr Charakteristikum ist der dichothome Charakter. So wird z. B. aus einer bestimmten Erfahrung sowohl das Moment der Ähnlichkeit als auch das Moment der Verschiedenheit wahrgenommen, kognitiv registriert, bewertet und in die bereits bestehenden Konstrukte eingeordnet und für den späteren Gebrauch in bestimmten Situationen bereitgehalten. Kelly nennt in seinem Werk eine Fülle solcher dichothomen Strukturen von Konstrukten, z. B. schwarz gegen weiß, fröhlich gegen traurig, vornehm gegen gewöhnlich. Er weist mit Nachdruck immer wieder auf diese Dichothomie hin, die, wie er sagt, das psychologische Moment an den Konstrukten ausmacht, im Unterschied zu einer durch die klassische Logik bestimmten Struktur von Konstrukten, die eine Dichothomie ausschließen muss, da sie nach dem logischen Grundsatz vom ausgeschlossenen Dritten operiert, d. h. dass ein Gegenstand nur als entweder weiß oder als schwarz oder eine Stimmung nur als entweder fröhlich oder als traurig bezeichnet werden kann. Der Unterschied in der von Kelly apostrophierten Psycho-Logik des Alltags zur philosophischen oder mathematischen Logik kann darin gesehen werden, dass die Menschen nicht die wahrgenommenen Dinge im Gedächtnis behalten und in den Vordergrund stellen, sondern deren Bedeutung für ihr persönliches Leben und Handeln. Sie greifen daher auf ihre eigene Erfahrung oder auf den Umgang mit den Dingen und den dabei vorgenommenen kognitiven Bewertungen als Merkmalselemente zurück, um ein Konstrukt herzustellen, z. B. das Konstrukt der Freude. Hierbei wird die Bewertung gespeichert, die sich in dem genannten Beispiel aufgrund der dichothomen Grundstruktur sowohl auf fröhlich als auch auf traurig bezieht. Mithin müssen beide Elemente in die Bewertung und muss die Bewertung selbst in dieser Weise als ein Element in das Konstrukt eingehen.

Funktion von Konstrukten

Dieser Definition von Konstrukten entspricht auch ihre Funktion. Der Mensch bildet Konstrukte und probiert sie im Handeln aus und prüft, ob diese hilfreich sind oder nicht. Danach bewertet und organisiert er seine Konstrukte und ordnet sie neu. Daher sind seine Konstrukte zu größeren Konstruktsystemen oder zu Gruppen von Konstrukten geordnet, die wiederum in unter- und übergeordneten Beziehungen zueinander stehen.

Aus der skizzierten Grundstruktur von Konstrukten geht hervor, dass in der Praxis noch weitere Strukturelemente anzutreffen sind. In der Tat zählt Kelly elf Strukturelemente auf. Er begründet diese mit der formalen Struktur seiner Theorie und nennt sie „Korollarien". Die Korollarien dienen u. a. in der psychologischen Testpraxis zur Erforschung von Konstrukten, wie z. B. Stimmungen, Angst, Lehrertypus, Rolleninterpretation. Die Aufdeckung von Konstruktstrukturen mit Hilfe der Korollarien gibt Aufschluss über die Interpretation eines bestimmten Sachverhalts, z. B. wie ein Lehrer seine Rolle als Klassenlehrer definiert. Daraus lassen sich Rückschlüsse auf das zukünftige Handeln des bestimmten Lehrers schließen. Die Kenntnis der Untersuchungsergebnisse und die psychologische Arbeit mit dem Lehrer an seinen Konstrukten kann den Lehrer zu Alternativbildungen und daraus resultierenden neuen Erfahrungen, die wiederum zur positiven Weiterentwicklung des Konstrukts führen, befähigen. Hier sind der analytische und der praktische Wert der Konstrukttheorie zu erkennen.

Korollarien

Nimmt man Kellys Ausführungen ernst, dann verhalten sich Menschen nicht bloß als Forscher, sie sind Forscher. Sie forschen stets und ständig, indem sie ihre Welt konstruieren und die Konstrukte dazu benutzen, ihre Welt zu verstehen und Vorhersagen über das eigene und das Handeln anderer Menschen zu machen.

der Mensch als Forscher (Kelly)

Indem Kelly die Begriffe Forscher und Forschen auch auf das alltägliche Leben überträgt, nimmt er eine Bedeutungserweiterung der beiden Begriffe vor. Geht man von dieser Bedeutungserweiterung aus, dann liegt die Annahme nahe, dass die Wissenschaftler im Forschungsprozess ihre Konstrukte auf die gleiche Weise wie die Menschen im Alltag bilden. In Bezug auf die grundsätzliche anthropologische Befindlichkeit von Forschern, dass sie wie alle anderen auch Menschen sind, mag diese Begriffserweiterung gelten. Keine Geltung aber kann ihr in Bezug auf die Bedingungen und das Zustandekommen wissenschaftlicher Erkenntnis zugesprochen werden. Wissenschaftliche Erkenntnisprozesse unterliegen einem streng definierten wissenschaftsmethodischen Regelwerk und verlaufen ebenso nach Regeln, die von allen Forschern anerkannt sind. Insofern muss eine definierte Unterscheidung von Alltags- und wissenschaftlicher Erkenntnis bestehen bleiben. Wohl aber ist Alltagserkenntnis Gegenstand sozialwissenschaftlicher Forschung.

4.5.3 Der Mensch als Konstrukteur von Wirklichkeit

In Kellys Ansatz wird der einzelne Mensch als Konstrukteur und Interpret seiner Wirklichkeit angesehen. In Bezug auf den Lernbegriff ist hier eine Anmerkung notwendig. Wenn Kelly die menschliche Erkenntnis bzw. den individuellen Erkenntnisprozess als Grundlage für die Entwicklung des einzelnen Menschen ansieht, dann wird der Erkenntnisbegriff – in Analogie zu dem Denkbegriff bei Piaget (Kap. 4.4.2) – dem Lernbegriff zur Seite gestellt. Dem Erkennen bzw. Denken wird aber eine größere Bedeutung in Bezug auf die Entwicklung und die Aktivitäten des Menschen zugesprochen als dem Lernen. Diese Präferenz beruht auf der anthropologischen Annahme von der Selbstreflexivität des Menschen und seiner Autopoesis (Kap. 3.4.5 u. 3.5) in Abhebung zu den traditionellen Auffassungen vom menschlichen Lernen.

Diese Erkenntnis ist in zweifacher Hinsicht für die Didaktik von Bedeutung. In Bezug auf die Forschung tritt das Alltagshandeln von Heranwachsenden und Erwachsenen näher ins Zentrum, denn im Alltagshandeln sind Grundstrukturen von Konstrukten zu erkennen, die Hinweise liefern, auf welche Art und Weise, sowohl inhaltlich als auch formal und sprachlich, Kinder, Jugendliche und Erwachsene ihre individuelle Welt konstruieren. Auf der Unterrichtsebene wird es daher bedeutsam, Lernen als ein Erfahrungsfeld zu organisieren, in dem der Erwerb von besonderen Konstrukten, z. B. ethischen und politischen, möglich wird. Die Konstruktbildung könnte dann auch in Bezug auf ihre gegensätzlichen oder polaren Konstruktionen bzw. in Bezug auf die Korollarien in vielfältiger Weise dazu benutzt werden, um noch nicht erfahrene Situationen beurteilen und einschätzen zu lernen.

4.5.4 Die Bedeutung der Erkenntnis

Lernen plus Erkennen

Nach den bisherigen Ausführungen ist es angebracht, noch einige Bemerkungen zu Phänomen, Begriff und Funktion der menschlichen Erkenntnis zu machen. In der Literatur lassen sich fünf Auffassungen finden, denen auch eine didaktische Relevanz zugesprochen werden kann. Diese sind:

> **(1)** Erkenntnis als Erlangen einer Kenntnis
> **(2)** Erkenntnis als Weg wissenschaftlicher Tätigkeit
> **(3)** Erkenntnis als kritische Einstellung zum Ganzen
> **(4)** Erkenntnis als Verstehen
> **(5)** Erkenntnis als Ausbildung logischer Strukturen

Erkenntnis als Erlangen einer Kenntnis

Zu (1) In diesem Verständnis ist Erkenntnis als Prozess und Ergebnis dieses Prozesses im Alltag bekannt. Im Suchen und Finden, z. B. eines bestimmten, bisher dem Sinn nach unbekannten Wortes im Lexikon, wird der Sinn des betreffenden Wortes erkannt.

Erkenntnis wird im Alltag, z. B. aber auch in Bezug auf die Bestimmung sozialer Beziehungen oder von Verhaltensweisen, formuliert. Wenn eine Mutter ihre Beziehung zu ihrem 16-jährigen Sohn als gebrochen bezeichnet, dann formuliert sie hier eine reflektierte Erfahrung, also eine Erkenntnis.

Diese Form der Erkenntnis im Medium alltäglicher Tätigkeiten kann als ein Grundphänomen menschlichen Daseins begriffen werden. In dieser Auffassung ist der einzelne Mensch als unmittelbarer Produzent von Erkenntnis ins Zentrum gerückt. Von dieser Zentrierung her gewinnt die Erkenntnis überhaupt ihre Bedeutung und ihren Rang.

Zu (2) Mit dieser Definition sind eine Reihe von Implikationen verbunden, die nachstehend skizziert werden:

Erkenntnis als Weg
wissenschaftlicher
Tätigkeit

- Erkenntnis unterliegt einem System von Regeln, die die Geltung der Erkenntnisaussage sicher stellen sollen;
- Erkenntnis ist an wissenschafts- bzw. erkenntnistheoretisch bestimmte Tätigkeiten bzw. Verfahren gebunden, wie z. B. Beobachtung von Wirklichkeit, Sammeln und Ordnen von Fakten über Wirklichkeit;
- Erkenntnis wird als Methode angesehen, durch welche ein erkennendes Subjekt und ein zu erkennendes Objekt miteinander in Beziehung gebracht werden. Ziel dieses Verfahrens ist es, mittels der Erkenntnis als Methode positive Kenntnisse über ein Objekt oder Objektfeld zu gewinnen.
- Erkenntnis muss als System von Kenntnissen bzw. Wissen über Objektwelt gemäß den Regeln der positivistischen Wissenschaftsauffassung systematisiert werden.

In der Wissenschaftstradition wird diese Form der Erkenntnis als Organon (griech. = Werkzeug), d. h. als ein Instrument oder Mittel des systematischen, d. i. des wissenschaftlichen Denkens bezeichnet. In der Gegenwart ist diese Erkenntnisform an Hypothesen und analytische Setzungen gebunden.

Zu (3) Mit dieser Auffassung verbindet sich eine Form der Erfahrung bzw. der Betrachtung von Welt, die als radikales Fragen belegt wird. Phänomenologie (griech. phainomenon = das sich Zeigende; logos = Lehre) kann in einem weiten Sinn als ein Erkenntnisweg beschrieben werden, allem auf den Grund zu gehen. In dieser alltagssprachlichen Formulierung kommen zwei bedeutsame Momente ins Spiel: 1. der Vorsatz oder das erkenntnisleitende Interesse, die Grundlagen, z. B. das Wesen, die Strukturen von Dingen und symbolischen Ausdrucksformen zu ergründen und zur Sprache zu bringen und 2. die durch diesen Vorsatz gerichtete oder eingestellte Erkenntnistätigkeit. Erkenntnistätigkeit wird daher eine besondere Einstellung zugesprochen, die in der Literatur Intentionalität genannt wird. Im Zuge des Erkenntnisprozesses muss sich die Intentionalität des Bewusstseins immer wieder von den bereits etablierten und systematisierten Erkenntnissen befreien. Dies hat die kritische Einstellung aller Erkenntnis und ihrer Theorien zufolge und bedeutet in der Konkretion des Erkenntnisprozesses die Radikalisierung der Fragestellung.

Erkenntnis
als kritische
Einstellung

Zu (4) Erkenntnis kann als Prozess und Ergebnis des Verstehensprozesses aufgefasst werden. In dieser Bestimmung ist Erkenntnis mit Verstehen gleichgesetzt. Verstehen in einem grundlegenden Verständnis kommt allen Menschen zu, insofern jeder Mensch sich selbst und sein Verhältnis zur Welt en détail und im Ganzen zu verstehen sucht. Verstehen wird mithin als grundlegende Lebenstätigkeit des Menschen angesehen, da der Mensch immer schon „in einer verstandenen Welt" lebt (Bollnow 1981, 23).

Erkenntnis
als Verstehen

Im Kontext dieser anthropologischen Grundlegung von Verstehen und der Gleichsetzung mit Erkenntnis sagt Bollnow, ein Hauptvertreter dieser Form von Erkenntnis, denn auch:

> „Es ist mit dem Erkennen nicht anders als mit dem Leben überhaupt: Wir finden uns immer schon in unserem Leben vor, ‚hineingeworfen' in unsere Welt, und so weit wir auch zurückgehen, es gibt keine Möglichkeit, diesem 'schon immer' zu entgehen" (22).

Erkenntnis in diesem Sinn geht daher von den konkreten Lebenszusammenhängen aus und bringt diese im Fortgang des Erkenntnisprozesses zu immer größerer Bestimmung und Bewusstheit. Die Erkenntnis ist dabei als Auslegung von kultureller Wirklichkeit zirkelhaft tätig. Menschliche Erkenntnis bzw. menschliches Erkennen können daher als Auslegung von Welt begriffen werden.

> „Alle menschliche Erkenntnis wäre dann ihrem Wesen nach hermeneutisch. Indem wir diesen Tatbestand als grundlegend festhalten, sprechen wir von einer hermeneutischen Erkenntnislehre" (25).

Da Erkenntnis grundlegend vom konkreten Menschen ausgeht, hat sie ein Fundament, das als anthropologisch bezeichnet werden kann.

Erkenntnis wird in dieser Auffassung radikal und grundlegend gesehen. Erkenntnis als Verstehen greift an die Existenz jedes Menschen und jedes Forschers. Insofern kann die Schlussfolgerung gezogen werden, dass Erkenntnis als Verstehen allen anderen Formen der Erkenntnis vorausliegt.

Erkenntnis als Ausbildung logischer Strukturen

Zu (5) In dieser Definition ist vorausgesetzt, dass das psychologische Konzept von der Entwicklung kognitiver Strukturen (Piaget 1948 u. 1976), wie es in der kognitiven Psychologie erforscht worden ist, mit erkenntnistheoretischen Grundlegungen verknüpft werden kann. Dabei wird Denken und die intentionale Form von Denken, das Erkennen bzw. die Erkenntnis, als Operation definiert. Operation in diesem Zusammenhang bedeutet, dass der einzelne Mensch – von den ersten Lebenswochen an bis zu seinem klinischen Tod – kognitive Operationen durchführt. Er verbindet bzw. verknüpft in diesen kognitiven Operationen stets zwei oder mehrere Aspekte eines dinglichen oder symbolischen Sachverhalts miteinander. In diesem Prozess werden kognitive Tätigkeiten vollzogen, z. B. Vergleichen und Ordnen. Entscheidend in diesen Operationen ist 1. ihre Reversibilität, also ihre Umkehrbarkeit und 2. ihre Repräsentation, d. h. die gedankliche Vorstellung von konkreten Handlungen. In diesem Sinne können Handeln und Denken als gleichursprünglich und als Erkenntnisvorgang angesehen werden (Kap. 4.2.1).

Menschliches Erkennen ist daher ein aktiver Prozess, der formal als Operation und der inhaltlich als Transformation vorgestellt werden kann.

Alle skizzierten Erkenntnisweisen haben eine didaktische Relevanz in dem Potenzial, das auch Heranwachsende haben und das durch Unterricht und Lehre herausgefordert werden kann und muss. Hierzu sind allerdings neue Formen der Organisation von Unterricht, wie z. B. offener Unterricht und Projektarbeit, erforderlich.

4.6   Neurobiologische Erkenntnisse zum Lernen

In den letzten Jahren häufen sich Publikationen über neurobiologische Forschungen, in denen auch das Lernen eine neue Bestimmung erhält (G. Roth 1997 u. 2001; Singer 2002). Dabei werden die strukturgenetischen und konstruktivistischen Befunde über das Lernen bestätigt. Im Folgenden werden zwei Phänomene skizziert, die im didaktischen Zusammenhang eine Rolle spielen.

4.6.1 Die Bedeutung der Wahrnehmung

Die Wahrnehmung kann als eine Basisfunktion individueller Lebenstätigkeit angesehen werden. Sie liegt allen Interaktionen zugrunde und steht mit dem Lernen in einem konstitutiven Zusammenhang. Der Begriff umfasst zwei Dimensionen: Wahrnehmung als Vollzug (= Wahrnehmungstätigkeit) und Wahrnehmung als Ergebnis. Wahrnehmung ist eine Tätigkeit des Gehirns.

Im Zuge der Evolution der menschlichen Spezies wurde das Gehirn an die komplexen Lebensumstände durch Herausbildung von kognitiven Systemen angepasst. Die daraus gezogene Schlussfolgerung, die kognitiven Systeme wären so optimiert worden, um ein möglichst allgemein gültiges Bild der wahrgenommenen Realität wiederzugeben, kann heute nur noch bedingt aufrecht erhalten werden. Die These, Wahrnehmung sei eine Abbildung von Realität, wird somit brüchig. Wahrnehmung wird als Konstruktionsprozess und ihre Ergebnisse als Konstrukte bezeichnet (G. Roth 1997; Singer 2002).

Die individualgenetischen und psychologischen Forschungen zum Wahrnehmungsprozess zeigen, dass Wahrnehmung als Konstruktion von Wirklichkeit bezeichnet werden kann.

Wahrnehmung

> „Uns stellt sich Wahrnehmung als ein hochaktiver, hypothesengesteuerter Interpretationsprozess dar, der das Wirrwarr der Sinnessignale nach ganz bestimmten Gesetzen ordnet und auf diese Weise die Objekte der Wahrnehmung definiert" (Singer 2002, 80).

Die Gesetzmäßigkeiten, die den Wahrnehmungsprozess als Konstruktionsprozess lenken, sind vielfältig (G. Roth 1997, 95ff u. 207ff). Im Folgenden soll in didaktischer Absicht der Versuch unternommen werden, diesen komplizierten und komplexen Vorgang zu verstehen und zu veranschaulichen.

Am Zustandekommen dieses Prozesses sind insbesondere das Gehirn und die Sinnesorgane beteiligt. Dabei spielt das Gehirn eine zentrale Rolle, insofern es die Funktion hat, „die von den Sinnesorganen kommenden Erregungen zu *interpretieren*. Dies geschieht nach sehr unterschiedlichen Prinzipien" (249). Es kann in diesem Zusammenhang nicht auf die Prinzipien eingegangen werden, aufgrund derer das Gehirn die Sinneserregungen „interpretiert" (249ff). Für den vorliegenden Erörterungszusammenhang ist bedeutsam, dass diese Prinzipien als „bedeutungskonstituierende Regeln" (256) aufgefasst werden können, die aus den Vorerfahrungen des kognitiven Systems entwickelt worden sind. Die Wahrnehmungen werden durch Konstrukte geleitet und gefiltert, damit sie ihre Funktion zur

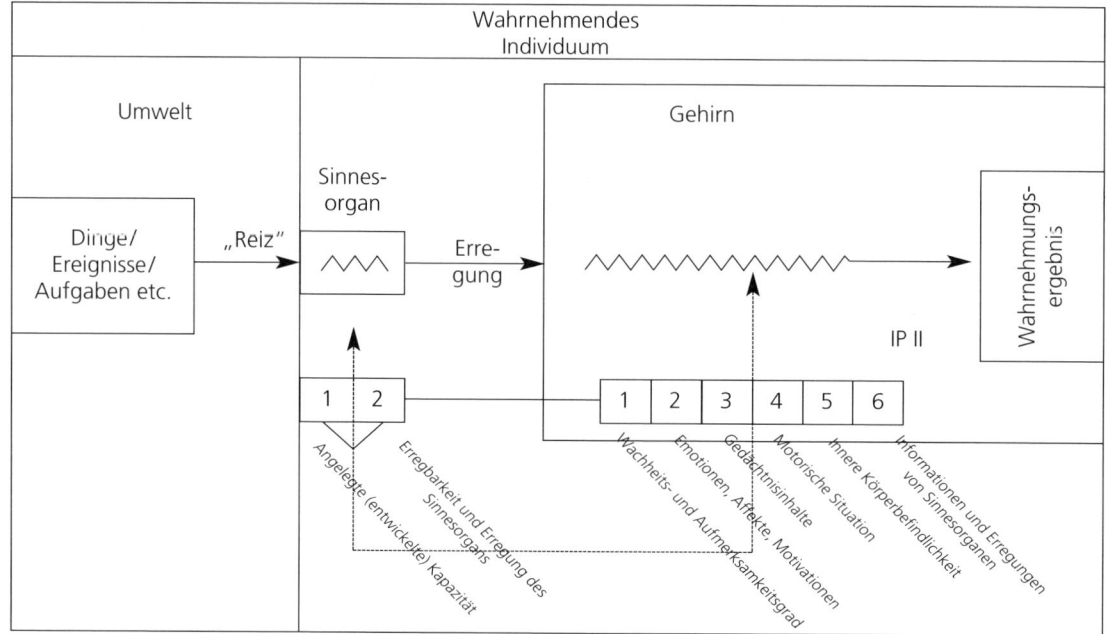

Abb. 31:
Struktur des Wahrnehmungsvorgangs (Aselmeier 1994, 148)

Systemerhaltung der individuellen Wirklichkeit erfüllen. Auf diesen Ausführungen aufbauend, wird im Folgenden ein Modell vorgestellt, in dem die Struktur des Wahrnehmungsprozesses veranschaulicht wird.

Beim Wahrnehmungsprozess sind zwei Interventionspunkte (IP 1 und IP 2) festzustellen, durch die das Individuum die Bearbeitung der Reize, Stimuli und Einflüsse, die aus der Umwelt auf es zukommen, vornehmen und damit das Wahrnehmungsergebnis konstruktiv gestalten kann.

Der erste Interventionspunkt liegt im Bereich der Sinnesorgane, die aufgrund von Bau- und Funktionsplänen nur begrenzt, also selektiv wahrnehmen: Der Unterpunkt IP 1/1 ist durch subjektive Befindlichkeiten des Individuums bestimmt, die Reize verstärken oder abschwächen. Der Unterpunkt IP 1/2 betrifft die Umsetzung der organisch vermittelten Informationen in Erregungen, die zum Gehirn führen. Der zweite Interventionspunkt (IP 2) liegt im Gehirn selbst bzw. in den verschiedenen Hirnregionen. Die dort eingehenden Erregungen werden neuronal verknüpft. Dabei werden die in den Erregungen transportierten Informationen bzw. Signale einer zentralen Intervention unterzogen, die sich auf sechs Dimensionen bezieht (IP 2/1–6):

1. Der Wachheits- und Aufmerksamkeitsgrad des Individuums
2. Emotionen, Affekte, Motivationen
3. Gedächtnisinhalte
4. Die motorische Befindlichkeit und Situation des Individuums
5. Die innere körperliche Befindlichkeit
6. Erregungen und Informationen, die von anderen Sinnesorganen eingehen (Aselmeier 1994, 148ff).

Beim Wahrnehmungsprozess werden zuerst die Umweltreize über die Sinnesrezeptoren in innere Erregungszustände transformiert. Dabei „feuern" die Sinneszellen in unterschiedlicher Intensität pro Zeiteinheit ihre Informationen ab. Die Informationen werden im Gehirn weiterverarbeitet. Da das Gehirn ein auf sich selbst bezogenes (= selbstreferenzielles) System ist, muss es durch differenzierte Prozesse die Informationen entschlüsseln. Dabei werden die vorhandenen neuronalen Netze aktiviert, die die neuen Signale „einordnen". Damit aber die alten und die neuen Informationen nicht miteinander vermischt werden, werden sie an verschiedene Netzwerke weitergegeben, dort bearbeitet und wieder zusammengefügt.

Durch diese Prozesse entsteht ein differenziertes und zugleich sehr komplexes neuronales Netzwerk, in dem die Konstruktionen von Wirklichkeit repräsentiert sind. In ihrem Werk „Der Baum der Erkenntnis. Die biologischen Wurzeln menschlichen Erkennens" (1987) zeigen Maturana und Varela diese Prozesse in symbolischen Darstellungen auf. Sie stellen dar, dass die Zelle eines Nervensystems eine autopoietische, d. h. sich selbst organisierende, Einheit ist (Abb. 32, 1). Sobald sie mit der Umwelt in Interaktion tritt, zeigt sie eine operationale Geschlossenheit, die unabhängig von der Umwelt arbeitet (Abb. 32, 2). Ein Gleiches geschieht auch, wenn zwei Zellen in eine strukturelle Koppelung treten (Abb. 32, 3). Die einzelnen Zellen arbeiten autopoietisch, aber auf der Grundlage von gegenseitigen Informationen. Die nachfolgende Abbildung stellt dies anschaulich dar.

Im Rückgriff auf Abbildung 31 ist zu sagen, dass auch Emotionen, Affekte und Motivationen und die damit verbundene gerichtete Aufmerksamkeit des Individuums eine Rolle spielen; ebenso Gedächtnisinhalte, also Erinnerungen, die mit Bewertungen und Bedeutungszuweisungen versehen sind. Diese kanalisieren die zukünftigen Wahrnehmungen. Jedes Kind geht auf diese Weise mit einer gerichteten Wahrnehmung auf die Suche in seiner Umwelt und auch im Unterricht und selektiert auf diese Weise die angebotenen Informationen.

Des Weiteren sind körperliche Befindlichkeiten wichtig, die schon in der symbolischen Interaktion von zwei Personen unterschiedlich sind und die zu nicht vorhersehbaren Interventionen führen können. Wahrnehmung ist daher immer selektiv und lückenhaft. So zeigt sich beim Menschen auch das Bedürfnis, die in seiner Wahrnehmung notwendigerweise auftretenden Lücken zu schließen. Dies geschieht, indem er Kausalbeziehungen zwischen einzelnen Elementen herstellt und damit in seinem Bewusstsein ein sinnvolles Ganzes konstruiert, das ihn handlungsfähig und überlebensfähig macht. Auf diese Weise werden Wissen, Emotionen, Bilder usw. konstruiert. Als konstruktive, individuelle Wirklichkeiten sind sie stets unvollkommen und subjektiv, jedoch individuell und authentisch. Konstrukte sind daher auch nicht lehrbar (Klimsa 1998).

Die Schlussfolgerungen, die sich hieraus für das Lehren und Lernen ergeben, sind u. a. folgende (Klimsa 1998):

▪ Konstrukte können als subjektiv bedeutsame Lerninhalte verstanden werden.
▪ Lernen ist eine aktive, konstruktive Tätigkeit.
▪ Lerninhalte werden von den Lernenden individuell konstruiert.

neuronales Netz

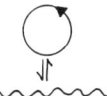

Symbol für die Darstellung einer „zellulären" oder „multizellulären" „autopoietischen Einheit"

Symbol für die Darstellung der Tätigkeit eines „Nervensystems, das mit operationaler Geschlossenheit, aber als Bestandteil des Organismus arbeitet"

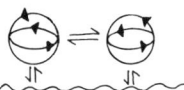

Symbolische Darstellung des Prozesses, in dem ein Organismus (als autopoietische Einheit) „in strukturelle Koppelung mit anderen Organismen eintritt"

Abb. 32:
Autopoietische Einheiten in Tätigkeit (Maturana/Varela 1987, 192 u. 196)

- Lehren heißt demzufolge, Lernsituationen zu arrangieren, in denen Lernende konstruktiv tätig werden können.
- Lehrpläne – da sie bildungspolitisch nicht abzuschaffen sind – bedürfen der Transformation auf situatives Lehren und Lernen hin.

4.6.2 Die Funktionen des Gedächtnisses

„Das Gedächtnis ist unser wichtigstes Sinnesorgan" (Roth 1997, 261). Wahrnehmungsprozesse aus der Sicht des neurobiologischen Konstruktivismus sind nicht nur durch die angeborenen und in der frühen Ontogenese „verfestigten" Prozesse bestimmt, sondern auch durch Erfahrungen mit der Welt und mit uns selbst. Die dabei gewonnenen und z. T. zu Wissen verarbeiteten Informationen werden im Gedächtnis niedergelegt. Sie bestimmen die Wahrnehmungsprozesse mit. Insofern haben sie im übertragenen Sinn eine Funktion, die den Sinnesorganen vergleichbar ist. Lange Zeit wurde das Gedächtnis als eine Art Speicher angesehen, in den Wissen mengenmäßig eingebracht und aus dem es wieder hervorgeholt werden konnte. In den neueren psychologischen und neurobiologischen Theorien und Untersuchungen wird Gedächtnis hingegen als neuronales Zentrum aufgefasst, das mit den Wahrnehmungsprozessen verbunden ist. Man kann es sich auch als ein Netzwerk vorstellen. Es bildet die Grundlage des Lernens. Aktuelle Informationen hierzu mit Selbsterfahrung bietet die Internetadresse: www.regiosurf.net/supplement/gedaech/gedh.htm an.

neuronale Organisation

Die neuronale Organisation des Gedächtnisses und des Erinnerns hat eine Besonderheit, die kein technisches oder elektronisches Gerät und auch kein Computer oder Internet haben kann. Nach wiederholtem Erinnern sind die Engramme nicht mehr identisch mit denen, die beim vorangegangenen Erinnerungs- oder Lernprozess hinterlassen wurden (Singer 2000, 8). Jedes neue Erinnern zieht neue Spuren, die die Engramme verändern. Mit jeder Erinnerung wird der Kontext fortgeschrieben und dadurch verändert sich der Text, also das Wissen. Aufgrund dieser Erkenntnis ist auch das bekannte Phänomen von der Verblassung der Erinnerung zu erklären. Je häufiger man sich z. B. an einen geliebten verstorbenen Menschen erinnert, umso mehr verändert sich die Vorstellung. Man behält also kein zeitübergreifendes, allgemeingültiges Bild in Erinnerung, sondern ein durch vielfältige Rekonstruktion subjektiv bedeutsames Bild.

Für welche Inhalte und in Bezug auf welche Art von Lern- bzw. Wahrnehmungsprozessen gilt diese Erkenntnis? Es kann vermutet werden, dass bei narrativ organisierten Inhalten eine Fortschreibung von Text und Kontext stattfindet, hingegen bei kausal-rational organisierten Inhalten eine gewisse Konstanz angenommen werden kann. Da die beiden Organisationsformen des Lernens und Behaltens auch die Wahrnehmung und die Aufmerksamkeit beeinflussen, bestimmen sie auch als beeinflussende Elemente den Wahrnehmungsprozess mit, wie im Modell (Abb. 31) im Interventionspunkt IP/2 gezeigt worden ist.

Erinnerung

Das Sich-Erinnern kann also weder als bloße Technik noch als das Hervorholen einer Episode aus einem als „Speicher" definierten Gedächtnis verstanden werden. Aufgrund der neuronalen Organisation des Gedächtnisses wird das Erinnern und – so wird vermutet – auch das Vergessen neuronal mit- bzw. weitergeschrieben.

„Das liegt daran, dass neuronale Speicher als Assoziativspeicher ausgelegt sind, in denen Inhalte als dynamische Zustände weitverteilter, miteinander vernetzter Nervenzellverbände definiert sind und nicht wie in Computern einen adressierbaren Speicherplatz belegen …

Was jedoch bei Assoziativspeichern zum Problem wird, ist das Überschreiben des Alten durch Neues. In Assoziativspeichern werden durch Lernprozesse Gruppen von Neuronen in immer neuen Konstellationen zusammengebunden, deren gemeinsame Aktivierung dann die Repräsentation für den jeweiligen Gedächtnisinhalt darstellt" (Singer 2000, 9f).

Die synthetischen Leistungen des menschlichen Gehirns aufgrund neuronaler Prozesse und Organisationen bedingen die Konstruktionen von Wirklichkeit und ihre Speicherung im Gedächtnis. Es wurde bereits darauf hingewiesen, dass Lerntechniken, z. B. die Mnemotechnik, das Abspeichern von Lerninhalten unterstützen können.

Folgende Lerntechniken können im Unterricht angewendet werden: **Lerntechniken**

1. Mündliches und schriftliches Wiederholen von überschaubaren Wissensinhalten und Fertigkeiten.
2. Gruppieren und Organisieren von Inhalten und bestimmten Fertigkeiten oder Techniken in hierarchisch geordneten Strategieplänen, wie sie z. B. in guten Bedienungsanleitungen eines Computers anzutreffen sind.
3. Codieren von Wissensinhalten und bestimmten Fertigkeiten nach binomischen Merkmalen, wie z. B. klein – groß, lang – kurz u. a. m.
4. Um- und Weiterverarbeitung von Informationen auf der Grundlage der Herausarbeitung von Oberbegriffen oder Prinzipien, wie dies u. a. beim Lesen von Texten der Fall ist.
5. Nutzung der Prinzipien zur Gliederung und Strukturierung längerer Texte oder Gedankengänge
6. Herausfiltern und Speichern von Hauptideen, indem z. B. ein Schlüsselbegriff gefunden werden muss, um ihn in einer neuen Situation zur Lösung eines Problems anwenden zu können.
7. Die Nutzung von Hinweisen beim Reproduzieren von komplexen Sachverhalten (hierzu werden einfache Hinweise gelernt, z. B. Begriffe, Bilder oder Vorstellungen, aufgrund derer dann die Lernumwelt abgesucht und geordnet wird).
8. Bildung von Superzeichen.

Gedächtnisstrategien dieser Art können nur in Lernprozessen, die auf konkreten Situationen beruhen, eingeübt werden. Auch muss hierzu genügend verfügbare Zeit vorhanden sein, um das Gelernte einzuprägen.

Zur Vertiefung der vorgestellten Forschungsergebnisse werden im Folgenden drei Formen des Gedächtnisses vorgestellt. Sie zeigen eine unterschiedliche Zeitstruktur, d. h. unterschiedliche Speicherzeiten und -mechanismen (Seel 2003, 41ff, Roth 2001, 165ff). Es handelt sich dabei um das sensorische Gedächtnis, das Kurzzeit- und das Langzeitgedächtnis.

Das sensorische Gedächtnis wird auch Ultrakurzzeitgedächtnis genannt, denn   **sensorisches**
es wird nur für wenige Sekunden reizspezifisch erregt. In dieser kurzen Zeitspan-   **Gedächtnis**
ne werden die Erregungen auch mit anderen eintreffenden Reizen und mit inne-

ren Zuständen verknüpft. Dank des sensorischen Gedächtnisses sind Menschen in der Lage, eben Erlebtes sofort wiederzugeben.

Kurzzeitgedächtnis

Das Kurzzeitgedächtnis, auch Arbeitsgedächtnis genannt, ist eng mit dem Wahrnehmungsprozess verbunden und seine Kapazität ist begrenzt (Singer 2002, 81). Es dient dem Behalten und Verarbeiten aktueller Informationen zu Wissen, und damit zur Bewältigung aktueller Situationen. Dabei kommt auch das Vergessen ins Spiel. Das Vergessen und seine psychoanalytisch erklärbaren Formen der Verdrängung, Verschiebung und Sublimation dienen dazu, nicht verwertbare und unaktivierte Inhalte im Unbewussten zu erhalten. Was der Mensch also einmal wahrgenommen hat, verliert er nicht.

Langzeitgedächtnis

Das Langzeitgedächtnis hat eine sehr große Speicherkapazität. Es übernimmt vom Kurzzeitgedächtnis Gelerntes und hält es für weitere Aufgaben zur Verfügung. Der Prozess der Überführung von Gelerntem vom Kurzzeit- in das Langzeitgedächtnis wird als Konsolidierung bezeichnet. Er kann durch die Anwendung von Lerntechniken unterstützt werden. In das Langzeitgedächtnis gelangen allerdings nur Inhalte, die – wie bei der Wahrnehmung – bewusst registriert, d. h. der selektiven Aufmerksamkeit unterzogen worden sind.

Die neuronale Organisation des aus Informationen konstruierten Wissens ist insofern bedeutsam, als sie es dem Menschen ermöglicht, über Einzelerinnerungen das benötigte Wissen aus dem Gedächtnis hervorzuholen und zu rekonstruieren. In diesem Prozess kann die Verwendung von Mnemotechniken eine Hilfe sein. So genügt z. B. die Erinnerung an einen Ort, an dem bestimmte Personen eine heiße Debatte geführt haben, um die Namen der Beteiligten aus dem Langzeitgedächtnis hervorzuholen. Der Vorgang des Erinnerns ist mit einer Reihe kognitiver und auch emotionaler Vorstellungen verbunden.

deklaratives und prozedurales Gedächtnis

Die Leistungen des Gedächtnisses sind insbesondere durch die neurobiologischen Forschungen belegt (Roth 2001, 150ff). In der neueren Literatur wird zwischen „deklarativen" und „prozeduralem" Gedächtnis unterschieden.

Die zwei Grundfunktionen des Gedächtnisses beruhen auf der Tätigkeit von unterschiedlichen Zentren im Gehirn. Das *deklarative Gedächtnis* bezieht sich auf Inhalte, „die von *Bewusstsein begleitet* sein und *sprachlich berichtet* werden können" (152). Es hat drei Teilfunktionen: 1. das „episodische" Gedächtnis, das an die eigene Biografie gebunden ist. Es konstruiert das Erinnern (remembering); 2. das Faktengedächtnis, das Wissen konstruiert (knowing). Dieses Wissen muss keinen persönlichen Bezug haben. Viele Inhalte, die im Unterricht gelernt werden müssen, fallen unter diese Klasse von Wissen und werden mit dem Faktengedächtnis bewältigt. 3. Das Bekanntheits- oder Vertrautheitsgedächtnis (familiarity memory) hilft uns, Vertrautes und weniger Vertrautes voneinander zu unterscheiden und zu behalten. „Alle drei Gedächtnisse hängen hierarchisch miteinander zusammen" (152f). An der Basis steht die dritte Gedächtnisform; die anderen Formen bauen darauf auf.

Das *prozedurale Gedächtnis* zeigt eine größere Differenzierung. Es enthält ein implizites Wissen, das nicht notwendigerweise vom Bewusstsein begleitet und zur Sprache gebracht werden kann, das aber unser Handeln mitbestimmt. Im *Fertigkeitsgedächtnis* sind Leistungen einschließlich der kognitiven Erkenntnis von Fehlern versammelt, wie z. B. motorische Abläufe beim Klavierspielen oder Fahrradfahren.

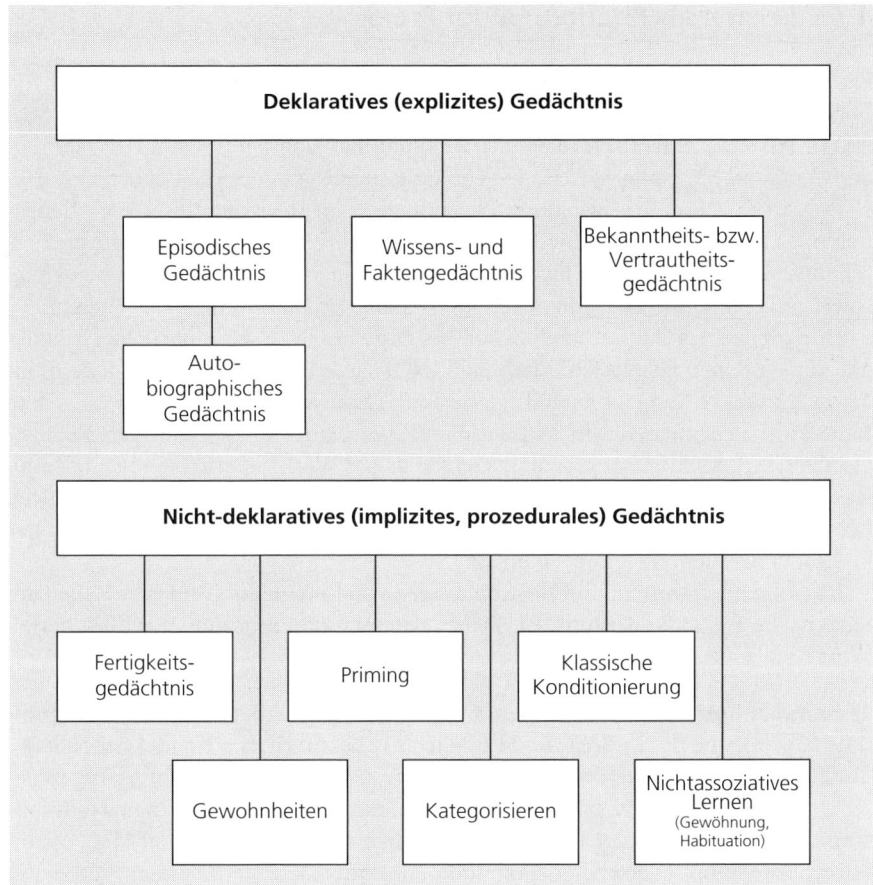

Abb. 33:
Schema zu Leistungen des menschlichen Gedächtnisses in Bezug auf Wissen und Können (Roth 2001, 151)

Die Differenzierungen der Gehirnfunktionen in Bezug auf das Gedächtnis lassen erkennen:

– Die Leistungen des Gedächtnisses sind in der Regel auf Wissen und Können bezogen. Die vielfältigen Wissens- und Könnensklassen, die in unserer Kultur, z. B. in den Wissenschaften und in der Kunst, angeboten werden, entsprechen den differenzierten konstruktiven Leistungen unseres Gedächtnisses. Daher wird z. B. in der mediendidaktischen Literatur auch das Wissen den differenzierten Gedächtnisleistungen entsprechend klassifiziert. Dort ist z. B. von Fakten- bzw. deklarativem und prozeduralem Wissen (Baumgartner/Payr 1999, 20ff) oder von einer „Struktur des Wissens" die Rede, die in gewisser Analogie zur Leistungsstruktur des Gedächtnisses gedacht wird (Mader/Stöckl 1999, 50).
– Zur Erklärung der Konstruktions- und Lernprozesse im menschlichen Gedächtnis sind verschiedene Lerntheorien erforderlich (Kap. 4.5).

Daraus folgt, dass differenziertes Lernen auch differenzierte Arrangements im Unterricht erforderlich macht.

4.7   Lernen als Phänomen der Praxis

Die Lernpsychologie ist ein weites Forschungsfeld und eröffnet eine Vielzahl von Forschungsrichtungen und Aussagefeldern (Bower/Hilgard 1983 u. 1984; Seel 2003). Als eine didaktisch relevante Richtung hat sich bereits von der Jahrhundertwende an die pädagogische Psychologie herausgebildet (Handbuch der Psychologie 1959, Bd. 3 Entwicklungspsychologie). Im Horizont dieser Forschungsrichtung sind insbesondere seit den 70er Jahren Lehrbücher entstanden, die die Forschungsergebnisse auf dem Gebiet des Lernens auch mit denen der Entwicklung sowie mit den Anforderungen des Lehrens und/oder Unterrichtens verbinden.

Dies zeigen u. a. Lehrerhandbücher, die erziehungswissenschaftliche Grundlagen für die Unterrichtspraxis darbieten. Hier ist z. B. das praxisbezogene Standardwerk von N. L. Gage und D. C. Berliner „Educational Psychology" aus dem Jahre 1975 zu nennen, das in der deutschen Übersetzung unter dem Titel „Pädagogische Psychologie" 1977 erschien. Gerade dieses Werk bietet zusammen mit dem Buch „Psychologie des Lernens" von G. R. Lefrancois, in dem die wichtigsten Lerntheorien skizziert werden, eine gute Hilfestellung bei der Befassung mit der in diesem Kapitel erörterten Thematik.

Im Folgenden werden drei Bestimmungen von Lernen vorgestellt, in denen der didaktische Bezug konstitutiv ist. Dabei kommen drei renommierte Forscher zu Wort.

1) Heinrich Roth widmet in seinem bereits 1957 erschienenen Werk „Pädagogische Psychologie des Lehrens und Lernens" ein ausführliches Kapitel der pädagogischen und didaktischen Auswertung lernpsychologischer Forschungsergebnisse. Dabei weist er mit Nachdruck darauf hin, dass die Kultur und die aus ihr entspringende Tätigkeit des Lehrens notwendige Grundbedingungen sind, damit Lernen überhaupt in Szene gesetzt und/oder organisiert werden kann und damit Lernen zugleich eine gesellschaftlich bestimmte Funktion, z. B. in Form bestimmter Qualifikationen, und eine individuelle Befriedigung, z. B. in Form einer Entwicklungsförderung, haben kann. In diesem Sinn formuliert er:

Lernen
(Roth)

„Pädagogisch gesehen bedeutet Lernen die Verbesserung oder den Neuerwerb von Verhaltens- und Leistungsformen und ihren Inhalten. Lernen meint aber meist noch mehr, nämlich die Änderung bzw. Verbesserung der diesen Verhaltens- und Leistungsformen vorausgehenden und sie bestimmenden seelischen Funktionen des Wahrnehmens und Denkens, des Fühlens und Wertens, des Strebens und Wollens, also eine Veränderung der inneren Fähigkeiten und Kräfte, aber auch der durch diese Fähigkeiten und Kräfte aufgebauten inneren Wissens-, Gesinnungs- und Interessensbestände des Menschen. Die Verbesserung oder der Neuerwerb muß auf Grund von Erfahrung, Probieren, Einsicht, Übung oder Lehre erfolgen und muß dem Lernenden den künftigen Umgang mit sich oder der Welt erleichtern, erweitern oder vertiefen. Das Lernen muß ihm helfen, sich selbst besser zu verwirklichen, d. h. sich selbst besser in die Welt hineinzuleben, und das Lernen muß ihm auch helfen, die Inhalte und Forderungen der Welt angemessener zu verstehen und zu erfüllen, d. h. ihnen besser gewachsen zu sein. Wir hoffen nach dem gelungenen Abschluß eines Lernprozesses, daß wir gleiche, ähnliche und neue Aufgaben des Lebens besser lösen können. Lernen umfaßt auch den Abbau von Verhaltens- und Leistungsformen, die dem Lernenden den Umgang mit sich oder der Welt erschweren, beengen oder verflachen" (Roth 1962, 205).

In diesem Zitat sind eine Reihe von Bezugsphänomenen angedeutet, deren didaktische Bedeutung Roth im Fortgang seiner Darlegungen heraushebt (195ff). In Bezug auf das Lehren markiert er, dass sich dieses nicht nur an dem Schwierigkeitsgrad des Lehrgegenstands und an den Lernzielen, sondern auch an dem Entwicklungsstand, den Interessen und Bedürfnissen der Lernenden zu orientieren hat, wenn es auf Akzeptanz bei den Lernenden stoßen soll. Hier ist wieder der doppelte Bezug zu erkennen: die Orientierung der Lehre an dem Entwicklungs- und Lernfortschritt der Lernenden einerseits und die Orientierung an den kulturellen Darstellungsformen, die mit dem Lehren erzielt werden soll, andererseits (217).

2) Robert M. Gagné weist in seinem Buch „Die Bedingungen des menschlichen Lernens" (1989) zwei wichtige Bedingungsfelder für das Lernen auf, die beim Lehren Berücksichtigung finden müssen. Es handelt sich dabei um: 1. individuelle und 2. Umweltbedingungen.

Bedingungsfelder für das Lernen (Gagné)

Individuelle Bedingungen können als intrapsychische Mechanismen verstanden und durch psychologische Lernarten erklärt werden. Gagné zählt entsprechende Lernarten auf und ordnet sie hierarchisch in Analogie zur motorischen, affektiven und kognitiven Entwicklung Heranwachsender (Gagné 1980, 78ff).

Umweltbedingungen sind in den kulturellen Angeboten, i. e. S. in den spezifischen Gegenständen verschiedener Fächer angesiedelt, und sie werden in dem Lehrarrangement sowie in der Person der Lehrenden repräsentiert. Ihre wissenschaftliche oder sachlogische Struktur muss in Bezug auf das Lehren aber so beschaffen sein, dass sie dem jeweiligen Entwicklungsstand der Lernenden, für die das Angebot gelten soll, angepasst ist. Mit vielen Beispielen belegt Gagné diesen Entwicklungsbezug des Lehrangebots und damit den konstitutiven individuellen und kulturellen Bedingungszusammenhang von Lehren und Lernen.

3) Jerome Seymour Bruner eröffnet die sozialpsychologische Perspektive vom Lernen, insofern er in die Bestimmung vom Lernen ausdrücklich die Umwelt der lernenden Personen und die daraus entstehenden Interaktionen einbezieht. Zu dieser Umwelt gehören in organisierten Bereichen des Lernens selbstverständlich die Lehrenden und die entsprechenden kulturellen Angebote, die z.T. von den Lehrenden präsentiert und repräsentiert werden.

Bruner legt dar, dass die Menschen von ihrer Geburt an handelnde, denkende und sprechende Wesen sind; m. a. W.: die Grundlagenbedingung aller Überlegungen zum menschlichen Lernen ist die Tatsache eines Zusammenspiels von Handeln, Denken und Sprache. Mit dieser anthropologisch bedeutsamen Unterstellung wird dem Lernen Lebensbedeutsamkeit, z. B. zur Lösung aktueller oder zukünftiger Probleme und Aufgaben, und Lustbetontheit zugesprochen. Lebensbedeutsamkeit und Lust am Lernen haben aber einen zentralen Sitz im Menschen, psychoanalytisch gesprochen: in der libido, d. i. Vitalenergie. Diesen Tiefensitz vom Lernen gilt es im organisierten Lernen, also durch Lehren, in jedem Lernenden zu treffen und zu aktivieren. Bruner weist in diesem Grundlagenzusammenhang darauf hin, dass dieses didaktische Unterfangen unter den gegebenen gesellschaftlichen und organisatorischen Verhältnissen mehr als schwierig ist, dass aber diese Erkenntnis als Antizipation für eine moderne Auffassung und Planung von Lehren und Lernen gelten.

Bruner weist u. a. darauf hin, dass gerade in Schulen aufgrund ihrer derzeitigen organisatorischen, curricularen und personellen Struktur des Lehrens und Lernens aus dem ursprünglichen Lebenszusammenhang herausgelöst und akademisiert worden ist. Damit wird Lernen zu einem separierten Gegenstand diaktischer Bemühungen und in der Praxis zu einer „eigenständigen Handlung" (Bruner 1973, 139), das in reduktionistischer Weise lediglich noch auf die Ziele und die Fachinhalte des Unterrichts bezogen bleibt, deren Einlösung die LehrerInnen zu garantieren haben. Zusammenhänge zum Erleben und Forschen und zur Alltagswelt der SchülerInnen und/oder zu den kulturellen, sozialen und politischen Entwicklungen geraten dabei zur Randbedingung.

Lernen bestimmt sich nach Bruner in erster Linie von den Erfahrungen der SchülerInnen und von den sachlogischen Strukturen der kulturellen Inhalte her, die es zu lernen gilt.

Wenn also nach Bruner von der Tatsache ausgegangen wird, dass Lernen von Anfang an mit dem Inhalt des Lernens verknüpft ist, dann tritt die Frage auf, wann denn dieser Inhalt und wie er denn gelernt wird. Nach Bruner bestimmt sich das Was von der Struktur des Inhalts her. „Die Struktur lernen, heißt lernen, wie die Dinge aufeinander bezogen sind" (Bruner 1980, 22). Es werden mithin in erster Linie z. B. Beziehungen, Relationen, Regeln gelernt. Fakten treten als Lernziele hierbei in den Hintergrund. Diese Tätigkeit vollzieht jeder Einzelne auch in seiner Alltagspraxis. In organisierten Bereichen des Lernens kann also durch die Erkenntnis von Strukturen das Leben in die Organisation zurückgeholt werden. Dieser Lebensbezug von organisiertem Lernen ist auch gemeint, wenn Bruner an vielen Stellen seines Buches betont, dass das Lernen bzw. Erkennen von Strukturen ein forschendes Lernen sei und dass es daher maßgeblich vom Denken bzw. der Kognition bestimmt sei. Hierbei beruft sich Bruner ausdrücklich auf die strukturgenetischen Forschungen von Piaget (Kron 2001, 162). Es kann aber auch an die Beiträge der US-amerikanischen Psychologen Kelly (1986) und Bannister/Fransella (1981) gedacht werden, die alle Menschen als Forscher ansehen; denn jeder einzelne Mensch konstruiert seine Welt, indem er die verschiedenen Elemente, die er wahrnimmt, erstens bestimmt, zweitens in Beziehung zueinander setzt und drittens prüft. Bei der Prüfung geht es einerseits um die Erkenntnis der Sache selbst und ihres Zusammenhangs im sachlichen Ganzen und andererseits um die Bewertung des persönlichen Lebensbezugs, der der gelernten Sache zugesprochen werden soll.

In diesem Sinne spricht Bruner von drei Teilprozessen, die u. U. simultan ablaufen und die den Lernprozess ausmachen:

> „Das Lernen einer Sache scheint drei fast simultane Prozesse einzuschließen: Erstens, die *Aneignung neuer Information* – oftmals einer Information, die dem zuwiderläuft oder das ersetzt, was die Person vorher stillschweigend oder ausdrücklich gewußt hat. Zumindest aber bedeutet sie eine Verfeinerung früheren Wissens. … Einen zweiten Aspekt des Lernens kann man *Umwandlung* (trans-

formation) nennen; gemeint ist hier der Prozeß des Ummodelns von Wissen, um dieses für neue Aufgaben tauglich zu machen. Wir lernen, Wissensstoff zu ‚demaskieren' oder zu analysieren, um ihn so zu ordnen, daß wir ihn extrapolieren oder interpolieren oder in eine andere Form bringen können. Der Ausdruck ‚Transformation' beinhaltet die Art und Weise, in der wir mit Information umgehen, um über sie hinauszugelangen. Eine dritte Seite des Lernens ist *Wertung* (evaluation), d. h. Prüfung, ob die Art, wie wir Information zurechtgemacht haben, dem neuen Anwendungszweck adäquat ist. Ist die Verallgemeinerung angemessen? Haben wir richtig extrapoliert? Operieren wir genau genug?" (Bruner 1980, 57ff).

Simultane Teilprozesse des Lernens (nach Bruner 1980, 57ff)

1. Aneignung neuen Wissens (acquisition of knowledge)
2. Umwandlung des Wissens (transformation of knowledge)
3. Bewertung des Wissens (evaluation of knowledge)

In allen Lehr- und Lernbereichen kommt den drei Teilprozessen besondere Bedeutung zu. Dabei sind die Auseinandersetzungen verschieden. In der behavioristischen Perspektive stehen primär Aneignung und Transfer von Kenntnissen und Fertigkeiten im Vordergrund. Hier kommt es auf die system- oder umweltadäquate Anwendung an. Dieser Bestimmung von außen ist die Bewertung implizit. Von ihr aus wird auch das Individuum in seinem „Endverhalten" bewertet und mit anderen in seiner „Endleistung" verglichen. Die strukturgenetische und konstruktivistische Betrachtung von Lehr- und Lernprozessen eröffnet dem gegenüber die Gleichrangigkeit der drei Teilprozesse. Sie rückt sogar die Transformation und Bewertung von Wissen in den Vordergrund. Genauer gesagt: In diesen Erklärungsansätzen wird die Erkenntnis- und Denktätigkeit des Individuums in den Vordergrund gerückt.

Lernen kann in diesem Fall als eine Teilfunktion der menschlichen Erkenntnistätigkeit angesehen werden, in der es primär um die Aneignung von Wissen als gefrorener Erkenntnis und nicht um das Formulieren von Fragen geht, die die Erkenntnis- und Forschertätigkeit auslösen. In system- und konstruktionstheoretischer Perspektive formuliert heißt das, dass in Schule und Unterricht vorgefertigtes, ausgewähltes und auf Fächer verteiltes Wissen gelehrt wird, das von den Lernenden gelernt werden soll. Das Fragen bzw. Abfragen obliegt den LehrerInnen. Im Unterricht wird also primär gelehrt, Wissen aufzunehmen, zu behalten und zu reproduzieren. Es werden in der Regel aber keine Situationen geschaffen, in denen SchülerInnen Fragen entwickeln und selbstständig oder mit Beratung der Lehrenden auf die Suche nach Antworten gehen können. Aufgrund der neueren neurobiologischen und system- und konstruktionstheoretischen Forschungen und Erkenntnisse müssten Schule und Unterricht den SchülerInnen aber genau diesen Weg, mehr als es bisher vielleicht geschehen, eröffnen.

Lernen

5.0 Lehrplan und Curriculum

Dieses Kapitel ist ein Plädoyer für den Curriculumbegriff, unter dem auch der klassische Lehrplan subsummiert werden kann. Die Verwirklichung der verschiedenen Formen des Curriculums kann zu einer Flexibilisierung des Unterrichts führen und die Akteure zu selbstverantwortetem Handeln befreien. Dabei können die Lehrenden in den verschiedenen Transformationsprozessen vom formellen Curriculum (= Lehrplan) bis zum Unterrichtshandeln ihre didaktische Kompetenz unter Beweis stellen.

5.1 Grundlegungen

5.1.1 Erste begriffliche Klärungen

Das Wort Curriculum stammt aus dem Lateinischen. Dort kommen ihm mehrere Bedeutungen zu: Lauf, Wettlauf, Umlauf, Kreisbahn, Rennbahn, Rennwagen. Das Substantiv hängt auch mit dem Verbum currere zusammen, das laufen, eilen, umlaufen und verlaufen bedeutet (Der kleine Stowasser 1919, 150 Stichwort Curriculum). Das zusammengesetzte Wort Curriculum Vitae, i. S. von Lebenslauf, ist auch heute noch im Alltag gebräuchlich. Kennzeichnend für die etymologische Wurzel des Wortes Curriculum scheinen die Bilder des Laufens, der Schnelligkeit und der Veränderung.

In der Barockzeit geht das Wort in den westeuropäischen Sprachgebrauch ein, so z. B. bei Comenius. Von da an wird der Begriff Curriculum zur Bestimmung eines Umkreises von Wissen bezeichnet, den Heranwachsende einer Gesellschaft durchlaufen, d. h. gelernt haben müssen, wenn sie für ihre gesellschaftlichen Tätigkeiten und Aufgaben vorbereitet sein sollen. Diesen Umkreis des Wissens gilt es zu lehren. Insofern markiert das Curriculum von Anbeginn seiner didaktischen Verwendung an ein Schnittfeld zwischen ausgewählten kulturellen Inhalten einer Gruppe oder Gesellschaft und den mit diesen sich verbindenden Lehr- und Lernprozessen.

Dieser Zusammenhang ist von der Antike an als „Lehrplan des Abendlandes" bekannt (Dolch 1965b). Waren die bis ins 17. Jahrhundert hinein geltenden Curricula rational aufgebaute Ordnungen von Inhalten – die Bezeichnungen Ratio, Ordo, Institutio, belegen dies – so setzt sich im deutschsprachigen Raum vom 18. Jahrhundert an der Begriff Lehrplan durch. In den angelsächsischen Ländern bleibt der Curriculumbegriff bis in die Gegenwart hinein erhalten.

Mit der Einführung der allgemeinen Schulpflicht im Laufe des 18. Jahrhunderts in den Nationalstaaten des Kontinents setzt sich der Lehrplan für die einzelnen Schularten durch (Dolch 1965b, 318ff).

Lehrpläne enthalten die Inhalte für eine Klassenstufe in einem bestimmten Fach. Die Inhalte sind festgeschrieben. Sie sind in der Regel von einem staatlich berufenen Gremium für eine bestimmte Schulart zusammengestellt und damit legitimiert. Sie sind geschrieben, gedruckt, veröffentlicht und verpflichtend (Dolch 1965b, 237f). Diese Tradition hat im Großen und Ganzen auch noch in der Gegenwart Bestand. Lehrpläne dieser Art werden auch als geschlossene Curricula oder – in den angelsächsischen Ländern – als „teacher proof curricula", d.h. als für LehrerInnen verbindliche Unterrichtsinhalte, bezeichnet.

Lehrpläne

Lehrpläne wurden seit der Curriculumreformdiskussion in den 60er Jahren in der Bundesrepublik Deutschland zu Lehrplanentwürfen und Rahmenrichtlinien modifiziert. Die einen enthalten neben den Inhalten auch Lehr- und Lernziele bzw. -intentionen, Vorschläge für Methoden, Medien und Literatur. Die anderen geben einen zielorientierten Themenkatalog vor, den die LehrerInnen auf die jeweilige Schul- bzw. Klassensituation hin transformieren müssen.

In den angelsächsischen Ländern, insbesondere in den USA und England, wird mit dem Begriff Curriculum der komplexe Bedingungs- und Aktionszusammenhang von Lehren und Lernen belegt. Diese Auffassung spiegelt der Artikel „Curriculum Development" in der Enzyklopädie für Unterrichtsforschung aus dem Jahre 1941 wider:

> „Das schulische Curriculum betrifft alle aktuellen Erfahrungen von Schülern im Einflußbereich der Schule" (Encyclopedia of Educational Research 1941, 374, Übersetzung: Kron).

In der vierten Auflage dieses Handbuchs ist eine weitergehende Definition von Curriculum festzustellen. Die Bestimmung dessen, was ein Curriculum ist – nicht was es präskriptiv oder programmatisch sein soll! – muss operationalisierbar sein. Die einzelnen Bestimmungselemente müssen daher beobachtbar und in der Realität überprüfbar sein. Von dieser pragmatischen Auffassung her wird Curriculum als ein

> „System geplanter Aktionen, die dem Lehren dienen, bestimmt. Das Lehren wird dabei als ein System verstanden, die beabsichtigten Aktionen oder Vorhaben zu planen" (Encyclopedia of Educational Research 1969, 276 Stichwort Curriculum, Übersetzung: Kron).

Curriculum
(Encyclopedia of
Educational Research)

In den angelsächsischen Ländern hat sich in dieser Tradition eine Vielfalt von Begriffsbestimmungen, Theorieansätzen, Modellen und Konzepten von Curriculum entwickelt, die von den 60er Jahren an in Deutschland u. a. in Gesamtdarstellungen vorgestellt worden sind (Huhse 1968; Achtenhagen/Meyer 1971; Elbers 1973; Robinsohn 1975; Frey 1978).

5.1.2 Zur Curriculumdiskussion und Lehrplanreform

Von den 60er Jahren an entwickelt sich in der Bundesrepublik Deutschland eine Reformdiskussion, in der auf curricularem Gebiet die klassische Lehrplantradition mit den curricularen Ansätzen und Konzepten in gegensatzreiche und polare Auseinandersetzung geraten.

Robinsohn   Auf dem Flügel der reformorientierten Persönlichkeiten in dieser Zeit ist S. B. Robinsohn zu nennen. Seit 1965 als Direktor des Max-Planck-Instituts für Bildungsforschung in Berlin tätig, hat er zusammen mit vielen anderen bekannten Wissenschaftlern die curricularen Reformbestrebungen beobachtet, analysiert und maßgeblich mitbestimmt. Er formuliert drei Perspektiven, die gesellschaftlichen Vorgaben in eine Reform des Bildungswesens und des Lehrplans zu transformieren. Er nennt:

- den „ökonomisch-statistischen" Ansatz. Dieser operiert mit dem steigenden Bedarf an wissenschaftlich qualifizierten Menschen in allen Berufsfeldern und sucht nach technischen Lösungen;
- die „sozial-politische" Position. Sie arbeitet mit den aufklärerischen Formen vom Bürgerrecht auf Bildung und von der Chancengleichheit aller Bürger in einer neuen Schule und empfiehlt eine radikaldemokratische Politik als Grundlage für eine demokratische Schul- und Lehrplanreform;
- den organisationstechnologischen Ansatz. Er steht für eine Optimierung der Lernprozesse und des qualifizierten Bedarfs durch neue Unterrichtstechnologien.

Diesen Perspektiven stellt Robinsohn seine curriculare Reformposition zur Seite. Sie begreift sich als ein dynamisches Revisionskonzept für Bildungswesen und Curriculum, in welchem jene Grundkomponenten eine konstitutive Rolle spielen, die die Veränderungen im Großen und/oder Kleinen hervorbringen können. Hier sind u. a. zu nennen: 1. allgemeine, gesellschaftlich geteilte kulturelle Wertorientierungen, 2. Strukturen der Wissenschaften, 3. die berechtigten Ansprüche der Individuen, 4. die Ermittlung der Qualifikationen und Kompetenzen, 5. die Organisation der kulturellen und sozialen Vermittlungsprozesse einschließlich ihrer Bedingungen und praktischen Erfordernisse (Robinsohn 1975, 1–11).

Curriculumrevision   Aufgrund seiner Erfahrungen in Israel und in den USA verwirft Robinsohn starre Lehrplan- und Curriculumkonzepte und plädiert stattdessen für das Konzept der Curriculumrevision. Er begründet dies damit, dass allein mit einem flexiblen Revisionskonzept eines Gesamtcurriculums, in welchem eine Vielfalt von Faktoren eingespielt werden kann, der ständige Transformationsprozess geleistet werden kann, den es zwischen den ablaufenden gesellschaftlichen Veränderungen und den einzuleitenden Veränderungen im Bildungsbereich zu leisten gilt.

> „Erst eine derart systematisch betriebene Revision und Weiterentwicklung des Curriculums mit den Methoden der hierfür notwendigen Disziplinen und auf Grund einer neu durchdachten Bildungs- und Lehrplantheorie wird, unpräjudiziert durch die bestehenden Strukturen, Bildungsbedürfnisse überprüfen und die ihnen entsprechenden Funktionen des Bildungswesens definieren können ... Dabei geht es ... um die Überprüfung der pädagogischen Relevanz des gesamten Gefüges in einem Prozeß, in dem gesellschaftliche Kräfte und wissenschaftliche Erkenntnisse mittelbar und unmittelbar bestimmend werden können."

Und weiter heißt es folgerichtig:

> „Statt behördlicher ad-hoc-Arrangements bedarf es also wissenschaftlich fundierter und systematisch konstruierter Prozeduren" (Robinsohn 1975, 10).

Die Konzeption eines solchen Curriculumrevisionskonzepts verfolgt mehrere Ziele: 1. Die Einbeziehung der wichtigsten Faktoren, die die Veränderungen notwendig machen, 2. die Bindung der Begründungsprozeduren an die Wissenschaften, 3. die Orientierung der Entscheidungsprozeduren an den Enkulturations- und Sozialisationsprozessen und den damit gegebenen Implikationen, 4. die Offenlegung der gesellschaftlichen und anthropologischen Unterstellungen, 5. die Offenheit des Gesamtkonzepts für die Partizipation aller interessierten und kompetenten Personen, 6. die Hoffnung auf die Durchsetzung der in dem offenen Curriculumkonzept impliziten Innovationskräfte.

Hellmut Becker, ein langjähriger Kollege Robinsohns, bringt die curriculumbezogene Forschungsarbeit Robinsohns auf den Punkt:

> „Robinsohn hat das Wort ‚Curriculum' in die deutsche Erziehungswissenschaft wieder eingeführt und in ihr verbreitet. Er hat damit sowohl die bisherige Lehrplantheorie als auch die traditionelle deutsche Didaktik hinter sich gelassen" (Becker 1973, 10).

Robinsohns große Leistung liegt darüber hinaus in der Verbindung der Curriculumdiskussion mit der Schul- und Gesellschaftsreform. Damit ist die Curriculumdiskussion in einen umfassenderen kulturellen und sozialen Zusammenhang gerückt. Die herausragende Stellung Robinsohns sieht Becker durch folgende grundlegende Leistungen begründet:

- durch die Heranführung der deutschen Lehrplandiskussion an den internationalen Standard der Curriculumdiskussion. Hierbei ging es in erster Linie um die Aufarbeitung der Curriculumdiskussion in England, Schweden und insbesondere in den USA;
- durch die Verknüpfung der Schulreformdiskussion mit der Curriculumdiskussion (Knab 1971);
- durch die Einbeziehung der Ideologiekritik in die empirisch-analytischen Verfahren der Curriculumforschung (Frey 1975);
- durch die Verbindung eines neuen Curriculumverständnisses mit dem Konzept einer einheitlichen wissenschaftlichen Lehrerbildung (Strukturplan 1971).

Der Curriculumbegriff Robinsohns ist in diesem Gesamthorizont zu sehen. Daher versteht Robinsohn Curriculum

Curriculum (Robinsohn)

> „als Gefüge der Bildungs*inhalte* … wobei Gegenstände jeweils auf Bildungsintentionen bezogen sind. Ich übersehe nicht, daß ‚Inhalt' – als Substanz der Lernsituation – immer nur *einen*, wenn auch einen sehr wesentlichen Aspekt der bildenden Einwirkung darstellt, und daß überdies zur Curriculumentwicklung neben der Identifizierung von Bildungszielen und -inhalten auch deren Organisation im Lehrplan und Anweisungen zur Durchführung und zur Erfolgskontrolle gehören" (Robinsohn 1975, 14).

Im Jahre 1974 hat der *Deutsche Bildungsrat* ein zukunftseröffnendes Dokument „Zur Förderung praxisnaher Curriculum-Entwicklung" verabschiedet, in das u. a. die Ideen Robinsohns eingearbeitet worden sind. In diesem Dokument wird der klassische Lehrplan endgültig verabschiedet. An seine Stelle treten offizielle Rahmenrichtlinien. Sie können auch als offizielles Curriculum bezeichnet werden. In den Rahmenrichtlinien sind fach- und stufenbezogene Inhalte, Ziele, Methoden, Medien, Materialien beschrieben. LehrerInnen sind dabei gehalten, die Transformationen auf die eigene Schul- oder Unterrichtssituation in eigener pädagogischer Verantwortung zu leisten. Der Transformationsprozess geht von dem formellen Curriculum auf der makrosozialen Ebene aus, verläuft über ein mögliches schulbezogenes bis hin zu einem klassen- und situationsspezifischen Curriculum auf der mikrosozialen Ebene. Stets verbinden sich in dem Prozess kulturelle Inhalte mit dem Vermittlungsprozess, und immer sind dabei die LehrerInnen mitbeteiligt oder eigenverantwortlich tätig (Deutscher Bildungsrat 1974b, 25ff). Darin ist eine gewisse Offenheit von Curricula zu erkennen; denn sie gibt dem Spielraum, das jeweilige Curriculum schüler- und entwicklungsorientiert, situations- und gesellschaftsbezogen und am öffentlichen Fortschritt der Wissenschaft ausgerichtet zu planen, zu verwirklichen und zu bewerten (Deutscher Bildungsrat 1974b, A20ff u. A50). Dementsprechend ist das Curriculum definiert:

> „Curriculum wird hier grundsätzlich im Sinne einer Konkretisierung der Rahmenrichtlinien verstanden. Gegenüber der herkömmlichen Unterrichtsplanung enthält dieses Curriculum-Modell ein Mehr an Unterstützung für die Vorbereitung und Hilfe zur Überprüfung des Unterrichts für alle Beteiligten. Es enthält Materialien, die durch eine erläuternde Begründung der mit ihnen verknüpften Ziele und durch eine ausführliche Darstellung von Erfahrungen für Unterricht aufgeschlossen werden. Es enthält im allgemeinen einen didaktischen Kommentar, der jedoch nicht Musterlektionen oder Lösungsschlüssel vorgibt, sondern Entstehungsgeschichte und Verbesserungsbedürftiges der Lernplanung ausbreitet und so zu eigenen Versuchen anregt" (Deutscher Bildungsrat 1974b, 21).

Curriculum (Dt. Bildungsrat)

Universalität   Lehrplänen, Lehrplanentwürfen und Rahmenrichtlinien wohnt ein gewisser Anspruch auf Universalität inne. Dieser Anspruch wurde in der Tradition der Lehrpläne durch die staatliche Legitimation und die Verpflichtung der LehrerInnen auf den verordneten Lehrplan realisiert. Universal war in diesem Sinne die verpflichtende Geltung für die jeweilige Schulart. Die modernen Lehrplanentwürfe und insbesondere die Rahmenrichtlinien, d. h. das offizielle bzw. formelle Curriculum, sind zwar auch staatlich legitimiert, aber ihr Zustandekommen ist demokratisch geregelt, und der staatlich verordnete Verpflichtungscharakter ist an der pädagogischen Verantwortung der Akteure, insbesondere der Lehrer und Lehrerinnen vor Ort, relativiert. Der Anspruch auf Universalität kann daher in dem kontrollierten Entscheidungs- und Transformationsprozess auf der makrosozialen Ebene einerseits und in den Interaktionsprozessen und Konsensverfahren der Beteiligten auf der mikrosozialen Ebene andererseits gesehen werden (Deutscher Bildungsrat 1974b, A11ff).

Im Folgenden wird von Curriculum als Oberbegriff ausgegangen. Der Lehrplan wird als eine stark geschlossene Form, der Lehrplanentwurf als relativ geschlossen, die Rahmenrichtlinien als relativ offen und das Curriculum im angelsächsischen Verständnis als offenes Curriculum bezeichnet. Als offenes Curriculum ist auch ein schul- oder regionalbezogenes Curriculum anzusehen, wenn es von den Betroffenen vor Ort mit erarbeitet, durchgeführt und evaluiert wird. Ein Gleiches gilt in vielen Fällen des klassen-, situations- und schüler- bzw. entwicklungsorientierten Curriculums bzw. Unterrichts.

5.1.3 Curriculum als kulturelle und gesellschaftliche Aufgabe

Die Bedeutung des Zusammenhangs von Curriculum und Kultur bzw. Gesellschaft wurde von dem US-amerikanischen Kulturanthropologen Herskovits in besonderer Weise vorgestellt. Herskovits bestimmt Kultur als einen von Menschen für Menschen geschaffenen Bereich von Welt. Menschen leben in einer kulturellen und in einer natürlichen Welt; dabei ist letztere auch kulturell überformt. Daher schließt die Bestimmung ein, dass Kultur mehr als ein Naturphänomen ist und dass sie Lernen voraussetzt und fordert, wenn Menschen – in ihr – leben sollen und wollen. Es kann hinzugefügt werden, dass damit auch das Lehren eingeschlossen ist (Herskovits 1949, 17f). **Herskovits**

Neben dieser kulturanthropologisch orientierten Bestimmung von Kultur, in welcher die grundlegende Bedeutung von Kultur für die Entwicklung der Menschheit im Ganzen zum Tragen kommt, stellt Herskovits auch eine sozialanthropologische Bestimmung vor, die mehr die lebensweltliche Erfahrung von Individuen auf der Interaktionsebene zur Geltung bringt. Danach werden unter Kultur alle gelernten Anteile individuellen Daseins verstanden, wobei der Akzent auf dem Lernen liegt. Dieser Prozess macht die Enkulturation aus (Herskovits 1949, 626). **Kultur- und Sozialanthropologie**

Mit der grundlegenden Annahme vom Lernen von Kultur wird auch unterstellt, dass die Kultur die menschliche Existenz überhaupt erst begründet, dass sie in vielfältigen Strukturkonzepten und konkreten Ausdrucksformen zur Wirkung und Darstellung gelangt und dass sie mithin dynamisch wandelbar und veränderbar ist. Daher muss der Lernprozess das Um- und Neulernen von Kultur einschließen (627). Damit ist zugleich eine anthropologisch folgenreiche Unterstellung verbunden: auch Menschen – im Medium von Kultur – sind wandelbar und veränderbar, sie entwickeln sich in und durch ihre Kultur. Indem sie Kultur einüben – also lernen – üben sie Kultur zugleich aus – also schaffen sie Kultur. Dieser Lern- und Schaffensprozess ist subjektiv jeweils neu und einzigartig und trägt objektiv zur Transformation der Gesellschaft im Kleinen und im Großen bei.

Zugleich ist eine weitere gesellschaftlich folgenreiche Implikation zu erkennen: Jede Gesellschaft stellt besondere Bereiche ihrer Kultur zusammen und bereitet diese zur Weitergabe an die junge Generation auf. Zur Erfüllung dieser Aufgaben werden Behörden und Schulen eingerichtet, Fächer entstehen, Lehrer werden ausgebildet und spezielle Inhalte, die zur Vermittlung kommen sollen, werden in einem Curriculum festgelegt.

In einem Curriculum sind somit kulturelle Inhalte sowie die damit verbundenen Handlungskonzepte, Verhaltensformen, Werte, Rollen, symbolische Ausdrucksformen, wie z. B. Sprache, Medien, Ideen, versammelt. Diese werden in Lehr- und Lernprozessen vermittelt. In diesem Prozess werden Menschen gesellschaftlich handlungsfähig und zugleich individuelle Repräsentanten ihrer Kultur. Die Formen des Lehrens und Lernens sind dabei selbst als Kultursysteme anzusehen. Daher erscheint es sinnvoll

> „das schulische Curriculum (in einem weiteren Sinn) im wesentlichen als eine Auswahl aus der Gesamtkultur einer Gesellschaft zu bestimmen" (Lawton 1975, 6).

In einem ähnlichen Sinn spricht der Kulturanthropologe Goodenough von dem großen „Kulturpool" einer Gesellschaft, in welchem sich eine Vielzahl, z. B. grup-

Kulturpool

penspezifischer Kulturpools, wieder findet, die sich stets und ständig verändern und in Konkurrenz treten. Diese Auffassungen weisen bereits auf eine dynamische Grundstruktur von Gesellschaft, Kultur, Schule, Unterricht und Curriculum hin, die grundsätzlich offen ist. Dabei stellt Goodenough die Erfahrung heraus, dass Heranwachsende erst durch ein plurales kulturelles Angebot und durch unterschiedliche Erfahrungen mit diesem in ihrer individuellen und gesellschaftlichen Entwicklung herausgefordert und gefördert werden. Unterricht hat in diesem Prozess die Aufgabe, die Differenzierungen als Reichtum zu interpretieren und zu ordnen. Daher lehnt Goodenough auch eine Hierarchisierung der Kulturpoole in höhere und niedrigere Kulturebenen ab.

offener Unterricht

Er bestimmt einen an humanitären Grundideen orientierten Unterricht als offenen Unterricht, der differenzierte Kulturangebote macht oder zulässt und der damit nicht zur Homogenisierung aller Mitglieder in eine dominant gesetzte Gruppenkultur der Gesellschaft beiträgt, sondern der die Verschiedenheit kultureller Angebote als Reichtum interpretiert; curricular gesprochen: Unterricht wird als ein Reservoir unterschiedlicher kultureller Interpretationen von Welt und unterschiedlichen Wissens – eben als reichhaltiger, multikultureller und offener Kulturpool – aufgefasst. Ein so strukturierter Kulturpool auf makro- und auf mikrosozialer Ebene kann somit als ein Potenzial angesehen werden, innergesellschaftliche und individuelle Transformationen, Veränderungen und Entwicklungen anzuregen.

Kulturmündigkeit

Ganz in diesem Sinn spricht Robinsohn von der Aufgabe des Unterrichts, Lernende zu einer „Kulturmündigkeit" in einer Kultur – nicht zu einer Mündigkeit für eine Kultur – zu befähigen (Robinsohn 1975, 29). Kulturmündigkeit wird in diesem Kontext als Kompetenz verstanden, in einer offenen Gesellschaft mit unterschiedlichen und verschieden strukturierten Kulturpools angemessen zu handeln. Die Kompetenz, in einer Kultur zu agieren, schließt daher die Fähigkeit zum Transfer ein, in anderen Kulturpools ebenfalls heimisch zu werden, dieser zumindest Achtung gegenüber zu entwickeln. Dementsprechend sind auch die Curricula und ihre Zielbestimmungen nicht ethnozentrisch an einem dominant gesetzten kulturellen Gruppenpool, sondern am kulturellen Gesamtpool der offenen und demokratischen Gesellschaft zu orientieren.

5.1.4 Curriculumelemente

Die Struktur eines Curriculums ist durch eine Reihe von Elementen oder Faktoren bestimmt. Die Anzahl und Funktion der Elemente ist unterschiedlich. In einem allgemeinen Sinn können folgende Elemente genannt werden: 1. Lerninhalte, 2. Lernziele, 3. Unterrichtsorganisation und 4. Methoden.

Der Kreis von Elementen kann um viele andere erweitert werden, je nach Zweckorientierung des jeweiligen Curriculums. So können u. a. noch genannt werden: Kenntnisse, Fertigkeiten, Fähigkeiten, Einstellungen, Verhaltensweisen, Gegenstände, Inhalte, Zeit und Ort des Lehrens und Lernens, Methoden, Medien, Lernziele, Lernkontrollen, Überprüfung und Verbesserung des gesamten Prozesses (Strukturplan 1971, 58). Die Vielzahl der Elemente hat Mackenzie auf sechs reduziert. Diese sind:

„(1) LehrerInnen, (2) SchülerInnen, (3) kulturelle Inhalte, (4) Methoden, (5) Materialien und Einrichtungen, (6) Zeit" (Huhse 1968, 14f).

Für die Bundesrepublik Deutschland hat S. B. Robinsohn in seiner 1968 zum ersten Mal veröffentlichten Studie über „Bildungsreform als Revision des Curriculums und ein Strukturkonzept für Curriculumentwicklung" (1975) ein für die Gegenwart aktuelles konzeptuelles Schema vorgelegt. Er setzt von allen Momenten oder Faktoren, die ein Curriculum bestimmen, die Lebenssituation an die erste Stelle (1975, 79f u. 1971, 61). Dieser kommt eine doppelte Funktion zu. Einerseits betrifft sie die aktuelle Interessenslage und die kulturell gesellschaftliche Befindlichkeit der Lernenden, und andererseits bezielt sie die Bewältigung der zukünftigen Aufgaben der Lernenden. Aus der Einsicht in diese doppelte Funktion für Gegenwart und Zukunft der Lernenden sind dann zweitens die Strukturen des Wissens, die zugleich die Qualifikationen ausmachen, zu bestimmen, die die Lernenden erwerben sollen. Dann erst können drittens die weiteren Elemente des Curriculums bestimmt werden.

Strukturelemente des Curriculums:

1. Lebenssituation	**7.** Medien
2. Grundwerte	**8.** Organisation
3. Strukturen des Wissens	**9.** Zeit
4. SchülerInnen	**10.** Ziele
5. LehrerInnen	**11.** Kontrollen
6. Methoden	**12.** Evaluation

Die Darlegung der erstgenannten Curriculum-Variablen begründet Robinsohn ausdrücklich mit der Vorgabe eines Grundwertes oder allgemeinen Erziehungsziels. Letzteres kann darin gesehen werden, dass Menschen angeleitet werden sollen, den Prozess der Aneignung von Kultur rational und kritisch, engagiert und betroffen meistern zu lernen, um mündige Bürger einer demokratischen Gesellschaft zu werden. Daher spielen Lebensbedeutsamkeit und Gesellschaftsbezug eine ebenso große Rolle wie der Wissenschaftsbezug.

5.2   Curriculumpositionen

Die folgenden Erörterungen stehen in einem systematischen Zusammenhang mit den Theorien, Modellen und Konzepten der Didaktik sowie mit den Lerntheorien. Der Grund ist in der Tatsache zu sehen, dass in den genannten Diskussionsbereichen das Curriculum als Reservoir der Lern- oder Lehrinhalte immer eine implizite und häufig auch explizite Rolle spielt.

5.2.1 Erster Überblick

Zwischen 1960 und 1975 war die Frage nach der Ordnung der kulturellen Inhalte in der Curriculumdiskussion aufgehoben. Sie war ihrerseits ein integraler Bestandteil der bildungstheoretischen Diskussion. Die Lehrplantheorie konnte mithin als ein konstitutiver Bereich der Bildungstheorie, die Bildungstheorie als das Herzstück pädagogischer Diskussion, und die lehrplantheoretische Diskussion wiederum als Kern der Didaktik angesehen werden. Diese Auffassung kommt in besonderer Weise in den Arbeiten von den Vertretern der bildungs- und lerntheoretisch begründeten Didaktik zum Ausdruck (Kap. 3.1 u. 3.2).

Von den 60er Jahren an treten neue pädagogisch relevante Theorien auf, u. a. die Lerntheorien und die Interaktionstheorien. Mit ihnen ist der wissenschafts- und erkenntnistheoretische Anspruch verbunden, die Frage nach der Ordnung der Inhalte von den in den genannten Theorien vorgegebenen Strukturen und Funktionen her zu bestimmen. Dieser Anspruch hatte zur Folge, dass die Ordnung der Inhalte, nun mit dem Begriff Curriculum gefasst, zu einem eigenständigen Bereich wird, der seine Legitimation primär durch die vorgenannten Theorien erhält, und an dessen Aufklärung maßgeblich empirische Forschung zur Geltung kommt. Damit widerfährt dem lehrplan- und bildungstheoretischen Ansatz in seiner inneren Stimmigkeit eine Sprengung. Angesichts des Einbrechens curricularer, positivistischer und empirischer Modellvorstellungen in den klassischen Bereich wird die Frage nach der Qualität der kulturellen Inhalte für Lehr- und Lernprozesse aus ihrer Einheit mit der Bildungstheorie herausgelöst. Eine Instrumentalisierung der Fragestellung ist die Folge. Was ein angemessener curricularer Inhalt zu sein hat, was ein Curriculum ist, wie es erstellt, realisiert und geprüft wird, das wird nun im positivistischen Wissenschaftsverständnis mittels empirischer und rationaler Verfahren geklärt. Die Wertentscheidungen, die allen curricularen Entscheidungen vorausliegen, werden somit nicht mehr im Horizont philosophisch-anthropologisch begründeter Bildungstheorien, sondern angesichts anstehender gesellschaftlicher Aufgaben entschieden, die mündige Bürger zu erfüllen haben. Ein neuer, pluralistischer Werthorizont war entstanden, der in der Curriculumentwicklung berücksichtigt werden musste.

Problem der Legitimation   Dabei zeigte sich das Problem, dass eine wissenschaftlich begründete Curriculumarbeit selbst nicht der Legitimation von Werten dienen kann. Infolgedessen werden zur Legitimation gesellschaftliche, situative und abnehmerorientierte Werte und Normen eingeführt, deren Geltungsentscheidungen außerhalb des Wissenschaftsprozesses gefällt worden sind. Diese externen Wertentscheidungen werden dem wissenschaftlichen Legitimationsprozess assoziiert. Im bildungstheoretischen Legitimationsprozess indes waren die Wertentscheidungen implizit. Daher fordert Robinsohn folgerichtig Gremien, die aus den vielfältigsten Gruppen der Gesellschaft zusammengesetzt sind und denen es obliegt, Auswahl und Begründung von Curricula durchzuführen. Dabei zeigt sich die Abtrennung der positivistischen Wissenschaftsverfahren, die der Curriculumentwicklung und der damit einhergehenden Verfahren obliegen, von der Werturteilsfrage.

In dieser Entwicklung lassen sich zwei konträre Ausformungen von curricularen Theorieansätzen erkennen: die technisch-instrumentelle Ausformung der Cur-

riculumentwicklung mit empirischen Verfahren (Chr. Möller 1969) und die ge-
sellschaftsorientierte Curriculumentwicklung mit stark heuristischen Zügen (Becker
u. a. 1977). An beiden Ansätzen wird deutlich, dass die Frage nach den Inhalten
sowie z. T. nach den Prozessen des Lehrens und Lernens nicht mehr aus einer einheitlichen pädagogischen Theorie, nämlich der Bildungstheorie, entwickelt wird,
sondern dass externe Theorien, z. B. Lern- und Interaktionstheorien, aber auch
politische und Gesellschaftstheorien, die Grundlage dafür bieten, um Curriculumentwicklung zu begründen. In den letzten Jahren ist jedoch eine Öffnung
dieser Entwicklung zur bildungstheoretischen Begründung hin zu beobachten.

In bildungspolitischer Hinsicht geht es in der Diskussion auch um die Ablösung
der alten Lehrpläne durch die Curriculumentwicklung. Zu ihrer Begründung werden behavioristische und strukturgenetische Lerntheorien, Interaktionstheorien sowie gesellschaftliche Theorien herangezogen. Das Problem der Wert- und Nor-
menimplikation wird dabei an die Ideologiekritik abgegeben (3.2.5 u. 3.3.7). Die
Curriculumdiskussion hat in Deutschland nicht zum gewünschten Erfolg, aber immerhin zur Dynamisierung der Lehrpläne geführt, wie dies in den Lehrplanentwürfen
und Rahmenrichtlinien der Fall ist. Dennoch bleiben in Bezug auf die Entwicklung
von Curriculumkonzepten einige Erträge stehen, die auch mit den dynamischen
Formen des Lehrplans verträglich sind. Um diese geht es im Folgenden.

5.2.2 Die bildungstheoretische Lehrplankonzeption

Die Konzeption konkretisiert sich um die bildungstheoretische Position der Didaktik (Kap. 3.1). In ihr sind Modifizierungen in Richtung Curriculum zu erkennen, von denen im Folgenden einige vorgestellt werden.

(1) Die Konzeption einer Einheit von Lehrplan und Bildung wurde beispielhaft **Einheit von**
von Klafki vertreten. In Bezug auf die curriculare Fragestellung steht die Inhalts- **Lehrplan und**
diskussion im Zentrum. Klafki hat dies auf die moderne Formel gebracht, dass die **Bildung**
Antwort auf die Frage nach dem Bildungsgehalt eines Inhalts nur über die kategoriale Bedeutung des Gegenstandes im aktuellen Leben des Heranwachsenden
und in Bezug auf seine Zukunft gegeben werden kann. Die Ressourcen eines Bil-
dungscurriculums liegen daher nicht allein im Wissenschaftsbezug oder im ethischen Bezug, sondern auch in der Bildung jedes einzelnen Menschen (Frey 1972,
120ff). Dies zeigt in augenfälliger Weise Klafkis kritisch-konstruktiver Theorie-
entwurf (Kap. 3.1.3).

In dieser klassischen Konzeption wird der curriculare Zusammenhang stets auf **Wertbezug**
einen höchsten Wert bezogen. Dieser ist u. a. in dem Begriff der Individualität gefasst. Individualität bestimmt sich durch die Orientierung des Handelns und Denkens an Prinzipien, woraus im Bildungsprozess jene persönliche Verantwortung
erwächst, die sich auch auf die Gesellschaft bezieht. Modern ausgedrückt: Der ge-
bildete Mensch ist selbstverantwortlich und gesellschaftlich handlungsfähig.

(2) Die Konzeption „Gesellschaftsbezug des Lehrplans" gründet in der Ausrich- **Gesellschaftsbezug**
tung des Bildungsprozesses an gesellschaftlichen Aufgaben. Mit dem Gesellschaftsbezug erhält die Frage nach dem Bildungswert der Inhalte eine neue Ant-

wort. Als oberster Bezugswert schält sich der Begriff der Mündigkeit heraus. Mit diesem Begriff wird eine Fähigkeit belegt, die eine Individualität zeigt, die in den verschiedensten Situationen und Bereichen der Gesellschaft verantwortlich handelt. Die Erörterung der Inhaltsdiskussion am Wert der gesellschaftlichen Mündigkeit des Einzelnen führt zu der Erkenntnis, dass neben die klassischen, fach-, wissenschafts- und gesellschaftsbezogenen Inhalte auch das Lernen sozialer Beziehungen (= das soziale Lernen) gehört. Die Diskussion um das soziale Lernen eines neuen curricularen Inhalts beginnt (Fromm/Keim 1982). Damit werden die inhaltsbezogenen curricularen Ressourcen um den mächtigen Faktor des Lernprozesses erweitert.

inhaltliche Aktualisierung

(3) Die Dynamisierung des Lehrplans durch neue Inhalte: Im Zuge dieses Transformationsprozesses wird – in gewisser Analogie zu den angelsächsischen Ländern – Curriculum als Zusammenhang von kulturellen Inhalten und Tätigkeiten – zu denen auch die Beziehungsebene als Inhalt tritt – und als Prozess inhaltlicher Aktualisierung bestimmt. Robinsohn kann als Hauptvertreter dieser Position angesehen werden. Er gibt drei „Kriterien für die Auswahl von Bildungsinhalten" an, die das Gesagte widerspiegeln.

> Drei Kriterien zur Auswahl von Bildungsinhalten (Robinsohn 1975, 47)
>
> „**1.** Die Bedeutung eines Gegenstandes im Gefüge der Wissenschaft, damit auch als Voraussetzung für weiteres Studium und weitere Ausbildung;
> **2.** die Leistung eines Gegenstandes für Weltverstehen, d. h. für die Orientierung innerhalb einer Kultur und für die Interpretation ihrer Phänomene;
> **3.** die Funktion eines Gegenstandes in spezifischen Verwendungssituationen des privaten und öffentlichen Lebens" (Robinsohn 1975, 47).

Legitimationsfrage

In diesem Zusammenhang muss auf die Legitimationsfrage eingegangen werden. Unter einem positivistisch gefilterten Wissenschafts- und Curriculumverständnis, das aber noch dem Bildungszusammenhang verpflichtet ist, formuliert Robinsohn:

> „Die Erkenntnis, daß an Gehalten einer Kultur gebildet wird, kann nicht bedeuten, daß wir die Kriterien unserer Auswahl nicht von dem Bildungsziel, das ein Ziel des Verhaltens ist, ableiten dürfen. Die tradierte Kultur, gleichsam als objektivierter Geist, ist dieses pädagogische Kriterium nicht. ‚Kulturmündigkeit' heißt Mündigkeit in einer Kultur, nicht für eine Kultur, womit ein rein geisteswissenschaftlicher Kulturbegriff freilich sozialanthropologisch umgewandelt wird" (Robinsohn 1975, 29).

Besonders klar geht diese neue Orientierung aus Robinsohns „Strukturkonzept für Curriculumentwicklung" hervor.

> „Da nun
>
> 1) das allgemeine Erziehungsziel ist, den einzelnen zur Bewältigung von Lebenssituationen auszustatten und
> 2) eine solche Ausstattung durch den Erwerb von Qualifikationen und Dispositionen erfolgt und

3) diese Qualifikationen wiederum durch die verschiedenen Elemente des Curriculums vermittelt werden,

kann ein rational geplantes Curriculum nur auf der Basis einer mit optimaler Genauigkeit und Objektivität ermittelten Bestimmung jener Situationen, Qualifikationen und Curriculumelemente entwickelt werden.

Somit scheint die Aufgabe einer systematischen Curriculumentwicklung, allgemein gesprochen, darin zu liegen, Hypothesen zur Identifizierung dieser drei Klassen von Curriculumvariablen zu ihrer Verknüpfung zu formulieren und zu überprüfen. Um aber jene Situationen und die in ihnen geforderten Funktionen zu identifizieren, um sodann Qualifikationen, die diesen Erfordernissen entsprechen, zu definieren und um schließlich Curricula zu konstruieren, die jene Qualifikationen zu vermitteln geeignet sind, muß in der Curriculumarbeit folgendes geleistet werden:

1) Es müssen Kriterien für diese Identifikationen gewonnen und angewandt werden. Solche Kriterien beruhen auf begründeten Werturteilen ebenso wie auf empirisch-analytischen Feststellungen und Schätzungen objektiver (gegenwärtiger und zukünftiger) Bedürfnisse, auf Elementen von Kultur-Tradition, auf Einsichten in die Wirksamkeit von Lehren und Lernen.
2) Es muß daher ein Maximum an der für eine rationale Wahl erforderlichen Evidenz aufgefunden, überprüft oder primär ermittelt werden.
3) Endlich sind angemessene Prozeduren für Bewertung und Entscheidung zu entwickeln.

Das hiermit umrissene Schema erweist seinen Wert zunächst darin, daß es uns zur Trennung verschiedener Ebenen von Curriculumentscheidungen verhilft, die in der Praxis nur allzuoft miteinander vermengt werden, nämlich: die Identifizierung und Validierung von Zielen (aims); deren Übersetzung in spezifische Bildungsintentionen (objectives) und ihre Definition; die Auswahl entsprechender Curriculumelemente (content); schließlich die Organisation des Unterrichts" (Robinsohn 1975, 80).

Im Horizont dieser gesellschaftsbewussten Grundlegungen zum Verständnis von Curriculum, seiner Funktion in der Gesellschaft sowie seiner Entwicklung auf verschiedenen Ebenen treten die Akteure in den Vordergrund. An deren Tätigkeit hat aktuelle Entwicklung von Curriculumtheorien, -modellen und -konzepten anzuknüpfen. Davon wird später die Rede sein. Dies betrifft in erster Linie die LehrerInnen aber auch die SchülerInnen in Bezug auf ihre Beteiligung an der Curriculumentwicklung vor Ort.

(4) Die Position der Entwicklungsorientierung des Lehrplans kann als eine Weiterführung des vorgenannten Ansatzes angesehen werden. Zusätzlich werden strukturgenetische Forschungserkenntnisse eingebracht. Hier sind in besonderer Weise die Arbeiten von Bruner zu nennen. In diesen wird zentral vorgetragen, dass kulturelle Inhalte nicht Objekte in einem physikalischen Sinn sind, sondern ihre Realität durch ihre symbolische Repräsentation, z.B. durch Formeln, Sprache, Gesten, erhalten. Die symbolischen Repräsentationen werden dabei als Oberflächenstrukturen von Tiefenstrukturen aufgefasst, deren Kern in dem kulturellen Wissen, z.B. in den Wissenschaften und deren Erkenntnisfortschritt, in der Moral und in den Variationen normengeleiteten Handelns zu sehen ist.

Entwicklungs-orientierung

Wissensstrukturen   In Anlehnung an die strukturgenetischen Forschungen von Piaget und Aebli (Kap. 4.4) sieht Bruner ein Zusammenspiel von symbolisch repräsentierten Wissensstrukturen und der kognitiven Entwicklung symbolischer Ausdrucksformen bei Heranwachsenden oder Erwachsenen. Dieses Zusammenspiel geschieht im Lernprozess.

In Bezug auf die theoretische Fassung curricularer Tätigkeiten ergibt sich aus diesem Ansatz eine Position, die Frey wie folgt definiert:

> „Die Theorie des Curriculums besteht dann aus einer Theorie der Symbolfunktion, der Repräsentationsmodi und der Erschließung von Strukturen im Kontext von Objekten für die Repräsentation bzw. des Verhältnisses von Objekt und psychologisch verstandener Struktur" (Frey 1972, 110).

Aus dem Zitat wird erkennbar, dass dieser Bestimmung von Curriculumtheorie eine externe Symboltheorie zugrunde gelegt wird. Somit kann – streng genommen – lediglich von einem Theorieansatz für ein Curriculum gesprochen werden.

5.2.3 Die lerntheoretische Curriculumposition

Für diese Position ist die positivistische Erkenntnistheorie leitend. Lernen wird dabei als ein Prozess begriffen, der vergegenständlicht werden kann. Das hat zur Folge, dass Elemente des Lernprozesses definiert, empirisch gesichert und für die Curriculumarbeit operationalisiert werden. Ein Gleiches gilt für das Lehren. Aus diesem Verständnis heraus können auch Curricula als Objekte definiert und entsprechend operationalisiert werden. Lernen wird dabei in einem behavioristischen Sinn aufgefasst (Kap. 4.1 u. 4.2). Auch diese Position zeigt mehrere Varianten.

disziplin- oder fachbezogenes Curriculum   **(1)** Das disziplin- oder fachbezogene Curriculum geht von der Annahme objektiv vorliegender und in der jeweiligen Fachdisziplin gespeicherter Inhalte im Sinne von Tatsachen aus. In moderner Form ist der Disziplinansatz auch als Strukturansatz bekannt, wobei die Strukturen als wissenschaftsbezogene Strukturen angesehen werden, wie sie in den einzelnen Fächern vorliegen. Eine Analogiebildung zu kognitiven Strukturen bei Lehrenden und Lernenden – wie sie Bruner vornimmt – unterbleibt. Ein Curriculum, das am System der Fachwissenschaft orientiert ist, kann als Abbild der einzelnen Disziplinen und der von ihnen disziplinorientiert entwickelten Wissensstrukturen aufgefasst werden. Die dabei z. B. vorliegenden logischen und Sprachsysteme werden mit diesem Ansatz mitgeliefert und in das Curriculum überführt. Die Systemlogik der Wissenschaften wird damit zur Grundlage für die Strukturierung der Lehr- und Lernprozesse. In den angelsächsischen Ländern wird ein solches Curriculum als teacher proof, d. h. für LehrerInnen nicht mehr transformierbar, angesehen. Als Hauptvertreter dieser Position können u. a. Goodlad und in Deutschland Chr. und B. Möller sowie v. Cube angesehen werden (Kap. 3.2.4 u. 3.4.2).

wissensorientiertes Curriculum   **(2)** In der Diskussion um die gesellschaftliche Bedeutung der Wissenschaft und ihres Fortschritts steht auch die Erkenntnis, dass nicht die Wissenschaftsstrukturen, sondern die Wissensstrukturen für den Erkenntnisprozess – und damit auch für das Lehren! – leitend sind. Daher treten beim wissensorientierten Curriculum die Sachstrukturen in den Vordergrund der curricularen Theorienbildung. Als Struktur einer Sache kann das Zusammenspiel oder der Aufbau eines kulturellen Gegenstandes oder Komplexes verstanden werden, z. B. der Aufbau eines Atoms, das Zusammenwirken einzelner Organisationen im Staatswesen oder bestimmter Organe im biologischen Kreislauf der Natur oder das Zusammenwirken bestimmter Normen im Rahmen eines Handlungsbezugs.

In Deutschland wurde diese Position zum ersten Mal von Wagenschein unter bildungstheoretischem Interesse vorgestellt (1973). In lerntheoretischer Ausrichtung waren es Frey und seine Mitarbeiter im Institut für Pädagogik der Naturwissenschaften in Kiel, die bereits in den 70er Jahren naturwissenschaftliche Curricula nach dem Prinzip der Sachstrukturen aufgebaut haben (Frey 1972, 105ff). Bekannt geworden ist ihr so genanntes „Core-Curriculum". Darunter ist eine Art Fundamentalcurriculum zu verstehen, in welchem

„die wesentlich...   ...auformen, die zu einem bestimm-
...   ...gebaut sind" (Frey 1972, 106).

...kturen – unter genetischer Per-
...der Individuen verstanden wer-
...s zu den curricularen Inhalten
...t dazu, Lernende anzuhalten,
...n, Aufbauformen, objektiven
...ung-Setzen von Wissensele-
...s angesehen. Lernen als ein
...t damit zur grundlegenden
...diese Position in gewisser
...he und system- und kon-

(3) E...   ...eresses einerseits und des
daraus...   ...eits ist in der Position der
Taxono...   ...sind zwei Arten von Ta-
xonomi...   ...aren.

Die ...   ...mien beziehen sich auf
Lerninh...   ...mt es im Wesentlichen
darauf a...   ...ehr- und Lernprozesse
in ihren A...   ...ind auf diesem Gebiet
insbeson...   ...ndesrepublik die Arbeiten vor...

Unter e...   ...wird im Allgemeinen verstanden: Die

„Herstellung einer Systematik durch Anwendung fester Regeln, ggf. eine hierarchische Ordnung (z. B. die Klassifikation der Lebewesenarten in Form eines Stammbaumes). In der *pädagogischen Psychologie* Bezeichnung für ein hierarchisches System zur Beschreibung des Zusammenhangs zwischen Lernzielen und dem schrittweisen Aufbau ihrer Vermittlung bzw. ihres Effektes zum Zweck der Leistungskontrolle (Wörterbuch Psychologie 2000, 435 Stichwort Taxonomie).

Taxonomie

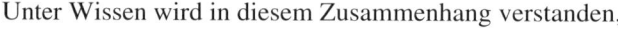

In Bezug auf das Curriculum hat Chr. Möller formuliert:

> „Unter Lernzieltaxonomie versteht man die hierarchische Ordnung aller Lern-
> ziele innerhalb eines bestimmten Lernbereiches, wobei die Hierarchie nach ei-
> nem einzigen gleichbleibenden Ordnungsgesichtspunkt erstellt wird" (Chr. Möl-
> ler 1969, 125).

In Anlehnung an die Taxonomie von Bloom nennt Chr. Möller zwei Ordnungsgesichtspunkte: die Komplexität des Lernziels und den Grad der Bewusstheit eines Lernziels (Chr. Möller 1969, 126f). Die beiden Ordnungsgesichtspunkte ergänzen sich; sie bilden sozusagen zwei Seiten ein und derselben Medaille. Was
inhaltlich als Lernziel festgelegt wurde, das muss sich auch im Verhalten, d.h. im
Grad der Bewusstheit zeigen. Dies gilt in erster Linie für den kognitiven Bereich
der Persönlichkeitsstruktur. Der Grad an Komplexität eines Lernzieles zeigt, an
welcher Stelle es in der Hierarchie zu platzieren ist und wie hoch oder wie niedrig der Grad an kognitiver Leistung – von einfachen zu komplexen Strukturen! –
erwartet wird. So kann z.B. der Inhalt „Wissen" in folgende Taxonomien kognitiver Lernziele – vom einfachen zum komplexen Lernen – aufgeteilt werden:
1. Wissen im Sinne von Einzelheiten eines Sachverhalts sagen können, 2. Wissen
im Sinne von Wörtern und ihren Bedeutungen vortragen können, mit dem die Einzelheiten eines Sachverhalts bezeichnet sind, 3. Wissen im Sinne von Begriffen,
mit denen die vorgenannten Einzelheiten, Wörter und Bedeutungen symbolisch
repräsentiert werden, formulieren können. Diese Taxonomie kann auch auf die
Kurzformel gebracht werden: 1. Dinge, 2. Wörter, 3. Bedeutungen, 4. Begriffe.
   Unter Wissen wird in diesem Zusammenhang verstanden,

Wissen

> „daß der Schüler nachweisen kann, daß er etwas behalten hat, entweder durch
> Wiederholen oder Wiedererkennen einer Idee oder eines Phänomens, mit dem
> er sich im Unterricht beschäftigte. Für die Taxonomie definieren wir Wissen als
> Erinnern von Ideen und Erscheinungen in einer Form, die möglichst nahe an die
> ursprünglich aufgenommene Idee oder Erscheinung herankommt … Man kann
> sich in diesem Fall das Wissen gut als etwas im Gedächtnis Gespeichertes vor-
> stellen. Die Aufgabe für das Individuum bei einer Wissensprüfung besteht da-
> rin, die geeigneten Signale und Hinweise der Aufgabe herauszufinden, die das,
> was darüber an Wissen gespeichert ist, am effektivsten hervorbringen" (Bloom
> 1972, 41).

Dem Wissen wird primär ein Nutzeffekt und eine Anpassungsfunktion im Enkul-
turations- und Sozialisationsprozess zugesprochen. Wissen als ein Medium im Prozess der Individualisierung kommt hier nicht in den Blick (Lamm 1972, 26ff).
   Taxonomien haben nomothetischen Charakter, d.h. sie dienen dazu, Gesetzmäßigkeiten aufzufinden, zu beschreiben und für soziales und individuelles Handeln, also auch für Lehren und Lernen, nutzbar zu machen. Durch die Umsetzung
von Gesetzmäßigkeiten in die Praxis entsteht ein normativer Zug, der von den Akteuren auch entsprechend erfahren und erlebt wird. Ein wesentlicher Grund ist darin zu sehen, dass die Akteure gemäß dem erkenntnis- und wissenschaftstheoretischen Ansatz dieser Position als Objekte behandelt werden müssen. Dies zeigt sich
u.a. darin, dass sie nicht an der Erstellung von Taxonomien beteiligt werden und
dass Lernen auf das Anhäufen und das Behalten von Wissen begrenzt ist.

5.2.4 Die pragmatische Auffassung von Curriculum

In dieser Perspektive vereinigen sich eine Reihe von praxisbezogenen Ansätzen. Sie alle sind dem interpretativen Paradigma zuzuordnen (Kap. 2.3.5). Außerdem spielt die Interaktionstheorie eine grundlegende Rolle (Kap. 3.3). An Lerntheorien gehen gemäßigte behavioristische Ansätze und die strukturgenetische Lerntheorie ein. Auch in dieser Auffassung kommt neueren Theorien eine ansatzbildende Funktion zu (Kap. 4.4 u. 4.5).

Die pragmatische Auffassung von Curriculum geht grundsätzlich von der Beteiligung der Akteure und von dem obersten Wert des gesellschaftlich verantwortungsvoll handelnden Bürgers aus. Damit führt diese Position in ihrem Kern über die bildungstheoretische und die lerntheoretische Position hinaus. Nicht mehr die Individualität oder bestimmte Fähigkeiten und Tugenden, wie z. B. Mündigkeit oder positives Wissen und spezifische Verhaltensweisen von Subjekten, stehen im Vordergrund, sondern Menschen, die stets in einem sinnverstehend aufeinander bezogenen Handeln leben. Erziehung, Unterricht sowie den verschiedensten Ausformungen von Lehr- und Lernprozessen kommen in diesem Zusammenhang die Funktion zu, den Menschen auch auf dem Weg, verantwortliche Bürger zu werden, zu unterstützen und zu fördern. Diese Aufgabenstellung zeigt sich auch in der Auffassung von Curriculum. Im Folgenden werden einige Positionen vorgestellt.

(1) Dem Ansatz „Curriculum als Entwicklung von Strukturen" am nächsten stehen die klassische und die moderne Systemtheorie und die aktuelle konstruktivistische Theorie, aber auch die strukturgenetische Theorie (Kap. 3.4 u. 3.5, 4.2 u. 4.4 bis 4.6).

(2) Eine Annäherung an die Situation der Akteure ist die Handlungsorientierung curriculumtheoretischer Erörterungen (Moser 1976; Flechsig/Haller 1975). In dieser Position geht es darum, Handlungstheorien zur Erklärung von Unterrichtsprozessen fruchtbar zu machen.

(3) Curriculum als Erfahrung. Eine anthropologische Variation ist in der Erfahrungsorientierung von Unterricht als Curriculum zu sehen, wie sie u. a. von Rumpf dargestellt wird (Kap. 3.3.5). Hierbei werden auch Theorieelemente aus der bildungstheoretischen Position entnommen.

(4) Das offene Curriculum kann als ein Konzept angesehen werden, in dem versucht wird, den curricularen Transformationsprozessen auf der Mikroebene mehr Geltung zu verschaffen (Brinkmann 1975; Garlichs u. a. 1976). Hierbei wird mit einer Reihe von Unterstellungen gearbeitet, z. B. dass sich Curricula als Prozesse auch an der Lebenstätigkeit und der Entwicklung der Lernenden zu orientieren haben; dass in die inhaltlichen Bestimmungen eines Curriculums die vielfältigen kulturellen Erfahrungen der Betroffenen eingehen müssen; dass Lehrer und Lehrerinnen das Curriculum in Bezug auf Zielstellung und Leistungsüberprüfung wesentlich selbst bestimmen, auch wenn formelle Curricula vorgegeben sind (Kap. 5.1.1).

Marginalien:

Lebenswelt-orientierung

Curriculum als Entwicklung von Strukturen

Curriculum als handlungs-orientierter Prozess

Curriculum als Erfahrung

offenes Curriculum

Die Offenheit eines Curriculums kann sich auf vielfältige Weise zeigen. Einige Möglichkeiten der Konkretisierung werden nachstehend aufgezeigt.

Konkretisierungsmöglichkeiten eines offenen Curriculums

„– im Rahmen des Unterrichts kann immer wieder zwischen Alternativen, zwischen den Grundintentionen und zu vereinbarenden Zielen gewählt werden,
– trotz festgesetzter Lernziele sind unterschiedliche Lernerfahrungen möglich,
– die Lerninhalte sind so angeordnet, daß problemorientierte Überschreitungen festgefügter Lernbereiche (Fächer) angeregt werden,
– Schüler und Lehrer können eigene Probleme und Erfahrungen, besondere Interessen und Fähigkeiten einbringen,
– der Entstehungs- und Begründungszusammenhang des curricularen Entwurfs ist so weit offengelegt, daß die am Unterricht Beteiligten sinnvolle Entscheidungen für die konkrete Lernarbeit treffen können,
– die Lernplanung kann sich an die besonderen Bedingungen und Möglichkeiten der einzelnen Lerngruppen anpassen,
– Unterricht kann auf die sozialen Bedingungen des schulischen Umfeldes und regionaler Besonderheiten abgestimmt werden" (Bönsch 1991, 51).

Die in dieser Grundposition skizzierten curricularen Ansätze werden pragmatisch genannt, weil ihre Vertreter primär an der Aufklärung von Lebenswelt interessiert sind. Dabei spielen Wissenschaft und didaktische Kompetenz die Rolle, eine Hilfe bei der Aufklärung und Bewältigung von Welt zu sein. Der Akzent liegt auf der Befähigung der Lernenden zu verantwortetem gesellschaftlichem Handeln.

Diese Richtung wird seit vielen Jahren in Bezug auf die Unterrichtspraxis diskutiert. Dabei kommen folgende neue Formen des Unterrichts zur Geltung (Gudjohns 2002, 10ff):

- Offener Unterricht
- Freie Arbeit
- Projektunterricht
- Erfahrungsbezogener Unterricht
- Praktisches Lernen
- Handlungsorientierter Unterricht
- Freinet-Pädagogik
- Entdeckendes Lernen
- Problemlösender Unterricht
- Schüleraktiver Unterricht
- Genetisches Lernen
- Themenzentrierte Interaktion
- Epochenunterricht
- Jenaplan-Unterricht
- Fächerübergreifender Unterricht.

Emer/Lenzen: Projektunterricht gestalten – Schule verändern
Hofmann/Moser: Offenes Lernen planen und coachen
Klippert: Kommunikationstraining
Klippert: Methodentraining
Kliebisch/Schmitz: Happy Teaching
Peschel: Offener Unterricht 1 und 2
Wilkesmann: Lernen in Organisationen

5.3   Formen des Curriculums

Im Schulbereich kann eine Reihe von Formen des Curriculums festgestellt werden (Ben-Peretz 1985 u. 1990a, 25ff). Die Curriculumformen spiegeln die drei bekannten Ebenen der Betrachtung didaktischer Phänomene wider (Kap. 2.2.2).

Unter Formen eines Curriculums seien im Folgenden die Repräsentationsweisen von curricularen Inhalten verstanden, wie sie in Lehr- und Lernprozessen bzw. bei deren Vorbereitung und Auswertung angewendet werden. Der Begriff „Stoff" kann aus dem didaktischen Begriffsreservoir gestrichen werden.

5.3.1 Das formelle Curriculum

Darunter sind in der Regel die curricularen Pläne und Sammlungen zu verstehen, wie sie von den Kultusministerien der Länder für die einzelnen Fächer und die verschiedenen Schularten verbindlich gemacht sind. Sie werden von Kommissionen erstellt, die von den jeweiligen Kultusministerien eingesetzt sind. Dabei kommen die Lehrenden nur bedingt zu Wort. In Deutschland ist hierbei an Lehrpläne, Rahmenrichtlinien und Lehrplanentwürfe zu denken. In anderen Ländern, z. B. England, wird das offizielle Curriculum auch Syllabus genannt oder es ist in anderen Ländern von einem nationalen Curriculum die Rede. Immer handelt es sich bei dieser offiziellen Form eines Curriculums um formell festgelegte und für verbindlich gemachte kulturelle Inhalte für ein Schuljahr, deren Vermittlung für die Reproduktion der Gesellschaft und die Herausbildung einer individuellen Persönlichkeit als notwendig und sinnvoll erachtet werden. Diese Curricula werden auf der makrosozialen Ebene festgelegt und legitimiert.

5.3.2 Das schulbezogene Curriculum

Diese Form des Curriculums kommt dadurch zustande, dass eine Schule, z. B. aufgrund einer bestimmten sozialen Situation, etwa eines erhöhten Anteils ausländischer Schüler und Schülerinnen, beschließt, die offiziellen Curricula durch gruppenspezifische oder situationsbezogene Curricula anzureichern. Dies kann u. a. in Form interkulturell gestalteter oder interdisziplinär aufbereiteter Curricula geschehen. Es kann auch der Fall eintreten, dass eine Schule aufgrund regionaler Bedeutung bestimmter Inhalte die offiziellen Curricula ergänzt, z. B. durch ökologische, politische Themen (Tulasiewicz 1985, 56). In den letzten Jahren werden Schulen auch angehalten und z. T. verpflichtet, Schulentwicklungspläne zu erstellen, die die Basis zur schulspezifischen Modifizierung der formellen Lehrplanvorgaben bilden. Damit ist für die einzelne Schule die Chance gegeben, umfeldspezifische kulturelle Schwerpunkte zu setzen und ein eigenes Curriculumprofil zu entwickeln.

5.3.3 Das klassenbezogene Curriculum

Dieses Curriculum ist als eine Transformation des offiziellen und/oder schul- und regionalbezogenen Curriculums auf die spezifische Situation einer Klasse anzusehen. In der Tradition sind Curricula dieser Art als Stoffverteilungspläne bekannt, in denen die verschiedenen Inhalte und ihre symbolischen Ausdrucksformen auf vierzig Wochen im Jahr verteilt werden. Diese Stoffverteilungspläne wurden vor Schuljahresbeginn von den einzelnen Lehrern und Lehrerinnen für ihre Schulklasse angefertigt.

In der Gegenwart sind klassenbezogene Curricula auf eine geringere Zeitspanne ausgelegt. Dies ist der Wirkung neuerer lehr- und lernpsychologischer Erkenntnisse zu verdanken. Hier ist auch die Auffassung von Unterricht als Interaktion zu nennen. In das Klassencurriculum geht noch eine Reihe curricularer Unterformen ein, die im Folgenden skizziert werden.

5.3.4 Handlungsbezogene Curricula

Über die drei klassischen Formen des Curriculums hinaus gibt es in der Praxis noch zahlreiche Unterformen von Curricula, die das Handeln der Akteure fördern oder bestimmen. Diese werden der vierten Form des Curriculums, die als handlungsbezogenes Curriculum bezeichnet wird, zugeordnet.

Curriculum der Lehrenden

Das Curriculum der Lehrenden ist sowohl durch die fachwissenschaftlichen Strukturen gekennzeichnet als auch durch die Lernerfahrungen und -ergebnisse, die die SchülerInnen in den vorausgegangenen Stunden gezeigt haben, bestimmt.

Curriculum der Schüler

Curricula der einzelnen SchülerInnen können auch als subjektive Bildungsgänge der SchülerInnen bezeichnet werden. Wenn SchülerInnen in einem bestimmten Fach lernen, dann geht es hierbei um die individuelle Aneignung von kulturellen Inhalten und Symbolen. Diese Lernprozesse sind individuell unterschiedlich strukturiert und subjektiv. Sie werden mitbedingt durch die von den Lernenden zu leistenden Hausaufgaben oder die Vorbereitungen auf die nächste Stunde, aber auch durch außerschulische Erfahrungen. Mit den vielfältigen individuellen Ausdrucksformen dieses Curriculums werden die Lehrer und Lehrerinnen sowie die MitschülerInnen im Unterricht täglich konfrontiert. – Als Schüler- bzw. Schülerinnencurriculum können auch Schulheft, Ausarbeitungen u. a. angesehen werden.

Interaktionscurriculum

Das Interaktionscurriculum entsteht im Flusse des Lehr- und Lernprozesses. Sie kann als Unterrichtsprozess verstanden werden, in welchem die Akteure an ihren subjektiven Wissens- und Erkenntniskonstruktionen arbeiten, die ihre eigene Entwicklung stimulieren (Kap. 4.5 u. 4.6).

verborgenes Curriculum

Das verborgene Curriculum ist in der Literatur durch Forschungen bereits gut belegt (Zinnecker 1975). Diese zeigen, dass SchülerInnen im Unterricht auch Taktiken lernen, wie z. B. Fintieren, Fingieren, Bluffen, Täuschen, mit deren Hilfe sie das System Schule für sich subjektiv erträglich machen (Heinze 1980). Das Gleiche gilt für LehrerInnen. In diesem Kontext entwickeln alle Akteure auch Perspektiven, die die Interaktionen im jeweils geltenden Unterrichts- und Schulsystem mitbestimmen (Petillon 1987, 79ff).

In der Regel wird der Lehr- und Lernprozess durch Schulbücher ergänzt, modifiziert oder gar bestimmt. Moderne Schulbücher sind häufig analog zu den vorgegebenen offiziellen Curricula gestaltet. Sie bieten daher in der Regel neben der symbolischen Darstellung kulturelle Inhalte in ihrer fachlichen Ordnung, auch Arbeitsmaterial, ja sogar Prüflisten an. Sie können als eine sehr differenzierte Form eines schulart- und schulspezifisch und zugleich eines klassenbezogenen Curriculums angesehen werden. Die weitgehende Verbreitung von Schulbüchern legt die Vermutung nahe, dass sie die neue Durchsetzungsform des offiziellen Curriculums darstellen.

Schulbuch als Curriculum

Hinter Lehrerhandbüchern als Curriculum verbergen sich in der Regel Lehrbücher, die Kommentare zu den offiziellen Curricula und Schulbüchern enthalten. Sie bieten außerdem Wissen für die einzelnen Fächer an, das am Fortschritt der Fachwissenschaft orientiert ist. Des Weiteren enthalten sie Vorschläge für Transformationen in klassenbezogene Curricula. Nicht selten geben sie auch Hinweise auf alters- und/oder geschlechtsspezifische Lehrintentionen, fachdidaktische Zusammenhänge und Unterrichtskonzepte (Beckmann/Fischer 1990; Keck u. a. 1990).

Lehrerhandbuch als Curriculum

Unter Lernmaterialien als Curriculum sind u. a. die verschiedensten Papiere, Arbeitsblätter, Filme, Videos, Dias oder Diaserien und Tonbänder zu verstehen, die im Unterricht eingesetzt werden.

Lernmaterial als Curriculum

Auf dem Sektor Materialien zur Leistungserhebung sind u. a. Leistungsmessungsverfahren zu nennen, die z. T. käuflich zu erwerben sind.

Leistungsmessung

Curriculum-Pakete als neue Form von Lehr- und Lernmaterialien werden häufig von Gruppen in pädagogischen Zentren oder in Arbeitsgemeinschaften erarbeitet. In der Regel dienen sie zur Unterstützung eines Projekts. Sie enthalten u. a. Elemente aus Schulbüchern, Lehrbüchern oder auch audiovisuelles Material, Tests u. a. m.

Curriculum-Pakete

Viele LehrerInnen wählen wissenschaftliche und/oder literarische Texte (auch in Buchform), um Lernende an Originale heranzuführen, in denen Autoren bzw. Autorinnen auf exemplarische Weise ein Thema behandeln. Nicht selten bieten diese Texte Modelle an, aufgrund derer die Lernenden ihre persönliche Problematik thematisieren können, ohne ihre Gefühle in einer offiziellen Lehr- und Lernsituation preisgeben zu müssen.

Texte als Curriculum

Nicht selten müssen Lehrende ihr Curriculummaterial selbst entwickeln, wenn sie innovieren wollen. Die Anfertigung von innovativem Curriculummaterial erfordert viel Initiative und Zeit auf Seiten der Lehrenden.

eigenes Material

Außerschulische Curricula gelangen täglich in die Schulklassen und Schulen hinein, z. B. über die verschiedensten elektronischen und/oder die Printmedien. Es kann sich dabei um Tagesereignisse handeln, wie etwa Gewalt, ökologische Krisen, Atomreaktorstörfälle. Für diese überraschend einbrechenden externen Curricula, die aus dem gesellschaftlichen und kulturellen Entwicklungsprozess selbst stammen, gibt es noch wenig interne und externe Hilfen. Bei internen Hilfen ist u. a. an entsprechende technische Ausstattungen in den Klassenräumen zu denken.

außerschulische Curricula

Externe Hilfen könnten z. B. von Fernsehanstalten oder Verlagen kommen, die aufgrund von herausragenden Ereignissen Ad-hoc-Informations-Curricula entwickeln können, die als erste Wissenschaftsinformationen in die Schulen eingespeist werden (Kron/Sofos 2003, 150ff).

5.4   Curriculumkonzepte

Lehrende als Interpreten des Curriculums

Die vorangegangenen Ausführungen haben erkennen lassen, dass LehrerInnen das Konzept eines persönlichen klassenbezogenen Curriculums haben. Dieses Curriculumkonzept kann als ein zentrales Moment der didaktischen Kompetenz angesehen werden. Die Ausführungen zeigen aber auch, dass die Lehrenden noch an anderen Curriculumformen beteiligt sind, u. a. an dem Interaktionscurriculum, den selbstentwickelten Lernmaterialien und den Materialien zur Leistungserhebung. Im Horizont des interpretativen Paradigmas kann unterstellt werden, dass Lehrende also die Curricula, die eine Rolle für ihre Tätigkeit spielen, interpretieren. Lehrende können mithin als die Interpreten des Curriculums bezeichnet werden. Dies zeigt sich in besonderer Weise in den Interpretationsprozessen, die LehrerInnen leisten, wenn sie das vorgeschriebene formelle in das schul- oder klassenbezogene Curriculum transformieren. Auch hier ist eine hohe didaktische Kompetenz zu beobachten.

In den Interpretationsprozess fließen außer den curricularen Anteilen noch eine Reihe weiterer Momente ein, die die LehrerInnen mitbringen: Auffassungen von Staat und Gesellschaft, von Auftrag und Aufgabe der Schule, das persönliche Selbstverständnis sowie das Rollenverständnis als Lehrende. In internationalen Forschungen konnten drei Curriculumkonzepte von LehrerInnen ermittelt werden (Connelly/Ben-Peretz 1980; Ben-Peretz 1990c): 1. das interpretationsfeste, 2. das interpretationsoffene und 3. das interpretative Curriculumkonzept. Diese Klassifizierung kann analog auch auf die Interpretation von Lehrplan, Lehrplanentwurf, curriculare Lehrpläne und Rahmenrichtlinien angewendet werden.

5.4.1 Das interpretationsfeste Konzept

Dieses Konzept ist dann anzutreffen, wenn Lehrer meinen, dass sie den gegebenen Lehrplan einhalten müssen und nicht variieren oder an neue Situationen anpassen dürfen. Es wird in den angelsächsischen Ländern als teacher proof, d. h. lehrersicher, also sicher vor Variationen beschrieben. In Deutschland sind darunter in erster Linie Lehrpläne zu verstehen. Bestärkt wird dieses Teacher-proof-Konzept durch die in der Begründung erkennbare Behauptung, die Lehrpläne seien zwar ohne die Beteiligung von Lehrern bzw. Lehrerinnen, aber durch WissenschaftlerInnen und Administratoren erstellt worden. Das Kriterium der Wissenschaftlichkeit wird dabei als Legitimierungsgrund angegeben. Bei dieser Auffassung wird allerdings übersehen, dass die Lehrenden ihre Curricula immer interpretieren, auch wenn sie meinen, dies nicht tun zu dürfen.

In dieser Rolleninterpretation treten LehrerInnen als passive Interpreten ihres Curriculums auf. Dieses Verständnis von Professionalität gibt nur wenig Spielraum für das aktive Anpassen des Curriculums an sich verändernde Lehr- und Lernsituationen.

In extremer Form ist ein solches Curriculum als programmierter Unterricht realisiert. Hier sind nahezu alle Bedingungsfaktoren vorgeschrieben und die Lehrenden lediglich die instrumentellen BedienerInnen und Überwacher. Eine ähnliche Rolleninterpretation ist bei stark lernzielorientiertem Unterricht und bei Taxonomien der Fall. Die Lehrenden nehmen das kreative Umgehen mit dem Curriculum, das Herstellen von Situations-, Schüler- und Gesellschaftsbezügen nicht wahr.

5.4.2 Das interpretationsoffene Konzept

Wenn LehrerInnen meinen, dass sie das vorgegebene Curriculum – gleichviel ob dieses geschlossen oder offen ist oder als freies oder als Minimalangebot gilt – ausdrücklich interpretieren und variieren können, dann kann ein interpretationsoffenes Curriculumkonzept unterstellt werden. Die betreffenden LehrerInnen haben nicht selten an der Erstellung von Lehrplänen oder auch in Arbeitsgruppen bei der Transformation und Adaption der offiziellen Curricula an schulische Realität mitgewirkt. Sie verstehen sich daher eher in ihrer Rolle als Interpreten und Interpretinnen des Curriculums in Bezug auf die schulische und antizipierte unterrichtliche Wirklichkeit. Dieses Rollenverständnis ist aber auch bei Lehrenden anzutreffen, die nicht in Curriculumkommissionen mitarbeiten.

In dem vorgenannten Rollenverständnis bringen die LehrerInnen weit mehr als im vorgenannten Konzept von ihrer Professionalität ein. Ihre Interpretationen bewegen sich dabei in der Regel in dem bereits vom Curriculum mitgegebenen Spielraum. Sie interpretieren z. B. die Inhalte, Ziele, Methoden und Medien sowie die Formen der Leistungskontrolle innerhalb des gegebenen Gesamtkontextes. Externe Gedanken, z. B. aus neuer didaktischer Literatur, werden dabei nur bedingt implementiert.

5.4.3 Das interpretative Curriculumkonzept

Wenn LehrerInnen die Auffassung vertreten, ihr Curriculum sei ein offenes Angebot für die SchülerInnen, das sie als Fachleute vor Ort interpretieren und transformieren, dann kann ihnen ein interpretatives Curriculumkonzept unterstellt werden. Sie schreiben die gegebenen Curricula kritisch fort. Unter „kritisch" sei hierbei verstanden, dass die LehrerInnen ihre pädagogisch-didaktische Kompetenz, ihre fachliche Qualifikation und ihre Erfahrungen mit den SchülerInnen in das interpretative Curriculum einbringen und damit eine Modifizierung vor Ort vornehmen. Sie vollbringen dann jene Leistung der Revision des Curriculums, von der Robinsohn gemeint hat, dass erst durch diese ein modernes, lebensbezogenes und demokratisches Curriculum realisiert wird. Hatte Robinsohn aber eher die WissenschaftlerInnen vor Augen, die diese Revision besorgen sollten, so zeigen die Untersuchungen, dass es die Lehrenden vor Ort selbst sind, die die Lehrpläne implementieren und erneuern. Sie sind es also, die ihre Erfahrungen und Ideen einbringen. Sie können daher auch als die stillen Partner der Schülerinteressen und -bedürfnisse angesehen werden.

In dieser Auffassung benützen Lehrer und Lehrerinnen die offiziellen Curricula als Ressourcen neben anderen für ihren Unterricht, z. B. neben den professionellen Ressourcen, die sie selbst einbringen, den situativen Ressourcen, den Ideen der Schüler und Schülerinnen, den gesellschaftlichen und fachlichen Entwicklungen. Das erzieherische Potenzial, das in den interaktiven Curricula anzutreffen sein mag (Ben-Peretz 1985), wird also erst durch die aktiven professionellen Bearbeitungsvorgänge der LehrerInnen entwickelt und für den Unterricht fruchtbar gemacht.

Dabei werden die äußerlich gesetzten Schranken und Intentionen eines offiziellen Curriculums situationsspezifisch umgesetzt. Als Interpreten ihrer Lehrpläne fordern sich die Lehrer und Lehrerinnen in ihrer pädagogischen Professionalität heraus. Sie können dabei die im offiziellen Curriculum gesetzten Vorgaben überschreiten und aufgrund ihrer in fast allen Gesetzen und Verfassungen niedergelegten pädagogischen Freiheit verantwortungsvoll eigene Akzente setzen.

5.5   Der curriculare Transformationsprozess

Die Praxis zeigt, dass LehrerInnen einen Transformationsprozess vom formalen zum schulbezogenen, klassenspezifischen oder individuellen Curriculum, die auch als Anwendungscurricula bezeichnet werden können, hin leisten. Dieser Prozess ist zugleich ein Interventions- und Implementationsprozess. Dabei sind drei Phasen zu beobachten, in denen sich Curriculumarbeit verdichtet (Ben-Peretz 1985 u. 1990a). Eine vierte Phase ist hinzuzufügen. Sie dient der Bewertung (Evaluation) der vorangegangenen Prozesse. Der gesamte Transformations- und Implementationsprozess lässt sich als kognitiver Strukturierungs- und Konstruktionsprozess erklären (Kap. 4.5 u. 4.6).

erste Phase   Die erste Phase ist durch das Aufgreifen des formellen Curriculums bestimmt. Das formelle Curriculum enthält die Fachthemen und Hinweise, wie mit diesen zu verfahren ist: Ziele, Medien, Materialien, Methoden. Hier müssen die LehrerInnen vielfältige Entscheidungen in fachwissenschaftlicher, fachdidaktischer, pädagogischer, entwicklungspsychologischer, methodischer und medialer Hinsicht treffen. Dabei setzen die Lehrenden Schwerpunkte, wenn z. B. Entscheidungen in rein fachlicher Hinsicht getroffen und lernpsychologische oder andere Hinsichten vernachlässigt werden müssen. Es können aber auch pädagogische Vorstellungen in den Vordergrund rücken und fachliche Momente auf diesen Zusammenhang bezogen werden, wobei Fachstrukturen weniger zum Tragen kommen.

zweite Phase   In der zweiten Phase wird das entstehende Anwendungscurriculum von den Lehrenden auf den konkreten Unterricht hin interpretiert. Dabei erfährt das Curriculum eine weitere Transformation. Das in dieser Phase entstehende Curriculum wird als interpretatives Curriculum bezeichnet. In dieses geht eine Reihe von Momenten ein: z. B. die vorangegangenen Stunden und Arbeiten mit den Lernenden, neue fachliche, pädagogische, schulische und gesellschaftliche Entwicklungen. Die sich daraus ergebenden neuen Zielsetzungen, die nicht immer mit denen des formellen oder auch des schulbezogenen Curriculums übereinstimmen, sind in dieser Phase maßgeblich. Die Curriculumarbeit wird hier primär einem unterrichtspraktischen Interesse unterzogen, z. B. wie die einzelnen curricularen Elemente umzusetzen sind, welche Lernhilfen bestimmten Schülern angeboten werden sollen, wie der Lernprozess im Rahmen der gegebenen Stundenzahl und der vorhandenen Räumlichkeiten zu organisieren ist, auf welche Art die Lernleistungen erbracht werden sollen. Dies gilt insbesondere in Bezug auf die Arbeit mit Computer und Internet.

In der dritten Phase wird das interpretierte Curriculum in konkrete Unterrichtsvorstellungen und -planungen umgesetzt. In dieser Phase wird ein Handlungskonzept entwickelt. Daher kann von dem operationalisierten Curriculum gesprochen werden, das auf die spezifische Klassifikation und die Besonderheiten einzelner Schüler oder Gruppen hin ausgelegt ist. Auch in dieses geht eine Reihe von klassen- oder gruppenspezifischen Momenten ein. Dabei ist das Konzept nicht dazu da, um durchgesetzt, sondern um situativ variiert zu werden. Es dient also dazu, die Handlungsfähigkeit der Lehrenden für die jeweilige Situation variabel zu halten. Hier treten sowohl die eigenen Interpretationsleistungen als auch die Stellungnahmen der SchülerInnen in den Vordergrund. Diese sind grundlegend für die folgende Evaluationsphase.

dritte Phase

Handlungskonzept

Die Abschlussphase dient der Evaluation des gesamten Prozesses und der darin wirkenden Faktoren. Hier können die Lehrenden aufgrund bereits gemachter Erfahrungen und den Stellungnahmen der SchülerInnen eine erste Bilanz ziehen, und zwar in Bezug auf 1. die Lernaktivitäten und Motivationen der SchülerInnen in Bezug auf die Lerninhalte, 2. die eigene veränderte Rolle, wenn z. B. mit Computer und Internet gearbeitet wurde, 3. die Qualität der Schülerleistungen, 4. die Qualität der verwendeten Materialien, 5. die Qualität der Geräte, z. B. die Schnelligkeit des Computers, 6. die Vorschläge der SchülerInnen und 7. die allseitige Bewertung.

Abschlussphase

Die Schlussfolgerungen bzw. das neue „Erfahrungswissen" könnten den KollegInnen oder dem Kollegium mitgeteilt werden. Ziel wäre hier, dass KollegInnen für Curriculuminterpretationen sensibilisiert werden und Anstöße für die eigene Arbeit und darüber hinaus für die Entwicklung eines Schulprogramms erhalten. Schwierigkeiten und Misserfolge können zum Anlass genommen werden, die Curriculumarbeit in Bezug auf die Entwicklung von Handlungskonzepten zu verbessern.

Im Umsetzungsprozess des offiziellen Curriculums fallen eine Reihe wichtiger Entscheidungen in fachwissenschaftlicher, fachdidaktischer, pädagogischer, entwicklungspsychologischer, methodischer und medialer Hinsicht. Dabei sind bei den Lehrenden Schwerpunktsetzungen anzutreffen, z. B. dass Entscheidungen in rein fachlicher Hinsicht fallen und lernpsychologische oder andere Hinsichten vernachlässigt werden. Es können aber auch pädagogische Vorstellungen in den Vordergrund rücken und fachliche Momente auf diesen Zusammenhang bezogen werden. Dadurch können Fachstrukturen weniger zum Tragen kommen. Ein Beispiel soll diesen Zusammenhang verdeutlichen.

In den Rahmenrichtlinien für das Fach Evangelische Religion der Klassenstufen 7 bis 10 ist der Themenbereich „Autorität" zu finden. In den Lernzielfeldern werden u. a. angegeben: Autorität in der Bibel, in der Geschichte der Kirche, zwischen Personen. Das ergänzende Lehrbuch hält entsprechende Materialien und

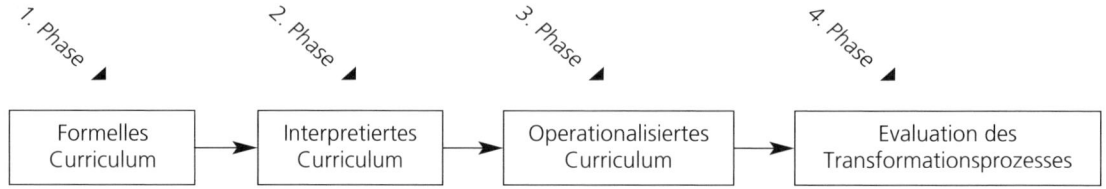

1. Phase ▲	2. Phase ▲	3. Phase ▲	4. Phase ▲
Formelles Curriculum	Interpretiertes Curriculum	Operationalisiertes Curriculum	Evaluation des Transformationsprozesses

Abb. 34:
Phasenmodell des curricularen Transformations- und Implementations-prozesses
(nach Ben-Peretz 1990, 104)

Texte bereit. Aufgrund der aktuellen Situation in Bezug auf das Phänomen der Gewalt entschließt sich die Lehrerin, den Personenbezug der Autorität am Beispiel der Eltern-Kind-Beziehung zu konkretisieren. Sie bereitet stattdessen Materialien über konkrete Fälle von Gewaltanwendung – auch in der Familie – vor: Die Niederschlagung eines jungen Mannes durch eine Gruppe Gleichaltriger und die Bestrafung eines kleinen Jungen durch seine Mutter mit dem Mittel seiner Nichtbeachtung. Auf der Grundlage selbst besorgter Texte versucht die Lehrerin die SchülerInnen an gesellschaftliche und individuelle Bedingungszusammenhänge für das Auftreten von Gewalt als Mittel autoritärer Beziehungsdefinitionen heranzuführen.

Eine unmittelbare theologisch-fachorientierte Legitimation für die Festlegung dieses klassenbezogenen Curriculums ist in der Transformation des Themas zum klassenbezogenen Curriculum zunächst nicht zu erkennen. Die mittelbare Begründung ist aber darin zu sehen, dass SchülerInnen befähigt werden sollen, Mechanismen im Zusammenleben und in den psychischen Strukturen des einzelnen Menschen zu erkennen, aufgrund derer autoritäres Verhalten und die Anwendung von Gewalt realisiert werden. Die Lehrerin geht bei dieser pädagogischen Zielstellung davon aus, dass SchülerInnen nur dann wahrhaft christlich zu handeln lernen, wenn sie auch jene Mechanismen kennen und erkennen, die dieses Handeln unterlaufen, bzw. zur Ausbildung entgegengesetzter Wertorientierungen führen. Auf diesem Weg führt sie die SchülerInnen zu Grundauffassungen von Autorität und ihrer Zusammenhänge und zur persönlichen Verantwortung im gesellschaftlichen Handeln.

Das Beispiel zeigt, dass die Entscheidung für eine bestimmte unterrichtliche Möglichkeit von der spezifischen pädagogischen Einschätzung und Interpretation der Lehr- und Lernsituation der Schüler und Schülerinnen abhängt. Deren Kennzeichen ist es, dass die wissenschaftlich-fachlichen Gegebenheiten ihre Unterrichtsrelevanz erst dann erhalten, wenn sie auf die pädagogischen Intentionen der LehrerInnen, die Situation der SchülerInnen und die gesamtgesellschaftliche Situation bezogen sind.

6.0 Medien

In den nachfolgenden Darlegungen wird von der Erfahrung ausgegangen, dass Medien eine gesellschaftliche Realität sind. Sie können als Ausdrucksformen von Kultur angesehen werden, und sie gehören zum alltäglichen Umgang und zum professionellen Repertoire der Lehrenden. Menschen leben also in und mit Medien, und sie benutzen sie auf vielfältiger Weise. Sie bedingen und bestimmen die Enkulturations- und Sozialisationsprozesse, aber auch die Erziehungs- sowie die Lehr- und Lernprozesse. In den verschiedenen Subkulturen und Bereichen einer Gesellschaft unterliegen sie jeweils verschiedenen Zwecken und Zielstellungen, Interpretationen und Interaktionsformen. Dies gilt auch für die Bereiche des organisierten Lehrens und Lernens. Im Folgenden wird diesem Zusammenhang in didaktischer Hinsicht nachgegangen.

6.1 Einführung in die Thematik

6.1.1 Begriffsklärung

In der Literatur sind vielfältige Bestimmungen von Medien anzutreffen und sie sind von Fachwissenschaft zu Fachwissenschaft unterschiedlich. Die folgenden Beispiele illustrieren diese Feststellung (Hoffmann 2003, 14ff):

- In kulturanthropologischer Sicht werden Medien als materielle Zeichenträger verstanden. Jedes Symbol oder Zeichen, z.B. ein Denkmal, ein Stoppschild, kann als Medium angesehen werden. Auch die Sprache als Symbolsystem ist demnach ein Medium.
- Die Kommunikationswissenschaften konzentrieren sich auf die Massenmedien, wie z.B. Bücher, Presse, Film, Rundfunk, Fernsehen. Im engeren Sinn zählen dazu auch Foto, Dia, Tonband, Video, Computer und Internet.
- In kultur- und theaterwissenschaftlicher Perspektive sind Medien kreative Ausdrucksformen menschlicher Lebenstätigkeit, wie z.B. Tanz, Spiel, Theater, Gesang, Musik, Kunst.

In Pädagogik und Didaktik lassen sich in gewisser Analogie zu den vorangegangenen Darstellungen drei Auffassungen von Medien feststellen.

Medien

1. Unter Medien können Ausdrucksformen individueller Welt- und Selbstgestaltung verstanden werden, wie z.B. Spiel, Tanz, Musik, Kunst, Sport. Diese Auffassung wurde insbesondere von den *Reformpädagogen* der 20er Jahre des vergangenen Jahrhunderts vertreten. Sie spielen auch in der Gegenwart in Diskussionen um eine Lebensorientierung von Unterricht eine Rolle.

2. Unter Medien können alle Symbole und Symbolsysteme verstanden werden, wie z. B. Zeichen (Piktogramme), Zeichensysteme (Alphabet, Blindenschrift), Gestik, Mimik und insbesondere die Sprache. Sie sind Träger von Bedeutungen und sie bilden die Grundlage menschlicher Kommunikation (Kap. 3.3.2).

3. Unter Medien werden Lehr- und Lernhilfen verstanden und unter didaktischer Zweck- und Zielsetzung eingesetzt, wie z. B. dem Erreichen von Lernzielen, der Motivierung der Lernenden oder zur Veranschaulichung abstrakter Sachverhalte. In diesem instrumentellen Verwendungszusammenhang sind Medien im klassischen Sinn in materialisierter Form, z. B. als Tafel, Kreide, Landkarte, definiert. In einer erweiterten Auffassung zählen alle Geräte, symbolischen Ausdrucksformen sowie die Interaktions- und Kommunikationsprozesse, die der Optimierung von Lehr- und Lernprozessen dienen, dazu.

Didaktisch relevante Mediendefinitionen rücken den Vermittlungscharakter der Medien im Rahmen der organisierten Lehr- und Lernprozesse ins Zentrum. In einer starken Engführung wird den Medien die Rolle von Hilfsmitteln zugespielt. Dies zeigt, dass die Medien auch als ein Unterrichtsfaktor bestimmt sind, denen des Näheren eine Vermittlungsfunktion im Lehr- und Lernprozess zugesprochen wird. Diese Darlegungen führen zu folgenden Einsichten:

- Definitionen von Medien unterliegen einer Zwecksetzung, die ausdrücklich zu machen ist.
- Definitionen von Medien sind auf ihren Begründungszusammenhang hin zu überprüfen, auf dem sie aufruhen.
- Da es unterschiedliche Zwecksetzungen und Begründungsansätze gibt, sind auch unterschiedliche Begriffsbestimmungen anzutreffen.
- Einen einheitlichen Medienbegriff gibt es daher nicht.
- Für rationale Diskussion und für den Wissenschaftsgebrauch ist es zweckmäßig, den verwendeten Medienbegriff durch eine Zusatzdefinition näher zu bestimmen; z. B. Medien im Sinne von Unterrichtsmedien kybernetisch begründet; Medien im Sinne von Massenmedien interaktionistisch begründet, Theaterspiel als Inszenierung von Problemen, Sprache, Selbst.

6.1.2 Legitimationsansätze

Die begrifflichen Bestimmungen zeigen, dass sie nicht für sich selbst stehen, sondern auf Zwecksetzungen und Legitimationszusammenhängen beruhen, von denen her sie überhaupt erst ihren Geltungsanspruch ableiten können. Wegen der grundlegenden Bedeutung der Legitimationsansätze in der didaktischen Diskussion, in der stets nach Begründungen gefragt wird, muss im Folgenden von diesen die Rede sein.

Didaktische Legitimationszusammenhänge in Bezug auf die Medien gründen u. a. in gesellschaftspolitischen Vorgaben, aber auch in pädagogischen und didaktischen Zwecksetzungen. Sie bilden eine wichtige Grundlage, um die mediendidaktischen Diskussionen verstehen und einschätzen zu können.

Unter einer Legitimation sei ein wissenschaftstheoretischer und/oder werttheoretischer Zusammenhang verstanden, der zur Begründung der jeweiligen Mediendefinition herangezogen wird. Legitimationszusammenhänge werden auch in Diskussionen verwendet, um die Rechtmäßigkeit oder Angemessenheit der Argumentationen inhaltlich und formal zu rechtfertigen.

Legitimation
(mediendidaktisch)

Drei primär wissenschaftstheoretisch orientierte Legitimationsansätze sind zu erkennen: (1) der lerntheoretische, (2) der bildungs- und (3) der interaktionstheoretische Ansatz. Alle Ansätze sind bis in die Gegenwart hinein zu finden.

(1) Der lerntheoretische Legitimationsansatz für Medien geht von dem lerntheoretisch begründeten Interdependenzzusammenhang der Faktoren aus, wie er insbesondere in den Theorien und Modellen zur Analyse und Planung von Unterricht durch Heimann und Schulz vorgestellt worden ist (Kap. 3.2.1 bis 3.2.3). Er erfährt eine technologische Verstärkung in Modellen, wie sie u. a. von Chr. Möller und v. Cube entwickelt worden sind, sowie in behavioristischen Auffassungen von Lehr- und Lernprozessen. Medien werden hier dem Bereich der Unterrichtstechnologie zugeordnet (Issing/Knigge-Illner 1976). Demzufolge werden die Medien als Instrumente bestimmt, deren Einsatz unter primär instrumentellen Interessen, z. B. Optimierung von Lehr- und Lernprozessen erfolgt.

lerntheoretischer Ansatz

(2) Der bildungstheoretische Legitimationsansatz für Medien gründet in den Theorien und Modellen für didaktisches Handeln, wie sie in der bildungstheoretischen Diskussion entwickelt worden sind (Kap. 3.1). Dies gilt auch für die Auffassung von Lernen. Es finden sich auch wertrationale Orientierungen der Legitimation von Medien u. a. in Schulgesetzen, in Präambeln von Curricula, in den Richtlinien für die Zulassung von Schulbüchern oder für die Erstellung von Unterrichtsfilmen. Mit Kontrollfunktionen behält es sich der Staat vor, über die Medien die Norm- und Wertvorgaben für Schule und Unterricht zu regulieren. Dabei werden auch pädagogische Gesichtspunkte zur Begründung der Freigabe der Medien ins Feld geführt, wie z. B. Entwicklungs- und/oder Altersgemäßheit, Sach- bzw. Fachadäquatheit der Medien. Die umfassende Legitimation bleibt die bildungspolitische.

bildungs-theoretischer Ansatz

Die Entwicklung und Differenzierung der Medien in allen gesellschaftlichen und kulturellen Bereichen macht aber vor den organisierten Lehr- und Lernbereichen nicht halt. Das hat zur Folge, dass die Richtlinien und die in ihnen kodifizierten Werte, Normen und Beurteilungskriterien zur Freigabe von Medien in der Regel von den medialen Entwicklungen überrollt werden. Nicht selten hinken daher die wertrational orientierten Kontrollvorschriften und -verfahren hinter den Entwicklungen her.

In besonders scharfer Weise hat sich die dabei entstehende Dissonanz zwischen den Beurteilungsvorgaben und dem gesellschaftlichen Realitätsanspruch auf dem Sektor des Unterrichtsfilms gezeigt. Eine empirische Untersuchung über „Die Arbeitswelt im Unterrichtsfilm" macht diese Tatsache offenkundig (Kreis 1987). Der Autor dieser Studie zeigt anhand einer detaillierten Inhaltsanalyse von 18 dokumentarischen Unterrichtsfilmen zur Arbeitslehre auf, dass der in den Filmen dargestellte Realitätsanspruch weit hinter der konkreten Arbeitswirklichkeit zurückbleibt. Er sieht einen der Hauptgründe darin, dass die Engführung der administrativen Vorgaben schon bei der Erstellung der Filme in den 60er und 70er Jahren zu keiner Realitätsadäquanz hätte führen können. Daraus kann geschlossen werden, dass Unterrichtsfilme, die unter bewahrpädagogischen Vorgaben erstellt werden müssen, keine Wirklichkeit in Widerspruch und Widerstreit der Wahrnehmungen und Auffassungen zeigen können und dass diese Filme auch die aufklärende Funktion von Unterricht unterlaufen. Sie bieten damit auch den Heranwachsenden keine Chance zur aktiven eigenen Urteilsbildung.

interaktions-theoretischer Ansatz

(3) Der interaktionstheoretische Legitimationsansatz für Medien hat sich aus der interaktionstheoretisch orientierten didaktischen Diskussion heraus entwickelt (Kap. 3.53). Er macht theoretisch Ernst mit dem pragmatischen Axiom von der Unmöglichkeit, nicht zu interagieren (Watzlawick u. a. 1972, 50ff u. Kap. 3.3.2). Zugleich gründet er sein Axiom vor allem auf die Erfahrung, dass in der Medienpraxis neben instrumentellen Interessen auch gegenseitige Verständigung und Aufklärung realisiert werden können.

6.1.3 Klassifikationen

Im Rahmen des lerntheoretischen Legitimationsansatzes ist die Frage nach der Klassifikation der Medien aufgetaucht. Diese verbindet sich mit der Bestimmung des begrifflichen Umfanges dessen, was in der Didaktik unter Medien zu verstehen sei. Zwei Gruppen sind in der Literatur zu erkennen (Tulodziecki 1989, 14ff):

weite Auffassung von Medien

Bei der weiten Auffassung werden alle Medien berücksichtigt, wie z. B. Sprache, Gestik und Mimik; Spiel, Fest und Feier; Unterricht; Theater; Schrift; Bild; aber auch Unterrichtsmittel, wie z. B. Lehr-, Lern- und Arbeitsmittel (Glöckel 1990, 38ff); Lernprogramme; technische, audiovisuelle und elektronische Medien; Massenmedien; Computer(-spiele); Internet; Multimedia.

> „Geht man von einem solch weiten Medienbegriff aus, so hat jede Interaktion und Kommunikation – d. h. auch jeder unterrichtliche und erzieherische Vorgang – eine mediale Komponente" (Tulodziecki 1989, 14).

enge Auffassung von Medien

Bei der engen Auffassung ist von Medien dann zu sprechen,

> „wenn Informationen mit Hilfe technischer Geräte gespeichert oder übertragen und in bildlicher und symbolischer Darstellung wiedergegeben werden. Beispiele für Medien in diesem engeren Sinn sind Arbeits- und Diaprojektion, Film, Video und Fernsehen, Schallplatte, Tonband und Hörfunk, Bildplatte, Bildschirmtext und Computer" (Tulodziecki 1989, 16f).

Eine andere Klassifikation lässt sich auf der Grundlage von Legitimationsansätzen vornehmen. Hier kommt es zu drei Gruppierungen.

formale Klassifikation

(1) Im Kontext einer lerntheoretischen mediendidaktischen Legitimation ist eine formale Klassifikation entstanden. Sie zeigt deutlich die unterrichtstechnologische Zwecksetzung und das ausschließliche Verständnis von Medien als Instrumente in Lehr- und Lernprozessen. Dies verdeutlicht Tabelle 18. Als Nebeneffekt gibt die Tabelle auch zugleich einen Überblick über die große Anzahl der Medien.

(2) Eine Klassifikation, die auf einem eher interaktionsorientierten Legitimations-ansatz beruht, wird nachstehend vorgestellt (Grünewald/Kaminski 1984, V):

interaktions-orientierte Klassifikation

1. *Druckmedien:* Bilderbuch, Comics, Illustration, Kinder- und Jugendbuch, Malbuch, Poesiealbum, Romanheft, Schulmedien, Zeitung/Zeitschrift;
2. *Das bewegte Bild:* Spielfilm, Trickfilm, Fernsehen;
3. *Auditive Medien:* Hörfunk, Schallplatte/Kassette (Hörspiel, Klassische Musik, Rock und Pop, Kinderlied);
4. *Theater:* Szenisches Theater, Figurentheater;
5. *Spielzeug.*

An dieser Klassifikation zeigt sich im Gegensatz zu einer technologischen Orien-tierung eine Orientierung an Inhalten und an allgemein-kulturellen sowie an ent-wicklungsgemäßen kulturellen Ausdrucksformen.

(3) Schließlich sei der Versuch einer pragmatisch orientierten Ordnung vorgestellt. Die Pragmatik bezieht sich dabei auf den konkreten Umfang oder das jeweilige Vorhaben, in und mit denen medial gehandelt und interagiert wird. In diesem Sinn soll für die weiteren Ausführungen die folgende Ordnung gelten:

pragmatische Klassifikation

Tab. 18: „Formale Klassifikation von Unterrichtsmedien" (Enzyklopädie Erzie-hungswissenschaft Bd. 4 1985, 95)

1. selbstinszenierte Medien, wie z. B. Sprache, Theater, Spiel,
2. eingesetzte mechanische Medien, wie z. B. Dias, Mikroskop, Kassette, CD,
3. verwendete elektronische Medien, wie z. B. Video, Computer,
4. verwendete Printmedien, wie z. B. Buch, Comic, Fotos.

Demonstrationstechnologie		Instruktionstechnologie	
Originale Lehrhilfen (nicht projizierte Unterrichtshilfen)	Apparativ-präsentierte Lehrhilfen (Projektions- und Tonwiedergabegeräte)	Apparativ-präsentierte Lernhilfen	
		(mechanisch)	(elektronisch)
Wandtafel Hafttafel Bildtafel Anschauungsgegenstände Modelle Präparate Produkte Experimentiergeräte Räuml. Darstellungen Tabellen und graphische Darstellungen Karten und Globus Bilder Abbildungen Reproduktionen (Quellen) Lehrbücher	Lichtbilder (Dia-Projektor) Bildvorlagen Klarsichtfolien (Overhead-Projektor) Tonbandaufnahmen Schallplatten Schulfunksendungen Stummfilme Tonfilme Filmloops Videoaufzeichnungen Fernsehsendungen	Teilprogrammierte Arbeits- u. Übungsm. (Lesekästen, Lernspiele, Schülerarbeitshefte, Experimentierkästen, Baukästen, Lehrbriefe, Nachschlagekästen, Schreibmaschine, Übungsgeräte u. ä.) Buchprogramme (verzweigt und linear) Mechanische Lehrgeräte (Didak 501, Promenta-boy u. a.)	Teiladaptive Lehrgeräte (Auto-Tutor Mark II, Empirical-Tutor, Probiton, Didact, Unitutor, OM-Geräte u. a.) Volladaptive Lehrgeräte (Computerlehrsysteme CAI, CBI) Sprachlehranlagen (H-Anlagen, HS-Anlagen, HSA-Anlagen)

Diese Ordnung bedarf eines Kommentars: Mit den Medien sind stets Medien in Lehr- und Lernprozessen gemeint, gleichviel welcher Funktion sie dienen, z. B. dem gegenständlichen Gebrauch oder der Inszenierung. Immer ist das gesamte Ensemble eines Mediums gemeint, z. B. beim Fernsehen 1. das Gerät (Technik), 2. das Programm (Inhalt), 3. die Interaktion mit dem Medium, 4. das Gespräch und die Diskussion über die Punkte 1 bis 3 (Reflexion). In einem weiten Sinn kann ein Medium auch als Lehr- und Lernprozess aufgefasst werden.

Ausgeschlossen von dieser Auffassung von Medium sind die in der Literatur z. T. noch als Medien bezeichneten Hilfsmittel, wie z. B. Tafel, Kreide, Heft. Sie werden als Instrumente bezeichnet.

Aus der Diskussion der vorgestellten Klassifizierungen heraus ist eine erweiterte pragmatisch orientierte Klassifizierung entstanden, die im Folgenden dargestellt ist:

Klassifizierung von Medien

Selbstinszenierte Medien	Bewegte Bildmedien	Mechanische Medien
– Sprache	– Film	– Dias
– Spiel	– Fernsehen	– Mikroskop
– Theater		– Kassette/CD
Printmedien	Auditive Medien	Neue Medien
– Buch	– Hörfunk	– Video
– Comic	– Tonband	– Computer
– Foto		– Internet
		– Handy
		– Palm

6.1.4 Phänomenologische Betrachtungen

Wird von der Erfahrung ausgegangen, dass Medien eine gesellschaftliche Realität sind, dann können sie auch als Lebensphänomene aufgefasst und erforscht werden. In diesem Sinn muss es verschiedene Auffassungen und Bestimmungen, Funktionen und Ausdrucksformen von Medien geben. Diese gründen sich in der Vielfalt der von Menschen für Menschen geschaffenen Medienkultur. Die bereichsspezifischen Beschränkungen können demgegenüber als kulturelle Engführung bezeichnet werden, auch wenn diese einer gesellschaftlich erwünschten Zweck- und Zielsetzung dient, z. B. in Schule und Unterricht der Veranschaulichung, Optimierung, Differenzierung und Individualisierung von Lernprozessen bzw. der Motivation der Lernenden.

Im Folgenden werden drei Phänomene vorgestellt, die auch als Beispiele aufgefasst werden können. Sie zeigen, dass Medien nicht nur eine Vermittlungsfunktion in Lehr- und Lernprozessen zukommt, sondern dass sie auch die Inszenierung kulturellen Handelns selbst sind.

(1) In der Kinderabteilung eines Kaufhauses ist ein Steckspiel aus Holz für Kinder ab vier Jahren ausgestellt. Es wird als Beschäftigungsspiel bezeichnet. Das gleiche Steckspiel wird in einem Montessori-Kindergarten als Konzentrationsspiel verwendet. Ein Junge spielt mit diesem Steckspiel im Kindergarten. Als die Betreuerin den Jungen verlässt, nimmt der Junge die Holztürmchen aus dem Steckbrett heraus, stellt sie in einen Kreis neben dem Brett auf und lacht.

(2) Im Mikroskopierkurs in Anatomie im Grundstudium für Mediziner sitzen die Studierenden einzeln vor ihrem computergesteuerten Elektronen-Mikroskop und bestimmen ein Präparat über ein Lernprogramm. Der Kursleiter kann auf Knopfdruck selektiv einzelne Studierende abprüfen.

Ein Semester später hat sich die Anzahl der Studierenden in diesem Kurs verdoppelt. Vor jedem Mikroskop sitzen jeweils zwei Studierende. Das Lernprogramm versagt angesichts dieser doppelten Anzahl, da zur Überprüfung die doppelte Zeit benötigt würde. Der Kursleiter ist verzweifelt. Die Studierenden nicht. Sie bitten um Präparate. Abwechselnd schauen sie das Präparat an, sprechen darüber, vergleichen, korrigieren und präzisieren ihre Beobachtungen.

(3) In der Sportstunde eines dritten Schuljahres lässt die Lehrerin für die 34 Schüler und Schülerinnen 34 blaue Gymnastikbälle aus dem Schrank purzeln. Die Kinder schnappen sich jeweils einen Ball und springen – individuell mit dem Ball spielend – durch die Turnhalle. Ein Junge versucht angestrengt, den Ball unter sein T-Shirt zu stopfen. Zwei Mädchen werfen sich ihre Bälle voller Konzentration abwechselnd zu.

Die Lehrerin nimmt ihren Ball in die Hände, schwingt ihn über ihren Kopf hin und her und tippelt auf Zehenspitzen langsam durch die Halle. In kürzester Zeit schließen sich ihr alle Kinder an. Eine große Reihe bildet sich, die die Lehrerin zu einem Kreis formiert. Sie bleibt stehen, legt ihren Ball behutsam auf den Boden und setzt sich davor. Die Kinder tun das Gleiche.

Die Phänomene zeigen Menschen im Umgang mit und in den Medien. Der Umgang mit den Medien sei als Gebrauch, der Umgang in den Medien als Inszenierung bestimmt. Gebrauch von Medien und Inszenierung in Medien können als zwei Grunddimensionen von Medienrealisation aufgefasst werden, die einerseits aufeinander verwiesen sind und die andererseits auch getrennt voneinander betrachtet werden können. Hier kann von der dialektischen Wirklichkeitsstruktur der Medien gesprochen werden.

Der Gebrauch von etwas, z. B. des Steckspiels, des Mikroskops mit Präparat, der Bälle, ist durchaus zweckrational und instrumentell. Mit diesen Dingen sollen Ziele – von außen oder selbst gesetzt – erreicht werden. Zur Bezeichnung dieses Phänomens wird der Medienbegriff im Sinne von Dingen, Gegenständen, Instrumenten gebraucht.

Die Inszenierung kann als Handeln aufgefasst werden, das sich verschiedener Ausdrucksformen bedient. Der Junge steckt nicht nur die Holzzylinder innerhalb des Brettsystems, sondern er konstruiert sie neben dem Brett zu einem Kreis und freut sich am Ergebnis seiner Tätigkeit. Die Studierenden erfinden einen interaktiven Präparierkurs und setzen das auf individuelles Lernen abgestellte Lernprogramm einschließlich seiner Taxonomie und der Kontrollfunktion durch den Kursleiter außer Kraft. Durch die Partnerarbeit, so versichern sie, könnten sie ihr Ler-

Inszenierung

nen „verdichten". Den SchülerInnen verhilft der Ball zu neuen Körperbewegun-
gen durch die Orientierung an der Lehrerin als Modell. In der Inszenierung stellen die Menschen immer zugleich sich selbst und die Welt dar bzw. bringen sich
und die Welt symbolisch hervor. In ihr interagieren die Akteure also mit den Dingen. Sie rufen dabei – wie Mead erkannt hat (Mead 1975; Kron 2001, 133ff) – in
sich selbst die Rolle der Dinge in Bezug auf die von den Akteuren intendierte Interaktion mit den Dingen symbolisch hervor. Mead erläutert diese bedeutsame symbolische Interaktion mit den Dingen der Welt in besonderer Weise am Spiel und
am Wettkampf (Mead 1975, 192f). Dabei lernt z. B. das Kind seine Rolleninterpretation von der deutenden Erfahrung oder von dem interpretierenden Umgang
mit diesen als interaktives Rollenspiel kennen, verstehen und – auch instrumentell und technisch! – zu realisieren und zu optimieren – wenn es dies will oder
wenn diese Leistung in seinem Interesse liegt.

Dieses Phänomen erinnert durchaus an die grundlegende bildende Bedeutung,
die auch *Herbart* dem Umgang zuerkannt hat (Kap. 2.3.1). So kann auch der Umgang in und mit Medien als ein Grundphänomen angesehen werden, das für eine
didaktische Befassung mit den Medien leitend sein kann. Im Umgang in und mit
Medien lernt der Mensch – von der Geburt bis zum Tode – die Medien in ihrem instrumentellen, technischen und zweckrationalen Gebrauch als Dinge zu verstehen
und zu handhaben, und er lernt zugleich im Umgang mit ihnen, sich selbst und seine Umwelt zu verstehen, indem er sich in und mit den Medien selbst in Szene setzt.

In dieser Interpretation von Medien wird die Gebrauchsdimension nicht zum
Selbstzweck erhoben. Sie erhält vielmehr ihre Relativierung durch die realisierte
Dimension der Inszenierung. Im Alltag stellen Heranwachsende und Erwachsene
diese dialektische Verknüpfung der beiden Dimensionen häufig selbst her. Im
zweckrational legitimierten organisierten Lehr- und Lernprozess muss diese Verknüpfung didaktisch erzeugt werden. Die Kenntnis bildungstheoretischer, inter-
aktionistischer, kognitionspsychologischer und systemisch-konstruktivistischer
Ansätze kann hierbei hilfreich sein.

6.2   Mediendidaktik

Die Entwicklung einer Mediendidaktik hat sich von den 70er Jahren des letzten
Jahrhunderts an vollzogen. Dabei hat sich die Mediendidaktik mehr und mehr von
der Pädagogik und der Medienpädagogik sowie von der Didaktik abgelöst und zu
einer eigenständigen Disziplin entwickelt (Kron/Sofos 2003, 39ff). Darüber wird
im Folgenden referiert.

6.2.1 Mediendidaktik als Disziplin

In den 60er Jahren sind mediendidaktische Fragestellungen mehr und mehr in den
Vordergrund der Diskussion gerückt. Das wissenschaftliche und praktische Interesse widmet sich zunehmend der Vermittlungsfrage. Dabei entdecken die einzelnen Disziplinen, dass sich die in ihnen entwickelten impliziten Mediendidak-
tiken der interdisziplinären Diskussion öffnen müssen. Das hatte zur Folge, dass

interdisziplinäre Projekte entwickelt und durchgeführt wurden, in denen die mediendidaktischen Potenziale der einzelnen Disziplinen zusammengeführt und potenziert wurden. Auf diese Weise wurde neues mediendidaktisches Wissen hervorgebracht und systematisiert. Die Mediendidaktik als neue Disziplin entstand. Zugleich ereignet sich eine Öffnung der fachspezifischen Fragestellungen hin zur Entwicklung interdisziplinärer Fragestellungen, Handlungsentwürfe und Evaluationsstrategien, wie sie in Projekten üblich sind. An dieser zunehmenden Kooperation verschiedener Disziplinen auf mediendidaktischem Gebiet sind in der Regel auch verschiedene Organisationen, wie z.B. Hochschule, Schule, Industrie, und außerschulische Bildungseinrichtungen, wie z.B. Volkshochschule, Kirchen, Gewerkschaften, beteiligt.

Diese Entwicklung zeigt, dass sich die Mediendidaktik aus der Bestimmung als Teildisziplin der Medienpädagogik und Didaktik (Baake 1997,4; Tulodziecki 1997, 45) zunehmend herauslöst und sich als eigenständige Disziplin zu etablieren beginnt. Daher kann für die Gegenwart festgestellt werden:

Mediendidaktik kann als eigenständige, interdisziplinär arbeitende Wissenschaft verstanden werden. Sie steht im weiten Sinn mit einer Vielzahl von Nachbardisziplinen, wie z.B. Psychologie, Soziologie, Kommunikationswissenschaften, sowie im engen Sinn mit der Medienpädagogik, der Pädagogik, der Didaktik und den Fachdidaktiken in Kooperation, und sie teilt sich verschiedene Aufgabenfelder mit der Medienpädagogik, wie z.B. Medienerziehung, Medienkunde und Medienforschung. Die Mediendidaktik befasst sich mit Strukturen, Funktionen und Wirkungen von Medien in Lehr- und Lernprozessen. Ihr liegen didaktische und pädagogische Theorien zugrunde, bildungs- und gesellschaftspolitische Vorgaben und die Vielfalt der Forschungsergebnisse und Erkenntnisse aus den Nachbardisziplinen, mit denen sie kooperiert.

Die Kooperation mit den vorgenannten Disziplinen und die Verfolgerung der impliziten medienpädagogischen Aufgaben lässt sich auch als ein Netzwerk begreifen. Die folgende Abbildung soll diese Vorstellung veranschaulichen:

Mediendidaktik

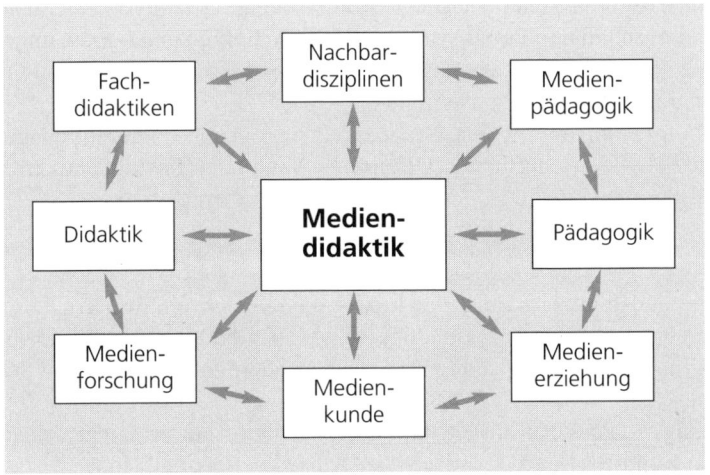

Abb. 35:
Vernetzung der Mediendidaktik mit Nachbardisziplinen und Aufgabenfeldern

Die Abbildung zeigt, dass neben den etablierten Disziplinen als Kooperationspartner auch Aufgabenbereiche stehen, die sich in der Medienpädagogik entwickelt haben. Hierzu sind noch einige Erläuterungen notwendig. Dabei handelt es sich um die Medienerziehung, die Medienkunde und die Medienforschung.

Medienerziehung

Unter Medienerziehung sind die beabsichtigten Hilfen zum Erwerb von Medienkompetenz zu verstehen. Dabei kommen sowohl die vielfältigen Bedingungsfelder als auch die Handlungsnormen in Gestalt von Zielen, Methoden, Medienauswahl, Medienangebot, Medienkontrolle usw. in den Blick. Zu den Bedingungen zählen einerseits die durch Forschung und Theorien eruierten Erkenntnisse und Aussagen und andererseits gesellschaftliche, politische, administrative, organisatorische Bedingungen. Nicht zuletzt ist die Interaktion vor Ort selbst eine Bedingung. Die mediendidaktische Bedeutung von Aufgaben der Medienerziehung ist evident.

Medienkunde

Unter Medienkunde wird die Vermittlung von Kenntnissen über Medien verstanden. Dies kann eine Vielzahl von Bereichen betreffen: Technik, Anwendung, Produktion, individuelle, gruppenspezifische, gesellschaftliche Bedingungen, Organisationen. Medienkunde kann als eine Art Institutionskunde angesehen werden (Schorb 1997, 242). Medienkunde wurde u. a. als eigenes Fach bzw. als „informationstechnische Grundbildung" gefordert und in einigen Bundesländern angestrebt (Issing 1987, 45ff).

Medienforschung

Das Aufgabenfeld der Medienforschung gehört konstitutiv zu einer wissenschaftlich begründeten Mediendidaktik. Medienforschung umfasst alle Bereiche, die in einem Bezug zum Lehren und Lernen mit und in Medien stehen, wie z. B. die Mediensozialisation, Medienerziehung, Medienkunde, den Unterricht, das selbstorganisierte Lernen mit Medien. Medientheorie, die für eine empirische Medienforschung die Hypothesenrahmen formuliert, gehört konstitutiv zu diesem Aufgabenfeld.

Fazit

Aus den Darlegungen lassen sich Schlussfolgerungen auf disziplin- und auf gegenstandstheoretischer Ebene ziehen. Auf *disziplintheoretischer Ebene* kann festgestellt werden:

1. Beim derzeitigen Stand der Diskussion erscheint es sinnvoll, Mediendidaktik als Wissenschaft und Praxis vom organisierten Lehren und Lernen mit dem spezifischen Interesse an Funktion und Rolle der Medien sowie deren Organisation in diesem Prozess zu bestimmen.
2. Die Kooperation mit Medienpädagogik, Pädagogik und anderen pädagogischen und sozialwissenschaftlichen Disziplinen sowie den Fachdidaktiken kann als ein Strukturmerkmal der Mediendidaktik angesehen werden.

Auf *gegenstandstheoretischer Ebene* kann formuliert werden:

1. Gegenstandsfeld der Mediendidaktik ist die Lebenswelt, insofern dort funktionale Lehr- und Lernprozesse ablaufen. Als Teilbereich dieser Lebenswelt ist das organisierte Lehren und Lernen, insbesondere in Unterricht und Schule anzusehen.
2. Ausgang didaktischer Arbeit mit neuen Medien sind die Inhalte, die in Lehrplänen formuliert sind oder die in der Alltagswelt aktuell sind.

3. Dabei sind die Personen und ihre individuellen, sozialen und entwicklungs-
gemäßen Bedingungen ebenso hinzuzuziehen wie die sich daraus ergebenden
medien-anthropologischen und -ethischen Fragestellungen.

4. Nicht zuletzt spielen die Organisationen in ihren funktionalen oder intentionalen Formen eine grundlegende Rolle.

5. Die Technik wird in diesem Zusammenhang als eine Bedingung angesehen, die
die Arbeit mit neuen Medien zwar ermöglicht, aber nicht definiert oder bestimmt.
Sie ist eine Voraussetzung der Möglichkeit für Lehren und Lernen unter anderen Bedingungen, die oben als grundlegende Maßgaben definiert worden sind.

6.2.2 Mediendidaktische Ansätze

Die Profilierung der Mediendidaktik zu einer eigenständigen Disziplin beruht auf
der Herausarbeitung von wissenschaftlichen Ansätzen oder wissenschaftsbegrün-
deten Positionen, die im Diskurs der Forscher- und Praktikergemeinschaft entwickelt werden. Hierbei sind zwei Grundorientierungen zu erkennen: (1) eine Orientierung an externen Theorien und (2) eine Orientierung an pädagogischen und
didaktischen Theorienbildungen.

Zu (1) Zur Begründung der Mediendidaktik wird in der Regel auf externe Modelle zurückgegriffen, die aus der Nachbardisziplin Psychologie stammen.

Hierbei handelt es sich um folgende Theorien: 1. Kybernetik bzw. Medienta-
xonomien, 2. Behaviorismus, 3. Kognitionstheorien und 4. konstruktivistische
Theorien (Kerres 1998, 45ff; Mader/Stöckl 1999, 12ff; Tulodziecki 1997, 45ff).

**medien-
taxonomischer
Ansatz**

1. Der medientaxonomische Ansatz wurde in den 60er Jahren im Zuge der kybernetischen Didaktik und der Einführung von Lernmaschinen in den Unterricht
entwickelt. Das Erkenntnisinteresse richtet sich hier primär darauf, Klassifikationen zu finden und zu prüfen, mit deren Hilfe der Einsatz neuer Medien lernziel-
orientiert optimiert werden kann (Kap. 3.2.4 u. 4.1.4).

**behavioritischer
Ansatz**

2. Die lernzielorientierte Grundlegung als behavioristischer Ansatz einer Mediendidaktik wird im weitesten Sinn mit den Arbeiten von B. F. Skinner begründet. Lehren und Lernen mit Medien wird dabei als ein linearer, im wesentlichen kausal und
formal bestimmter Prozess angesehen, der in der Abfolge von Stimulus-Response-
Reinforcement verläuft. Zentrales Element in diesem Prozess ist die positive Verstärkung, die ein auf den Stimulus erwartetes Antwortverhalten belohnt, z. B. durch
Lob, und ein falsches Antwortverhalten durch Extinktionsprozesse auszulöschen versucht, indem der Lernende — wie im programmierten Lehren – in eine „didaktische
Schleife" versetzt wird, in der er den zu lernenden aber noch nicht verhaltensstabi-
len Inhalt solange üben, d. h. wiederholen muss, bis der erwartete Erfolg eintritt. In
der Regel ist im Bereich der neuen Medien die im Handel befindliche Lernsoftware
nach diesem behavioristisch-lerntheoretischen Konzept aufgebaut (Kap. 4.1.4).

**kognitions-
theoretischer
Ansatz**

3. Der kognitionstheoretische Ansatz wird in der Regel mit den Forschungsar-
beiten von Jean Piaget belegt. In mediendidaktischer Hinsicht ist dieser Ansatz interessant, weil er von der Interaktion eines Organismus (Person) mit seiner Umwelt (Lebenswelt/Lernkultur/Lernangebot) ausgeht und durch sich immer differenzierter strukturierende und sich organisierende kognitive Lernprozesse an die

jeweiligen Gegebenheiten der Umwelt aktiv anpasst. Piaget nennt diesen Prozess Akkomodation. Gleichzeitig nimmt der Organismus aus der Umwelt Informationen auf. Dieser Prozess heißt Assimilation. Zwischen beiden Prozessen stellt der Organismus ein Gleichgewicht her, das als Äquilibration bezeichnet wird. Sie befähigt den Organismus aktiv in seiner Umwelt zu agieren (Piaget 1972, 192f).

Eine entsprechende Mediendidaktik hat daher Lernumgebungen zu schaffen, in denen die Lernenden sich aktiv mit den Medien und mit den von diesen repräsentierten Angeboten auseinandersetzen können. Eine kritische Variante in diesem Ansatz fordert auch die Reflexion dieser Zusammenhänge und Prozesse (Kap. 4.4).

konstruktivistischer Ansatz
4. Beim konstruktivistischen Ansatz wird die auch in der wissenschafts- und erkenntnistheoretischen Diskussion bedeutsame Hypothese zugrunde gelegt, dass jeder Mensch in der Interaktion mit den gesellschaftlichen, z. B. sprachlichen und moralischen, Gegebenheiten sein Wissen konstruiert (Kap. 4.5 u. 4.6). Unter dieser Voraussetzung können alle Menschen -– auch die Kinder! – als Forscher angesehen werden, die nicht nur lernen können, sondern darüber hinaus aus ihren Interaktivitäten und Handlungen mit der Umwelt Erkenntnisse gewinnen (Kap. 3.4 u. 3.5). In mediendidaktischer Hinsicht wird mit diesem Ansatz der kognitionstheoretische Ansatz erweitert.

Zu (2) Es liegen aber auch Versuche vor, Mediendidaktik aus pädagogisch und didaktisch relevanten Zusammenhängen zu legitimieren (Hüther 1997, 211ff).

J. Hüther (211ff) gründet seine Darlegungen auch auf einen pädagogisch konstituierten Gegenstand, nämlich auf Theorien und Modellen vom Unterricht. Er präsentiert drei Ansätze und greift dabei auf die Diskussion zurück, die sich von den 60er Jahren an um mediendidaktische Fragestellungen dreht. Er nennt:

1. Die „*technologisch ausgerichtete Mediendidaktik,* die sich auf die Arbeiten Skinners und die funktionalistisch-kybernetische Didaktik stützte". Ziel dieser Mediendidaktik im Rahmen der Didaktik „war der funktionsgerechte Einsatz von Medien, mit dem eine zweckrationale Lehrstrategie verwirklicht werden sollte, die vorgegebene Lernziele durch optimalen Medieneinsatz möglichst gradlinig zu erreichen versuchte" (211).

2. Der „*emanzipatorisch-politische"* Ansatz zur Begründung einer Mediendidaktik wird im Zuge der Darstellungen zur „Geschichte der Medienpädagogik" nur erwähnt (Hüther/Podehl 1997, 123). Mediendidaktik wird in dieser Perspektive als ein Mittel angesehen, über Lehr- und Lernprozesse gesellschaftliche Veränderungen herbeizuführen. Die neuen Medien werden in diesem Ansatz eher als Verhinderungen zur Erreichung dieses Globalzieles angesehen (Kap. 1).

3. Die „*handlungs- und teilnehmerorientierte Mediendidaktik,* für die der Unterricht ein offener Lernprozess ist, in dem die Medien als Mittel in den Händen der beiden ihn gestaltenden Partner, nämlich Lehrer und Schüler, fungieren" (Hüther 1997, 212). Die Auffassung vom Einsatz von Medien im Unterricht als Lehr- und Lernmittel wird durch die Auffassung ergänzt, dass Lernende selbst ihre Medien bestimmen und dass der Arbeit mit den neuen Medien ein Interesse an der Sache und ihrer Bearbeitung mit Medien vorausgeht. Daher kommen auch medienerzieherische Momente und Erkenntnisse über Mediensozialisation in den Blick. Mediendidaktik tritt in Kooperation mit der Medienpädagogik.

Aus mediendidaktischer Sicht gründet Hüthers Versuch auf Theorien bzw. Konzepten vom Unterricht. Dies gilt insbesondere für den 3. Ansatz. Hier liegen auch Schlussfolgerungen für die Unterrichtsgestaltung auf der Hand. Eine handlungs- und teilnehmerorientierte Mediendidaktik setzt demzufolge ein modernes Konzept von Unterricht voraus, das auf folgenden Teilkonzepten beruht (Hüther/Podehl 1997, 124):

- Akzeptanz von Unterricht als offener Lernprozess bei Schüler/innen und Lehrern/innen
- Einsatz der Medien in Kooperation aller Akteure
- Eigene Herstellung von Medien
- Anerkennung der Ziele, „Medien zur Aktivierung von Denkvorgängen und zur Initiierung von Handeln einzusetzen"
- „Bestreben, Medien reflektiert zu verwenden und sie in ihren gesellschaftlichen Zusammenhängen zu analysieren und zu nutzen".

In diesem Versuch der Begründung der Mediendidaktik durch eine moderne Auffassung von Unterricht sind Argumente der anderen Ansätze aufgenommen worden. Auch könnten die auf Lern- und Erkenntnistheorien basierenden Ansätze in diesen Versuch integriert werden. Ein mediendidaktischer Begründungszusammenhang, der vom Unterricht ausgeht, muss auch primär von den Akteuren, ihrer Lebenswelt und den gesellschaftlichen Bedingungszusammenhängen ausgehen. Lern- und erkenntnistheoretischen Modellen, die in den Disziplinbereich der Psychologie fallen, kommt hierbei allerdings eher ein Erklärungsstatus zu.

6.3   Mediendidaktische Kompetenz

Pädagogisches und didaktisches Handeln spielt sich in der Regel in Organisationen ab. In jeder Organisation sind Regelwerke vorgegeben, an denen Pädagogen und Lehrer ihr Handeln zu orientieren haben. Es gibt aber auch die Interessen, Bedürfnisse, Entwicklungs- und Persönlichkeitsanforderungen der Klientel, die häufig nicht mit den Vorschriften der Organisation übereinstimmen und nicht selten zu Dilemma- und Konfliktsituationen führen. Dieses Spannungsfeld ist für das pädagogische Handeln konstitutiv und es erfordert spezifische berufliche und menschliche Fähigkeiten, in der Fachsprache Kompetenzen genannt.

6.3.1 Zum Kompetenzbegriff

Das Wort *Kompetenz* unterliegt unterschiedlichen begrifflichen Bestimmungen (Wörterbuch der Pädagogik 2000, 309 Stichwort Kompetenz). Es kann u. a. bedeuten:

- eine angeborene Fähigkeit (nach Chomsky); dem Kompetenzbegriff wird der Begriff der Performanz gegenübergestellt. Beide Begriffe sind in der Linguistik angesiedelt. In pädagogischer Absicht könnte in Anlehnung an konstruktivistische Theorien, z. B. von J. Piaget, unter Kompetenz ein Konstrukt oder Konzept verstanden werden, das allen Handlungen strukturell zugrunde liegt.

- Die gelernte Fähigkeit zum eigenverantwortlichen Handeln (nach H. Roth); dieses Begriffsverständnis ist in der Interaktionstheorie, z. B. von G. H. Mead, zu finden und für pädagogisches Handeln bedeutsam.
- Die Zuständigkeit für bestimmte Aufgaben; in Anlehnung an die klassische Rollentheorie, z. B. von Parsons, können hier Positionen in Organisationen gemeint sein, die von Personen besetzt werden, die für definierte Zuständigkeiten qualifiziert sind. Kompetenz- und Qualifikationsbegriff werden hier synonym gebraucht.

In didaktischer und mediendidaktischer Hinsicht erscheinen die ersten beiden Bestimmungen brauchbar. In beiden Definitionen wird unterstellt, dass sie im Zusammenhang von Handeln und Denken entstehen und die Reflexion von Handeln in Konstrukte fasst, mit deren Hilfe wiederum Handeln in Form von Handlungskonzepten voraufgebaut werden kann. Der Kompetenzbegriff wird also auf die Fähigkeiten einer Person bezogen. Demgegenüber kann der Qualifikationsbegriff für definierte Funktionen eines Systems verwendet werden, die Personen zu erfüllen haben.

So schreibt z. B. ein Arbeitgeber vor, dass die Mitarbeiterin in einem Internet-Café die Qualifikation „besitzt", die Arbeit mit dem Computer und im Internet zu „beherrschen". Die Mitarbeiterin aber arbeitet mit jungen Leuten zusammen, denen sie die Arbeit mit dem PC und im Internet „vermittelt". Dieser Vermittlungsprozess ist ein Interaktionsprozess und hat verschiedene Dimensionen, z. B. eine kommunikative Dimension, sich auf die Interessen und Intentionen der jungen Leute einzulassen, diese aufzugreifen und umzusetzen. Dabei kommen weitere Dimensionen, wie z. B. fachliche, technische, didaktische, ins Spiel. Das Beispiel zeigt, dass mit dem Kompetenzbegriff die Fähigkeit einer Person in Interaktions- und Kommunikationsprozessen bezeichnet werden kann, anderen Menschen etwas zu vermitteln – genauer gesagt: pädagogische und didaktische Kompetenz. In diesem Prozess ist die Mitarbeiterin mit ihrer ganzen Person eingebunden. Die vom Arbeitgeber geforderte quasi objektive Qualifikation muss sie in der Interaktion mit anderen Personen umsetzen bzw. transformieren. Es ist daher dieser Transformationsprozess, in dem sich die Kompetenz überhaupt erst entwickeln und zeigen kann.

Daraus folgt, dass Menschen ihre Kompetenzen in Lernprozessen erwerben, indem sie sich selbstständig Kenntnisse und Fertigkeiten aneignen, diese in Szene setzen oder anwenden und diese Tätigkeiten insgesamt noch bewerten. In diesem Sinne sind sie als sich bildende Subjekte ihre „eigenen Kompetenztheoretiker" (157).

Mit dieser soziogenetischen und anthropologischen Ausgangslage ist eine theoretische Position markiert, die als „interaktiver Konstruktivismus" bezeichnet werden kann (Oevermann 1979, 159). Dabei ist impliziert, dass die Bedingungen zur Erzeugung von Interaktionen und Handlungen zwar außerhalb des Individuums, also in den Strukturen und Funktionen der Organisationsformen und der Institutionen, z. B. in den Interaktionsbedingungen der Kinder mit ihren Eltern liegen, dass es aber gerade diese Bedingungen sind, die die konstruktiven Leistungen des Individuums überhaupt erst ermöglichen. Die individuellen Leistungen liegen aber nicht darin, das, was außen ist, im Inneren abzubilden, sondern die Anforderungen von Außen in einem konstruktiven kognitiven Strukturierungs- und Interpretationsprozess individuell hervorzubringen.

In diesem Sinn ist unter Kompetenz die innere Verfügbarkeit von Konzepten zu verstehen, die Kenntnisse und Fertigkeiten enthalten und die zur Bewältigung von Aufgaben und Problemsituationen funktional und intentional eingesetzt werden (Wörterbuch Psychologie 2000, 262 Stichwort Kompetenz).

Kompetenz

6.3.2 Allgemeine Medienkompetenz

Kompetenzen werden im Alltag in Interaktions- und Kommunikationsprozessen erworben, d. h. gelernt. Für alle Lebensbereiche und Handlungen müssen Kompetenzen gelernt werden und sie können in lerntheoretischer Hinsicht auf mehrfache Weise erklärt werden (Kap. 4.0). In diesem Sinn erwerben alle Menschen in Enkulturations- und Sozialisationsprozessen kulturelle und soziale Kompetenz, m. a. W. sie werden gesellschaftlich handlungsfähig. Zur Handlungsfähigkeit gehören in diesem Zusammenhang auch die kommunikative und die Sprachkompetenz (Kron/Sofos 2003, 66ff) sowie die Medienkompetenz (65ff). Auch die Lehrenden sind diesen funktionalen Lernprozessen von Kompetenzen ausgeliefert. Insofern bringen sie bereits, ehe sie sich professionell betätigen, auch Medienkompetenzen mit.

Diese lebensweltlich erworbene Medienkompetenz kann als allgemeine oder funktionale Medienkompetenz definiert werden. Gerade in modernen Gesellschaften, in denen nicht nur die klassischen, sondern auch die elektronischen Medien wirksam sind, ist der Erwerb funktionaler Medienkompetenz unausweichlich. Dies gilt für alte und junge Menschen, für LehrerInnen und SchülerInnen gleichermaßen. Wenn in diesem Sinn von Medienkompetenz gesprochen wird, dann gilt Baackes Feststellung:

Medienkompetenz

> „Medienkompetenz betont diesen neuen, hinzukommenden Aspekt, dass Kommunikation heute auch über technische Mittel, von Druckmedien über das Fernsehgerät bis zum Computer geschieht. Dies hat zur Folge, dass wir uns heute Wirklichkeit über und mit Hilfe von Medien aneignen und sie gestalten. Diese Medienkompetenz ist ein ‚Globalbegriff'" (Baacke 1999c, 19).

Für die Sicht einer allgemeinen Medienkompetenz ist die Erfahrung leitend, dass Menschen von Geburt an ihre kulturelle und soziale Kompetenz selbst erzeugen. Von diesem „aktiven Menschenbild" oder von dieser positiven Anthropologie kann ausgegangen werden. Dabei sind nicht nur die Offenheit und Lernfähigkeit des Heranwachsenden zu sehen, sondern auch das grundsätzliche Bedürfnis zum Lernen und Sinnverstehen, die die Fähigkeit stimulieren, Symbole und Codes zu entschlüsseln und neu zu definieren (Aufenanger 1999b, 67ff).

Anthropologie

Diese medienanthropologischen Bestimmungen sind nur unter Einschluss „medienkultureller Erlebnisräume" (Baacke 1999b, 139) zu verstehen, d. h. von medialen Umwelten und Anlässen, in denen Lern- und Entwicklungsanreize bzw. entsprechende Herausforderungen gegeben sind, die einen Aufforderungscharakter an die Heranwachsenden haben, sich aktiv einzulassen. Weiterhin ist die Heraus-

**spezifische
Medienkompetenzen**

bildung von Kompetenz auch vom Lebensalter bzw. den dieses bedingenden Sozialfaktoren abhängig (Schell u. a. 1999).

Es macht daher auch Sinn, von einer altersgruppen- oder entwicklungsspezifischen oder von einer geschlechtsspezifischen Medienkompetenz zu sprechen, und entsprechende Kategorien und Ziele, z. B. für das Vorschulalter oder für Mädchen zu entwickeln (Six 2001, 22ff). Damit werden auch die Interaktions- und Kommunikationskompetenzen, die Individuen im Laufe ihres Lebens erworben haben, zu Kriterien erhoben, die den Begriff der Medienkompetenz mitbestimmen.

In mediendidaktischer Hinsicht ist nun bedeutsam, dass der Erwerb von professioneller Medienkompetenz, von der im Folgenden die Rede ist, auf der funktionalen Medienkompetenz beruht. Beide Kompetenzarten stehen auch in Interdependenz. Auf diesen Zusammenhang ist beim Erwerb professioneller Kompetenzen der Lernenden ebenso zu achten wie beim Lehren und Lernen bzw. beim Unterrichten.

6.3.3 Pädagogische und didaktische Kompetenz

In einem Zwischenschritt muss auf diese beiden professionellen Kompetenzen eingegangen werden, gehören diese doch grundlegend zu dem Netzwerk, in dem die mediendidaktische Kompetenz steht. Beide Kompetenzarten haben in den lebensweltlich begründeten Kompetenzkonstruktionen ihren Ursprung. Sie treten dabei auch mit der funktionalen Medienkompetenz in Verbindung.

Dies ist z. B. der Fall, wenn eine Mutter ihre Tochter über wichtige Schritte zur Bildbearbeitung am Computer informiert. Die Mutter zeigt bei dieser Tätigkeit funktionale und teilprofessionelle Medienkompetenz, die sie z. B. in Kursen an der Volkshochschule erworben hat; sie operiert aber auch mit einer allgemeinen pädagogischen und didaktischen, ja sogar mit einer Art naiver mediendidaktischer Kompetenz; sie geht auf die Fragen ihrer Tochter ein, macht ihr Mut, zeigt ihr mehrmals eine bestimmte Schrittfolge, lässt diese von ihrer Tochter wiederholen und lobt sie nach einem gelungenen Versuch.

Unter professionellen Ansprüchen müssen pädagogische und didaktische Kompetenz aber in einer Ausbildung oder in einem Studium erworben werden. Der Erwerb pädagogischer und didaktischer Kompetenzen ist nie abgeschlossen; insofern sind auch die professionellen Kompetenzen immer relativ zu den kulturellen, sozialen und technischen Entwicklungen.

Zur pädagogischen Kompetenz kann eine Reihe von Dimensionen oder „Teilkompetenzen" gerechnet werden, die von Pädagogen und Lehrern in ihrer Praxis erwartet werden. Im Folgenden werden einige dieser Kompetenzen vorgestellt:

- Die *fachliche Kompetenz* wird in der fachlichen Aus-, Fort- und Weiterbildung eingeleitet und gefördert und findet ihren Ausdruck in dem fachlichen Wissen und Können sowie in der Fähigkeit zur Einordnung fachlicher Inhalte und Fragen in umfassendere, z. B. philosophische, wissenschaftsgeschichtliche, gesellschaftspolitische Zusammenhänge.

- Mit dieser verbindet sich häufig die *fachdidaktische Kompetenz,* d.h. die Beherrschung der Fähigkeit, das Fachwissen auch präsent zu haben und in Erziehungs-, Unterrichts- und Vermittlungsprozessen praktisch umsetzen zu können.

- Diesen Dimensionen zur Seite steht die *reflexive Kompetenz.* Sie ist durch die Fähigkeit gekennzeichnet, das eigene Handeln zu reflektieren und dabei neben den fachlichen und didaktischen Bezügen auch den eigenen biografischen Bezug und die gesellschaftlichen und politischen Bezüge herzustellen. Diese Dimension der Kompetenz löst auch jene „Selbstbetroffenheit" (Schülein 1977, 85–100) aus, die die Handelnden nicht nur in ihre pädagogische Freiheit und Verantwortung vom Ganzen her stellt, sondern auch in ihrer Existenz herausfordert.

- Eine wichtige Dimension ist die *soziale Kompetenz.* Darunter wird die Fähigkeit verstanden, das pädagogische und organisatorische Handeln auch von der Klientel her zu begreifen. Sie drückt sich darin aus, dass Lehrer ihren Unterricht auch an den Interessen, Bedürfnissen und Entwicklungstendenzen der Schüler orientieren. Subjektiv heißt dies für sie, Empathie und Rollendistanz zu lernen, das Über-Ich flexibel zu halten und sich trotz der organisatorischen Vorgegebenheiten und Zwänge auch als Anwälte der jungen Generation einzusetzen und zu intervenieren.

- Mit *metakommunikativer Kompetenz* ist in Anlehnung an Habermas die Fähigkeit gemeint, die im Alltag ablaufenden Rollenbeziehungen und Interaktionen hinsichtlich aller Probleme zur Sprache zu bringen; also statt Diskussion einen herrschaftsarmen Diskurs in Gang zu bringen und zu führen.

- Nicht zuletzt ist die *Medienkompetenz* zu nennen.

In der Literatur wird darauf hingewiesen, dass diese Vielzahl von Kompetenzen nicht hierarchisch geordnet und gelernt werden kann. Sie steht vielmehr in der Praxis und in der Lernsituation in einem interdependenten und funktionalen Zusammenhang. Man könnte auch von einem Netzwerk von Kompetenzen sprechen. Ihre Realisierung hängt von dem jeweiligen Handlungskontext ab, in dem bestimmte Kompetenzen gewünscht, gefordert oder erforderlich sind. Daher besteht auch ein direkter Zusammenhang zwischen Handlungsnormen und pädagogischer Kompetenz, die daher auch häufig als pädagogische Handlungskompetenz bezeichnet wird.

Die didaktische Kompetenz wird in der Regel im Zusammenhang mit der pädagogischen Kompetenz betrachtet. In Bezug auf die Praxis beruht sie auf den bereits im „Strukturplan" 1971 festgeschriebenen professionellen Tätigkeiten von Lehrenden, dem Erziehen, Unterrichten, Beraten, Betreuen, Beurteilen (Kap. 1.3). In einer praxisbezogenen Form wird eine Reihe didaktischer Kompetenzen in einer Ausbildungsverordnung des Landes Hessen (2001) als Fähigkeiten von LehrerInnen beschrieben:

B

„**1.** im Spannungsfeld von Erziehungswissenschaft, Fachwissenschaft, Fachdidaktik und Fachmethodik begründete Entscheidungen zu treffen und dabei Unterrichtsziele am Lern- und Bewusstseinsprozess der Lerngruppe unter Berücksichtigung der curricularen Vorgaben flexibel auszurichten,

2. die in der Schule, in der Klasse oder Gruppe sowie in der eigenen Person liegenden Lehr- und Lernbedingungen im Hinblick auf den zu planenden Unterricht und außerunterrichtliche Veranstaltungen zu analysieren,

3. Lernprozesse der Schülerinnen und Schüler unter Berücksichtigung situativer Lernbedingungen und außerunterrichtliche Veranstaltungen zu planen und zu organisieren sowie diese Planung schriftlich angemessen darzustellen und zu begründen,

4. auf der Grundlage der Lehrpläne mit Lehrbüchern und anderen didaktischen Materialien und Medien in verschiedenen Sozialformen, die dem Ziel der Selbsttätigkeit der Schülerinnen und Schüler dienen, zu arbeiten,

5. eine Lernatmosphäre zu schaffen, in der es Schülerinnen und Schülern möglich wird, ihre Wahrnehmungs-, Empfindungs- und Ausdrucksmöglichkeiten sowie Kreativität und Eigeninitiative zu entfalten, um sie so zu aktiver Mitarbeit und Mitgestaltung und zu angemessenen Leistungen zu führen,

6. die Leistungen der Schülerinnen und Schüler angemessen zu beurteilen,

7. Erziehungs- und Verhaltensnormen situationsangemessen zu vermitteln,

8. Beratungsgespräche zu führen,

9. bei der Planung, Durchführung und Auswertung von Unterricht und der Gestaltung von Schule mit Fachkolleginnen und Fachkollegen sowie mit weiteren am Bildungsprozess beteiligten Institutionen zusammenzuarbeiten,

10. die Rechtsvorschriften anzuwenden".

6.3.4 Medienpädagogische und mediendidaktische Kompetenzen

Beide Kompetenzarten sind mit den in den vorangegangenen Erörterungen herausgearbeiteten Kompetenzarten vernetzt. In der Literatur werden unterschiedliche Dimensionen der beiden Kompetenzarten vorgestellt, die sich aber in gewisser Weise ergänzen.

**medien-
pädagogische
Kompetenzen**

Aufenanger (1999a, 95f) nennt vier Dimensionen medienpädagogischer Kompetenz:

▨ *„Wissen um pädagogische/didaktische Konzepte:* Unter dem Professionalisierungsaspekt der Medienpädagogik erscheint es wichtig … entsprechende anerkannte Konzepte zu kennen und anwenden zu können.

■ *Wissen um die Medienwelten von Kindern und Jugendlichen:* Medien-pädagogen sollten einen Zugang zur Medienwelt ihrer Klientel haben. ... Nur mit Hilfe dieses Wissens kann ich mich auf sie einlassen und ihre Perspektive einnehmen.

■ *Sensibilität für Medienthemen und Medienerlebnisse:* ... Sensibel sein heißt für mich, offen für die Intentionen zu sein, die mit Medien, Mediengeschichten und -figuren zum Ausdruck gebracht werden sollen.

■ *Medienpädagogisches Handeln (Können):* ... Eine medienpädagogische Kompetenz sollte deshalb in einem bestimmten Praxisbezug vermittelt werden, die entweder in Form von betreuten Praktika bzw. Hospitationen hergestellt werden. Als besonders sinnvoll muß hier ergänzend die medienpädagogische Kasuistik gesehen werden, eine Ausbildungsform, in der praktische Fälle analysiert und besprochen werden, um Handlungsoptionen für eine angemessene Lösung des Falles zu finden".

Blömeke (2000, 326) zählt fünf Dimensionen auf:

■ *Mediendidaktische Kompetenz:* Fähigkeit zur reflektierten Verwendung von Medien und Informationstechnologien in geeigneten Lehr- und Lernformen und deren Weiterentwicklung.

■ *Medienerzieherische Kompetenz:* Fähigkeit, Medienthemen im Sinn pädagogischer Leitideen im Unterricht behandeln zu können.

■ *Sozialisationsbezogene Medienkompetenz im Medienzusammenhang:* Fähigkeit zur konstruktiven Berücksichtigung der Lernvoraussetzungen beim medienpädagogischen Handeln.

■ *Schulentwicklungskompetenz im Medienzusammenhang:* Fähigkeit zur innovativen Gestaltung der Rahmenbedingungen medienpädagogischen Handelns.

■ *Eigene Medienkompetenz:* Fähigkeit zu sachgerechtem, selbstbestimmtem, kreativem und sozial verantwortlichem Handeln im Zusammenhang mit Medien und Informationstechnologien.

In Anlehnung an die Arbeiten von Astleitner (2000, 102ff) sollen Lehrende folgende mediendidaktische Fähigkeiten im Sinn von Dimensionen einer Gesamtkompetenz erworben haben:

mediendidaktische Kompetenzen

■ *Technisch-instrumentelle Fähigkeiten:* Handhabung, Bedienung von Medien (Kamera, Fotoapparat, Buch, Internet), Fertigkeiten im Programmieren von Webseiten unter Anwendung von Editoren und im Erzeugen, Verknüpfen, Speichern von Lehrmaterialien, Grundwissen über die technische Ausrüstung (Computer, Modem usw.). Es geht hier nicht um professionelles Wissen, das nur spezifische Fachgruppen aufweisen, wie z. B. Mediengestalter, Programmierer. LehrerInnen, die mit neuen Technologien arbeiten wollen, sollen aber über ein Grundwissen verfügen, sodass sie ihre Abhängigkeit von den Technikern relativieren können. Hinzu kommt noch ein wichtiges Moment: LehrerInnen können im Rahmen von Projekten auch Materialien herstellen, die nicht nur den Themenbereichen von Lehrplänen, sondern die auch den Interessen und Bedürfnissen von SchülerInnen („classroom based curriculum") entsprechen.

■ *Medienfunktionales Wissen:* Es handelt sich hier um Fähigkeiten, verschiedene Arten von Medien und deren Funktionen zu erkennen und für den spezifischen Einsatz im Unterricht vorzubereiten.

■ *Arbeitskoordinatorische Fähigkeiten:* Medienfunktionale Kompetenzen sind mit arbeitskoordinatorischen eng verbunden. Hier fungieren die LehrerInnen als Experten, z. B. als Autoren. Sie übernehmen Arbeiten, die früher ausschließlich von Experten verrichtet worden sind. Sie benutzen nicht nur vorgefertigte Materialien, sondern recherchieren selbstständig und stellen gruppenspezifische Inhalte zusammen. Solche Suchaktionen implizieren u. a. folgende Fähigkeiten und Fertigkeiten:

1. Erkennen einer Problemsituation bzw. eines Ausgangspunktes für das Lernen,
2. Formulierung einer Fragestellung,
3. Systematische Planung von Arbeitsschritten,
4. Sammeln, Verändern und Ordnen von Informationen,
5. Zusammenfassung der zentralen Informationen unter einem thematischen Fokus,
6. Bewertung der Informationen in Bezug auf ihre Qualität (Glaubwürdigkeit) sowie in Bezug auf die Möglichkeiten für die SchülerInnen, die Informationen in Wissen zu transformieren,
7. Aufarbeiten der Teilergebnisse zu einem nutzbaren Produkt.

■ *Unterrichtsbezogene Kompetenzen:* Es handelt sich hier um Fähigkeiten und Fertigkeiten, vorhandene Unterrichtsmodelle bzw. -konzepte mit medienbasierten Konzepten zu verbinden und zu organisieren. Dazu gehören auch Kenntnisse von mediendidaktischen Kriterien zur Bewertung von Inhalten, Lehr- und Lernprogrammen oder Online-Informationen.

■ *Ästhetisch-emotionale Erfahrungen:* Im Rahmen offener Unterrichtsarbeit werden die Lehr- und Lernprozesse nicht selten als „chaotisch" erlebt. Unter Chaos kann die Freisetzung emotionaler und ästhetischer Ausdrucksformen, z. B. Freude, verstanden werden. LehrerInnen müssen sich hier mit den ästhetischen und emotionalen Aspekten des Lehrens und Lernens befassen.

■ *Systembezogenes Wissen:* Hier handelt es sich um Kenntnisse und Fertigkeiten, neue Technologien in den herkömmlichen Unterricht zu integrieren. Dazu gehört z. B. Wissen über die Funktion elektronischer Medien, über die Veränderungen des Zeitfaktors in Bezug auf die Lernressourcen beim Einsatz der Medien, über die Möglichkeiten zur kooperativen Organisationsplanung mit den KollegInnen. Dazu gehören auch die Fähigkeiten, z. B. recherchierte Inhalte an die Vorgaben der Lehrpläne produktiv anzupassen, den Fortgang der Lehr- und Lernprozesse zu evaluieren sowie Schlüsse für die künftige Medienarbeit zu ziehen.

■ *Ethische Einsichten:* Sie betreffen Wertorientierungen, soziale Normen, Ideen und Ideologien, die implizit oder explizit in den Medieninhalten und Darstellungsformen transportiert werden. Lehrende sollten in der Lage sein, auf der Grundlage von z. B. sozialethischen und anthropologischen Modellen diese mit SchülerInnen zu bearbeiten.

■ *Gesellschaftskritisches Wissen:* Hierbei geht es um die Steuerung der Informationen und Kommunikationstechnologien durch aktive Beurteilung und Selektion. Im Einzelnen handelt es sich um das Unterscheidungsvermögen und die Urteilsfähigkeit gegenüber dem Mediensystem (Struktur, Organisation, Produktion) und den Medienprodukten (Inhalte, gestalterische Gesetzmäßigkeiten, Strukturen, Merkmale, Nutzung, Wirkung) und ihren Einsatz in Bildungseinrichtungen (Organisationsstruktur, Lehrplan, Unterrichtsorganisation).

Literatur

Achtenhagen, F. (1983): Eine konstruktive Wende in der Didaktik? Anmerkungen zu einigen Neuerscheinungen. Zschr. f. Päd. 29, 961–971

–, Meyer, H. (Hrsg.) (1971): Curriculumrevision. Möglichkeiten und Grenzen. München

Adam, E. (1988): Das Subjekt in der Didaktik. Ein Beitrag zur kritischen Reflexion von Paradigmen der Thematisierung von Unterricht. Weinheim

Adl-Amini, B., Künzli, R. (Hrsg.) (1991): Didaktische Modelle und Unterrichtsplanung. 3. Aufl. München

Aebli, H. (1963): Psychologische Didaktik. Didaktische Auswertung der Psychologie von Jean Piaget. Stuttgart

– (1980): Denken: Das Ordnen des Tuns. Bd. 1. Kognitive Aspekte der Handlungstheorie. Stuttgart

– (1985): Zwölf Grundformen des Lehrens. 2. Aufl. Stuttgart

– (1987): Grundlagen des Lehrens. Stuttgart

– (1997): Grundlagen des Lehrens. 3. Aufl. Stuttgart

– (2003): Zwölf Grundformen des Lehrens. 12. Aufl. Stuttgart

Altrichter, H., Posch, D. (1990): Lehrer erforschen ihren Unterricht. Eine Einführung in die Methoden der Aktionsforschung. Bad Heilbrunn/Obb.

Anweiler, O. (Hrsg.) (1969): Polytechnische Bildung und technische Elementarerziehung. Bad Heilbrunn/Obb.

Arbeitsgemeinschaft Lernmethodik (1980): So macht Lernen Spaß. Praktische Lerntips für Schüler. 3. Aufl. Weinheim, Basel

Arbeitsgruppe am Max-Planck-Institut für Bildungsforschung (Hrsg.) (1984): Das Bildungswesen in der Bundesrepublik Deutschland. Ein Überblick für Eltern, Lehrer und Schüler. Hamburg

Arbeitsgruppe Bielefelder Soziologen (Hrsg.) (1976): Alltagswissen, Interaktion und gesellschaftliche Wirklichkeit. Bd. 1: Symbolischer Interaktionismus und Ethnomethodologie. Bd. 2: Ethnotheorie und Ethnographie des Sprechens. Hamburg

Arbeitsgruppe Schulforschung (Hrsg.) (1980): Leistung und Versagen. Alltagstheorien von Schülern und Lehrern. München

Aselmeier, U. (1994): Wahrnehmungs- und Lernprozesse beim Schüler als Maßstab für das Handeln des Lehrers. In: Fischer, H.-J. u. a. (Hrsg.): Ethos und Kulturauftrag des Lehrers. Frankfurt/Main, Berlin, Bern, New York, Paris, Wien

– u. a. (Hrsg.) (1985): Fachdidaktik am Scheideweg. Der Zusammenhang von Fachunterricht und Persönlichkeitsentwicklung. München

– u. a. (Hrsg.) (1990): Lehrplan ohne Schüler? Rheinfelden, Berlin

Astleitner, H., Schinagl, W. (2000): High-level-Telelernen und Wissensmanagement. Grundpfeiler virtueller Ausbildung. Frankfurt/M., Berlin, Brüssel, New York, Wien

Atkinson, R. L. u. a. (Hrsg.) (1990): Introduction to Psychology. 10. Ed. San Diego, New York, Chicago, Austin, Washington D. C., London, Sydney, Tokyo, Toronto

Auernheimer, G. (1990): Einführung in die interkulturelle Erziehung. Darmstadt

Aufenanger, St. (1991a): Neue Medien – Neue Pädagogik. Ein Lese- und Arbeitsbuch zur Medienerziehung in Kindergarten und Grundschule. Bonn

– (1991b): Fernsehen und neue Medien in der Familie. In: Aufenanger, St. (Hrsg.): Neue Medien – Neue Pädagogik. 82–94. Bonn

– (1999a): Medienpädagogische Projekte. Zielstellungen und Aufgaben. In: Baacke, D. u. a.: Handbuch Medien. 94–97

– (1999b): Lernen mit neuen Medien – Perspektiven für Erziehung und Unterricht. In: Gogolin, I., Lenzen, D. (Hrsg.): Mediengeneration. 61–76

–, Six, U. (Hrsg.) (2001): Handbuch Medien. Medienerziehung früh beginnen. Themen, Forschungsergebnisse und Anregungen für die Medienbildung von Kindern. Bonn

– u. a. (1981): Erziehung zur Gerechtigkeit. Unterrichtspraxis nach Lawrence Kohlberg. München

Baacke, D. (1997): Medienpädagogik. Tübingen

– (1999a): Medienkompetenz als zentrales Operationsfeld von Projekten. In: Baacke, D. u. a.: Handbuch Medien. 31–35

– (1999b): Die neue Mediengeneration im New Age of Visual Thinking. In: Gogolin, I., Lenzen, D. (Hrsg.): Mediengeneration. 137–149

– (1999c): Was ist Medienkompetenz. 5 Statements zu einem facettenreichen Begriff. In: Schell, F. u. a. (Hrsg.): Medienkompetenz. 19–20

– (Hrsg.) (1973): Mediendidaktische Modelle. Zeitung und Zeitschrift. München

– (Hrsg.) (1974): Kritische Medientheorien. Konzepte und Kommentare. München

–, Kluth, Th. (Hrsg.)(1980): Praxisfeld Medienarbeit. Beispiele und Informationen. München

– u. a. (1991): Medienwelten – Medienorte. Jugend und Medien in Nordrhein-Westfalen. Opladen

– u. a. (Hrsg.) (1999): Handbuch Medien. Medienkompetenz. Modelle und Projekte. Bonn

Ballauff, Th. (1970): Skeptische Didaktik. Heidelberg

– (1986): Pädagogik als Bildungslehre. Frankfurt/M.

Bandura, A., Walters, R. H. (1963): Social Lerning and Personality Development. New York

Bannister, D., Fransella, F. (1981): Der Mensch als Forscher. Die Psychologie der persönlichen Konstrukte. Münster

Barthelmes, J., Sander, E. (1988): Von der Medienwirkungsforschung zur Medienalltagsforschung. Plädoyer für eine Erweiterung der Forschungsfragen. In: Deutsches Jugendinstitut (Hrsg.): Medien im Alltag von Kindern und Jugendlichen. 45 – 57 Weinheim, München

Bastian, J. u. a. (Hrsg.) (1997): Theorie des Projektunterrichts. Hamburg

Bauer, J. (2002): Das Gedächtnis des Körpers. Wie Beziehungen und Lebensstile unsere Gene steuern. Frankfurt/M.

Baumgartner, P., Payr, S. (1999): Lernen mit Software. Lernen mit interaktiven Medien. München

Bayrhuber, H. u. a. (Hrsg.) (2001): Lehr- und Lernforschung in den Fachdidaktiken. Innsbruck, Wien, München, Bozen

Becker, G. E. (1987): Planung von Unterricht. Handlungsorientierte Didaktik. Teil 1. 2. Aufl. Weinheim, Basel

Becker, H. (1973): Einleitung zu S. B. Robinsohn: Erziehung als Wissenschaft. 7 – 14. Stuttgart

– u. a. (1977): Das Curriculum. Praxis, Wissenschaft und Politik. 3. Aufl. München

Beckmann, H.-K. (1972): Aspekte der geisteswissenschaftlichen Didaktik. In: Ruprecht, H. u. a. (Hrsg.): Modelle grundlegender didaktischer Theorien. 72 – 116. Hannover

–, Biller, K. (Hrsg.) (1978): Unterrichtsvorbereitung. Probleme und Materialien. Braunschweig

–, Fischer, W. L. (Hrsg.) (1990): Herausforderung der Didaktik. Zur Polarität von Schüler- und Sachorientierung im Unterricht. Bad Heilbrunn/Obb.

Ben-Peretz, M. (1985): Das Curriculum als Potential für erzieherische Möglichkeiten in Schule und Unterricht. In: Aselmeier, U. u. a. (Hrsg.): Fachdidaktik am Scheideweg. 69 – 76. München

– (1990a): The Curriculum Encounter. Freeing Teachers from the Tyranny of Texts. New York

– (1990b): Die Rolle der Lehrer bei der Interpretation ihres Lehrplans. In: Aselmeier, U. u. a. (Hrsg.): Lehrplan ohne Schüler? 97 – 106. Rheinfelden – Berlin

– u. a. (1983): Curriculum Interpretation and its Place in Teacher Education Programs. In: Interchange 13, 47 – 55

–, Bromme, R. (Hrsg.) (1990b): The Nature of Time in Schools. Theoretical Concepts Practitioner Perceptions. New York, London

Berg, H. Ch., Schulze, Th. (1999): Lehrkunst. Ein Plädoyer für eine konkrete Inhaltsdidaktik. In: Die Deutsche Schule, 102 – 122

Berliner, D. C., Gage, N. L. (1977): Pädagogische Psychologie. Lehrerhandbuch der pädagogische Psychologie. Erziehungswissenschaftliche Grundlagen für die Unterrichtspraxis. München

Biermann, R. (1976): Unterricht. Ein Versuch zur Beschreibung und Analyse. 3. Aufl. Essen

– (1978): Interaktion im Unterricht: Didaktische Aufsätze, Beiträge, Perspektiven. Darmstadt

– (Hrsg.) (1985): Interaktion, Unterricht, Schule. Darmstadt

Bizer, Ch. u. a. (Hrsg.) (2002): Religionsdidaktik. Neukirchen-Vluyn = Jahrbuch der Religionspädagogik. Bd. 18

Blankertz, H. (1975): Theorien und Modelle der Didaktik. 9. Aufl. München

– (1982): Die Geschichte der Pädagogik von der Aufklärung bis zur Gegenwart. Wetzlar

Blömeke, S. (2000): Medienpädagogische Kompetenz. Theoretische und empirische Fundierung eines zentralen Elements der Lehrerausbildung. München

Bloom, B. S. (Hrsg.) (1972): Taxonomie von Lernzielen im kognitiven Bereich. Weinheim, Basel

Blumer, H. (1976): Der methodologische Standort des symbolischen Interaktionismus. In: Arbeitsgruppe Bielefelder Soziologen. 8 – 146

Böhm, W. (Hrsg.) (1971): Maria Montessori. Texte und Diskussion. Bad Heilbrunn/Obb.

– (Hrsg.) (2000): Wörterbuch der Pädagogik. 15. Aufl. Stuttgart

Bollnow, O. F. (1965): Existenzphilosophie und Pädagogik. Versuch über unstetige Formen der Erziehung. 3. Aufl. Stuttgart, Berlin, Köln, Mainz

– (1967): Pädagogische Forschung und philosophisches Denken. In: Röhrs, H. (Hrsg.): Erziehungswissenschaft und Erziehungswirklichkeit. 2. Aufl. 221 – 238. Frankfurt/M.

– (1981): Philosophie der Erkenntnis. Erster Teil. Das Vorverständnis und die Erfahrung des Neuen. 2. Aufl. Stuttgart, Berlin, Köln, Mainz

– (Hrsg.) (1969): Erziehung in anthropologischer Sicht. Zürich

Bonfadelli, H. (1998): Einführung in die Medienwirkungsforschung. Basiskonzepte und theoretische Perspektiven. Zürich

Bönsch, M. (1975): Beiträge zu einer kritischen und instrumentellen Didaktik. München

– (1981): Adressatenorientierte Didaktik. In: Schulpraxis. Zschr. f. Unterricht u. Schulorganisation. 1 – 2, 32 – 35

– (1991): Variable Lernwege. Ein Lehrbuch der Unterrichtsmethoden. Paderborn, München, Wien, Zürich 1991

Born, W., Otto, G. (Hrsg.) (1978): Didaktische Trends. Dialoge mit Allgemeindidaktikern und Fachdidaktikern. München, Wien, Baltimore

Borris, B. v. (1999): Erhaltet die Fachdidaktik. Ein Plädoyer gegen den Mainstream. In: Die Deutsche Schule, 191–205

Bosch, D. u. a. (1981): Beziehungstheoretische Didaktik. Dimensionen der sozialen Beziehung im Unterricht. Frankfurt/M., Bern

Bower, G. H., Hilgard, E. R. (1983 u. 1984): Theorien des Lernens. Bd. I. 5. Aufl. u. Bd. II. 3. Aufl. Stuttgart

Brezinka, W. (1978): Von der Pädagogik zur Erziehungswissenschaft. Eine Einführung in die Grundlagen der Erziehungswissenschaft, der Philosophie und der Praktischen Pädagogik. 4. Aufl. München, Basel

– (1984): „Modelle" in Erziehungstheorien. Ein Beitrag zur Klärung der Begriffe. Zschr. f. Päd. 30, 835–858

Brinkmann, G. (Hrsg.) (1975): Offenes Curriculum – Lösung für die Praxis. Kronberg/Ts.

Brockhaus' Conversationslexikon (1883). Dreizehnte, vollständig umgearbeitete Aufl. 5. Bd. Deidesheim-Elektra. Leipzig

Brockhaus Enzyklopädie in zwanzig Bänden (1971). 12. Bd. 17. Aufl. des großen Brockhaus. Wiesbaden

Bronfenbrenner, U. (1976): Ökologische Sozialisationsforschung. Stuttgart

Bruner, J. S. (1971): Notwendig: eine Theorie des Unterrichts. In: Röhrs, H. (Hrsg.): Didaktik. 54–65. Frankfurt/M.

– (1973): Relevanz der Erziehung. Ravensburg

– (1974): Entwurf einer Unterrichtstheorie. Berlin, Düsseldorf

– (1980): Der Prozeß der Erziehung. 5. Aufl. Berlin, Düsseldorf

Bund-Länder-Kommission für Bildungsplanung und Forschungsförderung (1989). Bonn. Wie öffnet sich die Schule neuen Entwicklungen und Aufgaben? OECD KERI-Seminar Bremerhaven

Büttner, Chr., Meyer, E. W. (Hrsg.) (1991): Rambo im Klassenzimmer. Wie LehrerInnen sich der Video-Faszination ihrer Schüler annähern können. Weinheim, Basel

Claessens, D. (1979): Familie und Wertsystem. Eine Studie zur „zweiten sozio-kulturellen Geburt" des Menschen und der Balastbarkeit der „Kernfamilie". 4. Aufl. Berlin

Combe, A. u. a. (1999): Forum Qualitative Schulforschung. Weinheim

Comenius, J. A. (1960): Große Didaktik. Hrsg. A. Flitner. 2. Aufl. Düsseldorf

– (1978): Orbis sensualium pictus (1658). Dortmund

Connelly, J., Ben-Peretz, M. (1980): Teacher's Role in Using and Doing of Research and Curriculum Development. In: Journal of Curriculum Studies 12, 2, 95–107

Connelly, F. M., Clandinin, D. J. (1990): The Cyclic Temporal Structure of Schooling. In: Ben-Peretz, M., Bromme, R. (Hrsg.): The Nature of Time in Schools. 36–63. New York, London

Correll, W. (Hrsg.) (1963): Reform des Erziehungsdenkens. Weinheim

Cube, F. v. (1965): Kybernetische Grundlagen des Lernens und Lehrens. Stuttgart

– (1970): Der kybernetische Ansatz in der Didaktik. In: Kochan, D. C. (Hrsg.): Allgemeine Didaktik, Fachdidaktik, Fachwissenschaft. Ausgewählte Beiträge aus den Jahren 1953–1969. 143–170. Darmstadt

– (1971): Der kybernetische Ansatz in der Didaktik. In: Röhrs, H. (Hrsg.): Didaktik. 30–53. Frankfurt/M.

– (1972): Der informationstheoretische Ansatz in der Didaktik. In: Ruprecht, H. u. a. (Hrsg.): Modelle grundlegender didaktischer Theorien. 117–154. Hannover

– (1980): Die kybernetisch-informationstheoretische Didaktik. Westerm. Päd. Beiträge 32, 3, 120–124

– (1986): Die kybernetisch-informationstheoretische Didaktik. In: Gudjons, H. u. a. (Hrsg.): Didaktische Theorien. 47–60. Hamburg

Curriculum Handbuch. Siehe Frey, K.

Danner, H. (1998): Methoden geisteswissenschaftlicher Pädagogik. Einführung in Hermeneutik, Phänomenologie und Dialektik. 4. Aufl. München, Basel

Das Bildungswesen in der Bundesrepublik Deutschland. Siehe Arbeitsgruppe am Max-Planck-Institut

Dauenhauer, E. (1970): Kategoriale Didaktik. 2. Aufl. Rinteln, München

Der kleine Stowasser (1919). Lateinisch-Deutsches Schulwörterbuch. Wien, Leipzig

Deutscher Bildungsrat (Hrsg.) (1971): Strukturplan für das Bildungswesen. Empfehlungen der Bildungskommission. 3. Aufl. Stuttgart

– (Hrsg.) (1974a): Aspekte für die Planung der Bildungsforschung. Empfehlungen der Bildungskommission. Bonn

– (Hrsg.) (1974b): Zur Förderung praxisnaher Curriculumentwicklung. Empfehlungen der Bildungskommission. Bonn

Deutscher Bundestag (Hrsg.) (1997): Medienkompetenz im Interformationszeitalter. Bonn

Deutsches Jugendinstitut (Hrsg.) (1988): Medien im Alltag von Kindern und Jugendlichen. Methoden, Konzepte, Projekte. München

Deutsches Pädagogisches Zentralinstitut, Abt. Dokumentation und Information (Hrsg.) (1967): Methoden der didaktischen Forschung. 125 Titel. Berichtszeit 1911–1966. Berlin

Dewey, J. (1949): Demokratie und Erziehung. Eine Einleitung in die philosophische Pädagogik. Braunschweig, Berlin, Hamburg
– (1951): Wie wir denken. Eine Untersuchung über die Beziehung des reflektiven Denkens zum Prozeß der Erziehung. Zürich
– (1963): Erfahrung und Erziehung. In: Correll, W. (Hrsg.): Reform des Erziehungsdenkens. 27–99. Weinheim 1963
– (1966): Democracy and Education. An Introduction to the Philosophy of Education. New York, London
– (1974): Psychologische Grundfragen der Erziehung. Der Mensch und sein Verhalten. Erfahrung und Erziehung. Hrsg. v. W. Correll. München, Basel
– (1986): Erziehung durch und für Erfahrung. Stuttgart
– (1989): Die Erneuerung der Philosophie. Hamburg
Dichanz, H. (Hrsg.) (1998): Handbuch Medien: Medienforschung, Konzepte, Themen, Ergebnisse. Bonn
Didaktisches Forum. Westermanns Pädagogische Beiträge. (1980) 1–6, 1. Klafki, W.: Die bildungstheoretische Didaktik. H1, 32–35; 2. Schulz, W.: Die lerntheoretische Didaktik. H 2, 80–85; von Cube, F.: Die kybernetisch-informationstheoretische Didaktik. H 3, 121–124; 4. Möller, Chr.: Die curriculare Didaktik. H 4, 164–168; 5. Winkel, R. Die kritisch-kommunikative Didaktik. H 5, 200–204; 6. Abschlußdiskussion. H 6, 242–247
Die Deutsche Schule. siehe Holtappels/Horstkemper
Diemer, A. (1964a): Grundriß der Philosophie. Bd. I: Allgemeiner Teil. Meisenheim/Glan 1962. Bd. II. Die philosophischen Sonderdisziplinen. Meisenheim/Glan
– (1964b): Was heißt Wissenschaft? Meisenheim/Glan
Dohmen, G., Maurer, F. (Hrsg.) (1968): Unterricht. Aufbau und Kritik. München
– u. a. (Hrsg.) (1972): Unterrichtsforschung und didaktische Theorie. 2. Aufl. München
Dolch, J. (1965a): Grundbegriffe der pädagogischen Fachsprache. 6. Aufl. München
– (1965b): Lehrplan des Abendlandes. Zweieinhalb Jahrtausende seiner Geschichte. 2. Aufl. Ratingen
Döring, K. W., Tief, K.-D. (1989): Mediendidaktik in der Weiterbildung. Weinheim
Durkheim, E. (1973): Erziehung, Moral, Gesellschaft. Vorlesung an der Sorbonne 1902/03. Neuwied

Elbers, D. (1973): Curriculumreformen in den USA. Ein Bericht über theoretische Ansätze und praktische Reformverfahren mit einer Dokumentation über Entwicklungsprojekte. Herausgegeben von Max-Planck-Institut für Bildungsforschung. Studien und Berichte. Berlin
Emer, W., Lenzen, K.-D. (2002): Projektunterricht gestalten – Schule verändern. Projektunterricht als Beitrag zur Schulentwicklung. In: Basiswissen Pädagogik. Unterrichtskonzepte und -techniken. Hrsg. M. Bönsch u. a. Bd. 6. Hohengehren
Encyclopedia of Educational Research (1941). A Project of the American Educational Research Association. London
– (1969). 4. Ed. A Project of the American Educational Research Association. R. L. Ebel, E. London-Toronto
Enzyklopädie Erziehungswissenschaft. 11 Bde. siehe Lenzen, D.
– Bd. 2. siehe Haft, H., Kordes, H.
– Bd. 3. siehe Haller, H.-D., Meyer, H.
– Bd. 4. siehe Otto, G., Schulz, W.
Erikson, E. H. (1970): Jugend und Krise. Die Psychodynamik im sozialen Wandel. Stuttgart
– (1979): Identität und Lebenszyklus. Drei Aufsätze. 5. Aufl. Frankfurt/M.

Faber, W. (Hrsg.) (1973): Pädagogische Kontroversen. Bd. 2 Das Problem der Didaktik. München
Fend, H. (1971): Sozialisierung und Erziehung. Eine Einführung in die Sozialisierungsforschung. 4. Aufl. Weinheim, Berlin, Basel
– (1977): Gesellschaftliche Bedingungen schulischer Sozialisation. Soziologie der Schule V. 4. Aufl. Weinheim, Basel
– (1982): Gesamtschule im Vergleich. Bilanz der Ergebnisse des Gesamtschulversuchs. Weinheim, Basel
Flechsig, K.-H. (1991): Interkulturelle Didaktik. In: Roth, L. (Hrsg.) Pädagogik. Handbuch für Studium und Praxis. 1073–1081. München
–, Haller, H.-D. (1975): Einführung in didaktisches Handeln. Ein Lernbuch für Einzel- und Gruppenarbeit. Stuttgart
Flitner, A. (Hrsg.) (1963): Wege zur pädagogischen Anthropologie. Heidelberg
Foerster, H. v. (2000): Das Konstruieren einer Wirklichkeit. In: Watzlawick, P. (Hrsg.) (2000): Die erfundene Wirklichkeit. 39–60
–, Glasersfeld, E. v. (1999): Wie wir uns erfinden. Eine Autobiographie des radikalen Konstruktivismus. Heidelberg.
–, Pörksen, B. (2003): Wahrheit ist die Erfindung eines Lügners. Gespräche für Skeptiker. 5. Aufl. Heidelberg
Frank, H. G. (1969): Kybernetische Grundlagen der Pädagogik. Eine Einführung in die Pädagogistik für Analytiker, Planer und Techniker des didaktischen Informationsumsatzes in der Industriegesellschaft. Bd. 1: Allgemeine Kybernetik. Bd. 2. Angewandte kybernetische Pädagogik und Ideologie. 2. Aufl. Baden-Baden
Frey, K. (1972): Theorien des Curriculums. 2. Aufl. Weinheim, Basel
– (Hrsg.) (1975): Curriculum Handbuch. 3 Bde. München, Zürich

– u. a. (1978): Curriculumreform unter europäischen Perspektiven. Frankfurt/M., Berlin, München

Fröhlich, A. (1982): Handlungsorientierte Medienerziehung in der Schule. Grundlagen und Handreichung. Tübingen

Fröhlich, W. D. (2000): Wörterbuch Psychologie. 23. Aufl. München

Fromm, M., Keim, W. (Hrsg.) (1982): Diskussion Soziales Lernen. Baltmannsweiler

Furth, H. G. (1972): Intelligenz und Erkennen. Die Grundlagen der genetischen Erkenntnistheorie Piagets. Frankfurt/M.

Gage, N. L. (1979): Unterrichten. Kunst oder Wissenschaft. München, Wien, Baltimore

Gagné, R.M. (1980): Die Bedingungen des menschlichen Lernens. 5. Aufl. Hannover, Dortmund, Darmstadt, Berlin

Garlichs, A. u. a. (Hrsg.) (1983): CIEL II. Fallstudie zu einem Förderungsprogramm der Stiftung Volkswagenwerk zur Elementarerziehung. Hannover

– u. a. (Hrsg.) (1976): Didaktik offener Curricula. Acht Vorträge vor Lehrern. 2. Aufl. Weinheim, Basel

Geißler, E. E. (1982): Analyse des Unterrichts. 5. Aufl. Bochum

– (1983): Allgemeine Didaktik. Grundlegung eines erziehenden Unterrichts. 2. Aufl. Stuttgart

Gerner, B. (Hrsg.) (1963): Das exemplarische Prinzip. Beiträge zur Didaktik der Gegenwart. Darmstadt

Gesetz- und Verordnungsblatt von Rheinland Pfalz. Koblenz 1982

Geulen, D., Hurrelmann, K.: Zur Programmatik einer umfassenden Sozialisationstheorie. In: Hurrelmann/Ulich, 51–67

Giddens, A. (1996): Konsequenzen der Moderne. Frankfurt/M.

Giel, K. (1963): Philosophie als Anthropologie. In: Flitner, A. (Hrsg.): Wege zur pädagogischen Anthropologie. 128–161. Heidelberg

Ginsburg, H., Opper, S. (1975): Piagets Theorie der geistigen Entwicklung. Stuttgart

Glaser, B. G., Strauss, A. L. (1979): Die Entdeckung gegenstandsbezogener Theorie: Eine Grundstrategie qualitativer Sozialforschung. In: Hopf, Ch., Weingarten, E. (Hrsg.): Qualitative Sozialforschung. 91–111. Stuttgart

Glasersfeld, E. v. (2000): Einführung in den radikalen Konstruktivismus. In: Watzlawick, P. (Hrsg.): Die erfundene Wirklichkeit. 16–38

Glöckel, H. (1990): Vom Unterricht: Lehrbuch der allgemeinen Didaktik. Bad Heilbrunn/Obb.

Goffman, E. (2001): Interaktion und Geschlecht. 2. Aufl. Frankfurt/M., New York

Gogolin, I., Lenzen, D. (Hrsg.) (1999): Mediengeneration. Opladen

Greenfield, P. M. (1987): Kinder und neue Medien. Die Wirkungen von Fernsehen, Videospielen und Computern. München, Weinheim

Griechisches etymologisches Wörterbuch (1960). Hrsg. H. Frisk. Bd. I A – Ko. Heidelberg

Grieser, H. G., McCready, Chr. (1996): Lernorte im Internet. Mühlheim/Ruhr

Groothoff, H.-H. (1972): Funktion und Rolle des Erziehers. München

–, Stallmann, M. (Hrsg.) (1961): Pädagogisches Lexikon. Stuttgart

–, Stallmann, M. (Hrsg.) (1971): Neues pädagogisches Lexikon. Stuttgart, Berlin

Grünewald, D., Kaminski, W. (Hrsg.) (1984): Kinder- und Jugendmedien. Ein Handbuch für die Praxis. Weinheim, Basel

Grzesik, J. (2002): Operative Lerntheorie. Neurobiologie und Psychologie der Entwicklung des Menschen durch Selbstveränderung. Bad Heilbrunn/Obb.

Gudjons, H. (1990): Spielbuch Interaktionserziehung. 185 Spiele und Übungen zum Gruppentraining in Schule, Jugendarbeit und Erwachsenenbildung. 4. Aufl. Bad Heilbrunn/Obb.

– (2001): Handlungsorientiert Lehren und Lernen. 6. Aufl. Bad Heilbrunn/Obb.

– (2002): Allgemeine Didaktik. Ein Überblick über die gegenwärtige Diskussion. In: Jahrbuch der Religionspädagogik. Bd. 18, 3–20

– (Hrsg.) (1986): Didaktische Theorien. 3. Aufl. Hamburg

Habermas, J. (1969): Technik und Wissenschaft als „Ideologie". Frankfurt/M.

– (1973a): Erkenntnis und Interesse. Frankfurt/M.

– (1973b): Kultur und Kritik. Verstreute Aufsätze. Frankfurt/M.

– (1973c): Notizen zum Begriff der Rollenkompetenz (1972). In: Habermas, J.: Kultur und Kritik. Verstreute Aufsätze. 195–231. Frankfurt/M. 1973b

– (1987): Theorie des kommunikativen Handelns. Bd. 1. Handlungsrationalität und gesellschaftliche Rationalisierung. 4. Aufl. Frankfurt/M.

Hagemann, W. u. a. (1979): Medienpädagogik. Köln

Halff, G. (1998): Die Malaise der Medienwirkungsforschung: Transklassische Wirkungen und klassische Forschung. Opladen, Wiesbaden

Haller, H.-D., Meyer, H. (Hrsg.) (1986): Enzyklopädie Erziehungswissenschaft. Bd. 3. Ziele und Inhalte der Erziehung und des Unterrichts. Stuttgart

Hamburger, F. (1992): Erziehung in der multikulturellen Gesellschaft. In: Forschungsmagazin der Johannes-Gutenberg-Universität Mainz 2, 26–32

Hameyer, U. u. a. (Hrsg.) (1983): Handbuch der Curriculumforschung. 1. Ausgabe. Übersichten zur Forschung 1970–1981. Weinheim, Basel

Handbook of Research on Teaching (1963). A Project of the American Educational Research Association. Hrsg. v. N. L. Gage. Chicago

Handbuch der Curriculumforschung. Siehe Hameyer, U.

Handbuch der empirischen Sozialforschung. Siehe König, R.

Handbuch der Psychologie, Bd. 3 Entwicklungspsychologie. Siehe Thomae, H.

Handbuch der Sozialisationsforschung. Siehe Hurrelmann, K., Ulich, D.

Handbuch der Unterrichtsforschung. Siehe Ingenkamp, Kh.

Handbuch pädagogischer Grundbegriffe. Bd. 1. Siehe Speck, J., Wehle, G.

Handbuch philosophischer Grundbegriffe. Siehe Krings, H. u. a.

Handbuch Unterrichtsplanung. Siehe Peterßen, W. H.

Handlexikon der Philosophie. Siehe Metzke, E.

Handlexikon zur Didaktik der Schulfächer. Siehe Roth, L.

Handlexikon zur Erziehungswissenschaft. Siehe Roth, L.

Hänsel, D. (Hrsg.) (1997): Handbuch Projektunterricht. Weinheim

Hausmann, G. (1959): Didaktik als Dramaturgie des Unterrichts. Heidelberg

Heidenreich, W.-D., Heymann, H.-W. (1976): Lehr-Lern-Forschung. Zschr. f. Päd. 22, 5, 225–275

Heiland, H. (Hrsg.) (1968): Didaktik. Bad Heilbrunn/Obb.

Heimann, P. (1970a): Didaktik 1945. In: Heimann, P. u. a. (Hrsg.): Unterricht. Analyse und Planung. 7–12. Hannover

– (1970b): Didaktik als Theorie und Lehre (1962). In: Kochan, D. C. (Hrsg.): Allgemeine Didaktik, Fachdidaktik, Fachwissenschaft. Ausgewählte Beiträge aus den Jahren 1953–1969. 110–142. Darmstadt

– (1973): Didaktik als Theorie und Lehre. In: Faber, W. (Hrsg.): Pädagogische Kontroversen. Bd. 2. Das Problem der Didaktik. 115–140. München

– (1976): Didaktik als Unterrichtswissenschaft. Hrsg. v. K. Reich u. H. Thomas. Stuttgart

– u. a. (Hrsg.) (1970): Unterricht. Analyse und Planung. Hannover

Heinze, Th. (1974): Versuch einer Phänomenologie von Unterrichtsprozessen. Theoretischer Ansatz und praktische Durchführung. Wiesbaden o. J.

– (1978): Unterricht als soziale Situation. Zur Interaktion von Schülern und Lehrern. 2. Aufl. München

– (1980): Schülertaktiken. München, Wien, Baltimore

– (1990): Medienanalyse. Ansätze zur Kultur- und Gesellschaftskritik. Opladen

Hentig, H. v. (1969a): Spielraum und Ernstfall. Gesammelte Aufsätze zu einer Pädagogik der Selbstbestimmung. Stuttgart

– (1969b): Was ist Didaktik (1964). In: Hentig, H. v. Spielraum und Ernstfall. 251–255. Stuttgart

– (1971): Die Bielefelder Laborschule. Allgemeiner Funktionsplan und Rahmen-Flächenprogramm. Stuttgart

– (1987): Das allmähliche Verschwinden der Wirklichkeit. 3. Aufl. München

Herbart, J. F. (1959): Allgemeine Pädagogik aus dem Zweck der Erziehung abgeleitet. 2. Aufl. Hrsg. H. Nohl. Weinheim, Berlin

Herrmann, Th. (Hrsg.) (1966): Psychologie der Erziehungsstile. Göttingen

Herskovits, M. J. (1949): Man and his Works. The Science of Cultural Anthropology. 3. Ed. New York

Heymann, H. W. (1999): Bildungstheorie und Didaktik. Zur Dynamik des Spannungsfeldes zwischen allgemeiner und fachbezogener Didaktik. In: Die Deutsche Schule, 206–215

Heyting, F., Lenzen, D. (Hrsg.) (1999): Schwerpunktheft Konstruktivismus. Zsch. für Erziehungswiss. 2. Jahrgang. Heft 4

Hillmann, K.-H. (Hrsg.) (1994): Wörterbuch der Soziologie. 4. Aufl. Stuttgart

Hiller, G. G. (1973): Konstruktive Didaktik. Beiträge zur Definition von Unterrichtszielen durch Lehrformen und Unterrichtsmodelle. Umrisse einer empirischen Unterrichtsforschung. Düsseldorf

Hintz, D. u. a. (Hrsg.) (2001): Neues Schulpädagogisches Wörterbuch. 3. Aufl. Weinheim, München

Hoffmann, B. (2003): Medienpädagogik. Eine Einführung in Theorie und Praxis. Paderborn, München, Wien, Zürich

Hofmann, F., Moser, G. (2003): Offenes Lernen planen und coachen. Ein Handbuch für Lehrerinnen und Lehrer in der Sekundarstufe. Bielefeld

Holland, J. G., Skinner, F. B. (1983): Analyse des Verhaltens. München

Holtappels, H. G., Horstkemper, M. (Hrsg.) (1999): Neue Wege in der Didaktik? Analysen und Konzepte zur Entwicklung des Lehrens und Lernens. Weinheim. In: 5. Beiheft. Die Deutsche Schule

Holzbrecher, A. (1999): Subjektorientierte Didaktik. Lernen als Suchprozesse und Arbeiten an Widerständen. In: Die Deutsche Schule, 141–168

Hopf, Ch., Weingarten, E. (Hrsg.) (1979): Qualitative Sozialforschung. Stuttgart

Hüther, J. (1997): Mediendidaktik. In: Hüther, J., Anfang, G. (Hrsg.): Grundbegriffe Medienpädagogik. 210–215

–, Anfang, G. (Hrsg.) (1997): Grundbegriffe Medienpädagogik. München

–, Podehl, B. (1997): Geschichte der Medienpädagogik. In: Hüther, J., Anfang, G. (Hrsg.): Grundbegriffe Medienpädagogik. 116–126

Huhse, K. (1968): Theorie und Praxis der Curriculumentwicklung. Ein Bericht über Wege der Curriculum-Reform in den USA mit Ausblicken auf Schweden und England. Studien und Berichte Bd. 13. Hrsg.

Institut für Bildungsforschung in der Max-Planck-Gesellschaft. Berlin

Hurrelmann, K. (1989): Einführung in die Sozialisationstheorie. Über den Zusammenhang von Sozialstruktur und Persönlichkeit. 2. Aufl. Weinheim, Basel

–, Ulich, D. (Hrsg.) (1982): Handbuch der Sozialisationsforschung. 2. Aufl. Weinheim, Basel

–, Ulich, D. (Hrsg.) (1998): Handbuch der Sozialisationsforschung. 5. Aufl. Weinheim, Basel

Huschke-Rein, R. (1990): Systemische Pädagogik. Bd. 4. Zur Praxisrelevanz der Systemtheorie. Köln

– (2003): Einführung in die systemische und konstruktivistische Pädagogik. Beratung – Systemanalyse – Selbstorganisation. 2. Aufl. Weinheim

Hußmann, St. (2002): Konstruktivistisches Lernen an Intentionalen Problemen. Mathematik unterrichten an einer offenen Lernumgebung. Hildesheim

Institut für die Pädagogik der Naturwissenschaften (Hrsg.) (1975): Strategien der Curriculumentwicklung. Weinheim, Basel

Issing, L. J. (Hrsg.) (1987): Medienpädagogik im Informationszeitalter. Weinheim

–, Knigge-Illner, H. (Hrsg.) (1976): Unterrichtstechnologie und Mediendidaktik. Grundfragen und Perspektiven. Weinheim, Basel

–, Klimsa, P. (1997): Information und Lernen mit Multimedia. 2. Aufl. Weinheim

Itelson, L. (1967): Mathematische und kybernetische Methoden in der Pädagogik. Berlin

Jahrbuch der Religionspädagogik. Bd. 18, siehe Bizer, Chr.

Jank, W., Meyer, H. (1991): Didaktische Modelle. Frankfurt/M.

Jank, W., Meyer, H. (2002): Didaktische Modelle. 5. Aufl. Berlin

Kammler, C., Knapp, W. (Hrsg.) (2002): Empirische Unterrichtsforschung und Deutschdidaktik. Hohengehren

Kant, I. (1968): Schriften zur Anthropologie, Geschichtsphilosophie, Politik und Pädagogik. Erster Teil. In: Weischedel, W. (Hrsg.)(1968): I. Kant Werke Bd. 9. Darmstadt

– (1968): Über den Gemeinspruch: Das mag in der Theorie richtig sein, taugt aber nicht für die Praxis. In: Weischedel, W. (Hrsg.) (1968): I. Kant Werke Bd. 9. 127–172. Darmstadt

Keck, R. W., Sandfuchs, U. (Hrsg.) (1979): Schulleben konkret. Zur Praxis einer Erziehung durch Erfahrung. Bad Heilbrunn/Obb.

– u. a. (Hrsg.) (1990): Fachdidaktik zwischen Allgemeiner Didaktik und Fachwissenschaft. Bad Heilbrunn

–, Sandfuchs. U. (Hrsg.) (1990): Fachdidaktik zwischen Allgemeiner Didaktik und Fachwissenschaft. Bestandsaufnahme und Analyse. Bad Heilbronn/Obb.

Keim, W. (1977): Schulische Differenzierung. Eine systematische Einführung. Köln

Kelly, G. A. (1986): Die Psychologie der persönlichen Konstrukte. Paderborn

Kerres, M. (1998): Multimediale und telemediale Lernumgebungen. Konzeption und Entwicklung. München, Wien

Klafki, W. (1958): Didaktische Analyse als Kern der Unterrichtsvorbereitung. In: Die Deutsche Schule 50, 450–471

– (1959): Das pädagogische Problem des Elementaren und die Theorie der kategorialen Bildung. Weinheim

– (1964): Didaktische Analyse als Kern der Unterrichtsvorbereitung. In: Roth, Hrch., Blumenthal, A. (Hrsg.): Didaktische Analyse. Auswahl. Grundlegende Aufsätze aus der Zeitschrift: Die Deutsche Schule. 5–34. Hannover, Dortmund, Darmstadt, Berlin

– (1968): Die didaktischen Prinzipien des Elementaren, Fundamentalen und Exemplarischen. In: Heiland, H. (Hrsg.): Didaktik. 64–83. Bad Heilbrunn/Obb.

– (1971a): Didaktik. In: Neues Pädagogisches Lexikon. Hrsg. v. H.-H. Groothoff u. M. Stallmann. 225–232. Stuttgart

– (1971b): Hermeneutische Verfahren in der Erziehungswissenschaft. In: Klafki, W. u. a.: Erziehungswissenschaft. Eine Einführung. Bd. 3. 126–153. Frankfurt/M., Hamburg

– (1971c): Didaktik und Methodik. In: Röhrs, H. (Hrsg.): Didaktik. 1–16. Frankfurt/M.

– (1971d): Erziehungswissenschaft als kritisch-konstruktive Theorie. Hermeneutik, Empirie, Ideologiekritik. Zschr. f. Päd. 17, 251–385

– (1974): Studien zur Bildungstheorie und Didaktik. Weinheim, Basel

– (1980a): Die bildungstheoretische Didaktik. Westerm. Päd. Beiträge 32, 1, 32–37

– (1980b): Zur Unterrichtsplanung im Sinne kritisch-konstruktiver Didaktik. In: Adl-Amini, B., Künzli, R. (Hrsg.): Didaktische Modelle der Unterrichtsplanung. 11–48. München

– (1983): Verändert Schulforschung die Schulwirklichkeit? Zschr. f. Päd. 30, 2, 281–296

– (1985): Neue Studien zur Bildungstheorie und Didaktik. Beiträge zur kritisch-konstruktiven Didaktik. Weinheim, Basel

– (1986): Die bildungstheoretische Didaktik im Rahmen kritisch-konstruktiver Erziehungswissenschaft. In: Gudjons, H. u. a. (Hrsg.): Didaktische Theorien. 11–27. Hamburg

– (1996): Neue Studien zur Bildungstheorie und Didaktik. Zeitgemäße Allgemeinbildung und kritisch-konstruktive Didaktik. 5. Aufl. Weinheim, Basel

– (2002): Schultheorie, Schulforschung und Schulentwicklung im politisch-gesellschaftlichen Kontext. Weinheim

– u. a. (1970 u. 1971): Erziehungswissenschaft. Eine Einführung. 3 Bde. Frankfurt/M., Hamburg

– u. a. (1977): Didaktik und Praxis. Weinheim, Basel 1977.

Klauer, K. J. (1973): Revision des Erziehungsbegriffs. Grundlagen einer empirisch-rationalen Pädagogik. Düsseldorf

Klaus, Gg. (Hrsg.) (1967): Wörterbuch der Kybernetik. Berlin

Kleines Lexikon der Pädagogik und Didaktik. Siehe Zöpfl, H.

Kliebisch, U. W., Schmitz, P. A. (1999): Happy Teaching. Praxis-Tipps zum Management von Schule, zur Selbstorganisation des Lehrers und für besseren Unterricht. Hohengehren

Klimsa, P. (1998): Kognitions- und lernpsychologische Voraussetzungen zur Nutzung von Medien. In: Dichanz, H. (Hrsg.), 73 – 100

Klingberg, L. (1972): Einführung in die allgemeine Didaktik. Berlin

– u. a. (1966): Abriß der allgemeinen Didaktik. Berlin

Klippert, H. (1996): Kommunikationstraining. Übungsbausteine für den Unterricht. Teil 1. 6. Aufl. Weinheim

– (1999): Methodentraining. Übungsbausteine für den Unterricht. Teil 2. 10. Aufl. Weinheim

Kloock, D., Spahr, A. (1997): Medientheorien. Eine Einführung. München

Knab, D. (1971): Ansätze zur Curriculumreform in der BRD. b:e, 15 – 28

Knecht-von Martial, J. (1986): Theorie allgemeindidaktischer Modelle. Köln, Wien

Kochan, D. C. (Hrsg.) (1970): Allgemeine Didaktik, Fachdidaktik, Fachwissenschaft. Ausgewählte Beiträge aus den Jahren 1953 bis 1969. Darmstadt

König, E., Riedel, H. (1976): Systemtheoretische Didaktik. 3. Aufl. Weinheim, Basel

König, R. (1973ff): Handbuch der empirischen Sozialforschung. 5 Bde. Stuttgart

Kohlberg, L. (1974): Zur kognitiven Entwicklung des Kindes. 3 Aufsätze. Frankfurt/M.

Kösel, E. (1995): Die Modellierung von Lernwelten. Ein Handbuch zur subjektiven Didaktik. 2. Aufl. Elztal-Dallau

Kramp, W. (1978): Didaktik im Prozeß. In: Born, W., Otto, G. (Hrsg.): Didaktische Trends. 151 – 192. München, Wien, Baltimore

Kranz, D. u. a. (Hrsg.) (1997): Multimedia – Internet – Lernsoftware. Fremdsprachenunterricht vor neuen Herausforderungen? Münster

Kreis, A. (1987): Die Arbeitswelt im Unterrichtsfilm. Eine Inhaltsanalyse von Dokumentarfilmen mit gesellschaftspolitischer Schwerpunktsetzung für das Fach Arbeitslehre. Mainz

Kroeber, A. L., Kluckhohn, C. (1963): Culture. A Critical Review of Concepts and Definitions. New York

Kron, F. W. (1986): Vom pädagogischen Bezug zur pädagogischen Interaktion. Päd. Rundschau 40, 545 – 558

– (1990a): Der pädagogische Freiraum des Lehrers. Herausforderung und Chance. In: Aselmeier, U. u. a. (Hrsg.): Die pädagogische Herausforderung des Lehrers. 101 – 114. Rheinfelden, Berlin

– (1990b): Pädagogische Führungspraxis unter Risiko-Verantwortung. In: Schüz, M. (Hrsg.): Risiko und Wagnis. Die Herausforderung der industriellen Welt. Bd. 2. 46 – 67. Pfullingen

–. (1999): Wissenschaftstheorie für Pädagogen. München, Basel

– (2001): Grundwissen Pädagogik. 6. Aufl. München, Basel

– (Hrsg.) (1973): Antiautoritäre Erziehung. Bad Heilbrunn/Obb.

–, Sofos, A. (2003): Mediendidaktik. Neue Medien in Lehr- und Lernprozessen. München, Basel

Krummheuer, G., Naujok, N. (1999): Grundlagen und Beispiele interpretativer Unterrichtsforschung. Opladen

Kuhn, Th. S. (1976): Die Struktur der wissenschaftlichen Revolutionen. 2. Aufl. Frankfurt/M.

– (1978): Die Entstehung des Neuen. Studien zur Struktur der Wissenschaftsgeschichte. Frankfurt/M.

– (1978): Neue Überlegungen zum Begriff des Paradigma. In: Kuhn, Th. S.: Die Entstehung des Neuen. Studien zur Struktur der Wissenschaftsgeschichte. 389 – 420. Frankfurt/M.

Kunczik, M. (1991): Kommunikationswissenschaft und Medienpädagogik. Diskutiert am Beispiel der Gewaltproblematik. In: Büttner, Chr., Meyer, E. W. (Hrsg.): Rambo im Klassenzimmer. 94 – 112. Weinheim, Basel

– (1998): Gewalt und Medien. Köln, Weimar, Wien 1998

Kunert, Chr. (1983): Wie Lehrer mit dem Lehrplan umgehen. Bericht über eine Befragung von Grund- und Hauptschullehrern. Interpretationen. Folgerungen. Weinheim, Basel

Lahn, W. (1972): Ein Modell zur Didaktik: Das System der Lehrfunktion. Die Deutsche Schule 64, 9, 565 – 578

Lamm, Z. (1972): Der Status des Wissens in einer radikalen Bildungskonzeption. In: Robinsohn, S. B. (Hrsg.): Curriculumentwicklung in der Diskussion. 25 – 36. Stuttgart, Düsseldorf

Langenscheidts Großwörterbuch. Griechisch-Deutsch. Unter Berücksichtigung der Etymologie. Hrsg. H. Menge (1973) 22. Aufl. Berlin, München, Zürich

Langeveld, M. J. (1965a): Anthropologie und Psychologie des Erziehers. Anlauf und erster Sprung. Pädagogische Rundschau 19, 745 – 753

– (1965b): Einführung in die theoretische Pädagogik. 5. Aufl. Stuttgart

Lawton, D. (1975): Class, Culture and the Curriculum. London, Boston

Lefrancois, G. R. (1986): Psychologie des Lernens. 2. erw. Aufl. Berlin, Heidelberg, New York, Tokyo

Lehr-Lern-Forschung. Themenschwerpunkt. Zschr. f. Päd. 28, H. 3 u. 4. 1982

Lemberg, E. (1963a): Von der Erziehungswissenschaft zur Bildungsforschung: Das Bildungswesen als gesellschaftliche Institution. In: Lemberg, E. (Hrsg.): Das Bildungswesen als Gegenstand der Forschung. 21–100. Heidelberg

– (Hrsg.) (1963b): Das Bildungswesen als Gegenstand der Forschung. Heidelberg

Lenzen, D. (1973): Didaktik und Kommunikation. Zur strukturalen Begründung der Didaktik und zur didaktischen Struktur sprachlicher Interaktion. Frankfurt/M.

– (Hrsg.) (1983–1986): Enzyklopädie Erziehungswissenschaft. Handbuch und Lexikon der Erziehung in 11 Bänden und einem Registerband. Stuttgart

Lippitz, W., Meyer-Drawe, K. (Hrsg.) (1984): Lernen und seine Horizonte. Phänomenologische Konzeptionen menschlichen Lernens – Didaktische Konsequenzen. 2. Aufl. Frankfurt/M.

– (Hrsg.) (1987): Kind und Welt. Phänomenologische Studien zur Pädagogik. 2. Aufl. Frankfurt/M.

Loch, W. (1969): Enkulturation als anthropologischer Grundbegriff der Pädagogik. In: Weber, E. E. (Hrsg.): Der Erziehungs- und Bildungsbegriff im 20. Jahrhundert. 122–140. Bad Heilbrunn/Obb.

Locke, J. (1966): Gedanken über Erziehung. 2. Aufl. Hrsg. H. Wohlers. Bad Heilbrunn/Obb.

Loser, F. (1969): Die anthropologische Betrachtungsweise einer Geschichte des Lehrens und Lernens. In: Bollnow, O. F. (Hrsg.): Erziehung in anthropologischer Sicht. 76–103. Zürich

– (1979): Konzepte und Verfahren der Unterrichtsforschung. München

– (1980): Alltäglicher Unterricht und die Erforschung des unterrichtlichen Alltags. In: Thiemann, F. (Hrsg.): Konturen des Alltäglichen. 133–166. Königstein/Ts.

– (1985): Aspekte einer offenen Unterrichtsplanung. Eine Einführung in die Problematik. In: Biermann, R. (Hrsg.): Interaktion, Unterricht, Schule. 185–209. Darmstadt

Luckmann, Th. (1992): Theorie des sozialen Handelns. Berlin, New York

Ludes, P. (1998): Einführung in die Medienwissenschaft. Entwicklungen und Theorien. Berlin

Lüschen, G. (Hrsg.) (1979): Deutsche Soziologie seit 1945. Entwicklungsrichtungen und Praxisbezüge. Kölner Zeitschr. f. Soziologie und Sozialpsychologie

Luhmann, N. (1987): Soziologische Aufklärung 4. Beiträge zur funktionalen Differenzierung der Gesellschaft. Opladen

– (1990): Soziologische Aufklärung 5. Konstruktivistische Perspektive. Opladen

– (1991a): Soziologische Aufklärung 1. Aufsätze zur Theorie sozialer Systeme. 6. Aufl. Bd. 1 Opladen

– (1991b): Soziologische Aufklärung 2. Aufsätze zur Theorie der Gesellschaft. 4. Aufl. Opladen

– (1991c): Soziologische Aufklärung 3. Soziales System, Gesellschaft, Organisation. 2. Aufl. Opladen

Mader, G., Stöckl, W. (1999): Virtuelles Lernen. Begriffsbestimmung und aktuelle empirische Befunde. Innsbruck, Wien

Mager, R. F. (1973): Lernziele und Unterricht. Weinheim, Basel

Mangeld, W. (1967): Empirische Sozialforschung. Grundlagen und Methoden. Heidelberg

Martin, E. (1989): Didaktik der sozialpädagogischen Arbeit. Eine Einführung in die Probleme und Möglichkeiten. Weinheim, München

Marx, K. (1971): Die Frühschriften. Von 1837 bis zum Manifest der kommunistischen Partei 1948. Hrsg. v. S. Landshut. Stuttgart

Marcuse, L. (1970): Triebstruktur und Gesellschaft. Frankfurt/M.

Maturana, H. R., Varela, F. J. (1987): Der Baum der Erkenntnis. Die biologischen Wurzeln menschlichen Erkennens. Bern, München

Maurer, F. (1981): Lebensgeschichte und Lernen. In: Maurer, F. (Hrsg.): Lebensgeschichte und Identität. 105–132. Frankfurt/M.

– (1990): Lebenssinn und Lernen. Zur Anthropologie der Kindheit und des Jugendalters. Langenau-Ulm

– (Hrsg.) (1981): Lebensgeschichte und Identität. Beiträge zu einer biographischen Anthropologie. Frankfurt/M.

Mead, G. H. (1989): Geist, Identität und Gesellschaft aus der Sicht des Sozialbehaviorismus. 11. Aufl. Frankfurt/M.

Merkens, H. (1991): Wissenschaftstheorie. In: Roth, L. (Hrsg.): Pädagogik. Handbuch für Studium und Praxis. 19–31. München

–, Seiler, Hrch. (1978): Interaktionsanalyse. Stuttgart, Berlin, Köln, Mainz

–, Weishaupt, H. (Hrsg.) (2001): Schulforschung und Schulentwicklung

Merkert, R. (1991): Medien und Erziehung. Einführung in pädagogische Fragen des Medienzeitalters. Darmstadt

Mette, N., Schweitzer, F. (2002): Neuere Religionsdidaktik im Überblick. In: Bizer, Ch. u. a. (Hrsg.): Religionsdidaktik. 21–40

Metzke, E. (Hrsg.) (1949): Handlexikon der Philosophie. Heidelberg

–, Winkel, R. (Hrsg.) (1991): Unser Konzept: Lernen in Gruppen. Begründungen. Forschungen. Praxishilfen. Hohengehren

Meyer, H. (1989): Leitfaden zur Unterrichtsvorbereitung. 9. Aufl. Frankfurt

– (1990): Unterrichtsmethoden. Bd. 1 Theorieband, Bd. 2 Praxisband. 3. Aufl. Frankfurt/M.

Meyer, M. (1999): Bildungsgangdidaktik. Auf der Suche nach dem Kern der Allgemeinen Didaktik. In: Die Deutsche Schule, 123–140

–, Schulze, Th. (1999): Perspektiven der Didaktik. Ein Dialog zur Einführung. In: Die Deutsche Schule. 8–15

Meyers Enzyklopädisches Lexikon. (1972) Bd. 6 Coo–Dier. Stichwort Didaktik. Mannheim, Wien, Zürich

Meyrowitz, J. (1990a): Überall und nirgends dabei. Die Fernsehgesellschaft I. Weinheim, Basel

– (1990b): Wie Medien unsere Welt verändern. Die Fernsehgesellschaft II. Weinheim, Basel

Mollenhauer, K. (1972): Theorien zum Erziehungsprozeß. Zur Einführung in erziehungswissenschaftliche Fragestellungen. München

Möller, B. (1971): Analytische Unterrichtsmodelle. Ergebnisse und Probleme der Lernorganisation. 2. Aufl. München

–, Möller, Chr. (1955): Perspektiven der didaktischen Forschung. München

Möller, Chr. (1969): Technik der Lernplanung. Methoden und Probleme der Lernzielerstellung. Weinheim, Berlin, Basel

– (1980): Die curriculare Didaktik. Westerm. Päd. Beiträge 32, 4, 164–168,

– (1986): Die curriculare Didaktik. oder: Der lernzielorientierte Ansatz. In: Gudjons, H. u. a. (Hrsg.): Didaktische Theorien. 63–77. Hamburg

Moser, H. (1976): Handlungsorientierte Curriculumforschung. Überlegungen zum gegenwärtigen Stand der Curriculumdiskussion. 2. Aufl. Weinheim, Basel

– (1977): Methoden der Aktionsforschung. München

Müllges, U. (Hrsg.) (1986): Quellen zur historischen Didaktik und Methodik. Mannheim, Wien, Zürich

Neues pädagogisches Lexikon. Siehe Groothoff, H.-H., Stallmann, M.

Neumann-Braun, K. (1991): Kinder im Mediennetz? Aspekte der Medienrezeption im Kindesalter. In: Aufenanger, St. (Hrsg.): Neue Medien – Neue Pädagogik. 65–81. Bonn

OECD/CERI (Hrsg.) (1975): Strategien der Curriculumentwicklung. Weinheim, Basel

Oerter, R., Montada, L. (1986): Entwicklungspsychologie. Ein Lehrbuch. 4. Aufl. München, Wien, Baltimore

Oevermann, U. (1979): Sozialisationstheorie. Ansätze zu einer soziologischen Sozialisationstheorie und ihre Konsequenzen für eine allgemeine soziologische Analyse. In: Lüschen, G. (Hrsg.): Deutsche Soziologie seit 1945. 143–168

Otto, G., Schulz, W. (Hrsg.) (1985): Enzyklopädie Erziehungswissenschaft. Bd. 4. Methoden und Medien der Erziehung und des Unterrichts. Stuttgart

–, Schiebel, U. (1970): Das Didaktikum. In: Heimann, P. u. a. (Hrsg.): Unterricht. Analyse und Planung. 197–211

–, Schulz, W. (1986): Der Beitrag der Curriculumforschung. In: Enzyklopädie Erziehungswissenschaft. Bd. 3. Ziele und Inhalte der Erziehung und des Unterrichts. 49–62. Stuttgart

Pädagogik. Handbuch für Studium und Praxis. Siehe Roth, L.

Pädagogisches Lexikon. Siehe Groothoff, H.-H., Stallmann, M.

Pädagogisches Zentrum des Landes Rheinland-Pfalz (Hrsg.) (1991): Region und Unterricht I. Entwurf einer Konzeption. Bad Kreuznach

Parsons, T. (1986): Gesellschaften. Evolutionäre und komparative Perspektiven. 2. Aufl. Frankfurt/M.

Peschel, F. (2003): Offener Unterricht 1. Allgemeindidaktische Überlegungen. Hohengehren

– (2003): Offener Unterricht 2. Fachdidaktische Überlegungen. Hohengehren

Peterßen, W. H. (1971): Die Strukturtheorie der Didaktik. Eine vergleichende Untersuchung der didaktischen Entwürfe der Gegenwart im Hinblick auf ihren Beitrag zu einer Strukturtheorie des Lehrens und Lernens. Hamburg

– (1983): Lehrbuch der allgemeinen Didaktik. München

– (1989): Lehrbuch Allgemeine Didaktik. 2. Aufl. München 1989

– (2001): Lehrbuch Allgemeine Didaktik. 6. Aufl. München

– (Hrsg.) (1982): Handbuch Unterrichtsplanung. Grundfragen, Modelle, Stufen, Dimensionen. 5. überarb. u. aktualisierte Aufl. München

Petillon, H. (1987): Der Schüler. Rekonstruktion der Schule aus der Perspektive von Kindern und Jugendlichen. Darmstadt

Philosophisches Wörterbuch (1974). 19. Aufl. Stuttgart 1974

Piaget, J. (1948): Psychologie der Intelligenz. Frankfurt/M., Stuttgart

– (1972): Theorien und Methoden der modernen Erziehung. Wien, Zürich, München

– (1992): Einführung in die genetische Erkenntnistheorie. 5. Aufl. Frankfurt/M.

– (1973): Der Strukturalismus. Freiburg/B.

– (1976): Die Äquilibration der kognitiven Strukturen. Frankfurt/M.

Plöger, W. (1992): Allgemeine Didaktik und Fachdidaktik. Modelltheoretische Untersuchungen. Frankfurt/M., Bern, New York, Paris

– (1999): Allgemeine Didaktik und Fachdidaktik. München

Popp, W. (1970): Die Funktion von Modellen in der didaktischen Theorie. In: Dohmen, G. u. a.: Unterrichtsforschung und didaktische Theorie. 49–60. München
– (1976): Kommunikative Didaktik. Soziale Dimensionen des didaktischen Feldes. Weinheim, Basel
Portmann, A. (1965): Biologische Fragmente zu einer Lehre vom Menschen. 3. Aufl. Basel, Stuttgart
Preuß, E. (Hrsg.) (1976): Zum Problem der inneren Differenzierung. Bad Heilbrunn/Obb.
Protzner, W. (1977): Zur Medientheorie des Unterrichts. Bad Heilbrunn/Obb.

Rahmenordnung für die Diplomprüfung in Erziehungswissenschaft. Beschlossen von der Westdeutschen Rektorenkonferenz am 4.7.1988 und von der Ständigen Konferenz der Kultusminister der Länder in der Bundesrepublik Deutschland am 25./26.1.1989
Reich, K. (1977): Theorien der allgemeinen Didaktik. Zu den Grundlinien didaktischer Wissenschaftsentwicklung in der Bundesrepublik Deutschland und in der Deutschen Demokratischen Republik. Stuttgart
– (2000): Systemisch-konstruktivistische Pädagogik. Einführung in Grundlagen einer interaktionistisch-konstruktivistischen Pädagogik. 3. Aufl. Neuwied, Kriftel
Reichard, F. (1979): Aspekte der systemtheoretischen Didaktik zum bildnerischen Gestalten in der Grundschule. In: Riedel, H. (Hrsg.): Standort und Anwendung der systemtheoretischen Didaktik. 120–138. München
Riedel, H. (1977): Allgemeine Didaktik und unterrichtliche Praxis. Eine Einführung. München
– (Hrsg.) (1979): Standort und Anwendung der systemtheoretischen Didaktik. München
Robinsohn, S. B. (1972a): Curriculumentwicklung in der Diskussion. Düsseldorf, Stuttgart
– (1973): Erziehung als Wissenschaft. Hrsg. v. F. Braun u. a. mit einer Einleitung von Hellmut Becker. Stuttgart
– (1975): Bildungsreform als Revision des Curriculums und Ein Strukturkonzept für Curriculumentwicklung. 5. Aufl. Neuwied, Berlin
– u. a. (Hrsg.) (1972b): Schulreform im gesellschaftlichen Prozeß. Ein interkultureller Vergleich. 3 Bde. Bd. 1 Bundesrepublik Deutschland, Deutsche Demokratische Republik, Sowjetunion. 2. Aufl. Stuttgart
Rogers, C. (1973): Die Klient-bezogene Gesprächstherapie. München
Rohracher, H. (1953): Einführung in die Psychologie. 5. Aufl. Wien, Innsbruck, München, Basel
Röhrs, H. (1968): Forschungsmethoden in der Erziehungswissenschaft. Stuttgart, Berlin, Köln, Mainz
– (1972): Modelle der Schul- und Erziehungsforschung in den USA. Frankfurt/M.

– (Hrsg.) (1967): Erziehungswissenschaft und Erziehungswirklichkeit. 2. Aufl. Frankfurt/M.
Roth, G. (1997): Das Gehirn und seine Wirklichkeit. Kognitive Neurobiologie und ihre philosophischen Konsequenzen. Frankfurt/M.
– (2001): Fühlen, Denken, Handeln. Wie das Gehirn unser Verhalten steuert. Frankfurt/M.
Roth, H. (1958): Die Bedeutung der empirischen Forschung für die Pädagogik. Päd. Forschung u. päd. Praxis. 5–57. Heidelberg
– (1962): Pädagogische Psychologie des Lehrens und Lernens. 6. Aufl. Berlin, Hannover, Darmstadt
– (1967): Die realistische Wendung in der pädagogischen Forschung. In: Röhrs, H. (Hrsg.): Erziehungswissenschaft und Erziehungswirklichkeit. 179–191. Frankfurt/M.
– (1966 u. 1971): Pädagogische Anthropologie. Bd. 1 Bildsamkeit und Bestimmung. Bd. 2 Entwicklung und Erziehung. Grundlagen einer Entwicklungspädagogik. Hannover, Berlin, Darmstadt, Dortmund
– (Hrsg.) (1972): Begabung und Lernen. Ergebnisse und Folgerungen neuer Forschungen. 8. Aufl. Deutscher Bildungsrat. Gutachten und Studien der Bildungskommission Bd. 4. Stuttgart
–, Blumenthal, A. (Hrsg.) (1964): Didaktische Analyse. Auswahl. Grundlegende Aufsätze aus der Zeitschrift: Die Deutsche Schule. Hannover, Dortmund, Darmstadt, Berlin
Roth, L. (Hrsg.) (1978): Methoden erziehungswissenschaftlicher Forschung. Stuttgart, Berlin, Köln, Mainz
– (Hrsg.) (1980): Handlexikon zur Didaktik der Schulfächer. München
– (Hrsg.) (1980): Handlexikon zur Erziehungswissenschaft. 2 Bde. Hamburg
– (Hrsg.) (1991): Pädagogik. Handbuch für Studium und Praxis. München
Ruelcker, T. (1976): Bildung, Gesellschaft, Wissenschaft. Eine Einführung in Grundbegriffe, Perspektiven und Grenzen der Deutschen Curriculum-Diskussion. Heidelberg
Rumpf, H. (1976): Unterricht und Identität. Perspektiven für ein humanes Lernen. München
– (1987): Belebungsversuche. Ausgrabungen gegen die Verödung der Lernkultur. München
Ruprecht, H. (1972): Modelle grundlegender didaktischer Theorien. In: Ruprecht, H. u. a. (Hrsg.): Modelle grundlegender didaktischer Theorien. 9–72. Hannover
– (1978): Die erfahrungswissenschaftliche Tradition der Erziehungswissenschaft. In: Thiersch, H. u. a.: Die Entwicklung der Erziehungswissenschaft. 109–171. München
– u. a. (Hrsg.) (1972): Modelle grundlegender didaktischer Theorien. Hannover

Schäfer, K.-H., Schaller, K. (1976): Kritische Erziehungswissenschaft und kommunikative Didaktik. 3. durchges. Aufl. Heidelberg

Schaller, K. (1973): Comenius. Darmstadt

– (1974): Einführung in die kritische Erziehungswissenschaft. Darmstadt

– (1985): Comenius und die moderne Pädagogik. In: Schaller, K. (Hrsg.): Erkennen – Glauben – Handeln. Internationales Comenius-Colloquium Herborn 1984. 225–234. Sankt Augustin

Schell, F. (1989): Aktive Medienarbeit mit Jugendlichen. Theorie und Praxis. Opladen

– (1997): Aktive Medienarbeit. In: Hüther, J., Anfang, G. (Hrsg.): Grundbegriffe Medienpädagogik. 9–18

– u. a. (Hrsg.) (1999): Medienkompetenz. Grundlagen und pädagogisches Handeln. München

Schenk, M. (1997): Medienwirkungsforschung. Tübingen

Scheunpflug, A. (1998): Sammelrezension zu systemtheoretischen Zugängen zur Erziehungswissenschaft. Zsch. f. Erziehungswiss. 1. Jahrgang, Heft 4, 619–628

– (1999): Evolutionäre Didaktik. Ein Entwurf aus system- und evolutionstheoretischer Sicht. In: Die Deutsche Schule, 169–185

– (2000): Didaktische Theoriebildung. Ein kritischer Aufriss ihrer handlungstheoretischen Logik. Hamburg

– (2001a): Evolutionäre Didaktik. Unterricht aus system- und evolutionstheoretischer Perspektive. Weinheim, Basel

– (2001b): Biologische Grundlagen des Lernens. Berlin

Schierz, M. (1999): Narrative Didaktik. Ein Beispiel und drei Zweifel. In: Die Deutsche Schule, 186–190

Schlippe, A. v., Schweitzer, J. (1996): Lehrbuch der systemischen Therapie und Beratung. Göttingen

Schnaitmann, G. W. (Hrsg.) (1996): Theorie und Praxis der Unterrichtsforschung. Methodologische und praktische Ansätze zur Erforschung von Lernprozessen. Donauwörth

Schorb, B. (1997): Medienkunde. In: Hüther, J., Anfang, G. (Hrsg.): Grundbegriffe Medienpädagogik. 241–242

– u. a. (1982): Sozialisation durch Massenmedien. In: Handbuch der Sozialisationsforschung. Hrsg. v. K. Hurrelmann und D. Ulich. 2. Aufl. 603–627. Weinheim, Basel

Schrader, A. u. a. (1976): Die zweite Generation. Sozialisation und Akkulturation ausländischer Kinder in der Bundesrepublik. Kronberg

Schratz, M., Steiner-Löffler, U. (1998): Die lernende Schule. Arbeitsbuch pädagogische Schulentwicklung. Weinheim, Basel

Schröder, H. (2000): Lernen – Lehren – Unterricht. München, Wien

– (2001): Didaktisches Wörterbuch. 3. Aufl. München

Schröter, G. (1972): Didaktik als Struktur der Lehrfunktionen. Düsseldorf

– (1980): Strömungen der Gegenwartsdidaktik. Düsseldorf

Schülein, J. A. (1977): Selbstbetroffenheit. Über Aneignung und Vermittlung sozialwissenschaftlicher Kompetenz. Frankfurt/M.

Schulz zur Wiesch, G. (1979): Verwirklichung einzelner Aspekte der systemtheoretischen Didaktik in der Planung, Durchführung und Reflexion von Unterricht während der zweiten Phase der Lehrerbildung. In: Riedel, H. (Hrsg.): Standort und Anwendung der systemtheoretischen Didaktik. 170–187. München

Schulz, W. (1970): Aufgaben der Didaktik. Eine Darstellung aus lehrtheoretischer Sicht (1969). In: Kochan, D. C. (Hrsg.): Allgemeine Didaktik, Fachdidaktik, Fachwissenschaft. Ausgewählte Beiträge aus den Jahren 1956–1969. 403–440. Darmstadt

– (1971): Didaktik. Umriß der lehrtheoretischen Konzeption einer erziehungswissenschaftlichen Disziplin. In: Röhrs, H. (Hrsg.): Didaktik. 17–29. Frankfurt/M.

– (1972): Unterricht. Analyse und Planung. In: Heimann, P., Otto, G., Schulz, W.: Unterricht. Analyse und Planung. 6. Aufl. 13–47. Hannover

– (1976): Unterricht zwischen Funktionalisierung und Emanzipationshilfe. In: Ruprecht, H. u. a. (Hrsg.): Modelle grundlegender didaktischer Theorien. 3. Aufl. 155–184. Hannover

– (1980a): Das Hamburger Modell der Unterrichtsplanung. Seine Funktionen in der Alltagspraxis. In: Adl-Amini, B., Künzli, R. (Hrsg.): Didaktische Modelle der Unterrichtsplanung. 49–87. München

– (1980b): Die lehrtheoretische Didaktik. Westerm. Päd. Beiträge 32, 2, 80–85

– (1980c): Unterrichtsplanung. München, Wien, Baltimore

– (1986): Die lehrtheoretische Didaktik. In: Gudjons, H. u. a. (Hrsg.): Didaktische Theorien. 29–45. Hamburg

–, Born, W. (1978): Von der lehrtheoretischen Didaktik zu einer kritisch-konstruktiven Unterrichtswissenschaft. In: Born, W., Otto, G. (Hrsg.): Didaktische Trends. 85–115. München, Wien, Baltimore

Schwab, J. J. (1973): The Practical 3. Translation into Curriculum. In: School Review 81, 4, 501–522

Schwarzer, R. (Hrsg.) (1998): Multimedia und Telelearning. Lernen im Cyberspace. Frankfurt/New York

Second Handbook of Research on Teaching. A Project of the American Educational Research Association (1973). Edd. by Robert M. W. Travers. 2. Ed. Chicago

Seel, N. M. (2003): Psychologie des Lernens. Lehrbuch für Pädagogen und Psychologen. 2. Aufl. München, Basel

Singer, W. (2002): Der Beobachter im Gehirn. Essays zur Hirnforschung. Frankfurt/M.

Six, U. u. a. (2001): Medienerziehung im Kindergarten. In: Aufenanger, St., Six, U. (Hrsg.): Handbuch Medien. 13–56

Skinner, B. F. (1938): The Behavior of Organisms. New York

– (1973): Wissenschaft und menschliches Verhalten. München

– (1985): Futurum Zwei. „Walden Two". Die Vision einer aggressionsfreien Gesellschaft. Hamburg

Skowronek, H. (1975): Lernen und Lernfähigkeit. 6. Aufl. München

Spinner, H. F. (1974): Theorie. In: Handbuch philosophischer Grundbegriffe. Hrsg. v. Hermann Krings. Bd. 5. 1486–1512. München

Staatliches Studienseminar für das Lehramt an Gymnasien. Bad Kreuznach (Hrsg.) (1986): Ausbildung an den Schulen gemäß §9 der Landesverordnung über die Ausbildung und zweite Staatsprüfung für das Lehramt an Gymnasien v. 11.12.1984, Bad Kreuznach

Stachowiak, H. (Hrsg.) (1980): Modelle und Modelldenken im Unterricht. Anwendungen der Allgemeinen Modelltheorie auf den Unterricht. Bad Heilbrunn/Obb.

Stolzenburg, E., Theunert, H. (Hrsg.) (1999): Medienkompetenz. Grundlagen und pädagogisches Handeln. München

Ströker, E. (1982): Theoriewandel in der Wissenschaftsgeschichte. Chemie im 18. Jahrhundert. Frankfurt/M.

– (1987): Einführung in die Wissenschaftstheorie. 3. Aufl. Darmstadt

Strukturplan für das Bildungswesen. Hrsg. v. Deutschen Bildungsrat (1971). Empfehlungen der Bildungskommission. 3. Aufl. Stuttgart

Sünkel, W. (1996): Phänomenologie des Unterrichts. Grundriß der theoretischen Didaktik. Weinheim, München

Suhr, M. (1994): John Dewey zur Einführung. Hamburg

Tausch, R., Tausch, A.-M. (1968): Erziehungspsychologie. Psychologische Vorgänge in Erziehung und Unterricht. 3. Aufl. Göttingen

–, Tausch, A.-M. (1979): Erziehungspsychologie. Begegnung von Person zu Person. 9. Aufl. Göttingen

–, Tausch, A.-M. (1991): Erziehungspsychologie. Begegnung von Person zu Person. 10. Aufl. Göttingen

Tenorth, H.-E. (1986): Transformationen der Pädagogik – 25 Jahre Erziehungswissenschaft in der „Zeitschrift für Pädagogik". Zschr. f. Päd. Beiheft 20, 21–281

Terhart, E. (1978): Interpretative Unterrichtsforschung: Kritische Rekonstruktion und Analyse konkurrierender Forschungsprogramme der Unterrichtswissenschaft. Stuttgart

– (1986): Der Stand der Lehr-Lern-Forschung. In: Enzyklopädie Erziehungswissenschaft. Bd. 3. Ziele und Inhalte der Erziehung. Hrsg. v. H.-D. Haller und H. Meyer. 63–79. Stuttgart

Terfurth, Chr., Cohn, R. C. (Hrsg.) (1995): Lebendiges Lehren und Lernen. TZI macht Schule. Stuttgart

The Oxford English Dictionary (1989). 2. Edition. Vol. IV creel-duzepere. Oxford

Thiemann, F. (1985): Schulszenen. Vom Herrschen und Leiden. Frankfurt

– (Hrsg.)(1980): Konturen des Alltäglichen. Interpretationen zum Unterricht. Königstein/Ts.

Thiersch, H. u. a. (Hrsg.) (1978): Die Entwicklung der Erziehungswissenschaft. München

Tippelt, R. (Hrsg.) (2002): Handbuch Bildungsforschung. Opladen

Travers, R. M. W. (1972): Einführung in die erziehungswissenschaftliche Forschung. München

Treiber, B., Weinert, F. E. (Hrsg.) (1982): Lehr-Lern-Forschung. Ein Überblick in Einzeldarstellungen. München, Wien, Baltimore

Tulasiewicz, W. (1985): Gedanken zum Thema einer schüler- und unterrichtsorientierten Fachdidaktik aus englischer Sicht. In: Aselmeier, U. u. a. (Hrsg.): Fachdidaktik am Scheideweg. 53–58. München

–, Adams, A. (Hrsg.) (1989): Teachers Expectations and Teaching Reality. London, New York

Tulodziecki, G. (1989): Medienerziehung in Schule und Unterricht. Bad Heilbrunn

– (1997): Medien in Erziehung und Bildung. Grundlagen und Beispiele einer handlungs- und entwicklungsorientierten Medienpädagogik. 3. Auf. Bad Heilbrunn/Obb.

Tyler, R. W. (1973): Curriculum und Unterricht. Düsseldorf

Ulich, D. (1976): Pädagogische Interaktion. Theorien erzieherischen Handelns und sozialen Lernens. Weinheim, Basel

– (Hrsg.) (1974): Theorie und Methode der Erziehungswissenschaft. Probleme einer sozialwissenschaftlichen Pädagogik. 2. Aufl. Weinheim, Basel

Ulich, K. (1985): Erziehungsschwierigkeiten. b:e (betrifft: erziehung) 18, 6, 35–42

Velthaus, G. (1965): Schule und Leben als Spannungseinheit. Ein Beitrag zur Theorie der Schule. Wiesbaden 1965

– (1992): Die anthropologischen Ansätze einer neuen Lernkultur. Engagement, Phantasie und Bildung. Rheinfelden, Berlin 1992

Vester, F. (1975): Denken, Lernen, Vergessen. Was geht in unserem Kopf vor, wie lernt das Gehirn, und wann läßt es uns im Stich? Gütersloh

Voß, R. (Hrsg.) (1996): Die Schule neu erfinden. Systemisch-konstruktivistische Annäherungen an Schule und Pädagogik. Neuwied

Wagenschein, M. (1954): Das „exemplarische Lehren" als ein Weg zur Erneuerung der Höheren Schule. Hamburg

– (1973): Verstehen Lehren. Genetisch-Sokratisch-Exemplarisch. 4. Aufl. Weinheim/Basel

Watzlawick, P. (Hrsg.) (2000): Die erfundene Wirklichkeit. Wie wissen wir was wir zu wissen glauben? Beiträge zum Konstruktivismus. 12. Aufl. München

– u. a. (1972): Menschliche Kommunikation. Formen, Störungen, Paradoxien. 3. Aufl. Bern, Stuttgart, Wien

Weber, E. E. (1970): Erziehungsstile. Lehrbuch für Studierende der Pädagogik. Donauwörth

– (Hrsg.) (1969): Der Erziehungs- und Bildungsbegriff im 20. Jahrhundert. Bad Heilbrunn/Obb.

Weber, E. (1996): Pädagogik. Eine Einführung. Bd. I: Grundfragen und Grundbegriffe. Teil 2: Ontogenetische (entwicklungspsychologische und lebensgeschichtliche) Voraussetzungen der Erziehung – Notwendigkeit und Möglichkeit der Erziehung. Donauwörth

Weber, M. (1972): Wirtschaft und Gesellschaft. Grundriß der verstehenden Soziologie. 5. Aufl. Tübingen

Websters New World (1984). Dictionary of the American Language. 2. Ed. New York

Weiss, R. (1980): Grundfragen des Unterrichts. 2. Aufl. Innsbruck

Weniger, E. (1956): Didaktik als Bildungslehre. Teil 1: Theorie der Bildungsinhalte und des Lehrplans. 2. Aufl. Weinheim, Berlin, Basel

– (1964a): Theorie und Praxis in der Erziehung. In: Weniger, E.: Die Eigenständigkeit der Erziehung in Theorie und Praxis. 3. Aufl. 7 – 22. Weinheim

– (1964b): Die Eigenständigkeit der Erziehung in Theorie und Praxis. Probleme der akademischen Lehrerbildung. 3. Aufl. Weinheim

– (1965): Didaktik als Bildungslehre. Teil 2: Didaktische Voraussetzungen der Methode in der Schule. 4./6. Aufl. Weinheim

– (1975a): Didaktische Voraussetzungen der Methode in der Schule (1927/1960). In: Weniger, E.: Ausgewählte Schriften zur geisteswissenschaftlichen Pädagogik. Hrsg. B. Schonig. 295 – 366. Weinheim/Basel

– (1975b): Ausgewählte Schriften zur geisteswissenschaftlichen Pädagogik. Hrsg. B. Schonig. Weinheim/Basel

– (1975c): Theorie der Bildungsinhalte und des Lehrplans (1930/1952). In: Weniger, E.: Ausgewählte Schriften zur geisteswissenschaftlichen Pädagogik. Hrsg. B. Schonig. 199 – 294. Weinheim/Basel

Wetzel, F. G. (1980): Kognitive Psychologie. Eine Einführung in die Psychologie der kognitiven Strukturen von Jean Piaget. Weinheim/Basel

Wiater, W. (1999): Vom Schüler her unterrichten. Eine neue Didaktik für eine veränderte Schule. Donauwörth

Wiener, N. (1952): Mensch und Menschmaschine. Frankfurt/M., Berlin

Wilkesmann, U. (1999): Lernen in Organisationen. Die Inszenierung von kollektiven Lernprozessen. Frankfurt/M.

Willmann, O. (1967): Didaktik als Bildungslehre nach ihren Beziehungen zur Sozialforschung und zur Geschichte der Bildung. 7. Aufl. Freiburg

Wilson, Th. P. (1976): Theorien der Interaktion und Modelle soziologischer Erklärung. In: Arbeitsgruppe Bielefelder Soziologen (Hrsg.): Alltagswissen und gesellschaftliche Wirklichkeit. Bd. 1: Symbolischer Interaktionismus und Ethnomethodologie. 54 – 79. Hamburg

Winkel, R. (1980): Die kritisch-kommunikative Didaktik. Westerm. Päd. Beiträge 32, 5, 200 – 204

– (1986): Die kritisch-kommunikative Didaktik. In: Gudjons, H. u. a. (Hrsg.): Didaktische Theorien. 79 – 93. Hamburg

– (1988): Antinomische Pädagogik und kommunikative Didaktik. Studien zu den Widersprüchen und Spannungen in Erziehung und Schule. 2. Aufl. Düsseldorf

Wörterbuch der Erziehung. Siehe Wulf, Chr.

Wörterbuch der Kybernetik. Siehe Klaus, Gg.

Wörterbuch der Pädagogik (1977). 1. Bd. Abendschulen bis genetische Methode. 2. Bd. Geographieunterricht bis Politische Bildung. Hrsg. Willmann-Institut. Freiburg, Basel, Wien

Wörterbuch der Pädagogik. Siehe Böhm, W.

Wörterbuch der Soziologie. Siehe Hillmann, K.-H.

Wörterbuch Psychologie. Siehe Fröhlich, W. D.

Wulf, Chr. (Hrsg.) (1975): Wörterbuch der Erziehung. 3. Aufl. München, Zürich

Zetterberg, H. L. (1973): Theorie, Forschung und Praxis in der Soziologie. In: Handbuch der empirischen Sozialforschung. Hrsg. v. R. König. Bd. 1: Geschichte und Grundprobleme der empirischen Sozialforschung. 3. Aufl. 103 – 160. Stuttgart

Ziechmann, J. (1972): Überlegungen zur Verwendung der Begriffe Curriculum – Lehrplan – Bildungsplan. Lebendige Schule 27

– (1973): Curriculum-Konstruktion. Theorie und Praxis in der Bundesrepublik. Bad Heilbrunn/Obb.

Zinnecker, J. (Hrsg.) (1975): Der heimliche Lehrplan. Weinheim, Basel

Namenregister

Sachwortregister

Friedrich W. Kron
Grundwissen Pädagogik

Das Studium der Pädagogik in der Bundesrepublik Deutschland ist einem in den Grundlinien einheitlichen Themenkanon verpflichtet. An diesen gemeinsamen Leitthemen der Studienpläne und Prüfungsordnungen orientiert sich „Grundwissen Pädagogik".

„Grundwissen Pädagogik" ist ein prüfungsrelevantes Lehrbuch und eignet sich für wissenschaftliches Arbeiten, für das Selbststudium, als Repetitorium und Nachschlagewerk.

Für die sechste Auflage wurde das Lehrbuch durchgehend überarbeitet. Die Systematik der Begriffserklärungen ist neu angelegt. Hervorgehoben werden die anthropologischen Fragestellungen in Verbindung mit Sozialisations-, Erziehungs- und Organisationstheorien. Der außerschulische Themenbereich ist erweitert worden. Aktuelle Fragestellungen werden durchgängig aufgegriffen, Themen wie Autorität – Führung – Macht und Pädagogische Kompetenz und Medienkompetenz werden dabei neu beleuchtet.

6., überarb. Aufl. 2001
356 Seiten. 20 Abb.
16 Tab. UTB-L
(3-8252-8038-1) gb

Aus dem Inhalt

Ernst Reinhardt Verlag • München Basel
E-Mail: info@reinhardt-verlag.de
http://www.reinhardt-verlag.de

reinhardt

Friedrich W. Kron
Wissenschaftstheorie für Pädagogen

1999.
325 Seiten. 25 Abb.
9 Tab. UTB-L
(3-8252-8178-7) gb

Dieses Lehrbuch wendet sich an Studierende der Pädagogik und ihrer Nachbardisziplinen im Hauptstudium sowie an Lehrende in der wissenschaftlichen Aus-, Fort- und Weiterbildung. Prof. Dr. Friedrich W. Kron, Autor der UTB-Standardwerke „Grundwissen Pädagogik" und „Grundwissen Didaktik", erläutert in diesem Buch die wichtigsten wissenschaftstheoretischen Fragen und Methoden. Insbesondere stellt er wissenschaftstheoretische Aspekte der Pädagogik vor. Die Schwerpunkte des Buches sind: Funktionen der Erkenntis, Regelwerke wissenschaftlicher Erkenntnis: Logik, Kategorien, Prinzipien, Begriffliche Bestimmungen, Konstituierung der Pädagogik und ihrer Gegenstände, Denktraditionen und Forschungsmethoden, Wissenschaftsparadigmen in der Pädagogik. Im abschließenden Literaturreport werden zahlreiche Publikationen zur Wissenschaftstheorie in Kurzfassung besprochen. Aus der Philosophie werden Wörterbücher, Lexika und Handbücher zum Thema vorgestellt.

Aus dem Inhalt

Erkenntnis als Grundlegung
Regelwerke wissenschaftlicher Erkenntnis
Begriffliche Bestimmungen
Konstituierung der Pädagogik und ihrer Gegenstände
Denktraditionen und Forschungsmethoden
Wissenschaftsparadigmen in der Pädagogik
Literaturreport

Ernst Reinhardt Verlag • München Basel
E-Mail: info@reinhardt-verlag.de
http://www.reinhardt-verlag.de

Friedrich W. Kron / Alvisio Sofos
Mediendidaktik

Wie wird Wissen mit Hilfe Neuer Medien sinnvoll erarbeitet?
Welche organisatorischen Strukturen müssen gegeben sein?
Und welche Medienkompetenz brauchen Kinder, welche
brauchen Erwachsene? Kron und Sofos gehen diesen zentralen Fragen nach, die in einer medial geprägten Gesellschaft
aktueller und drängender denn je sind.

Das Buch führt zunächst in die gesellschaftlichen und fachlichen Zusammenhänge der Neuen Medien und der Mediendidaktik ein. Im Zentrum steht die Arbeit mit Neuen Medien.
Die Autoren zeigen, dass Lernende nur dann für die Arbeit
mit Neuen Medien begeistert werden können, wenn die
Angebote inhaltlich und in ihrer Vermittlungsstruktur die
Schülerinteressen treffen. Da ist die Wahl des Mediums nur
eine von vielen Entscheidungen. Mit zahlreichen Beispielen
werden die Ausführungen illustriert und können so für unterschiedliche Lernsituation als anregendes Material genutzt
werden.

Ein Fachbuch für LehrerInnen aller Schularten und Dozenten
in der Aus- und Fortbildung, aber auch für Studierende, die
sich mit mediendidaktischen Fragen auseinandersetzen.

Neue Medien in Lehr-
und Lernprozessen

2003. 198 Seiten.
21 Abb. 6 Tab.
UTB-M
(3-8252-2404-X) kt

Ernst Reinhardt Verlag • München Basel
E-Mail: info@reinhardt-verlag.de
http://www.reinhardt-verlag.de

ℰℛ reinhardt

Norbert M. Seel
Psychologie des Lernens

Lehrbuch für Pädagogen und Psychologen

2., aktual. und erw. Aufl. 2003
427 Seiten. 58 Abb.
12 Tab. Zahlreiche Übungsaufgaben
UTB-L
(3-8252-8198-1) gb

Was geht in einem Schüler vor, wenn er versucht, eine Aufgabe zu lösen oder einen Lehrstoff zu verstehen und zu behalten? Verschiedene psychologische Disziplinen gehen dieser Frage nach. Die Motivationspsychologie beschäftigt sich z. B. mit Interessen, dem Wunsch nach Erfolg und der Furcht vor Misserfolg. Die Sozialpsychologie analysiert, welchen Einfluss der soziale Kontext in Familie, Schule und Gesellschaft hat. Kognitions- und Gedächtnispsychologie erforschen das menschliche Gedächtnis, Denken und Problemlösen.

Das vorliegende Buch führt anschaulich und verständlich in die psychologischen Theorien des Lernens und Lehrens ein. Es konzentriert sich dabei auf die Kognitionspsychologie mit ihren aktuellen Forschungsergebnissen und zeigt praxisrelevante Folgerungen für die didaktische Gestaltung von Lernumgebungen und Unterricht auf. Der didaktische Aufbau erleichtert mit übersichtlichen Zusammenfassungen, Glossar, Arbeitsaufgaben und Anregungen zur weiterführenden Lektüre das Arbeiten mit dem Buch.

Ernst Reinhardt Verlag · München Basel
E-Mail: info@reinhardt-verlag.de
http://www.reinhardt-verlag.de

ℰℛ **reinhardt**

Peter Bednorz / Martin Schuster
Einführung in die Lernpsychologie

Was können uns Psychologen über Lernprozesse erzählen? In der langen Tradition der Lernpsychologie wurden verschiedenste Arten des Lernens untersucht: die Konditionierung einer Reaktion auf einen bestimmten Reiz, soziales Lernen durch Nachahmung eines Modells, Vergessen und Erinnern von sprachlichem Material bis hin zu bewusstem und unbewusstem Wissenserwerb.

Auch Nachbardisziplinen helfen uns dabei, Lernvorgänge zu erklären: Neurophysiologie und Gehirnforschung erkunden die materielle Basis von Lernen, Erinnern und Vergessen. Kognitionswissenschaften und der Forschungsbereich „Künstliche Intelligenz" verknüpfen Lernen mit den kreativen Vorgängen des Denkens und Problemlösens.

Dieses Buch gibt einen anschaulichen Überblick über psychologische Theorien des Lernens. Die Autoren erläutern traditionelle und moderne Ansätze, die empirisch und experimentell belegt werden. Sie zeigen, wie die Erkenntnisse aus der Grundlagenforschung in zahlreichen Anwendungsfeldern wie Schule, Psychiatrie und Psychotherapie fruchtbar gemacht werden können. Der didaktische Aufbau mit Marginalienspalte hilft bei der schnellen Orientierung im Text.

3., völlig neu bearb. und erw. Aufl. 2002 325 Seiten. 38 Abb. 8 Tab. UTB-M (3-8252-1305-6) kt

Ernst Reinhardt Verlag • München Basel
E-Mail: info@reinhardt-verlag.de
http://www.reinhardt-verlag.de

reinhardt

Clemens Hillenbrand
Didaktik bei Unterrichts- und Verhaltensstörungen

2., aktual. Aufl. 2003.
282 Seiten. 14 Abb.
11 Tab. UTB-S
(3-8252-2080-X) kt

Wie muss eine Didaktik aussehen, die bei „schwierigen"
Kindern erfolgreich ist? Verhaltensauffällige Kinder sind in
nahezu jedem Klassenzimmer ein Problem. Ob aggressiv/auto-
aggressiv, hyperaktiv oder depressiv – für die Lehrer dieser
Kinder reichen die bisherigen Didaktiken nicht aus.

Clemens Hillenbrand liefert eine wissenschaftlich fundierte
Antwort auf diese Frage. Er schlägt eine Brücke zwischen der
Allgemeinen Didaktik und den spezifischen sonderpädago-
gischen Modellen bei Verhaltensstörungen. Theorieansätze
aus beiden Disziplinen werden anschaulich beschrieben,
kritisch durchleuchtet und auf ihre Brauchbarkeit für den
täglichen Unterrichtsbedarf abgeklopft.

Aus dem Inhalt

Didaktische Theorien und Unterrichtsstörungen
Ergebnisse allgemeiner Didaktik
Der pädagogisch-didaktische Auftrag des Unterrichts mit
    schwierigen Schülern
Historischer Exkurs: Der Unterricht in den ersten
    Erziehungsklassen
Konzeptionen schulischer Förderung bei Verhaltensstörungen
Prozeß und Gestaltung heilpädagogischer Förderung
Reformansätze bei Unterrichts- und Verhaltensstörungen
Beratung bei Unterrichts- und Verhaltensstörungen
Die Perspektive der Betroffenen

Ernst Reinhardt Verlag • München Basel
E-Mail: info@reinhardt-verlag.de
http://www.reinhardt-verlag.de

ℝ reinhardt